DIGNIDADE HUMANA, DIREITOS SOCIAIS E NÃO-POSITIVISMO INCLUSIVO

ROBERT ALEXY

DIGNIDADE HUMANA, DIREITOS SOCIAIS E NÃO-POSITIVISMO INCLUSIVO

*EM COMEMORAÇÃO AO
70º ANIVERSÁRIO DE ROBERT ALEXY*

ORGANIZADORES
ROBERT ALEXY
NARCISO LEANDRO XAVIER BAEZ
ROGÉRIO LUIZ NERY DA SILVA

1º Edição - Florianópolis - SC

Copyright © 2015 Qualis Editora e Comércio de Livros Ltda

Todos os direitos reservados e protegidos.
Nenhuma parte deste livro, poderá ser reproduzido ou transmitida sejam quais forem os meios empregados sem prévia autorização dos editores.

Conselho Editorial:
Prof. Dr. Emerson Antonio Maccari
Prof. Dr. Fernando Antonio de Carvalho Dantas
Prof. Dr. Fernando Galindo Ayuda
Prof. Dr. Jefferson Aparecido Dias
Prof. Dr. José Fernando Vidal de Souza
Prof. Dr. José Querino Tavares Neto
Profa. Dra. Maria Áurea Baroni Cecato
Prof. Dr. Martonio Mont'alverne Barreto Lima
Prof. Dr. Narciso Leandro Xavier Baez
Prof. Dr. Otávio Luiz Rodrigues Junior
Prof. Dr. Raymundo Juliano do Rêgo Feitosa
Prof. Dr. Rogério Gesta Leal

Produção Editorial: Equipe Qualis Editora
Diagramação: Amanda Talita F. Sena
Capa: Renato Klisman

Impressão: Nova Letra Gráfica e Editora Ltda
CNPJ. Nº 83.061.234/0001-76

DADOS INTENACIONAIS DE CATALOGAÇÃO NA PUBLICAÇÃO (CIP)

D575 Dignidade humana, direitos sociais e não-positivismo inclusivo / Organizadores : Robert Alexy, Narciso Leandro Xavier Baez , Rogério Luiz Nery da Silva. – 1. ed. – Florianópolis : Qualis, 2015.
370p.

ISBN: 978-85-68839-17-1
Inclui referências

1. Dignidade – Direitos fundamentais. 2. Direitos sociais constitucionais. 3. Direitos humanos (Teologia Cristã). I. Alexy, Robert. II. Baez, Narciso Leandro Xavier. III. Silva, Rogério Luiz Nery da.

CDU: 342.7

Catalogação na publicação por: Onélia Silva Guimarães CRB-14/071

Qualis Editora e Comércio de Livros Ltda
Caixa Postal 21023
Florianópolis - Santa Catarina - SC - Cep 88047-970
www.qualiseditora.com

SUMÁRIO

CAPÍTULO I
A DIGNIDADE HUMANA NA TEORIA DOS DIREITOS FUNDAMENTAIS DE ROBERT ALEXY

1.1 A DIGNIDADE HUMANA E A ANÁLISE DA PROPORCIONALIDADE
Prof. Dr. Mult Hc Robert Alexy 13

1.2 A MORFOLOGIA DOS DIREITOS FUNDAMENTAIS E OS PROBLEMAS METODOLÓGICOS DA CONCEPÇÃO DE DIGNIDADE HUMANA EM ROBERT ALEXY
Prof. Dr. Narciso Leandro Xavier Baez (UNOESC) 39

1.3 DIGNIDADE DA PESSOA HUMANA: NOTAS EM TORNO DA DISCUSSÃO SOBRE O SEU CARÁTER ABSOLUTO OU RELATIVO NA ORDEM JURÍDICO-CONSTITUCIONAL
Dr. Ingo Sarlet (PUC-RS) 91

1.4 A DIGNIDADE HUMANA: PRINCÍPIO, REGRA OU ARTIMANHA?
Dr. Martônio Mont'Alverne (UNIFOR) 123

1.5 A DIGNIDADE HUMANA E O PRINCÍPIO DA PROPORCIONALIDADE COMO FUNDAMENTOS E COMO PARÂMETRO PARA O CONTROLE JURISDICIONAL DE POLÍTICAS PÚBLICAS
Dra. Mônia Leal (PPGD UNISC) 143

CAPÍTULO II
DIREITOS FUNDAMENTAIS SOCIAIS E A FÓRMULA DA PROPORCIONALIDADE

2.1 DIREITOS FUNDAMENTAIS SOCIAIS E PROPORCIONALIDADE
    Prof. Dr. Mult Hc Robert Alexy 165

2.2 DIREITOS SOCIAIS E DIGNIDADE DA PESSOA HUMANA: REFLEXÕES A PARTIR DO CONCEITO DE MÍNIMO EXISTENCIAL
    Prof. Dr. Rogério Luiz Nery da Silva (PPGD UNOESC)
    Profª. Daiane Garcia Masson 179

2.3 DIREITOS A PRESTAÇÕES POSITIVAS: QUEM DEVE DECIDIR? CONTROLE JUDICIAL PONDERADO
    Prof. Dr. Mattias Klatt 215

2.4 O PRINCÍPIO DA PROPORCIONALIDADE E OS DIREITOS FUNDAMENTAIS PRESTACIONAIS
    Prof. Dr. Carlos A. Maliska (PPGD Unibrasil) 267

2.5 A OBJEÇÃO CENTRAL AO PRINCÍPIO DA PROPORCIONALIDADE NO CONTEXTO DO CONSTITUCIONALISMO BRASILEIRO*   291
    Prof. Dr. Paulo Schier 291

CAPÍTULO III
POSITIVISMO E NÃO POSITIVISMO: NOVOS RUMOS FILOSÓFICOS NA TEORIA DE ROBERT ALEXY

3.1 NÃO POSITIVISMO INCLUSIVO
    Prof. Dr. Mult Hc Robert Alexy 303

3.2 ASPECTOS CONSTITUTIVOS DA TEORIA DA ARGUMENTAÇÃO JURÍDICA: A CONTRIBUIÇÃO DE ROBERT ALEXY
    Prof. Dr. Rogério Gesta Leal (PPGD UNOESC) 319

APRESENTAÇÃO

Ainda se ouve e se lê, aqui e ali, que a *dignidade da pessoa humana* é conceito vazio[1]. Ou, por outras vias, que é termo de tal modo polissêmico que justo por isso se esvazia[2]. É como se fosse um "termo-receptáculo"[3], que pode ser usado mas, por prudência, reclama a suspensão do juízo quanto ao *quê* o preenche. Há, também, quem diga que o conteúdo da dignidade depende da cultura de cada povo. Como se a maior ou menor seriedade com que cada povo realiza o ideal da dignidade dependesse de um pressuposto cultural de longo prazo, de um *volksgeist*[4]. Sociedades que viveram experiências escravocratas ou graves violações à condição humana, objetivamente, não poderiam adotar a dignidade como príncipio fundamental de sua ordem jurídica. No Brasil, é de Ingo W. Sarlet a pesquisa de maior densidade sobre o tema. Ingo sustenta a tese de que a dignidade, em sentido jurídico, é uma qua-

---

[1] *Dignity is a useless concept in medical ethics and can be eliminated without any loss of content.* (MACKLIN, Ruth. *Dignity is a useless concept.* The BMJ – The British Medical Journal. www.ncbi.nlm.nih.gov/pmc/articles/PMC300789)

[2] *[22] But as critics have pointed out, human dignity is an abstract and subjective notion that, even with the guidance of the four contextual factors, cannot only become confusing and difficult to apply; it has also proven to be an additional burden on equality claimants, rather than the philosophical enhancement it was intended to be* (Supreme Court of Canadá. R. v. Kapp. 27.06.2008. Case number 31603, disponível em: http://scc-csc.lexum.com/scc-csc/scc-csc/en/item/5696/index.do)

[3] Esta crítica do *"receptáculo"* foi apontada por McCRUDEN, Christopher, *Human Dignity and Judicial Interpretation of Human Rights*. The European Journal of International Law Vol. 19 no. 4, 2008. "*A Dignity as Placeholder in the UDHR and Other Human Rights Texts?*"p. 675

[4] SCHACHTER, Oscar, "Human Dignity as a Normative Concept," American Journal of International Law , 77 (1983), 848, at 849: "*We do not find an explicit definition of the expression "dignity of the human person" in international instruments or (as far as I know) in national law. Its intrinsic meaning has been left to intuitive understanding, conditioned in large measure by cultural factors.*"

lidade intrínseca do ser humano que gera direitos fundamentais (1) de não receber tratamento degradante de sua condição humana (dimensão defensiva), (2) de ter uma vida saudável (dimensão prestacional), ou seja, de ter a colaboração de todos para poder usufruir de um completo bem-estar físico, mental e social (conforme os parâmetros de vida saudável da OMS); (3) de participar da construção de seu destino e do destino dos demais seres humanos (autonomia e cidadania).[5]

Não há qualquer necessidade de alongar o discurso para justificar a importância dessa discussão para a dogmática dos direitos fundamentais. É discussão que atravessa séculos.

Mas a dogmática contemporânea dos direitos fundamentais têm outros temas centrais. A justiça das decisões que afetam esses direitos é uma delas. A despeito da frequente alusão à *proporcionalidade* como conceito-chave desse debate sobre a justiça das decisões que envolvem direitos humanos e direitos fundamentais, há razoável consenso doutrinário de que a proporcionalidade não é aplicada, no Brasil, de modo uniforme e nem muito menos, de modo coerente com os pressupostos clássicos da doutrina europeia (finalidade, adequação, necessidade e proporcionalidade em sentido estrito)[6]. Não obstante, se até pouco tempo havia considerável divergência doutrinária e jurisprudencial quanto à existência de um direito a decisões proporcionais, bem como a um dever legislativo, jurisdicional administrativo ou contratual correspon-

---

[5] Ver, entre outros, SARLET, Ingo Wolfgang. "As dimensões da dignidade da pessoa humana: construindo uma compreensão jurídico-constitucional necessária e possível." In Dimensões da dignidade: ensaios de filosofia do direito e direito constitucional, by Ingo Wolfgang SARLET, 15-43. Porto Alegre: Livraria do Advogado, 2009. SARLET, I. W.. Dignidade da pessoa humana e direitos fundamentais na Constituição Federal de 1988. 6a. Porto Alegre: Livraria do Advogado, 2008. SARLET, I. W. "As dimensões da dignidade da pessoa humana: construindo uma compreensão jurídico-constitucional necessária e possível." Revista Brasileira de Direito Constitucional, jan-jun 2007.

[6] SARLET, I. W. Eficácia dos Direitos Fundamentais: uma teoria geral dos direitos fundamentais na perspectiva constitucional, 11a ed. Porto Alegre, Livraria do Advogado, 2012, p. 405, SILVA, V. A. Direitos Fundamentais. Conteúdo essencial, restrições e eficácia. 2a. Ed. São Paulo, Malheiros, 2011, p. 167-169.

dente, agora, com o novo Código Processual Civil, Art. 8º. essa dúvida se dissipou.

Quem análisar as razões mais frequentemente utilizadas pela doutrina brasileira para invocar a proporcionalidade numa decisão, especialmente de natureza judicial, vai encontrar explicações de que o fundamento do dever de garantir uma decisão proporcional é uma exigência o *Rule of Law* e o *Due Process of Law*[7]; outros entendem, na linha de Robert Alexy, que é a natureza dos direitos fundamentais que a exigem[8]; para outros é a unidade sistêmica da Constituição[9]; para outros, até, é a conjugação de todos esses fundamentos. A exigência de proporcionalidade, no entanto, vem sendo aceita como um dever jurídico-positivo, ainda mais depois do Art. 8º do novo CPC. O que, por si só, revela a importância de sua explicação e descrição.

Contudo, no Brasil, o debate doutrinário sobre esse tema parece que enveredou com mais entusiasmo para a resolução de um metaproblema conceitual: saber o que é, afinal, a natureza normativa da proporcionalidade. Se regra[10], princípio[11], postulado aplicativo[12] ou condição de possibilidade[13].

---

[7] RAQUEL DENIZE STUMM, "Princípio da Proporcionalidade no Direito Constitucional Brasileiro", p. 159/170, 1995, Livraria do Advogado Editora; MANOEL GONÇALVES FERREIRA FILHO, "Direitos Humanos Fundamentais", p. 111/112, item n. 14, 1995, Saraiva; PAULO BONAVIDES, "Curso de Direito Constitucional", p. 352/355, item n. 11, 4ª ed., 1993, Malheiros.

[8] SILVA, Virgílio Afonso da. Direitos fundamentais: conteúdo essencial, restrições e eficácia. São Paulo: Malheiros, 2010.

[9] Essa é a visão dominante na jurisprudência do Supremo Tribunal Federal

[10] SILVA, Virgílio Afonso da. Direitos fundamentais: conteúdo essencial, restrições e eficácia. São Paulo: Malheiros, 2010, p. 169.

[11] SARLET, Ingo Wolfgang. A eficácia dos direitos fundamentais. 11a. Porto Alegre: Livraria do Advogado, 2012, p. 404-405.

[12] ÁVILA, Humberto. *Teoria dos princípios: da definição à aplicação dos princípios jurídicos.* Vol. 2a. São Paulo: Malheiros, 2009

[13] NEVES, Marcelo. Entre Hidra e Hércules: princípios e regras constitucionais como diferença paradoxal do sistema jurídico. São Paulo: Martins Fontes, 2013, p. 109-110

Até a entrada em vigor da Constituição de 1988, o sentido atribuído à *proporcionalidade* era, basicamente, o mesmo que *razoabilidade*. É a influência doutrinária Estados Unidos, viva entre nós. A partir dos anos 90, do século XX, a doutrina brasileira, bem como a jurisprudência começam a explorar o sentido e alcance da técnica germânica de avaliação da *justeza* de uma intervenção em direitos constitucionais.

Apesar do crescente interesse pelo tema, não se pode afirmar que a teoria do direito no Brasil e os tribunais brasileiros *levem a sério* o dever de assegurar proporcional aplicação a direitos. Nem no sentido que o termo assume nos EEUU, nem no sentido dogmático e jurisprudencial da Alemanha. Os critérios canônicos relacionados com a interpretação sistêmica, literal, genética e teleológica seguem sendo os mais influentes.

Este livro é o resultado dessas preocupações. Desde que o mestrado em direitos fundamentais da Unoesc foi recomendado pela CAPES, as questões centrais da justificação para aplicação de direitos fundamentais vem sendo exploradas por muitos de nossos pesquisadores.

Nosso esforço, como programa de pesquisa, tem sido nos aproximar, progressivamente, de pesquisadores que compõe a atualmente denominada, Rede Brasileira de Pesquisa em Direitos Fundamentais, da qual já fazem parte, desde 2014, os PPGDs da PUC-RS, da UNIBRASIL-PR, da UNISC-RS, da FDV-ES, da UNIFIEO-SP e da UNOESC. Além disso, empenhamo-nos em abrir um diálogo diretamente com o Prof. Robert Alexy, a respeito de sua visão atual sobre esses dois temas canônicos da teoria dos direitos humanos fundamentais: a proteção da dignidade e a proteção dos direitos sociais.

Há dois motivos que orientaram o seminário internacional que deu origem a este livro. O primeiro é de natureza especificamente teórica: ao nosso ver, esses dois temas – a dignidade e a proporcionalidade aplicada a direitos fundamentais sociais - até hoje, não estavam suficientemente desenvolvidos na teoria de Robert Alexy. Havia lacunas em sua produção teórica sobre, por um lado, aceitar a natureza de princípio para a dignidade da pessoa humana e, por outro, ter de admitir que se trata de um direito restringível. Era preciso ter uma resposta clara do Prof. Robert Alexy sobre se a dignidade é, ao mesmo tempo, um princípio restringível. De outro lado, era preciso ouvir do autor da Teoria dos Princípios, melhor esclarecimento sobre seu pensamento a respeito da aplicação da técnica da proporcionalidade na solução de casos que se envolvem com direitos a prestações sociais.

O segundo motivo era de natureza acadêmica, ainda que não de teoria dos direitos fundamentais. A UNOESC desejava reunir PPGDs devotados à pesquisa dos direitos fundamentais para estreitar nossos diálogos entre PPGDs e colaborar na construção de uma agenda de pesquisa científica que possa guiar a tomada de decisões de qualquer autoridade pública e de qualquer agente privado. Produzir uma teoria útil na solução de questões cotidianas que afetam direitos fundamentais.

O leitor desse livro logo perceberá que o resultado atendeu, muito bem, nossas melhores expectativas nesses dois aspectos. Esta obra oferece ao leitor brasileiro o resultado de um trabalho que é, ao mesmo tempo, uma contribuição real para a teoria dos direitos fundamentais, em aspectos de importância decisiva para o Brasil e, também, uma demonstração de como se pode trabalhar em Rede de Pesquisas e consolidar uma comunidade de pesquisa em direito.

Carlos Luiz Strapazzon
PPGD | UNOESC – Universidade do Oeste de Santa Catarina
Editor-Chefe da EJJL | Qualis A2

A DIGNIDADE HUMANA E A ANÁLISE DA PROPORCIONALIDADE

Prof. Dr. Phd. hc. mult. Robert Alexy
Tradução[1]: Prof. Dr. Rogério Luiz Nery da Silva

I. Conceitos Absoluto e Relativo de Dignidade

A relação entre a análise da proporcionalidade e da dignidade da pessoa humana é uma das mais contestadas questões no debate acerca da estrutura normativa da dignidade humana. Dois conceitos se contrapõem: um conceito absoluto e um conceito relativo. **De acordo com o conceito absoluto, a garantia da dignidade humana é considerada como uma norma que tem precedência sobre todas as outras normas, em todos os casos. Se a dignidade tem precedência sobre todas as outras normas, em todos os casos, isso implica a impossibilidade, por preclusão, de realizar o balanceamento.** Isso, a seu turno, significa que a cada intervenção sobre a dignidade humana resta consubstanciada uma violação à dignidade. Mesmo justificada, torna-se impossível haver uma intervenção sobre a dignidade humana.

Por outro lado, a análise da proporcionalidade está intrinsecamente ligada à distinção entre intervenções justificadas e injustificadas.

---

[1] Adequado, necessário e proporcional registrar o imenso agradecimento do tradutor ao querido amigo e ilustre professor-doutor **WILSON STEINMETZ**, colega no Programa de Mestrado em Direito da Universidade do Oeste de Santa Catarina (UNOESC), por destinar de forma tão solícita parte de seu exíguo tempo, em detrimento de outras tarefas pessoais, para realizar considerações e observações muito precisas a título de revisão do texto desta tradução.

A intervenção proporcional é justificável e é, portanto, constitucional. O oposto se aplica no caso de intervenção desproporcional. A concepção absoluta é incompatível com essa moldura conceitual. Por essa razão, é incompatível com a análise de proporcionalidade. De acordo com o conceito relativo, exatamente o oposto é verdadeiro. A concepção relativa diz que saber se a dignidade humana foi violada é uma questão de proporcionalidade.

Com isso, a concepção relativa não apenas é compatível com a análise de proporcionalidade, como a pressupõe.

II. Significância Prática

Na discussão para saber se a concepção absoluta ou a relativa é a correta, a certeza é que tudo não passa de uma questão teórica, altamente abstrata. O caso, entretanto, é exatamente o oposto. Isso pode ser ilustrado pelo exame da jurisdição do **Tribunal Constitucional Federal alemão, que é caracterizada por uma série de inconsistências. Às vezes, a Corte sinaliza na direção da concepção absoluta, outras vezes segue a concepção relativa.** Um exemplo de uma decisão com um forte toque absoluto é a decisão de 1973 sobre as gravações secretas. O Tribunal salientou que a dignidade humana exige um "núcleo de proteção absoluta da autodeterminação privada",[2] e determina a relação entre o conceito de proteção absoluta e o conceito de ponderação da seguinte forma:

> Ainda que atendendo os interesses públicos, não se justifica uma violação ao núcleo de proteção absoluta da autodeterminação privada; nenhuma ponderação, fundada em proporcionalidade, poderá ocorrer.[3]

---

[2] Tribunal Constitucional da República Federal da Alemanha: decisão **BVerfGE 34, 238 (245)**.
[3] Ib idem.

No acórdão sobre o caso *"acoustic observation of accommodation"*, decidido mais de 30 anos depois, o Tribunal confirmou esse entendimento.[4] No entanto, essa afirmação se mostrou um tanto intrigante.[5] Seria aceitável que a dignidade humana tivesse precedência, mesmo naqueles casos em que, por uma perspectiva de direito constitucional, um princípio colidente tivesse maior peso? Isso cairia em uma contradição. Ter maior peso sob o ponto de vista do direito constitucional implica ter precedência sobre tudo o que tenha menor peso do que o padrão adotado pelo direito constitucional. Nessa interpretação, a pretensão que se formula é de que o princípio colidente tem precedência e não tem precedência. Para evitar essa contradição, a expressão «atendendo interesses públicos» deve ser entendida como relacionada a interesses que superam a partir de uma perspectiva que não a do direito constitucional, por exemplo, a partir de uma perspectiva política. Mas, então, a tese do núcleo de proteção absoluta se tornaria supérflua. Razões que não têm status constitucional[6] não podem prevalecer sobre razões que têm status constitucional.

No nível de autocaracterização, a concepção absoluta predomina. Mas, quando se atenta para os detalhes, a concepção relativa aparece mais claramente. Um exemplo é a decisão sobre a prisão perpétua, de 1977. O Tribunal afirma:

> "A dignidade humana também não se verá violada, se a conclusão da execução da pena é tornada necessária pelo perigo continuado representado pelo prisioneiro e, nesses termos, a libertação antecipada é afastada. [...] Nos casos em que o perigo representado pelo ofensor criminoso tiver de ser determinado, não há necessidade de comprova-

---

[4] Tribunal Constitucional da República Federal da Alemanha: decisão **BVerfGE 109, 279 (313)**.
[5] ALEXY, Robert. **A Theory of Constitutional Rights**. (trad. Julian Rivers). 1. ed. 1985, Oxford: Oxford University Press, 2002, 63-64.
[6] ib idem., 81.

ção complementar de que o princípio da proporcionalidade deva ser observado [...]".⁷

Este é um caso claro de análise da proporcionalidade. A dignidade humana é considerada como um princípio que colide com o princípio da segurança pública. A colisão tem que ser resolvida atribuindo-lhes um peso adequado, vale dizer, por meio da ponderação. Isso foi corroborado em uma decisão a respeito do tema da prisão preventiva, decidido em 2004.⁸

Muitos outros exemplos poderiam ser aduzidos.⁹ Aqui, deve-se analisar apenas mais um caso, um caso que talvez represente o entendimento jurídico dos julgamentos do Tribunal Constitucional Federal alemão, que relaciona a dignidade humana com a proporcionalidade de forma mais próxima. O caso, decidido em 1978, diz respeito à questão de saber se a dignidade humana se vê violada quando um acusado, que tenha deixado crescer o cabelo e a barba, desde o início do cumprimento da pena, seja compulsoriamente forçado a alterá-los para recompor a aparência original, a fim de permitir confrontá-lo com testemunhas que, se o tivessem visto antes, poderiam tê-lo visto completamente diferente. O Tribunal afastou a ideia de ocorrência de violação da dignidade humana sob três argumentos. O primeiro é que a intervenção é de «intensidade relativamente baixa».¹⁰ Este tipo de avaliação da intensidade de intervenção é o primeiro passo da análise de proporcionalidade.

O segundo argumento diz que o esclarecimento dos crimes e a investigação de criminosos "correspondem ao interesse público".¹¹ Com

---

⁷ Tribunal Constitucional da República Federal da Alemanha: decisão **BVerfGE 45, 187 (242)**.
⁸ Tribunal Constitucional da República Federal da Alemanha: decisão **BVerfGE 109, 133 (151)**.
⁹ TEIFKE, Nils. **Das Prinzip Menschenwürde**. *Zur Abwägungsfähigkeit des Höchstrangigen* Tübingen: Mohr Siebeck, 2011, 16-25; BALDUS, Manfred. "**Menschenwürdegarantie und Absolutheitsthese**. Zwischenbericht zu einer zukunftsweisenden Debatte", in: **Archiv des öffentlichen Rechts** 136, 2011, 536-40.
¹⁰ Tribunal Constitucional da República Federal da Alemanha: decisão **BVerfGE 47, 239 (247)**.
¹¹ Tribunal Constitucional da República Federal da Alemanha: decisão **BVerfGE 47, 239 (248)**.

isso, a dignidade humana é balanceada com o interesse público. O terceiro argumento conclui a justificativa da intervenção, afirmando que o seu propósito não teve nada a ver com a "humilhação"[12] e que não estava ligado a nenhum outro "objetivo que teria de ser reprovado pelo direito".[13] Isso implica que a discussão se a dignidade humana é violada não depende tão somente do ato praticado em si. Depende das razões que ficam por trás do ato. Sob outras circunstâncias, a intervenção poderia se mostrar significativamente desproporcional, e, portanto, teria sido considerada como uma violação da dignidade humana. Esse confronto entre razões e contra-razões é a essência da proporcionalidade.

Até aqui, nada foi dito a não ser para introduzir, brevemente, a distinção entre as concepções absoluta e relativa da estrutura da dignidade humana e para demonstrar que a a jurisdição do Tribunal Constitucional Federal alemão é, com respeito a essa necessária distinção, altamente insatisfatória. A questão que se coloca é saber qual das concepções – a absoluta ou a relativa – é a correta. **Minha tese é de que a concepção relativa é, de fato, a correta, mas que existem alguns desdobramentos da dignidade humana que se encaminham na direção da concepção absoluta.** A base do meu argumento é a Teoria dos Princípios. Portanto, vou começar com uma apresentação de alguns elementos básicos da Teoria de Princípios.

III. Alguns elementos básicos da Teoria dos Princípios

1. Regras e Princípios

A base da Teoria dos Princípios é a distinção normativo-teórica entre regras e princípios.[14] Regras são normas que exigem algo determi-

---

[12] Tribunal Constitucional da República Federal da Alemanha: decisão **BVerfGE 47, 239 (247)**.
[13] Tribunal Constitucional da República Federal da Alemanha: decisão **BVerfGE 47, 239 (247-8)**.
[14] ALEXY, Robert. **A Theory of Constitutional Rights** (n. 4, acima), 47-8.

nado. Eles são *comandos definitivos*. Sua forma de aplicação se dá pela subsunção. Em sentido contrário, os princípios são os *mandamentos de otimização*. Como tais, eles exigem "que algo seja realizado na maior amplitude possível, consideradas as possibilidades jurídicas e de fato".[15] Sem desconsiderar a importância das regras, as possibilidades jurídicas são determinadas essencialmente pela oposição de princípios contrários em alguma medida. Por essa razão, os princípios, cada qual isoladamente considerado, sempre compreendem requisitos *prima facie*, meramente. A determinação do grau apropriado de satisfação de um princípio em relação às exigências de outros princípios é aferida por meio de equilíbrio. Assim, o balanceamento é a forma específica de aplicação dos princípios. Se a garantia de dignidade humana fosse absoluta, ela deveria ser considerada como um comando definitivo, isto é, como uma regra. Como uma garantia relativa, ela tem o caráter de um princípio, ou seja, de uma norma que requer balanceamento.

2. Proporcionalidade

A natureza dos princípios como mandamentos de otimização conduz diretamente a uma necessária vinculação entre os princípios e a análise da proporcionalidade. O princípio da proporcionalidade, que nas últimas décadas tem recebido cada vez mais reconhecimento internacional, tanto na prática e na teoria da jurisdição constitucional,[16] é composto por três sub-princípios: o princípio da adequação, o princípio da necessidade e o princípio da proporcionalidade *stricto sensu* (em sentido estrito). Todos os três sub-princípios expressam a ideia de oti-

---

[15] Ib idem, 47.
[16] BEATTY, David M.. **The Ultimate Rule of Law**. Oxford: Oxford University Press, 2004; SWEET, Alec Stone *et* MATHEWS, Jud. "**Proportionality Balancing and Global Constitutionalism**", *in Columbia Journal of Transnational Law* 47, 2008, 72-164; BARAK, Aharon. **Proportionality, Constitutional Rights and their Limitation**. Cambridge: Cambridge University Press, 2012.

mização. Por essa razão, a natureza dos princípios conduz ao princípio da proporcionalidade e ele a ela reciprocamente.

Os princípios da adequação e necessidade referem-se às possibilidades fáticas da otimização relativa. A otimização em relação às possibilidades fáticas consiste em evitar sacrifícios evitáveis.[17] Os sacrifícios, no entanto, são inevitáveis quando os princípios colidem entre si. Ponderá-los, portanto, se torna indispensável.

A ponderação é o foco do terceiro subprincípio, do princípio da proporcionalidade, ou seja, o princípio da proporcionalidade em sentido estrito. Este princípio expressa o que significa a otimização em relação às possibilidades jurídicas. O mesmo se dá com uma regra que possa ser chamada de "lei de ponderação".[18] Ela determina:

> Quanto maior o grau de não satisfação ou de restrição de um princípio, maior deverá ser a importância em atender ao outro.

3. Fórmula do Peso

Quase em todas as manifestações da jurisdição constitucional, a lei de ponderação é encontrada em variadas formulações diferentes. Isso expressa a essência do balanceamento e é de grande importância prática. A análise de problemas complexos de direitos fundamentais, tal como a da dignidade humana, exige, no entanto, uma descrição mais precisa e completa da estrutura do balanceamento. A fim de alcançar este objetivo, a lei de Ponderação deve ser complementada em sua elaboração. O resultado de tal elaboração adicional é a Fórmula do Peso,[19] que opera da seguinte forma:

---

[17] ALEXY, Robert. **Constitutional Rights and Proportionality**, in: *Chinese Yearbook of Constitutional Law*, 2010, 222-4.
[18] ALEXY, Robert. **A Theory of Constitutional Rights** (n. 4, acima), 102.
[19] ALEXY, Robert. "The Weight Formula", in: STELMACH, Jerzy; BROŻEK, Bartos *et* ZAŁUSKI, Wojciech (Orgs.), **Frontiers of the Economic Analysis of Law**. Krakow: Jagiellonian University Press, 2007, 25.

$$W_{i,j} = \frac{I_i \cdot W_i \cdot R_i}{I_j \cdot W_j \cdot R_j}$$

O fator $W_{i,j}$ representa o peso concreto do princípio P_i relativamente ao princípio colidente P_j. A Fórmula do Peso define o peso concreto como o quociente de três fatores que, por assim dizer, se posicionam, em cada lado dos interesses em balanceamento. I_i e I_j são de especial importância. I_i representa a intensidade da intervenção sobre P_i, enquanto I_j representa a importância de satisfazer o princípio colidente P_j. Da mesma forma, I_j, também, pode ser entendida como a intensidade de intervenção, ou seja, como a intensidade de intervenção sobre P_j, através da não intervenção em P_i. Já as variáveis W_i e W_j representam os pesos abstratos dos princípios colidentes P_i e P_j.

Quando os pesos abstratos são iguais, o que é o caso em muitas colisões de direitos fundamentais, elas se anulam, pois se compensam mutuamente, ou seja, eles não desempenham nenhum papel na aferição do peso. Em contraste, o peso abstrato da dignidade humana desempenha um papel central, para que seja regularmente[20] considerado como superior ao do princípio em colisão. Este é um dos desdobramentos da dignidade humana, a partir do qual se identifica uma certa tendência a ser considerada como absoluta.

Os fatores I_i e I_j e também os W_i e W_j vinculam-se à dimensão substantiva do balanceamento. Já os fatores R_i e R_j têm um caráter completamente diferente, pois se referem à confiabilidade dos pressupostos empíricos e normativos referentes, em primeiro lugar e prioritariamente, à questão de quão intensa é a intervenção sobre o princípio P_i, e quão

---

[20] Se alguém considerar que a dignidade humana é o princípio prevalente do direito, seu peso abstrato somente será cancelado ou compensado, vale dizer, desconsiderado, nas hipóteses de colisões de princípios em que a dignidade humana figure em ambos os lados, portanto se autocompensando.

intensiva a intervenção sobre o princípio P_j seria, se a intervenção sobre o princípio P_i fosse suprimida.

Mais do que isso, a confiabilidade das premissas empíricas e normativas também pode se relacionar com a classificação dos pesos abstratos, a saber, W_i e W_j. O ponto decisivo é que a confiabilidade é um fator que não se refere às coisas – na hipótese, à intensidade de intervenção e aos pesos abstratos. Vale dizer, não é um fator ôntico, ou seja, relacionado ao domínio dos seres, mas, ao contrário, é um fator que se refere ao seu conhecimento das coisas. Ou seja, ele é um fator epistêmico. A inclusão deste fator epistêmico na Fórmula do Peso é exigida por uma segunda lei de ponderação, a regra epistêmica de balanceamento, que opera da seguinte forma:

> Quanto mais fortemente uma intervenção pesar sobre um direito fundamental, maior deverá ser a certeza em relação a suas premissas subjacentes.[21]

O conceito de premissas subjacentes utilizado na presente formulação compreende premissas normativas, assim como premissas empíricas. As variáveis R_i e R_j devem portanto ser entendidas como a se referir a premissas normativas e também a premissas empíricas. Isso pode ser expresso pela seguinte equação:

$$R_i = R_i^e \cdot R_i^n$$

Esta equação pode ser denominada "equação da confiabilidade". Nos casos em que tanto a confiabilidade empírica como a normativa estão em análise, as variáveis R_i e R_j devem ser substituídas pelos respectivos produtos no lado direito da equação confiabilidade. Desta forma, uma versão refinada da fórmula do peso[22] entra em cena:

---

[21] ALEXY, Robert. **A Theory of Constitutional Rights** (n. 4 acima), 418.
[22] ALEXY, Robert. **Formal Principles**, ms.

$$W_{i,j} = \frac{I_i \cdot W_i \cdot R_i^e \cdot R_i^n}{I_j \cdot W_j \cdot R_j^e \cdot R_j^n}$$

Aqui apenas um ponto é de interesse. No debate sobre a dignidade humana as colisões extremas ou trágicas desempenham um papel importante. Tome-se, por exemplo, o emprego da tortura em um cenário em que figure o emprego de uma bomba nuclear já ativada, ou ainda no exemplo do emprego de um avião cheio de passageiros, sequestrado por terroristas, a fim de lançá-lo como arma explosiva para matar o máximo possível de pessoas. A prática de tortura, na hipótese de uma bomba nuclear já ativada, interfere, sem dúvida, na dignidade humana. No outro exemplo, aceitar a morte dos passageiros é obviamente uma profunda intervenção em seu direito à vida. Se isso é também uma intervenção em seu direito à dignidade humana – como admitiu o Tribunal Constitucional Federal alemão – é questão que permanece em aberto. O ponto decisivo é que, em ambos os casos, a questão se a intervenção é justificada depende essencialmente da confiabilidade de inúmeras suposições empíricas,[23] representadas pela variável matemática R_j^e.

A fim de conferir maior expressão ao exemplo, convém reproduzir as palavras da Corte:

> "as incertezas [...] necessariamente afetam o prognóstico sobre quanto tempo de vida que ainda têm as pessoas a bordo de um avião, que foi transformado em uma arma de ataque, e se ainda há uma chance de salvá-las. Por essa razão, normalmente, não será possível fazer uma análise confiável, que conclua que as vidas dessas pessoas já estão de qualquer forma perdidas".[24]

---

[23] BOROWSKI, Martin. "**Abwehrrechte als grundrechtliche Prinzipien**", in: Jan-R. Sieckmann (Org.), **Die Prinzipientheorie der Grundrechte.** *Studien zur Grundrechtstheorie Robert Alexys* (Baden-Baden: Nomos, 2007), 101-4.

[24] Tribunal Constitucional da República Federal da Alemanha: decisão **BVerfGE 115, 118 (158).**

Uma equação como a da fórmula do peso, que expressa um quociente de dois produtos, é sensível apenas se todos os fatores puderem ser representados por números. Este é o problema de gradação. Em outra parte,[25] propus uma escala triádica discreta, ou seja, uma escala triádica não contínua, na qual sequências geométricas são implementadas. Esta escala atribui os valores "leve", "moderado" e "severo" às intensidades das intervenções e aos pesos abstratos. Estes valores são expressos pelos números 2^0, 2^1 e 2^2, que equivalem aos pesos 1, 2 e 4.

No que se refere ao aspecto epistêmico, que são R_i e R_j, ou, na versão aperfeiçoada da Fórmula do Peso, os fatores R_i^e e R_i^n e os fatores R_j^e e R_j^n, pode-se trabalhar com níveis "confiável" ou "certo" (r), "plausível" (p), e "não evidentemente falso" (e), em que os números 2^0, 2^{-1} e 2^{-2}, que equivalem, por sua vez a 1, 1/2, e ¼ serão a associados a esses níveis.[26] Por meio dessas tríades, a maioria das decisões dos tribunais constitucionais pode ser compreendida.

Nos casos em que essas escalas não sejam suficientes, isto é, quando se tenha que introduzir uma graduação ainda mais atenuada, elas podem ser estendidas a escalas duplo-triádicas.[27] Muito mais poderia dizer sobre a fórmula do peso. Para a discussão da relação entre a dignidade humana e a proporcionalidade, no entanto, o que foi dito aqui deve ser suficiente.

IV. O Conceito de Dignidade Humana

1. Elementos Descritivos e Normativos

Se a garantia da dignidade humana pode e deve ter a estrutura de um princípio, então a concepção relativa está correta. Os princípios são mandamentos de otimização. A resposta à questão se a garantia da

---

[25] ALEXY, Robert. **A Theory of Constitutional Rights** (n. 4 acima), 409-10, 419; id., "The Weight Formula" (n. 18 acima), 20-6.
[26] Idem,"**The Weight Formula**" (n. 18 acima), 25.
[27] Ib idem, 22-3.

dignidade humana pode ter a estrutura de um princípio, portanto, resume-se em saber se a dignidade humana é "algo" que pode "ser realizado na maior extensão possível, segundo as possibilidades jurídicas e fáticas consideradas".[28] Isso, uma vez mais, depende do que a dignidade humana é, vale dizer, depende do conceito de dignidade humana. O conceito de dignidade humana é um conceito altamente complexo que conjuga aspectos descritivos ou empíricos com elementos normativos ou avaliativos.

O elemento descritivo mais frequentemente mencionado é a autonomia, e a formulação mais proeminente é de Kant: «A autonomia é, portanto, a base da dignidade da natureza humana e de toda a natureza racional».[29] Do ponto de vista da teoria moral, Kant está certo. Do ponto de vista da teoria jurídica, no entanto, uma base empírica mais ampla parece ser preferível, pois a proteção jurídica da dignidade humana não se limita à proteção da autonomia, no sentido de autolegislação moral. Isso inclui, por exemplo, também o direito de existir e o direito de tomar decisões de qualquer tipo.[30] Por essa razão o conceito de dignidade humana deve estar ligado com uma base descritiva mais ampla. Tal base descritiva ou empírica mais ampla é fornecida pelo conceito de pessoa, o qual, ao incluir a autonomia, nos escritos de Kant também desempenha um papel fundamental.[31]

2. O Conceito "Duplo-triádico" de Pessoa

A minha principal tese sobre o conceito de pessoa é que este conceito tem uma estrutura "duplo-triádica".[32] Para ser considerada pessoa,

---

[28] ALEXY, Robert. **A Theory of Constitutional Rights** (n. 4 acima), 47.
[29] KANT, Immanuel. **Groundwork of the Metaphysic of Morals**. (trad. H. J. Paton). New York: Harper & Row, 1964, 103; AA IV, 436.
[30] ALEXY, Robert. **A Theory of Constitutional Rights** (n. 4 acima), 324-5; id., "**Ralf Dreiers Interpretation der Kantischen Rechtsdefinition**", in: ALEXY, Robert. (Org.), **Integratives Verstehen.** *Zur Rechtsphilosophie Ralf Dreiers.* Tübingen: Mohr Siebeck, 2005, 102-2, fn. 37.
[31] KANT, Immanuel. **Groundwork of the Metaphysic of Morals** (n. 28 acima), 96; AA IV, 428.
[32] ALEXY, Robert. "**Data y los derechos humanos.** *Mente positrónica y concepto dobletriádico de persona*", in: ALEXY, Robert et FIGUEROA, Alfonso Garcia. **Star Trek y los derechos humanos.** Valencia: tirant lo blanch, 2007, 94-100.

deve-se atender a três condições, por dois turnos seguidos. A tríade tem por condições: a um, a inteligência; a dois, o sentimento; e, a três, a consciência. Ressalve-se que possuir inteligência, tão somente, não garante a condição de pessoa; basta registrar que também os computadores a têm, *mutatis mutandi*, e não são pessoas, até o ponto atual de seu desenvolvimento. A vinculação estabelecida entre a inteligência e o sentimento, de igual forma, é incompleta para caracterizar a condição de pessoa, tanto que também os animais podem ser, ao menos até determinado grau, inteligentes e sensíveis, e nem por isso são considerados pessoas. Destarte, a terceira condição da primeira tríade é consciência – para ser mais preciso, a autoconsciência – que constitui condição vital inafastável, e é definida pela reflexividade.

Para se definir a reflexividade, necessário se faz distinguir suas três modalidades: a cognitiva, a volitiva e a normativa. O terceiro elemento desse conceito de pessoa é a autoconsciência, que, também, se sub-divide, para fins de compreensão, em três elementos. Daí por que se designar como «duplo-triádico» o conceito de pessoa.

A reflexividade cognitiva consiste em tornar a pessoa o próprio objeto do conhecimento, o que autoriza falar em «autoconhecimento». O elemento basilar do chamado autoconhecimento é a certeza fática de que nós nascemos e que vamos morrer. a reflexividade cognitiva é necessária, mas não é suficiente para caracterizar uma pessoa. Para tal, é necessário conjugar também as reflexividades volitiva e normativa.

A reflexividade volitiva consiste na capacidade de dirigir seu comportamento e, por lógico, a si mesmo, por meio de atos de vontade. A "autodireção" resta configurada quando se atinge o estágio em que os atos individuais se vejam autorrelacionados.

No que diz respeito à vida como um todo, pode-se falar em «autoformação». É exatamente essa capacidade de autoformação que Pico della Mirandola considera como a razão decisiva para a dignidade dos seres humanos, ao caracterizar o homem como seu «próprio [...] escultor criativo» («*ipsius [...] plastes et fictor*").[33]

O resultado da autoformação pode ser bom ou ruim. Pico fala sobre as possibilidades tanto de degeneração brutal ("*bruta degenerare*") e de desenvolvimento para uma dimensão superior ("*in superiora*").[34] Isso mostra que a reflexividade volitiva, como tal, ainda não inclui a normatividade. A normatividade entra em cena com o terceiro tipo de reflexividade – a reflexividade normativa. A reflexividade normativa se relaciona à autoavaliação, sob o aspecto de correção. Neste ponto, a questão é se uma ação que se tenha realizado ou se deseje realizar é certa ou errada, e se a vida que se leva ou se tem levado é, ou foi, uma boa vida. Essa é a dimensão de autonomia em Kant.

3. Dignidade humana como um Conceito Ponte

Aquele que preenche as condições, em primeiro lugar, possuir inteligência; segundo, possuir sentimento, e, em terceiro lugar, possuir a reflexividade na forma cognitiva, volitiva e normativa, é considerado uma pessoa. Tem-se, pois, o aspecto descritivo da dignidade humana.

O aspecto normativo é representado pela conexão entre o conceito de pessoa e do conceito de dignidade humana. Essa conexão pode ser expressa da seguinte forma: toda pessoa possui a dignidade humana. Essa afirmação é verdadeira, mas não torna explícita a dimensão normativa da dignidade humana. Isso pode ser feito por meio da ligação do conceito de dignidade humana com o conceito de valor, como Ronald Dworkin faz com o seu «princípio do valor intrínseco»,[35] ou relacionando o conceito de dignidade humana com os conceitos de deveres e direitos.

---

[33] MIRANDOLA, Giovanni Pico della. **De hominis dignitate**. Über die Würde des Menschen. (trad. Norbert Baumgarten), August Buck (Org.). Hamburg: Felix Meiner, 1990, 6.
[34] Ib idem.
[35] DWORKIN, Ronald. **Is Democracy Possible Here?** *Principles for a New Political Debate* (Princeton: Princeton University Press, 2006, 9.

No direito, a última parece ser a alternativa preferível. A conexão da dignidade humana com direitos e deveres pode ser expressa de duas maneiras. A primeira é a formulação do dever, que prevê:

(1) A dignidade humana exige que todos os seres humanos sejam levados a sério como pessoas.

A segunda é a formulação correta – e diz:

(2) Todos os seres humanos têm o direito de serem levados a sério como pessoas.

Na primeira formulação, o conceito de dignidade humana aparece; na segunda, não. Mas é fácil mudar isso. A dignidade humana pode ser suprimida da primeira formulação, dando-lhe a seguinte forma:

(1›) Todos os seres humanos devem ser levados a sério como pessoas.

E a dignidade humana pode ser inserida na segunda formulação, mediante adaptação, da seguinte forma:

(2›) A dignidade humana dá a todos os seres humanos o direito de serem levados a sério como pessoas.

Isso traz à luz uma característica formal muito importante do conceito de dignidade humana, que pode bem explicar muitas das dificuldades na análise da dignidade humana. A dignidade humana é o que se poderia chamar de um «conceito-ponte». Um conceito-ponte é um conceito de conexão – que conecta um conceito empírico ou descritivo com um conceito normativo ou avaliativo. No caso ora em estudo, o conceito descritivo é o conceito de pessoa. O conceito normativo é, na primeira formulação, o dever de levar a sério todos os seres humanos como pessoas e, na segunda formulação, o direito de todos os seres humanos de serem levados a sério como pessoas. Essas duas formulações expressam o que se poderia chamar de normas operativas da dignidade humana.

V. Dignidade Humana como princípio e como regra

1. Dignidade Humana como princípio

Neste ponto, há condições de responder à questão sobre qual a concepção correta da dignidade humana: se a absoluta ou a relativa. Se o conteúdo da garantia da dignidade humana pode ser expresso pela norma de deveres "todos os seres humanos têm de serem levados a sério como pessoas", bem como pela norma de direitos "todos os seres humanos têm o direito de serem levados a sério como pessoas", então a dignidade humana pode ser objeto de balanceamento.

Por razões de simplificação apenas a norma de direitos deve ser considerada no que se segue. Uma intervenção sobre o direito de ser levado a sério como uma pessoa – P_i – pode ser mais ou menos intensa. A prisão perpétua sem uma regulamentação legal sobre a possibilidade de recuperar a liberdade depois de certo período de tempo constitui uma intervenção mais intensa no direito de ser levado a sério como uma pessoa do que a prisão perpétua com tal regulamento.[36] Em casos de perigo continuado representado pelo prisioneiro, o princípio da segurança pública – P_j – terá um peso maior que nos casos em que não se verifica tal perigo.

Assim, os valores para as variáveis sobre a intensidade de intervenção, representadas por I_i e I_j, podem ser inseridos na Fórmula do Peso. O mesmo se aplica em relação aos pesos abstratos. O peso abstrato do lado a favor da dignidade da pessoa humana, representado pelo fator W_i, recebe o maior valor, que do lado a favor da segurança pública, pelo fator W_j, ao qual se atribui um valor médio.

$$W_{i,j} = \frac{I_i \cdot W_i \cdot R_i}{I_j \cdot W_j \cdot R_j}$$

---

[36] Tribunal Constitucional da República Federal da Alemanha: decisão **BVerfGE 45, 187 (242-52)**.

Em tal situação, os valores das variáveis de confiabilidade R_i e R_j são os de maior importância. Tudo isso se ajusta perfeitamente com a Fórmula do Peso, e, portanto, com o balanceamento; e, portanto, do balanceamento com o Princípio da Proporcionalidade e, desta, portanto, com a concepção relativa dos direitos humanos. Muitos outros exemplos poderiam ser citados. Mas isso será suficiente aqui.

2. Dignidade Humana como uma regra

Em *Teoria dos Direitos Constitucionais*, afirmei que existe, paralelamente, em relação à norma de dignidade humana, uma norma de dignidade humana como um princípio e uma norma de dignidade humana como uma regra. O Artigo 1 (1) (1) da Lei Fundamental alemã, assim como o Artigo 1 (1) da Carta Europeia dos Direitos Humanos, dizem: "A dignidade humana é inviolável".

Pode-se entender isso como uma expressão de uma regra que é violada, se e somente se, o princípio da dignidade humana tiver precedência sobre o princípio colidente,[37] por exemplo, sobre a segurança pública, como no caso da prisão perpétua. Essa construção é possível, devido à textura aberta semântica do conceito de dignidade humana. Essa textura aberta semântica permite a utilização de equilíbrio como um meio de interpretar este conceito

Contrário a essa dupla construção, Nils Teifke tem objetado que a regra da dignidade humana «não tem significado independente».[38] Isto é verdade. O conteúdo no nível de regra depende diretamente do conteúdo no nível de princípio. Pode-se chamar isso de «Teorema de Dominação». Mas este teorema é o ponto de dupla construção. Isso demonstra que a concepção de dignidade humana como regra é possível, mas vazia. A construção como regra implica a concepção absoluta da

---

[37] ALEXY, Robert. **A Theory of Constitutional Rights** (n. 4, acima), 64.
[38] TEIFKE, Nils. **Das Prinzip Menschenwürde** (n. 8 acima), 119.

dignidade humana, ao passo que a construção como princípio implica a concepção relativa.

O teorema de dominação demonstra que a característica essencial da estrutura normativa da dignidade da pessoa humana é o seu *status* como um princípio. Por essa razão, apenas a concepção relativa pode ser correta.

VI. A desvalorização da dignidade humana?

Uma crítica da concepção relativa poderia objetar que tudo isso somente demonstra que é possível conceber a norma de dignidade humana como um princípio, o qual deve ser aplicado por meio de balanceamento. Ele, no entanto, não demonstra que se deveria fazê-lo. Em sentido contrário, há razões normativas que sustentam a concepção absoluta. Essas razões normativas concentram-se na tese de que a concepção relativa dá causa a uma desvalorização da dignidade humana. A fronteira fixa deixa de existir, pois tudo ou quase tudo se torna possível. A garantia da dignidade humana não seria por muito tempo uma garantia real. Ela seria rebaixada a um mero ponto de reflexão. Poder-se-ia chamar a objeção de «objeção de desvalorização». A objeção de desvalorização, no entanto, não se aplica por quatro argumentos.

1. Casos Fáceis

O primeiro argumento contrário à objeção de desvalorização é que existe um número considerável de casos nos quais é bastante claro que a dignidade humana é violada. Como exemplos tem-se a perseguição por motivos raciais ou religiosos, as condições carcerárias degradantes, falha para fornecer proteção contra a agressão sexual, a exclusão do sistema de educação e uma vida abaixo do *standard* do mínimo existencial.

Essas são as condições em que existe um forte grau de certeza normativa de que a dignidade humana tem precedência sobre os princípios em colisão.[39] De acordo com a regra de princípios concorrentes,[40] essa precedência implica que existem regras concretas que têm estas condições como prótases e as exigências da dignidade humana como apódoses.

Nestes casos, de regras concretas, a subsunção é possível. A ponderação ou balanceamento será realizada somente em casos extremos. Isso mostra que a construção ou concepção relativa não implica que tudo ou quase tudo se torne possível.

2. Fórmula do Objeto

O segundo argumento contrário à objeção de desvalorização diz respeito à Fórmula do Objeto, que desempenha um papel respeitável **nos julgamentos do Tribunal Constitucional Federal alemão, diz que:**

> Não é compatível com a dignidade hu**mana que um ser humano seja tratado como um mero objeto.**[41]

Isso não impede o tratamento de seres humanos como objetos, em certo grau. Mas, impede que "a qualidade como sujeito [...] seja fundamentalmente desrespeitada".[42] Então, a qualidade como um sujeito é fundamentalmente desafiada quando a qualidade como uma pessoa se vê desafiada em sua essência. Neste caso, o princípio da dignidade humana tem precedência sobre todo e qualquer princípio que colida com ele.

A precedência nos casos claros mencionada acima é considerada como uma prioridade concreta. Por outro lado, a ação de «transformar os seres humanos em meros objetos» expressa um conceito abstrato, e

---

[39] ALEXY, Robert. **A Theory of Constitutional Rights** (n. 4, acima), 63.
[40] Ib idem, 54.
[41] Tribunal Constitucional da República Federal da Alemanha: decisão **BVerfGE 109, 279 (312)**.
[42] Tribunal Constitucional da República Federal da Alemanha: decisão **BVerfGE 109, 279 (313)**.

é, portanto, uma condição abstrata de precedência.[43] Para ter certeza, a regra dos princípios colidentes não é compatível com as relações abstratas de precedência,[44] mas, é absolutamente compatível com as condições abstratas de preferência. Que as condições concretas e abstratas, ambas estabelecem uma relação condicional e não uma relação incondicional de precedência. Isso é uma característica em comum entre elas.

Por essa razão, a regra dos princípios colidentes é aplicável em casos de condições abstratas, assim como nos casos de condições concretas. **Isso implica que a Fórmula do Objeto é uma regra abstrata – resultante do balanceamento – cuja abstração permite resolver um certo** número de casos, por meio da subsunção. Tal condição **contribui, por sua vez, para a estabilidade da garantia da dignidade humana. Entretanto, ao nos depararmos com uma situação sem esse grau de clareza, se alguém se vê tratado como um mero objeto, o recurso ao balanceamento se torna indispensável.**

3. Peso Abstrato e Confiabilidade Epistêmica

O terceiro argumento contrário à objeção de desvalorização refere-se ao peso abstrato do princípio da dignidade humana, representado pela variável W_i, e os valores de confiabilidade epistêmica, ou seja o R_i (fórmula não refinada tradicional) ou o produto $R_i^e \times R_i^n$ (na fórmula refinada) do lado a favor da dignidade humana, e o fator R_j (fórmula não refinada tradicional) ou o produto $R_j^e \times R_j^n$ (na fórmula refinada), no lado a favor do princípio colidente, por exemplo, a segurança pública. Cabe registrar que acima figuram as duas variantes da Fórmula do Peso (a não refinada e a refinada).

---

[43] TEIFKE, Nils. **Das Prinzip Menschenwürde** (n. 8 acima), 31.
[44] ALEXY, Robert. **A Theory of Constitutional Rights** (n. 4 acima), 52.

Fórmula do Peso (não refinada)

$$W_{i,j} = \frac{I_i \cdot W_i \cdot R_i}{I_j \cdot W_j \cdot R_j}$$

Fórmula do Peso Refinada

$$W_{i,j} = \frac{I_i \cdot W_i \cdot R_i^e \cdot R_i^n}{I_j \cdot W_j \cdot R_j^e \cdot R_j^n}$$

Aqui já se mencionou o alto valor abstrato da dignidade humana e a importância da confiabilidade epistêmica, do lado do princípio colidente. Um ponto merece ser agregado: a confiabilidade epistêmica, a favor da dignidade humana, é, geralmente, bastante elevada.

No exemplo já apresentado – de colisões extremas ou trágicas – , como o da tortura em um cenário de bomba nuclear ativada ou o exemplo da iminência de derrubada de um avião sequestrado por terroristas usado como arma, para matar o máximo de pessoas, os valores de confiabilidade empírica e normativa sobre a favor da dignidade humana são ambos extraordinariamente altos. Se for considerado que, em tais casos trágicos, todas as variáveis a favor da dignidade humana tem o valor máximo, logo, uma intervenção sobre a dignidade humana só será permitida quando todas as variáveis do lado do princípio oposto tiverem também o valor máximo. Este é o mais extremo de todas as 6.561 combinações, isto é, de todos os 3^8 de combinações possíveis[45] com base na Fórmula do Peso Refinada. Este número deriva do fato de que 81 combinações isto é, 3^4 são combinações possíveis de cada lado e que cada uma destas 81 combinações pode ser combinada com as 81 combinações, do outro lado, por exemplo, no lado de segurança pública. Isso implica que, em casos extremos ou trágicos, em que os valores mais elevados devam

---

[45] ALEXY, Robert. "**Formal Principles**", Capítulo VII.

de ser aplicados em favor da dignidade humana, a intervenção sobre a dignidade humana em somente 1 (uma), das 81 (oitenta e uma) combinações será proporcional. Em todas as outras combinações, ou seja, nas 80 que restam, a intervenção sobre a dignidade humana será considerada desproporcional e, portanto, proibida. Parece ser difícil descrever isso como uma «desvalorização da dignidade humana».

4. Racionalidade

O quarto argumento contrário à objeção de desvalorização é que não existe nenhuma outra alternativa melhor para substituir o balanceamento, quando se trata da aplicação da garantia da dignidade humana, de forma igualmente racional. A opção mais promissora para tal alternativa está voltada para os clássicos cânones da interpretação. Fica, no entanto, fácil constatar que eles são de pequeno proveito, se não abrangem o balanceamento. Aqui somente os quatro principais cânones de interpretação: o semântico, o genético, o teleológico e o sistemático. O argumento semântico,[46] devido à textura aberta do conceito de dignidade humana, é de pouca importância em casos difíceis.

O argumento genético,[47] que se refere à intenção original dos autores da Constituição, às vezes pode ser útil. Mas, a amplitude, a complexidade e o conteúdo moral do conceito de dignidade humana excluem a possibilidade de que um número significativo de casos difíceis, no campo da dignidade humana, possa ser resolvido por mera referência à intenção original.

O argumento teleológico[48] é de nenhuma importância em casos de dignidade humana. Dignidade humana é – como o valor mais ele-

---

[46] ALEXY, Robert. **A Theory of Legal Argumentation.** *The Theory of Rational Discourse as Theory of Legal Justification.* 1. ed. 1978, (trad. Ruth Adler e Neil MacCormick). Oxford: Clarendon Press, 1989, 235-6.
[47] Ib idem, 236-9.
[48] Ib idem, 240-4.

vado do sistema jurídico – seu propósito mais elevado. Qual deve ser o propósito do propósito mais elevado, senão o próprio propósito em si mesmo? Onde se aplica, o que não está claro sobre o que o mais elevado propósito requer? Não faz o menor sentido responder o que o mais elevado propósito requer com um mero palpite. O argumento sistemático[49] é de especial interesse. Ele se refere à relação entre a norma a ser interpretada e outras normas do sistema jurídico. Se a garantia da dignidade humana for concebida como uma regra, não como um princípio, o argumento sistemático seria de nenhum valor para a interpretação dessa garantia.

Para ter certeza, a garantia da dignidade humana como a mais alta norma substantiva do sistema jurídico[50] pode desempenhar um papel respeitável na interpretação das normas de nível inferior, e esta é uma forma de interpretação sistemática. Mas quando a questão é se a norma de nível mais alto é violada por uma norma de nível inferior, a norma de nível inferior não pode ser invocada como um argumento para justificar uma violação ou falta de violação, se ambas, tanto a norma de nível mais alto e como a norma de nível inferior, forem consideradas como regras. O quadro muda completamente quando a garantia da dignidade humana é entendida como um princípio. Então, o balanceamento com todos os outros princípios torna-se possível. Este, também, é um argumento sistemático.[51] Mas, assim que os cânones de interpretação adotam essa forma de argumento sistemático, a qual encontra sua expressão mais precisa na fórmula do peso, eles deixam de ser uma alternativa para o balanceamento.

---

[49] Ib idem, 240.
[50] ALEXY, Robert. **A Theory of Constitutional Rights** (n. 4 acima) 232, 299.
[51] ALEXY, Robert. **Recht, Vernunft, Diskurs.** Frankfurt: Suhrkamp, 1995, 87.

VII. Conclusão

Com esta conclusão, chegamos ao fim. Todas as tentativas de apresentar cânones clássicos da interpretação como uma alternativa para ponderar a dignidade humana nos casos atinentes se vê condenada ao fracasso. Ponderação, um ponto que eu não posso desenvolver aqui, é uma forma de argumentação jurídica racional.[52] Por outro lado, as alternativas contrárias à ponderação são relegadas para algo como "intuicionismo" de dignidade humana».[53] Argumentação é uma expressão da racionalidade; intuicionismo é uma confissão de irracionalidade. Em última análise, é isso que nos prova porque somente a concepção relativa da dignidade humana pode ser considerada como correta.

REFERÊNCIAS BIBLIOGRÁFICAS

ALEXY, Robert. **A Theory of Constitutional Rights**. (trad. Julian Rivers) 1. ed. 1985, Oxford: Oxford University Press, 2002.

ALEXY, Robert. **A Theory of Legal Argumentation**. *The Theory of Rational Discourse as Theory of Legal Justification*. 1. ed. 1978, (trad. Ruth Adler *et* Neil MacCormick). Oxford: Clarendon Press, 1989.

ALEXY, Robert. **Recht, Vernunft, Diskurs**. Frankfurt: Suhrkamp, 1995.

ALEXY, Robert. (Org.), **Integratives Verstehen**. *Zur Rechtsphilosophie Ralf Dreiers*. Tübingen: Mohr Siebeck, 2005.

ALEXY, Robert. "**Constitutional Rights and Proportionality**", in: *Chinese Yearbook of Constitutional Law*, 2010.

ALEXY, Robert. "**Data y los derechos humanos.** *Mente positrónica y concepto dobletriádico de persona*", in: ALEXY, Robert *et* FIGUEROA, Alfonso Garcia.

---

[52] ALEXY, Robert. "The Construction of Constitutional Rights", in: *Law & Ethics of Human Rights*, 4, 2010, 28-32.
[53] ALEXY, Robert. "Grundrechtsnorm und Grundrecht", in: *Rechtstheorie*, supplement 13, 2000, 108.

Star Trek y los derechos humanos. Valencia: tirant lo blanch, 2007, 94-100.

ALEXY, Robert. "**Grundrechtsnorm und Grundrecht**", in: *Rechtstheorie*, supplement 13, 2000.

ALEXY, Robert. "**Ralf Dreiers Interpretation der Kantischen Rechtsdefinition**", in: ALEXY, Robert. "The Construction of Constitutional Rights" - *Law & Ethics of Human Rights*, 4, 2010.

ALEXY, Robert. "**The Weight Formula**", in: STELMACH, Jerzy; BROŻEK, Bartos *et* ZAŁUSKI, Wojciech. (Orgs.), **Frontiers of the Economic Analysis of Law.** Krakow: Jagiellonian University Press, 2007.

BALDUS, Manfred. "**Menschenwürdegarantie und Absolutheitsthese**. Zwischenbericht zu einer zukunftsweisenden Debatte", in: *Archiv des öffentlichen Rechts* 136, 2011.

BARAK, Aharon. **Proportionality, Constitutional Rights and their Limitation**. Cambridge: Cambridge University Press, 2012.

BEATTY, David M.. **The Ultimate Rule of Law**. Oxford: Oxford University Press, 2004.

BOROWSKI, Martin. "**Abwehrrechte als grundrechtliche Prinzipien**", in: Jan-R. Sieckmann (Org.), **Die Prinzipientheorie der Grundrechte.** *Studien zur Grundrechtstheorie Robert Alexys*. Baden-Baden: Nomos, 2007.

DWORKIN, Ronald. **Is Democracy Possible Here?** *Principles for a New Political Debate*. Princeton: Princeton University Press, 2006.

KANT, Immanuel. **Groundwork of the Metaphysic of Morals**. (trad. H. J. Paton). New York: Harper & Row, 1964.

MIRANDOLA, Giovanni Pico della. **De hominis dignitate**. Über die Würde des Menschen. (trad. Norbert Baumgarten), August Buck (Org.). Hamburg: Felix Meiner, 1990.

SWEET, Alec Stone *et* MATHEWS, Jud. "**Proportionality Balancing and Global Constitutionalism**", *in Columbia Journal of Transnational Law* 47, 2008.

TEIFKE, Nils. **Das Prinzip Menschenwürde.** *Zur Abwägungsfähigkeit des Höchstrangigen* Tübingen: Mohr Siebeck, 2011.

Tribunal Constitucional da República Federal da Alemanha: **decisão BVerfGE 34, 238.**

Tribunal Constitucional da República Federal da Alemanha: **decisão BVerfGE 45, 187**.

Tribunal Constitucional da República Federal da Alemanha: **decisão BVerfGE 47, 239.**

Tribunal Constitucional da República Federal da Alemanha: **decisão BVerfGE 109, 133.**

Tribunal Constitucional da República Federal da Alemanha: **decisão BVerfGE 109, 279**.

Tribunal Constitucional da República Federal da Alemanha: **decisão BVerfGE 115, 118.**

A MORFOLOGIA DOS DIREITOS FUNDAMENTAIS E OS PROBLEMAS METODOLÓGICOS DA CONCEPÇÃO DE DIGNIDADE HUMANA EM ROBERT ALEXY

Narciso Leandro Xavier Baez [**]

Introdução

Em 2014, a Universidade do Oeste de Santa Catarina realizou o Spring Unoesc International Legal Seminar, no Centro de Eventos de Chapecó. Nesse importante congresso internacional reuniram-se pesquisadores dos principais programas de pós-graduação *strictu sensu* do Brasil, com área de concentração em direitos fundamentais, para o debate de pesquisas inéditas de Robert Alexy, as quais estão integralmente reproduzidas nessa obra.

Esse trabalho busca discutir alguns aspectos conceituais defendidos por Robert Alexy durante a sua segunda conferência proferida no evento, na qual apresentou o texto *Dignidade Humana e* **a Análise da Proporcionalidade**.

A palestra discorreu sobre a sua tese acerca da natureza da dignidade humana. Para Alexy a dignidade humana constitui um princípio

---

[**] Coordenador Acadêmico-Científico do Programa de Mestrado em Direito e do Centro de Excelência em Direito da Universidade do Oeste de Santa Catarina (UNOESC). Pós-Doutor em Mecanismos de Efetividade dos Direitos Fundamentais (UFSC); Doutor em Direitos Fundamentais e Novos Direitos (UNESA). Estágio com bolsa PDEE CAPES, no Center for Civil and Human Rights da University of Notre Dame, Indiana, Estados Unidos (fevereiro-julho/2011). Mestre em Direito Público, Especialista em Processo Civil, Juiz Federal da Justiça Federal de Santa Catarina desde 1996.

e, como tal, admite ponderação e relativização. Contudo, ele reconhece a existência de alguns "*desdobramentos da dignidade humana que se encaminham na direção da concepção absoluta*", o que significa dizer que ela assumiria, em certos casos, o caráter de regra, não sendo possível a sua ponderação. Além disso, afirmou que ela é um direito humano e que estes, por natureza, são valores morais e universais, na forma reconhecida e estabelecida pela Declaração Universal dos Direitos Humanos da Organização das Nações Unidas (ONU).

Esse artigo contesta dois pontos da tese de Robert Alexy. O primeiro diz respeito a concepção de direitos humanos como valores morais e universais. Mostrar-se-á nesse trabalho que morfologicamente os direitos humanos possuem duas dimensões: uma relativa e outra universal e que constitui erro metodológico e até mesmo um paradoxo atribuir a eles a natureza de valores morais e, ao mesmo tempo, universais.

O segundo aspecto que se pretende demonstrar nessa pesquisa é a inconsistência da noção de dignidade humana, apresentada por Robert Alexy, ao defender que se deve trabalhar com um conceito relativo, principiológico, que permita a sua ponderação quando em colisão com outras normas.

1. A Morfologia dos Direitos Humanos e a Contradição de Robert Alexy em Defini-los como Valores Morais e Universais

Robert Alexy inicia sua abordagem acerca da dignidade humana afirmando que ela é um direito humano. Além disso, defende que os direitos humanos **são valores morais e universais** reconhecidos na Declaração Universal dos Direitos Humanos da ONU.

Para entender o porquê da impropriedade da defesa dos direitos humanos como valores *morais* e *universais*, deve-se recordar que em 1947, a Organização das Nações Unidas focou suas energias para criar uma Declaração de Direitos, a qual tinha a intenção de ser universal, delegando ao seu órgão responsável pelos assuntos de colaboração internacional no setor de educação ciência e cultura, a UNESCO, a responsabilidade pela redação desse documento.[2] Buscando dar caráter multicultural ao texto, a UNESCO enviou um questionário com apontamentos e problemas de caráter geral e especial para escritores e pensadores de diferentes nações, com o fim de buscar, nas doutrinas filosóficas e morais adotadas por diferentes grupos, argumentos que pudessem dar sustentação teórica ao conjunto de direitos que pretendia incluir na Declaração Universal.[3] A principal questão que se buscou responder na época foi: *"No mundo atual, quais são as bases teóricas, o alcance prático e as garantias eficazes de direitos específicos ou liberdades tais como as seguintes: (...)"* e passou a listar: liberdades de consciência, de culto, de palavra, de reunião, de associação, de ir e vir, de viver livre de todo o temor, de igualdade de oportunidades econômicas, sociais e educativas, de ensino, de trabalho, de acesso à subsistência e de todos os demais direitos e liberdades.[4] Entre as respostas recebidas, vieram declarações de Mahatma Ghandie, Benedetto Croce, Aldous Huxley, Jacques Maritain, Teilhard de Chardin, John Lewis, Harold Laski, Salvador de Madariaga, entre outros, as quais a UNESCO pretendia sintetizar e utilizar como base filosófica para a justificação e a interpretação racional dos direitos que seriam inseridos na sua Declaração dos Direitos Humanos.[5]

Todavia, por ocasião do retorno das respostas ao questionário, o assunto mostrou-se mais complexo do que a Comissão da UNESCO para

---

[2] RODLEY, Nigel S. The Evolution of United Nations' Charter-based Machinery for the Protection of Human Rights. In: BUTLER, Frances (Ed). *Human Rights Protection: Methods and Effectiveness*. Dordrecht (Netherlands): Kluwer Law International, 2002, p. 187.
[3] CROCE, Benedetto. *Declarações de Direitos – Benedetto Croce, E. H. Carr, Raymond Aron*. 2. ed. Brasília: Senado Federal, Centro de Estudos Estratégicos, Ministério da Ciência e Tecnologia, 2002, p. 07.
[4] CROCE, Benedetto. op. cit., p. 07.
[5] UNESCO, *Human* Rights: comments and interpretations: a symposium. New York: Columbia University Press, 1973, p. 255-257.

Bases Filosóficas dos Direitos Humanos poderia imaginar, pois, tanto as manifestações recebidas quanto as próprias posições adotadas pelos integrantes da comissão, evidenciaram a divisão da matéria entre aqueles que reconheciam os direitos humanos como direitos naturais (inerentes aos seres humanos e anteriores à própria sociedade e às leis) e outra corrente que via o instituto como resultado de um processo histórico, variável e relativo, dependendo do contexto cultural adotado por cada sociedade.[6]

A dificuldade vivida na época pela comissão, segundo Jacques Maritain, embaixador que liderava a delegação francesa naquela discussão, registrou antagonismos ideológicos tão inconciliáveis que, em certos momentos, havia concordância de todas as partes envolvidas sobre a lista de direitos que deveria ser reconhecida como direitos humanos, mas não se chegava ao consenso sobre por que esses direitos deveriam ser reconhecidos como pertencentes a essa categoria.[7] Tais dificuldades levaram esse embaixador francês a afirmar que, somente quando se conseguisse superar a mera enumeração de direitos por *valores chave* que fossem capazes fundamentar o seu exercício, é que se alcançaria um critério prático para ser usado com o fim de assegurar o respeito aos direitos inseridos na Declaração Universal.[8]

Não obstante todas as dificuldades encontradas, a Comissão da UNESCO conseguiu o consenso em pelo menos um elemento que deveria servir de base e medida para todos os direitos que pretendessem ser reconhecidos como humanos, o qual foi sintetizado no primeiro parágrafo do preâmbulo da Declaração Universal, reconhecendo-se expressamente que a "(...)**dignidade** *inerente a todos os membros da família* **humana** *e dos seus direitos iguais e inalienáveis* **constitui** *o* **fundamento** **da liberdade, da justiça e da paz no mundo**".[9] Com isso, a *dignidade*

---

[6] BARRETTO, Vicente. *O Fetiche dos Direitos Humanos*. Rio de Janeiro: Lumen Juris, 2010, p. 20-21.
[7] UNESCO, op. cit., p. 9.
[8] UNESCO, op. cit., p. 17.
[9] DECLARACIÓN UNIVERSAL DE LOS DERECHOS HUMANOS – Versión Comentada. México, DF: Aministia Inernacional – Seccion México, 1998, p. 23.

humana passou a ser o *fundamento*, a base, a justificação teórica da liberdade, da justiça e da paz no mundo, servindo como pedra angular dos 30 artigos inseridos naquele pacto internacional.

Entretanto, ao reconhecer a dignidade humana como base dos direitos humanos, surgiu o problema da sua definição, fato que fez com que Benedetto Croce, na época da redação da Declaração Universal da ONU, defendesse a necessidade de realização de um debate formal, internacional e público, dentro do qual a lógica, a cultura e a doutrina possibilitassem um *acordo* sobre os princípios que seriam utilizados como fundamento da dignidade humana.[10] Embora esse debate tenha parcialmente ocorrido durante as reuniões da Comissão da UNESCO para Bases Filosóficas dos Direitos Humanos, o confronto das diversas morais trazidas à discussão e a inflexibilidade dos representantes ocidentais não permitiu um acordo capaz de construir uma definição valorativa, suficiente para elucidar o que é dignidade humana e, por consequência, **os direitos humanos ficaram sem um fundamento claro na Declaração Universal da ONU.** Em decorrência disso, os direitos insertos nesse documento foram listados de forma genérica, aguardando, como disse Maritan[11], uma futura construção de *valores chave*, capazes de garantir a sua compreensão e aplicação.

Deve-se destacar que, durante os trabalhos da Comissão, as várias sugestões feitas por representantes das nações islâmicas, entre as quais se destacam as proposições da Arábia Saudita, bem como diversas ponderações levantadas pelas culturas Africanas e do Bloco Soviético, foram rejeitadas[12], inserindo-se, no texto final, basicamente, os valores morais que eram aceitos exclusivamente pelas sociedades ocidentais.

---

[10] UNESCO, op. cit., p. 17.
[11] UNESCO, op. cit., p. 17.
[12] MAYER, Ann Elizabeth. *Islam and Human Rights*. 4 ed. Boulder: Westview Press, 2007, p. 12/3.

Os representantes comunistas Yugoslav Vladilav Ribnikar e Valentin Tepliakov, por exemplo, defendiam que uma declaração moderna de direitos não poderia ter como foco o individualismo, o qual vinha sendo usado pelas classes dominantes para manter seus privilégios.[13] Para Ribnikar, em especial, a Declaração da ONU deveria enfatizar os direitos sociais e os deveres civis que cada um deveria cumprir dentro da sociedade para manter a paz social, pois não havia como separar os direitos do indivíduo dos da própria comunidade em que ele estava inserido, já que as pessoas vivem coletivamente.[14] Além disso, argumentavam que o Estado deveria ser o principal responsável pela implementação desses direitos, uma vez que o individualismo liberal levava a situações de discriminação e segregação, apontando como exemplo a situação dos negros nos Estados Unidos, em especial, no sul do país, os quais eram privados dos seus direitos fundamentais, políticos e econômicos, em razão única e exclusiva da cor da sua pele.[15]

A tentativa de imposição cultural da Comissão da UNESCO, responsável pela redação do texto da Declaração das Nações Unidas, foi tão evidente que, quando o texto final foi para o plenário da Assembléia Geral, para aprovação, os representantes da África do Sul, da Arábia Saudita, da União Soviética, da Iugoslávia, da Ucrânia, da Polônia, da Tchecoslováquia e da Bielorússia se abstiveram de votar, aduzindo que o documento era predominantemente individualista na seleção dos direitos que declarava.[16]

Esse fato demonstra que, ao contrário do que muitos autores afirmam, entre os quais se destaca Norberto Bobbio[17], a Declaração da

---

[13] MALIK, Habib C. *The Challenge of Human Rights: Charles Malik and the Universal Declaration*. Oxford: Center Lebanese Studies, 2000, p. 27.
[14] MALIK, op. cit., p. 27.
[15] GLENDON, Mary Ann. *A World Made New: Eleanor Roosevelt and the Universal Declaration of Human Rights*. New York: Random House, 2001, p. 36.
[16] ISHAY, Micheline. *The history of human rights: from ancient times to the globalization era*. California: University of California Press, 2004, p. 223.
[17] BOBBIO, Norberto. *A era dos Direitos*. Trad. Carlos Nelson Coutinho. 10. ed. Rio de Janeiro: Campus, 1992, p. 25/6.

ONU *não representou um consenso sobre valores morais universais aceitos por todas as nações*. Isso fica evidente na medida em que se verifica que as contribuições não ocidentais foram desprezadas pelos membros da Comissão redatora desse documento e, além disso, foram apenas cinquenta e seis[18] países que participaram de sua votação.

A propósito, essa falta de abertura para o diálogo intercultural trouxe, em 1981, a natural reação a essa tentativa de monismo cultural, quando foram promulgadas a Carta Africana dos Direitos Humanos e dos Povos e a Declaração Geral de Direitos Humanos do Islã[19], as quais incorporam ao sistema de direitos humanos os valores culturais desses povos, não contemplados na redação da Carta original da ONU.

Essas reações culturais à Declaração Universal de Direitos Humanos da ONU, surgiram por que a Comissão que elaborou essa Carta tentou buscar uma fundamentação baseada em uma *moral universal*, bastante polêmica, a qual foi e tem sido recebida por diversas culturas como tentativa de imposição de um monismo cultural das civilizações ocidentais.[20]

A solução para esse impasse não está, portanto, na tentativa de criação de uma pretensa *moral universal*, pois ela não existe, é uma utopia. A moral sempre será um conjunto de valores de um dado grupo social e, por isso mesmo, não universal, pois pertencente e aplicável somente a este dado grupo que o elegeu.[21]

Deste modo, vê-se que se a ideia de Robert Alexy é defender direitos humanos como valores universais, então temos que pensar num ins-

---

[18] MORSINK, Johannes. *Inherent Human Rights. Philosophical Roots of the Universal Declaration*. Philadelphia: University of Pennsylvania Press, 2009, p. 21.
[19] AL-MARZOUQI, Ibrahim Abdulla. *Human Rights in Islamic Law*. Abu Dhabi: Intl Specialized Book Service, 2000, p. 404.
[20] SOUZA, Ielbo Marcus Lobo e KRETSCHMANN, Ângela. A universalidade dos direitos humanos no discurso internacional: o debate continua. In: ROCHA, Leonel Severo e STRECK, Lênio. *Anuário do Programa de Pós-Graduação em Direito: Mestrado e Doutorado*. São Leopoldo: Unisinos, 2003, p. 122.
[21] NALINI, José Renato. *Ética geral e profissional*. 2 ed. São Paulo: Revista dos Tribunais, 1999, p. 73.

trumento teórico que permita o diálogo entre diferentes morais, para, a partir daí, extraírem-se os pontos de contato que podem ser utilizados como valores representativos dos direitos humanos que possam ser aceitos por diferentes civilizações.

E, nesse ponto, o uso da **ética** destaca-se como a alternativa mais viável para estabelecer esse diálogo e transpassar as barreiras morais que até agora têm impedido a realização dos direitos humanos.[22] Essa escolha se justifica porque a ética é um ramo da filosofia que tem por objeto de estudo os valores morais que, por sua vez, são a matéria prima dos direitos humanos[23], pois são eles que norteiam o sentido da realização da dignidade humana em cada grupo social. Por outro lado, essa afirmação também lança o desafio de entender como será possível desenvolver argumentos **éticos** para conceituar os direitos humanos, diante da *diversidade moral* existente nas diversas sociedades contemporâneas.

Esse aparente entrave é dissipado quando se estabelece a clara distinção entre os sentidos das palavras ética e moral, compreendendo-se a conotação que o fundamento ético representa nessa construção conceitual. A ética, como uma área da filosofia, é a ciência da conduta humana[24] que tem por objeto de estudo as ações humanas.[25] A moral, por sua vez, é o objeto de estudo da ética, pois se caracteriza como o conjunto de normas de conduta ou de costumes que são adotados por certo grupo social.[26] Nesse contexto, cabe à ética discutir as diversas morais, buscando extrair dos fatos morais, os fundamentos comuns a eles aplicáveis.[27]

---

[22] SALDAÑA, Javier. Notas sobre la fundamentación de los derechos humanos. *Boletín Mexicano de Derecho comparado*. Universidad Nacional Autónoma de México, México, n. 96, p. 960, septiembre-diciembre, 1999.
[23] SHESTACK, Jerome J. The Philosophical Foundations of Human Rights. In: SYMONIDES, Janusz. *Human Rights: concepts and standards*. London: UNESCO, 2000, p. 31.
[24] ARISTOTLE, *The Complete Works of Aristotele*. 2. ed, v. 2. Trad. Oxford Translation. Princenton: Princeton University Press, 1984, p. 1729.
[25] BITTAR, Eduardo C. B. *Curso de Ética Jurídica*. 2 ed. São Paulo: Saraiva, 2004, p. 7.
[26] NALINI, op. cit., p. 73.
[27] GUISÁN, Esperanza. *Introdución a la ética*. Madri: Cátedra, 1995, p. 34.

Como exemplo dessa heterogeneidade, é possível citar a moral cristã, a moral judaica, a moral islâmica, entre outras, que estabelecem, de diferentes formas, valores utilizados como diretrizes de conduta para as sociedades que as adotam. Nessa diversidade axiológica, compete à ética trabalhar com as diversas morais, encontrando pontos de interligação e de contato entre elas, constituindo e elaborando suas críticas.

Por todos esses argumentos é que o uso da fundamentação ética mostra-se tão apropriado para a elaboração de uma definição de direitos humanos[28], uma vez que sua capacidade de diálogo com as diversas morais facilita a aproximação intercultural e o estabelecimento de valores que formam o núcleo conceitual dessa categoria de direitos, afastando-se, com o seu uso, o risco de sua inaplicabilidade em certos contextos culturais.

Nesse aspecto, a pretensão de Robert Alexy em defender direitos humanos como valores universais, somente faria sentido se o nobre filósofo alemão entende-se os direitos humanos como valores éticos. Nesse caso, poder-se-ia pensar em discutir universalidade, pois estaríamos diante de uma categoria de valores que morfologicamente poderia ser compreendida por diferentes morais (grupos sociais).

Demonstrada, portanto, a impropriedade da defesa alexiana de direitos humanos como valores morais universais, passa-se agora para a abordagem da questão da dignidade humana relativa e absoluta.

2. As Insuficiências da Noção de Dignidade Humana na Teoria de Robert Alexy

Robert Alexy explica que existem dois conceitos de dignidade humana que se contrapõem: um absoluto e outro relativo. O primeiro

---

[28] BIDART CAMPOS, Germán José. *Teoría general de los derechos humanos*. México: UNAM, 1993, p. 82.

considera a dignidade humana como uma norma que tem precedência sobre todas as outras normas, em todos os casos, razão pela qual não há possibilidade de se realizar o balanceamento, pois ela, dentro da sua teoria dos princípios, **é concebida como regra**. **Já o conceito relativo de dignidade humana**, reconhece a sua natureza de princípio, o que permite uma análise de proporcionalidade, em situações de colisão com outras normas.

O jurista tedesco destaca que a Corte Constitucional Alemã adota uma série de decisões inconsistentes sobre o assunto, pois ora sinaliza na direção da concepção absoluta[29] de dignidade humana, ora em direção à concepção relativa.[30]

A tese de Alexy é no sentido de que a concepção relativa é a correta, pois compreende a dignidade humana como um princípio que pode ser ponderado e relativizado, quando em colisão com outras normas.

Contudo, o filósofo alemão não se atenta para o caráter bidimensional da dignidade humana e seu status de elemento nuclear dos direitos humanos, razão pela qual não percebe em sua tese que ela poderá situar-se ora como um direito absoluto, ora como um direito relativo, dependendo da dimensão de atuação da dignidade humana que esteja sendo atingida no caso concreto.

Para a compreensão da Teoria da Dupla Dimensão da Dignidade Humana, aqui proposta em contraposição à tese alexyana, deve-se primeiro entender a sua relação com os direitos humanos.

---

[29] Tribunal Constitucional da República Federal da Alemanha: decisão **BVerfGE 34, 238 (245)** e decisão **BVerfGE 109, 279 (313)**.
[30] Tribunal Constitucional da República Federal da Alemanha: decisão **BVerfGE 45, 187 (242)** e decisão **BVerfGE 109, 133 (151)**.

As Declarações de Direitos Humanos da Organização dos Estados Americanos[31] e da Organização das Nações Unidas[32], ambas de 1948, reconheceram, em seus preâmbulos, um valor comum que deveria ser utilizado como base de todos os direitos ali consignados, qual seja, a *dignidade humana*[33], que passou a ser reconhecida como o valor essencial e pedra angular de todos os direitos ali enunciados.[34] No mesmo sentido, a Carta de Direitos Fundamentais da União Européia também reconhece que *"valores indivisíveis e universais da dignidade do ser humano, da liberdade, da igualdade e da solidariedade"* como base dos direitos que declara.[35] Na seara filosófica, as diversas teorias ocidentais que buscam fundamentar os direitos humanos[36] também relacionam, por diferentes argumentos e caminhos, que esses direitos são formas de realização da dignidade humana, pondo em relevo que é esse o elemento ético nuclear dessa classe de direitos, na visão ocidental, pois eles têm como raiz o valor intrínseco à dignidade encontrada nos seres humanos.[37]

---

[31] No primeiro parágrafo do Preâmbulo da Declaração Americana dos Direitos e Deveres do Homem foi estabelecido expressamente: *"Todos os homens nascem livres e iguais em dignidade e direitos e, como são dotados pela natureza de razão e consciência, devem proceder fraternalmente uns para com os outros"* In: LAWSON, Edward. *Encyclopedia of Human Rights.* 2 ed. Washington: Taylor & Francis, 1999, p. 71.

[32] A Declaração da ONU estabelece no primeiro parágrafo de seu preâmbulo:*"Considerando que o reconhecimento da dignidade **inerente a todos os membros da família humana** e dos seus direitos iguais e inalienáveis constitui o fundamento da liberdade, da justiça e da paz no mundo".* Além disso, estabelece no seu artigo primeiro que: *"Todos os seres humanos **nascem livres e iguais em dignidade e em direitos**.* In: GHANDHI, P. R. *Internacional Human Rights Documents.* 4 ed. New York: Oxford University Press, 2004, p. 22/3.

[33] Neste trabalho, opta-se pelo uso da expressão **dignidade humana**, por representar abstratamente um atributo reconhecido à humanidade como um todo, evitando-se, com isso, o uso da expressão **dignidade da pessoa humana**, por estar associado a situações concretas, individualmente consideradas nos contextos de seus desenvolvimentos morais e sociais. Utiliza-se, por conseguinte, a mesma distinção feita por Ingo Sarlet, *Dignidade da Pessoa Humana e Direitos Fundamentais na Constituição Federal de 1988.* Porto Alegre: Livraria do Advogado, 2001, p.38.

[34] MAHONEY, Jack. *The Challenge of Human Rights: Origin, Development, and Significance.* Oxford: Blackwell Publishing, 2007, p. 145.

[35] GHANDHI, op. cit., p. 378.

[36] BAEZ, Narciso Leandro Xavier; BARRETTO, Vicente. Direitos Humanos e Globalização. In:. (Orgs). *Direitos Humanos em Evolução.* Joaçaba: Editora Unoesc, 2007, p. 18.

[37] FLOOD, Patrick James. *The Effectiveness of UN Human Rights Institutions.* Westport: Praeger Publishers, 1998, p. 09.

Adverte-se, no entanto, que o uso da dignidade como base dos direitos inerentes aos seres humanos não é uma descoberta do ocidente, uma vez que essa base moral também é encontrada em outras tradições sociais, em épocas anteriores ao próprio cristianismo.[38] Para os povos que seguem os valores morais do confucionismo, por exemplo, o qual representa uma tradição que teve início na China há mais de 2.500 anos, não existe a ideia individualista de direitos, pois se espera de cada pessoa que desempenhe um papel ativo no meio em que vive, cumprindo obrigações consigo e com a sociedade.[39] Os valores morais do confucionismo se desenvolvem em um sistema de relações interpessoais que têm na humanidade, a qual é chamada de *ren* ou *jen*, a mais básica de todas as virtudes que é encontrada em cada indivíduo, o que importa no respeito, na preocupação e no cuidado com a vida do outro, sintetizada na prática do *shu*, ou seja, *não impor aos outros aquilo que não desejamos para nós mesmos.*[40] Como se pode observar, a base dos direitos e deveres das pessoas nesse sistema moral é a própria humanidade, ou seja, o atributo que dignifica cada ser humano e que faz com que os demais o respeitem e se preocupem com o seu bem estar.

No que se refere à filosofia Budista, desenvolvida nos séculos VI e IV a.C., através dos ensinamentos de Buda, e que é adotada pela maior parte dos povos que vivem entre a região do Sri Lanka, do sudeste da Ásia e de grande parte do Japão, vê-se que não contempla diretamente os valores relacionados à dignidade humana, considerada isoladamente em cada ser humano, pois, nessa moral, o indivíduo é parte inseparável

---

[38] PAREKH, Bhikhu. Pluralist universalism and human rights. In: SMITH, Rhona K. M.; ANKER, Cristien van den. *The essentials of human rights*. London: Oxford University Press, 2005, p. 284.

[39] CHAN, Joseph. Confucianism and human rights. In: SMITH, Rhona K. M.; ANKER, Cristien van den. *The essentials of human rights*. London: Oxford University Press, 2005, p. 55/6.

[40] LENG, Shao-Chuan. Human Rights in Chinese Political Culture. In: THOMPSON, Kenneth W. *The Moral Imperativs of Human Rights: A World Survey*. Washington: University Press of America, 1980, p. 83.

de um todo: a coletividade.⁴¹ Nessa lógica, o *eu* é uma ilusão, já que todos os seres humanos são *interdependentes* e a sua existência se justifica a partir da relação que estabelecem uns com os outros, razão pela qual a defesa de direitos individuais seria uma contradição, visto que colocaria o indivíduo em primeiro lugar, separando-o da unidade coletiva que integra.⁴²

Desse modo, prega-se a existência de uma igualdade essencial entre os seres humanos, sendo a virtude, externada pela fraternidade, generosidade e respeito pelo outro, sem discriminação de qualquer natureza, o critério que os valoriza e que deve ser adotado para que se tenha uma sociedade pacífica.⁴³ Violações como a escravidão, a tortura, entre outras mazelas que os direitos humanos se propõem a evitar, não encontram espaço para ocorrer na filosofia Budista, visto que elas são resultado de forte conexão com o *eu* dos violadores que não se enxergam como parte de um todo.⁴⁴ É por esse motivo que os budistas defendem que, se não existisse o reforço do individualismo e a consciência do eu, tão proclamados pelas culturas ocidentais, não haveria motivos para a violação dos direitos previstos na Declaração Universal, já que o respeito dos valores ali consignados seria uma consequ**ência natural da consciência coletiva entre os seres humanos.**⁴⁵

Outro aspecto que merece destaque é que, no Budismo, os indivíduos são entendidos como sendo parte de todos os seres que habitam

---

⁴¹ CHAN, Stephan. Buddhism and human rights. In: SMITH, Rhona K. M.; ANKER, Cristien van den. *The essentials of human rights*. London: Oxford University Press, 2005, p. 25/6.
⁴² IHARA, Craig K. Why There Are no Rights in Buddhism: A Repply to Damien Keown. In: KEOWN, Damien V.; CHARLES, S. Prebish; WAYNE, R. Husted. *Buddhism and Human Rights*. Cornwall: Curzon, 1998, p. 44/5.
⁴³ HONGLADAROM, Soraj. Buddhism and Human Rights in the Thoughts of Sulak Sivaraksa and Phra Dhammapidok (Prayudh Prayutto). In: KEOWN, Damien V.; CHARLES, S. Prebish; WAYNE, R. Husted. *Buddhism and Human Rights*. Cornwall: Curzon, 1998, p. 99-100.
⁴⁴ HONGLADAROM, op. cit., p. 100.
⁴⁵ HONGLADAROM, op. cit., p. 100.

o planeta, sejam eles sencientes[46] ou não, pois eles têm em comum o fato de serem igualmente mutáveis e temporários, cabendo aos seres humanos, por serem os únicos que têm a capacidade de escolha moral, a responsabilidade cósmica de auxiliar os outros seres no progresso evolutivo.[47] Veja-se que, diferentemente do que acontece na Declaração da ONU, a qual adota um viés exclusivamente antropocêntrico, colocando o homem como centro e único destinatário de todos os direitos ali previstos, na filosofia Budista, os direitos devem ser partilhados com todos os outros seres da natureza. Além disso, cada ser humano tem um papel a desenvolver no sentido de sustentar e promover a justiça social e a ordem, através do cumprimento de obrigações sagradas recíprocas que devem existir entre todos, tais como entre pais e filhos, professores e alunos, marido e esposa, parentes, amigos, vizinhos, empregadores e empregados.[48]

Esse conjunto de valores morais percebidos no Budismo revela que o fundamento de qualquer direito inerente aos seres humanos será encontrado nos deveres sagrados que eles têm uns com os outros. Nessa percepção, a dignidade humana é dimensionada coletivamente, na medida em que se estabelece como meta principal da humanidade a cessação do sofrimento.

No que concerne à tradição Hindu, terceira maior religião do mundo, adotada principalmente na Índia há mais de 3.500 anos, vê-se que reconhece distintos níveis na natureza humana, a qual divide

---

[46] Sencientes são todos os seres, humanos ou não, passíveis de sofrimentos físicos e psíquicos, ou seja, que têm sensações, como, por exemplo, os cachorros, os gatos, entre outros. In: SINGER, Peter. *Animal Liberation*. 2 ed. New York: The New York Review of Books, 1990, p. 8.

[47] JUNGER, Peter D. Why the Buddha Has no Rights. In: KEOWN, Damien V.; CHARLES, S. Prebish; WAYNE, R. Husted. *Buddhism and Human Rights*. Cornwall: Curzon, 1998, p. 54.

[48] KEOWN, Damien. Are There Human Rights in Buddhism?. In: KEOWN, Damien V.; CHARLES, S. Prebish; WAYNE, R. Husted. *Buddhism and Human Rights*. Cornwall: Curzon, 1998, p. 20-21.

em castas.⁴⁹ Nesse sistema moral, parte-se do raciocínio de que existem diferenças fundamentais e imutáveis nos seres humanos, as quais importam na necessidade do estabelecimento de diferentes normas de comportamento, apropriados à posição de cada um na vida.⁵⁰ Como consequência, surgem vários níveis de verdades espirituais, que são igualmente válidas, embora toda a verdade seja uma e a mesma.⁵¹ Por isso, não há como se estabelecer uniformidade de normas aplicadas a todos de igual maneira, visto que cada grupo (casta) tem o seu dharma (lei) tradicionalmente definido e religiosamente sancionado.⁵² Assim, para atingir a perfeição, os indivíduos devem procurar cumprir suas obrigações de acordo com a casta em que nasceram, recebendo a oportunidade, em cada renascimento, de submeterem-se a diferentes castas e direitos, até atingirem a perfeição (moksha).⁵³ Destaca-se, ainda, que, mesmo dentro das diferentes castas, cada indivíduo ocupa um lugar central e inviolável, em razão de sua potencial realização espiritual, pois todos seguem o caminho evolutivo que levará ao *moksha*.⁵⁴

Como se percebe, o sistema Hindu também parte da natureza humana e de sua dignidade para definir os direitos que devem ser reconhecidos aos indivíduos e as responsabilidades a eles inerentes. O fato de essa cultura adotar o controvertido sistema de castas para dimensionar o patamar dos direitos de cada um no meio social em que vive não altera, contudo, a realidade de que o ponto de partida desse sistema moral está na dignidade inerente aos seres humanos, já que em cada casta o

---

[49] BUULTJENS, Ralph. Human Rights in Indian Political Culture. In: THOMPSON, Kenneth W. *The Moral Imperativs of Human Rights: A World Survey*. Washington: University Press of America, 1980, p 112/3.
[50] SOUTH ASIA HUMAN RIGHTS DOCUMENTATION CENTRE. Human Rights and Humanitarian Law. New Dehli: Oxford University Press, 2008, p. 215.
[51] BUULTJENS, op. cit., p 112/3.
[52] SOKO, Keith. *A Mounting East-West Tension*. Milwaukee: Marquette University Press, 2009, p 61.
[53] HARSH, Bhanwar Lal. *Human Rights in India: Protection and Implementation of the Human Rights Act, 1993*. New Delhi: Regal Publications, 2009, p. 32/3.
[54] TALWAR, Prakash. *Human Rights*. Delhi: Isha Books, 2006, p. 72.

indivíduo é o centro inviolável de potencial realização espiritual. Assim, vê-se que essa é a base que dá sustentação ao reconhecimento dos diferentes níveis de direitos a que as pessoas têm acesso dentro desse sistema.

Outra cultura que merece destaque é a adotada pela maior parte dos povos que vivem no centro, no leste e no meridional do continente Africano, os quais seguem um antigo código moral chamado *ubuntu*, que enfatiza a importância da hospitalidade, do respeito e da generosidade que os indivíduos devem ter uns para com os outros, pelo fato de pertencerem a uma única família humana.[55] Nesse conjunto axiológico, *o indivíduo é uma pessoa através de outras pessoas*, ou seja, a dignidade do ser humano é construída na medida em ele participa e compartilha a sua vida de maneira coletiva, ajudando os outros seres humanos.[56] Essas características tornam evidente que, nessa cultura, a dignidade inerente aos seres humanos também é a base ideológica que rege as normas que fundamentam os direitos essenciais dentro desses grupos. A prova disso está no fato de que, em 1981, a Carta Africana dos Direitos Humanos e dos Povos coroou, no terceiro parágrafo de seu preâmbulo, a realização da *dignidade* como um dos objetivos essenciais a ser atingido pelo povo africano.[57]

Já na cultura islâmica, a qual que se baseia na moral religiosa para normatizar as condutas sociais, sendo a segunda maior religião do mundo em número de adeptos, vê-se que há, nos seus textos sagrados, uma preocupação constante com a preservação da dignidade humana, a qual é estabelecida por meio de mandamentos que protegem as várias

---

[55] MURITHI, Tim. Ubuntu and human rights. In: SMITH, Rhona K. M.; ANKER, Cristien van den. *The essentials of human rights*. London: Oxford University Press, 2005, p. 341.
[56] LEGESSE, Asmarom. *Human Rights in African Political Culture*. In: THOMPSON, Kenneth W. *The Moral Imperatives of Human Rights: A World Survey*. Washington: University Press of America, 1980, p 123/4.
[57] GHANDHI, op. cit., p. 423.

formas de sua realização, como a vida, a liberdade, a igualdade, entre outros.[58] Aliás, essas condições culminaram na promulgação da Declaração Geral de Direitos Humanos do Islã, cujo texto tem por base o Alcorão e o Sunnah, sendo resultado do trabalho de estudiosos, juristas e representantes muçulmanos dos movimentos e pensamento islâmicos.[59] No primeiro parágrafo do prefácio dessa declaração ficou estabelecido que *"(...) o Islã concedeu à humanidade um código ideal de direitos humanos. Esses direitos têm por objetivo conferir honra e **dignidade à humanidade**, eliminando a exploração, a opressão e a injustiça"*.[60] Desse modo, fica claro que, para essa cultura, a dignidade humana também é o elemento nuclear e principal objetivo dos direitos humanos. No mesmo sentido é a Carta Árabe dos Direitos Humanos, que estabelece, expressamente, no primeiro parágrafo de seu preâmbulo, a *"crença das Nações Árabes na dignidade humana desde que Deus a honrou"*, ressaltando que todos os seres humanos têm *"direito a uma vida digna, baseada na liberdade, justiça e paz"*.[61]

Quanto à tradição judia, observa-se que valores morais que conduzem a vida de seus seguidores são entendidos como responsabilidades as quais eles devem cumprir em razão de decretos divinos, insertos no Torah, cujo norte é a santidade da vida e a preservação e proteção da dignidade humana, uma vez que homens e mulheres foram criados à imagem de Deus.[62] Como se vê, a própria concepção que identifica o ser

---

[58] PISCATORI, James P. Human Rights in Islamic Political Culture. In: THOMPSON, Kenneth W. *The Moral Imperativs of Human Rights: A World Survey.* Washington: University Press of America, 1980, p. 152/3.
[59] MAYER, Ann Elisabeth. The Islamic Declaration on Human Rights. In: SMITH, Rhona K. M.; ANKER, Cristien van den. *The essentials of human rights.* London: Oxford University Press, 2005, p. 209.
[60] DALACOURA, Katerina. Islam and human rights. In: SMITH, Rhona K. M.; ANKER, Cristien van den. *The essentials of human rights.* London: Oxford University Press, 2005, p. 207/8.
[61] GHANDHI, op. cit., p. 465
[62] SOETENDORP, Awraham. Jewish Tradition and Human Rights. In: SMITH, Rhona K. M.; ANKER, Cristien van den. *The essentials of human rights.* London: Oxford University Press, 2005, p. 211.

humano com Deus, tornando-o especial e diferente das outras espécies, prova que esse sistema axiológico também utiliza a dignidade humana como fundamento dos direitos que se denominam humanos.

Por fim, no que concerne às culturas do Leste Europeu e da região da antiga União Soviética, observa-se que, depois do colapso do comunismo, esses povos iniciaram reformas políticas de larga escala que culminaram por incorporar os valores da Declaração Universal da ONU em suas constituições, reforçando a máxima que reconhece a dignidade inerente aos indivíduos como o fundamento dos direitos e garantias individuais.[63]

Esse breve panorama sobre as morais adotadas nas culturas de maior expressão na atualidade leva à conclusão de que os valores morais ligados aos direitos humanos não constituem privilégio ou invenção de um único grupo. Ao contrário, o homem encontra diferentes tipos de representações e múltiplas formas de compreensão nas distintas culturas, as quais têm, na dignidade inerente aos seres humanos, em suas complexas formas de exteriorização e entendimento, seja no âmbito individual, seja como parte de um todo coletivo, o traço comum que tem servido de justificação para a implementação dos direitos essenciais possuídos pelos seres humanos.[64]

Essa conclusão é também reforçada pela Declaração para uma Ética Global, promulgada em 1993, durante o encontro do Parlamento das Religiões do Mundo[65], realizado em Chicago, nos Estados Unidos. Nesse evento, foram reunidos 6.500 (seis mil e quinhentos) líderes reli-

---

[63] MIKLÓS, András. Central and Eastern Europe: The Reality of Human Rights. In: SMITH, Rhona K. M.; ANKER, Cristien van den. *The essentials of human rights*. London: Oxford University Press, 2005, p. 37.

[64] LI, Xiaorong. *Ethics, human rights, and culture: beyond relativism and universalism*. New York: Palgrave Macmillan, 2006, p. 145.

[65] COUNCIL FOR A PARLIAMENT OF THE WORLD'S RELIGIONS. Declaration Towards a Global Ethic. Disponível em <http://www.parliamentofreligions.org/_includes/FCKcontent/File/TowardsAGlobalEthic.pdf>. Acesso em: 07 maio 2011.

giosos, de todas as partes do mundo, com o objetivo de desenvolver uma nova ética global, através de um conjunto comum de valores essenciais que estão presentes nos ensinamentos das diferentes crenças.[66] O valor dessa Declaração está no fato de que ela foi fruto de discussão democrática entre representantes de diversas culturas, os quais culminaram por reconhecer que existem certos valores obrigatórios e irrevogáveis que devem nortear as ações de todas as pessoas no mundo, independentemente de seguirem ou não uma crença religiosa.[67]

Os valores éticos reconhecidos por essa Declaração baseiam-se na existência de fundamental unidade da família humana sobre a terra, a qual se manifesta pela total realização da dignidade intrínseca da pessoa humana expressa pela liberdade inalienável, pela igualdade e pela necessária solidariedade e interdependência existente entre todos os indivíduos.[68] Por tais motivos é que ficou consignado em seu texto que cada ser humano, sem distinção de idade, sexo, raça, cor, habilidade mental ou física, linguagem, religião, posição política ou origem nacional ou social *"possui uma inalienável e intocável dignidade, a qual deve ser protegida por todos, indivíduos e Estado, os quais são obrigados a honrá-la e protegê-la".*[69]

Assim, levando em conta que o ponto convergente entre as religiões, as culturas e as Declarações internacionais sobre direitos humanos é o reconhecimento expresso de que o fundamento e a própria finalidade desses direitos estão na realização e na proteção da *dignidade humana*,

---

[66] KÜNG, Hans; KUSCHEL, Karl-Josef. *A Glogal Ethic: The Declaration of The Parliament of the World's Religions*. New York: The Continuum International Publishing Group Inc., 1993, p. 08.
[67] KÜNG, op. cit, p. 18.
[68] KÜNG, op. cit, p. 20.
[69] Nos exatos termos da Declaração para uma Ética Global: *"This means that every human being without distinction of age, sex, race, skin color, physical or mental abitlity, language, religion, political view, or national or social origin possesses na inalienable and untouchable dignity, and everyone, the individual as well as the state, is therefore obliged to honor this dignity and protect it."*. In: KÜNG, op. cit, p. 6.

torna-se primordial, a partir dessa constatação, entender o que venha a ser essa *dignidade* e quais são as suas dimensões de atuação.

2.1 – O Conceito de Dignidade Humana

Encontrar a definição de dignidade humana não é tarefa fácil porque ela comporta respostas que vão desde a esfera religiosa e filosófica até a científica.[70] Além disso, a expressão por si só é tão ampla, vaga e contestada[71] que alguns autores como François Borella[72] e Claire Neirink[73] sustentam que, embora o direito deva reconhecer e proteger a dignidade humana, é impossível atribuir-se definição jurídica para ela, posto que representa uma noção filosófica da condição humana, associada às suas imensuráveis manifestações de personalidade. A dificuldade apontada pelos referidos autores é constatada na medida em que, quando se fala em dignidade humana como atributo dos indivíduos, normalmente observa-se que há compreensão genérica relativamente fácil do que ela representa. Contudo, quando se tenta expressar o seu significado em palavras, surgem muitas controvérsias, pois a expressão vem carregada de diversos sentimentos.[74]

Outro problema a ser enfrentado, como bem destaca Boaventura de Souza Santos, está na forte resistência cultural instaurada acerca da utilização da expressão *dignidade humana*, visto que, para muitas

---

[70] COMPARATO, Fábio Konder. *A afirmação histórica dos direitos humanos*. 2.ed. São Paulo: Saraiva, 2001, p. 01.
[71] OREND, Brian. *Human Rights: Concept and Contxtex*. Peterborough,(Ontario-Canadá): Boadview Press, 2002, p. 87/8.
[72] BORELLA, François. Le Concept de Dignité de la Personne Humaine. In: PEDROT, Philippe (Dir). *Ethique Droit et Dignité de la Personne*. Paris: Economica, 1999, p. 37.
[73] NEIRINCK, Claire. La Dignité de la Personne ou le Mauvais Usage d'une Notion Philosophique. In: PEDROT, Philippe (Dir). *Ethique Droit et Dignité de la Personne*. Paris: Economica, 1999, p. 50.
[74] CARVALHO, Luís Gustavo Grandinetti de. *Processo Penal e Constituição*. 4. ed. Rio de Janeiro: Lumen Juris, 2008, p.21/2.

culturas, ela tem se assentado, desde a promulgação da Declaração da ONU, em parâmetros morais exclusivamente ocidentais, sem qualquer respeito ou consideração pela história e forma como as demais culturas desenvolveram ao longo da sua trajetória o respeito e a proteção da dignidade de seus membros.[75]

Não obstante toda essa controvérsia, observa-se que as diferentes proposições que buscam conceituar a dignidade humana convergem no sentido de que ela é um atributo possuído por todos os seres humanos, o qual os diferencia das outras criaturas da natureza.[76] Nesse sentido, Immanuel Kant[77] defende que a dignidade humana é qualidade congênita e inalienável de todos os seres humanos, a qual impede a sua coisificação e se materializa através da capacidade de autodeterminação que os indivíduos possuem por meio da razão. Isso ocorre porque os seres humanos têm, na manifestação da sua vontade, o poder de determinar suas ações, de acordo com a idéia de cumprimento de certas leis que adotam, sendo essa característica exclusiva dos seres racionais.[78] Além disso, o filósofo prussiano salienta que o homem é um fim em si mesmo, pois não se presta a servir como simples meio para a satisfação de vontades alheias.[79]

Por tais características, a dignidade humana é atribuída aos indivíduos, independentemente de suas circunstâncias concretas ou dos danos que eventualmente tenham causado à realidade externa, ou seja, ela é igualmente reconhecida aos mais cruéis criminosos, terroristas,

---

[75] SANTOS, Boaventura de Souza. Para uma concepção multicultural dos direitos humanos. *Contexto Internacional,* Pontifícia Universidade Católica do Rio de Janeiro, Rio de Janeiro, v. 23, n.1, p. 18, jan./jun. 2001.

[76] SARLET, Ingo Wolfgang. As Dimensões da Dignidade da Pessoa Humana: construindo uma compreensão jurídico-constitucional necessária e possível. In: _____ (Org). *Dimensões da Dignidade: Ensaios de Filosofia do Direito e Direito Constitucional.* Porto Alegre: Livraria do Advogado, 2005, p. 35.

[77] KANT, Immanuel. Groundwork of the Metaphysic of Morals. In: PASTERNACK, Lawrence. *Immanuel Kant: Groundwork of the Metaphisic of Morals.* New York: Routledge, 2002, p. 56, 62-63.

[78] KANT, op. cit., p. 67.

[79] KANT, op.cit., p. 55.

ou qualquer outra denominação que se queira atribuir aos indivíduos que violam os direitos dos seus semelhantes, pois eles são reconhecidos como pessoa e seus atos, por mais tenebrosos que sejam, **não são capazes de apagar esse traço inato**.[80] Dworkin complementa esse raciocínio defendendo que, no caso dos presos, os motivos que os levaram ao encarceramento compulsório, ainda que reprováveis, não autorizam que eles venham a ser tratados como meros objetos.[81]

Isso ocorre porque os seres humanos possuem certas características que os distinguem da natureza impessoal, pois têm a capacidade de tomarem consciência de si mesmos e de alterarem a sua inserção no meio em que vivem.[82] Para ilustrar a situação, veja-se que um objeto qualquer, para servir às vontades alheias, pode facilmente ser removido de um lado para outro, alterado em sua forma, adaptado às finalidades diversas e até mesmo ser descartado, pois ele não tem o atributo inato possuído pelos seres humanos de serem um fim em si mesmo. Um objeto não vai reagir ao descarte por parte de seu proprietário que decidiu jogá-lo no lixo, por entender que não tem mais serventia. Contudo, um ser humano, por ser dotado de capacidade de decisão e de consciência, esboçará diferentes reações diante de qualquer processo que implique sua redução a mero instrumento do arbítrio de terceiros. É justamente nessa característica inerente à espécie humana que se encontra o atributo chamado dignidade.

Por tais particularidades, a dignidade humana não depende de reconhecimento jurídico para existir[83], pois é bem inato e ético, colocando-se acima, inclusive, das especificidades culturais e suas diversas

---

[80] SARLET, Ingo Wolfgang. As dimensões da dignidade da pessoa humana: uma compreensão jurídico-constitucional aberta e compatível com os desafios da biotecnologia. In: SARMENTO, Daniel et al. (Coord.). *Nos limites da vida*. Rio de Janeiro: Lumen Juris, 2007, p. 217.

[81] DWORKIN, Ronald. *O domínio da vida: aborto, eutanásia e liberdades individuais* Trad. Jerferson Luiz Camargo. São Paulo: Martins Fontes, 2003, p. 310.

[82] SARLET, 2005, p. 21.

[83] MARTINEZ, Miguel Angel Alegre. *La dignidad de la persona como fundamento del ordenamiento constitucional español*. León: Universidad de León, 1996, p. 21.

morais, visto que tem a capacidade de persistir mesmo dentro daquelas sociedades que não a respeitam, já que a sua violação evidencia afronta à capacidade de autodeterminação do ser humano e de sua própria condição de ser livre.[84]

Deve-se salientar, no entanto, com relação a um dos aspectos destacados por Kant, no sentido de o homem ser um fim em si mesmo, não podendo ser instrumento da satisfação de vontades alheias, que isso não o impede de, em certas circunstâncias, servir voluntariamente a terceiros, sem com isso caracterizar afronta à sua dignidade.[85] É o que ocorre, por exemplo, com um prestador de serviços que se propõe a realizar uma tarefa árdua, como a limpeza de um grande terreno coberto de entulho, em troca de pagamento. Nesse caso, o objetivo da conduta em si não é o de instrumentalizar o outro, embora uma das partes esteja servindo como instrumento da vontade alheia, pois há clara sujeição recíproca em que os dois indivíduos se beneficiam do processo. Se, de um lado, o dono do terreno consegue limpar a área, favorecendo-se do esforço físico de um terceiro, por outro, esse último recebe um pagamento resultante da diminuição patrimonial do contratante, o qual se desfez de parte de seu capital para receber o serviço ajustado.

Todavia, outra seria a resposta se o indivíduo se colocasse voluntariamente como objeto de vontades alheias, expondo-se a situações degradantes, nas quais o escopo da conduta não fosse a recíproca sujeição das partes envolvidas, mas a simples instrumentalização de um dos componentes da relação. Isso estaria caracterizado, por exemplo, se um indivíduo se propusesse a vender um órgão, como um de seus olhos, em troca de uma grande quantia em dinheiro. Nesse caso, como a prática importaria na redução da pessoa a mero objeto, visto que parte de seu

---

[84] SILVA, Reinaldo Pereira. *Introdução ao Biodireito. Investigações Político-Jurídicas sobre o Estatuto da Concepção Humana*. São Paulo: LTr, 2002, p. 191.
[85] SARLET, 2005, p. 36.

corpo estaria sendo despojado para fins de comércio, haveria relativização da autonomia da sua vontade no sentido de proibir a prática. A restrição aplicada se sustenta no fato de que a autonomia deve ser restringida sempre que se mostrar prejudicial à dignidade de quem a está exercendo ou para terceiros.[86] Além disso, vale lembrar novamente a lição de Kant, segundo o qual a dignidade humana está acima de todos os preços, não admitindo qualquer substituição por valores, visto que não há nada no mundo material que lhe possa ser equivalente.[87]

Por tais motivos, pode-se afirmar que a dignidade humana, considerada como valor, é um bem inalienável que não pode ser objeto de transação ou renúncia por parte de seu titular, sobrepondo-se, inclusive, à autonomia da vontade, quando o seu exercício acarretar qualquer forma de subjugação ou de degradação da pessoa.

Por outro lado, autores como Benedetto Croce[88] e Pérez-Luño[89] complementam a abordagem ontológica da dignidade humana, que a qualifica como atributo intrínseco ao indivíduo, para acrescentar-lhe um sentido cultural, crescente e variável, dentro de cada momento histórico. Nesse nível complementar, ela é concebida como o resultado do trabalho de várias gerações, com base nas necessidades humanas surgidas no seio de cada sociedade, demandando conduta estatal e social de respeito e proteção.

Nesse contexto histórico-cultural, a dignidade humana exige respeito e proteção, tanto por parte da sociedade quanto pelo Estado, pois é o resultado de *certo consenso social* que serve de parâmetro para o

---

[86] ANDORNO, Roberto. Liberdade e Dignidade da Pessoa: dois paradigmas opostos ou complementares na bioética? In: MARTINS-COSTA, Judith; MÖLLER, Letícia Ludwig (Org.). *Bioética e responsabilidade*. Rio de Janeiro: Forense, 2009, p. 73.
[87] KANT, op. cit., p. 62.
[88] CROCE, Benedetto. *Declarações de Direitos – Benedetto Croce, E. H. Carr, Raymond Aron.* 2. ed. Brasília: Senado Federal, Centro de Estudos Estratégicos, Ministério da Ciência e Tecnologia, 2002, p. 17-19.
[89] PÉREZ-LUÑO, Antônio Enrique. *Derechos humanos em la sociedade democratica*. Madrid: Tecnos, 1984, p. 48.

exercício do poder de controle da sociedade e das autoridades, as quais se incumbem de protegê-la contra quaisquer formas de violação.[90] Por isso, embora possua algumas feições universais, a dignidade humana expressa, nessa *dimensão*, a sua referência cultural relativa[91], o que vai importar em um conjunto de direitos variável no tempo e no espaço, dependendo do contexto cultural.

Para Jürgen Habermas, no entanto, a dignidade humana não é uma propriedade inata ou biológica dos indivíduos, como a inteligência ou a cor dos olhos, as quais eles possuem por natureza, mas ela consiste em uma espécie de inviolabilidade que assume significado somente nas relações interpessoais de mútuo respeito, decorrente da igualdade de direitos presentes nas relações entre as pessoas.[92] Assim, percebe-se que, na visão de Habermas, a dignidade humana está, no estrito sentido moral e legal, conectada com uma simetria relacional. Ela não seria um valor ou um atributo natural do homem, mas consistiria em uma tarefa que o indivíduo pode realizar, cabendo ao Estado prestar as condições para que essa tarefa se realize.[93]

2.2 – Dimensões da Dignidade Humana

As ponderações teóricas acima relacionadas demonstram que a dignidade humana é mais bem compreendida quando separada em dois

---

[90] MAURER, Béatrice. Notas sobre o respeito da dignidade humana... ou pequena fuga incompleta em torno de um tema central. Trad. Rita Dostal Zanini. In: SARLET, Ingo Wolfgang. (Org.). *Dimensões da dignidade: ensaios de filosofia do direito e direito constitucional*. Porto Alegre: Livraria do Advogado, 2005, p. 85.
[91] HÄBERLE, Peter. A dignidade humana como fundamento da comunidade estatal. Trad. Ingo Wolfgang Sarlet e Pedro Scherer de Mello Aleixo. In: SARLET, Ingo Wolfgang. (Org.). *Dimensões da dignidade: ensaios de filosofia do direito e direito constitucional*. Porto Alegre: Livraria do Advogado, 2005, p. 127.
[92] HABERMAS, Jürgen. *The Future of Human Nature*. Malden: Blackwell Publishing Inc., 2003, p. 33.
[93] HÄBERLE, op.cit., p. 120.

níveis de análise: **1)** o primeiro, o qual se denomina, neste trabalho, de *dimensão básica*, no qual se inclui a teoria de Kant, e em que se encontram os bens jurídicos básicos e essenciais para a existência humana, os quais são necessários para o exercício da autodeterminação de cada indivíduo, impedindo a sua coisificação; **2)** o segundo, denominado, nesta pesquisa, de *dimensão cultural*, o qual abarca as teorias de Benedetto Croce e Pérez-Luño e em que se inserem os valores que variam no tempo e no espaço, os quais buscam atender as demandas sociais de cada época, em cada sociedade, de acordo com as suas possibilidades econômicas, políticas e culturais.

Com base nessas premissas, vê-se que a *dimensão básica* da dignidade humana representa um qualidade própria do indivíduo que vai demandar o respeito por sua vida, liberdade e integridade física e moral, materializando-se em um conjunto de direitos elementares que impedem a coisificação do ser humano.[94] Ela é encontrada em todos os indivíduos, indistintamente, pois diz respeito a características que eles possuem independentemente da religião, da cultura, da língua ou da orientação ideológica que seguem. A propósito, Bradley Munro[95] ressalta que existe uma lista de necessidades humanas, comum a todas as pessoas para a sobrevivência individual, que refletem os mesmos direitos humanos proclamados na Declaração Universal da ONU. Essas necessidades práticas revelam que as pessoas possuem um conjunto de direitos inerentes e indispensáveis para a realização de uma vida minimamente digna.

---

[94] SARLET, 2005, p. 37/38.
[95] Nas exatas palavras de Bradley Munro: "*I can go on with a list of needs that reflects many of the rights in the Universal Declaration of Human Rights(UDHR). These practical needs are common to all human beings for individual survival. If we can begin our discussion with the dignity of every human being, then establish the rights a human being must have if he/she is to have a dignified life, we can move into na agreement on a list of rights such as we find in the UDHR*". In: MUNRO, Bradley R. Maritain and the Universality of Human Rights. In: SWEET, William. *Philosophical Theory and the Universal Declaration of Human Rights*. Ottawa: University of Ottawa Press, 2003, p. 122.

Por isso, a violação da *dimensão básica* da dignidade humana é facilmente constatada, já que estará caracterizada em qualquer situação em que uma pessoa venha a sofrer a redução de seu *status* como sujeito de direitos, para o de mero instrumento ou coisa, deixando de ser um fim em si mesmo. Para ilustrar essa premissa, cita-se o caso da escravidão, o qual acarreta a violação da *dimensão básica* da dignidade humana de suas vítimas, na medida em que implica a total desconsideração do indivíduo, reduzindo-lhe a mero instrumento de satisfação e subjugação das vontades alheias. Como se pode observar, nesse nível de análise, a dignidade humana se externa como um *limite* ao Estado e à própria sociedade em que o indivíduo esteja inserido, visto que representa um atributo insuscetível de redução, seja legal ou cultural. Nessa dimensão a concepção de dignidade humana é absoluta, não admitindo qualquer tipo de ponderação.

A *dimensão cultural* da dignidade humana, por sua vez, representa as formas e as condições como a dignidade humana, em sua *dimensão básica*, é implementada por cada grupo social ao longo da história. Nesse nível de análise, abre-se espaço para as peculiaridades culturais e suas práticas, variáveis no tempo e no espaço, pois se busca uma compreensão ética das finalidades de cada grupo social, a fim de se construírem significados que tenham capacidade de ser entendidos interculturalmente.[96] Em última análise, a dignidade humana é aqui uma *tarefa* de todos os atores sociais no sentido de oferecer oportunidade para o desenvolvimento de cada indivíduo, de acordo com as especificidades morais eleitas pela cultura em que está inserido. Nesse nível de atuação a concepção de dignidade humana é relativa, sendo ela um princípio, ou mandado de otimização, usando-se termos alexyanos, que poderá perfeitamente ser ponderado quando em colisão com outras normas.

---

[96] HÖFFE, Otfried. *A democracia no mundo de hoje*. Trad. Tito Lívio Cruz Romão. São Paulo: Martins Fontes, 2005, p. 77/8.

Assim, podem-se definir os contornos de um entendimento ético de dignidade humana, em sua dupla *dimensão*, no sentido de compreendê-la, tanto como *limite* quanto como *tarefa* do Estado e da própria sociedade. É *limite* na medida em que constitui um atributo que protege o indivíduo contra qualquer forma de coisificação, opondo-se, inclusive, contra práticas culturais que impliquem a redução da pessoa. Nessa dimensão ela deve ser compreendida dentro de uma concepção absoluta, como regra, não ponderável. Por outro lado, a dignidade humana também possui uma dimensão *tarefa*, na medida em que exige dos órgãos Estatais e da coletividade prestações positivas de promoção e proteção, através da criação de condições materiais e emocionais que viabilizem o seu gozo, as quais serão desenvolvidas dentro das peculiaridades culturais de cada povo. Nessa dimensão o conceito de dignidade é relativo, pois ela assume morfologicamente a função de princípio, admitindo ponderação quando em colisão com outros direitos.[97]

Tendo-se entendido a dignidade humana, em sua dupla *dimensão*, e a sua posição ética intercultural como fundamento e objetivo dos direitos humanos, pode-se, então, afirmar que os ***direitos humanos (gênero) são um conjunto de valores éticos, positivados ou não, que têm por objetivo proteger e realizar a dignidade humana em suas dimensões: <u>básica</u> (protegendo os indivíduos contra qualquer forma de coisificação ou de redução do seu status como sujeitos de direitos) e <u>cultural</u> (protegendo a diversidade moral, representada pelas diferentes formas como cada sociedade implementa o nível básico da dignidade humana).***

O conceito eleito associa os direitos humanos a um *conjunto de valores* **éticos,** justamente para permitir a discussão filosófica das diferentes morais existentes, extraindo-se delas os fundamentos comuns

---

[97] MORAES, Maria Celina Bodin de. O Conceito de Dignidade Humana: Substrato Axiológico e Conteúdo Normativo. In: SARLET, Ingo Wolfgang (Org.). *Constituição, Direitos Fundamentais e Direito Privado*. Porto Alegre: Livraria do Advogado, 2003, p. 116-118.

que vão servir para uma aproximação cultural, a qual, ao mesmo tempo em que exige o respeito universal dos valores protegidos por esses direitos, através da observância da *dimensão básica* da dignidade humana, preserva as peculiaridades morais adotadas por cada grupo social para o desenvolvimento da *dimensão cultural* dessa dignidade.

A definição proposta também deixa de abarcar detalhamentos morais ou legais, com o fim de evitar o risco de se tornar inaplicável em certos contextos culturais ou legislativos. Isso se justifica porque qualquer tentativa de conceituar direitos humanos através da escolha de certos valores morais acarretaria uma relativização dessa categoria, visto que a construção de uma moral unicamente válida ou absoluta é algo dificilmente alcançável dentro do quadro multicultural contemporâneo. A definição também omite a referência a qualquer regime de direito, posto que os direitos humanos são supra-legais, ou seja, eles independem de reconhecimento jurídico, de leis ou tratados para existirem. Veja-se, por exemplo, o direito de não ser escravizado, o qual é considerado em diversas culturas, inclusive pela própria Declaração Universal da ONU, como pertencente à classe de direitos humanos. De acordo com o conceito proposto neste trabalho, pode-se concluir que o direito de não ser escravizado **é reconhecido** como direito humano por ser forma de proteção da *dimensão básica* da dignidade humana, uma vez que tem como propósito evitar a coisificação dos indivíduos. Agora, é de se imaginar se uma hipotética sociedade não reconhecesse esse direito dentro de seu sistema jurídico e permitisse a escravidão. Nesse caso, embora sob o aspecto legal interno desse grupo social não houvesse qualquer violação, pois essa é a ordem normativa estabelecida nessa cultura, haveria a violação de um direito humano, pois a *dimensão básica* da dignidade humana estaria sendo atingida, na medida em que as pessoas estariam reduzindo o seu status como sujeito de direitos, tornando-se meros objetos das vontades alheias.

Desse modo, vê-se que o conceito aqui proposto aponta um caminho para a análise de cada caso concreto, o qual facilita o processo de identificação dos direitos humanos através do seguinte parâmetro: um *direito* somente será *humano* quando contiver em seu bojo valores éticos que representem formas de realização da dignidade humana, seja na *dimensão básica*, seja na *dimensão cultural*. A propósito, essa conclusão é confirmada tanto pela análise do preâmbulo da Declaração Universal dos Direitos Humanos da ONU como pelos 30 artigos nela inseridos. No preâmbulo, reconhece-se expressamente que os direitos ali previstos têm como base a dignidade humana. Além disso, a análise isolada de cada um dos artigos mostra que todos eles representam valores eleitos e reconhecidos como formas de realização da dignidade humana.[98] De igual forma, como se destacou anteriormente, o mesmo atributo ético é encontrado como base dos artigos que compõem a Declaração Americana de Direitos e Deveres do Homem, a Declaração Islâmica Universal dos Direitos Humanos, a Carta Africana dos Direitos Humanos e dos Povos, a Carta Árabe dos Direitos Humanos e a Carta dos Direitos Fundamentais da União Européia.

Partindo-se então da premissa de que a dignidade humana é o núcleo ético de atuação dos direitos humanos e que ela possui duas dimensões, uma *básica* e outra *cultural*, é conseqüência **lógica que se encontrem também diferentes níveis de atuação dos direitos humanos.**[99] Fala-se, hoje, em direitos humanos ambientais, direitos humanos econômicos, direitos humanos culturais, entre outros[100], os quais vêm se desenvolvendo assimetricamente dentro dos limites sociais, eco-

---

[98] BAEZ, Narciso Leandro Xavier. Dimensões de Aplicação e Efetividade dos Direitos Humanos In: XIX CONGRESSO NACIONAL DO CONPEDI - Desafios da Contemporaneidade do Direito: diversidade, complexidade e novas tecnologias, 19, 2010, Florianópolis. Anais... Florianópolis, 2010, p. 7129-7131.
[99] BAEZ, op. cit., p.7128/9.
[100] LIMA JÚNIOR, Jayme Benvenuto. Os Direitos Humanos Econômicos, Sociais e Culturais. Rio de Janeiro: Renovar, 2001.

nômicos, políticos e culturais de cada Estado. Adicionalmente, enquanto algumas sociedades conseguem alcançar altos níveis de realização da dignidade humana, com sofisticados detalhamentos nos valores culturais que adotam, em outras, boa parte dos direitos básicos e essenciais continuam sem atendimento.[101]

Como ilustração, veja-se que, na Alemanha, para combater a diminuição drástica da natalidade, o Governo está prestando auxílio financeiro de até vinte e cinco mil euros para que as mulheres tenham filhos e, além disso, mantém o pagamento de uma pensão, por cada filho gerado, até ele completar 26 anos de idade.[102] Essa prática caracteriza-se como forma de realização da dignidade humana, em peculiar nível de atuação, pois tem por escopo preservar a existência daquele grupo social e da sua respectiva cultura, provendo recursos que permitam atender às necessidades materiais das famílias que se proponham a ter filhos. Note-se que, como os direitos básicos e essenciais naquela sociedade já estão **há muito tempo sendo implementados, foi possível o desenvolvimento de outros níveis de atuação dos direitos humanos, a fim de atender a uma nova demanda fática e cultural des**se momento histórico.

Por outro lado, contrastando-se o exemplo anterior com a situação atual da República do Congo, onde 69% (sessenta e nova por cento) de seus habitantes sofrem de subnutrição crônica, a qual é responsável por alto índice de mortalidade infantil (77 óbitos para cada mil crianças nascidas vivas)[103], ver-se-á que aquele nível de atuação dos direitos humanos desenvolvido na Alemanha é impensável nesse contexto, pois a

---

[101] STRECK, Lenio Luiz. *Verdade e Consenso: Constituição, Hermenêutica e Teorias Discursivas.* Lumen Juris, Rio de Janeiro: 2006, p. 17-37.
[102] OSTNER, Ilona. Farewell to the Family as We Know it: Family Policy Change in Germany. In *German Polyce Studies.* Georg-August-University, Göttingen, v. 6, n.1, p. 230, 2010.
[103] DIOUF, Jacques; SHEERAN, Josette. *The State of Food Insecurity in the World: Addressing food insecurity in protracted crises.* Rome: Food and Agriculture Oranization of the United Nations (FAO) and World Food Programme (WFP), 2010, p. 52.

luta na República do Congo está justamente na implementação dos elementos básicos de realização da dignidade humana. Não há, portanto, nesse último país, uma base sólida de direitos humanos fundamentais sobre a qual se possa pensar em desenvolver outros níveis de realização da dignidade humana, já que sequer o nível básico desses direitos foi alcançado.

Esse desenvolvimento assimétrico dos direitos humanos corrobora a ideia de que essa categoria está se desenvolvendo em várias dimensões de atuação, que vão desde a proteção das necessidades humanas basilares até a mais sofisticada forma de realização cultural, econômica e social da dignidade humana. Além disso, percebe-se também um alargamento *objetivo e subjetivo*[104] dos direitos humanos, pois eles têm sido invocados dentro de temas antes inimagináveis, como, por exemplo, as manipulações genéticas e pesquisas de células tronco com embriões humanos[105], o direito ao meio ambiente equilibrado e sadio como direito humano[106], entre outros assuntos complexos e instigantes.

Esses fatos trazem consigo o desafio de compreender como esses diversos níveis de direitos humanos devem ser tratados na seara internacional e no contexto interno de cada sociedade, pois não há como imaginar que todos eles possam ser recebidos uniformemente pelas nações, visto que as realidades econômicas, políticas e culturais não permitem tal projeção. Por outro lado, há certa *dimensão* desses direitos que demandam, por sua própria natureza, a observância incondicional

---

[104] MORAIS, José Luís Bolzan de. Direitos Humanos, Estado e Globalização. In: RÚBIO, David Sánchez; FLORES, Joaquín Herrera e CARVALHO, Salo (org.). *Direitos Humanos e Globalização: Fundamentos e possibilidades desde a teoria crítica*. Rio de Janeiro: Lumen Juris, 2004, p. 122.

[105] KLEVENHUSEN, Renata Braga. O conceito de direito à vida no direito brasileiro e a tutela do mebrião humano. In: BAEZ, Narciso Leandro Xavier; BARRETTO, Vicente. (Org.). *Direitos Humanos em evolução*. 1 ed. Joaçaba - SC: UNOESC, 2007, v. 1, p. 99-122.

[106] FRANCO DEL POZO, Mercedes. El derecho humano a un medio ambiente adecuado. In: UNIVERSIDAD DE DEUSTO, *Cuaderno de Derechos Humanos*, Universidad de Deusto (Bilbao), n. 8, Bilbao, p. 32, España, 2000,

em todas as culturas e não passível de ponderação. É o caso, por exemplo, do conjunto de direitos humanos que protege os indivíduos contra a escravidão, o qual não admite qualquer tipo de oposição legal ou moral à sua observância.[107]

A situação da Alemanha, do Congo e o exemplo da escravidão, anteriormente descritos, permitem afirmar que os direitos humanos possuem duas dimensões de atuação. A primeira é formada pelos direitos que desempenham o papel de salvaguardar os seres humanos contra qualquer ato de redução, mesmo que, para isso, tenham que se opor às práticas ou crenças morais seculares. É nesse nível de atuação que se busca a realização da *dimensão básica* da dignidade humana e, por esse motivo, atribui-se a esses direitos, no espaço desta pesquisa, a denominação de *direitos humanos fundamentais,* os quais serão devidamente detalhados adiante, em tópico específico destinado ao estudo de sua morfologia.

A segunda *dimensão* de atuação dos direitos humanos é aquela em que se busca a realização da dignidade humana, em sua *dimensão cultural,* a qual se desenvolve principalmente como resultado da evolução histórica das sociedades e que, por isso mesmo, admite certas adaptações culturais.[108] Hannah Arendt reforça tal ideia ao afirmar que os direitos humanos situados nessa *dimensão* não nascem de uma só vez, pois estão em constante construção e reconstrução, fato que impede que sejam passíveis de fundamento absoluto.[109] Deve-se salientar que é nessa dimensão que aparecem os novos níveis de direitos humanos, criados como resposta às demandas surgidas no seio social, dentro dos limites

---

[107] BALES, Kevin. *Disposable People: new slavery in the global economy.* Los Angeles: University of California Press, 2000, p. 31.
[108] LEAL, Rogério Gesta. *Perspectivas Hermenêuticas dos Direitos Humanos e Fundamentais no Brasil.* Porto Alegre: Livraria do Advogado, 2000, p. 51.
[109] ARENDT, Hannah. *Origens do Totalitarismo.* Trad. Roberto Raposo. Rio de Janeiro:Companhia das Letras, 2004. p. 332/3.

econômicos, políticos e culturais da época em que são proclamados.[110] Por tais características, no contexto teórico deste trabalho, os direitos atuantes nessa *dimensão* serão denominados de *direitos humanos dependentes de fatores culturais*. Essa expressão é escolhida pelo fato de que eles simbolizam o conjunto de direitos humanos que realizam a *dimensão cultural* da dignidade humana e porque nesse nível de atuação os direitos humanos estão sujeitos a variações de acordo com a cultura em que estão inseridos. A expressão escolhida, aliás, foi usada pela primeira vez por Otfried Höffe, o qual também defende a existência de dois níveis de direitos humanos: os que chama de genéricos, que são superiores e não se sujeitam a fatores culturais, e os *"direitos humanos dependentes de fatores culturais"*, os quais *"são especificações de direitos humanos genéricos"* dentro de cada cultura.[111]

Observe-se, contudo, que a evolução histórica das sociedades também é responsável por reconhecer a existência de *direitos humanos fundamentais*. Nesse caso, não há a criação de um novo direito humano, mas a descoberta de um valor que sempre foi inerente aos indivíduos, desde os primórdios da humanidade, e que até aquele momento histórico não vinha sendo respeitado dentro do grupo social que constatou a sua existência. Para melhor se compreender a situação, veja-se o paralelo com as descobertas das ciências naturais. Quando Nicolau Copérnico afirmou a teoria heliocêntrica do Sistema Solar, no século XVI, provando matematicamente que não era o sol que girava em torno da Terra, mas que, ao contrário, era a Terra que fazia esse movimento em torno do sol, tal descoberta não criou algo novo para o sistema das esferas celestiais.[112] A constatação matemática de Copérnico apenas elucidou a dinâmica das esferas celestiais, a qual, embora sempre tenha existido, mesmo

---

[110] ARENDT, op. cit., p. 332/3.
[111] HÖFFE, op.cit., p. 78.
[112] COPERNICUS. Nicolaus. *Copernicus: on ther revolutions of the haeavenly spheres*. Trad. DUNCAN, A. N. New York: Barnes & Noble Books, 1976, p. 38-40.

sem o conhecimento do homem, foi reconhecida somente naquele momento histórico. Assim também são os *direitos humanos fundamentais*. Eles representam uma *dimensão* **tão básica de satisfação da dignidade humana que a sua afirmação histórica não pode ser considerada uma nova criação, mas a constatação sobre alguns atributos fundamentais dos seres humanos, que lhes é inerente desde o seu surgimento no planeta Terra.**

Para ilustrar a questão, veja-se o exemplo da escravidão, a qual foi prática usual em certas épocas e que, com o decorrer da história, acabou sendo banida por representar uma forma de violação da *dimensão básica* da dignidade humana.[113] A abolição da escravatura não criou uma nova forma de dignidade para os seres humanos, mas tão só corrigiu um problema histórico de violação que vinha ocorrendo desde os primórdios da humanidade, pois essa prática sempre representou um aviltamento da natureza humana e jamais foi aceita sem resistências.[114] Desse modo, a evolução social levou a humanidade a identificar uma característica nos indivíduos que até aquele momento não havia sido percebida, embora sempre estivesse presente, no sentido de que o homem é um fim em si mesmo, haja vista que, como ser dotado de razão e sentimentos, com inteligência, liberdade e capacidade para amar[115], não pode ser submetido a situações que o reduzam a mero instrumento ou objeto para finalidades externas à sua vontade.

Diferente é o que ocorre com os *direitos humanos dependentes de fatores culturais*, os quais são frutos diretos da construção moral de cada povo, desenvolvida ao longo da sua história, com o objetivo de promo-

---

[113] BRENNER, Robert. The rises and declines of serfdom in medieval and early modern Europe. In: BUSH, M. L. (Ed.) *Serfdom and Slavery: Studiesin Legal Bondage*. London: Longman, 1996, p. 247.

[114] MELTZER, Milton. *Slavery I: From the Rise of Western Civilization to the Renaissance*. Chicago: Henry Regnery Company, 1971, p. 1-6.

[115] MAURER, op.cit., p. 86.

ver a dignidade humana através da eleição de valores que vão nortear as suas vidas. Nesse patamar de desenvolvimento, associam-se também as condições políticas, econômicas e jurídicas de cada povo, as quais vão desenvolver diferentes formas de realização dessa dignidade, a fim de atender os novos desafios sociais com surgimento ao longo da história.

Observe-se a questão do polêmico uso da burca, para entender-se como as duas dimensões dos direitos humanos atuam e a importância de sua compreensão para a solução de casos concretos. O uso da referida vestimenta, cujo fundamento moral é a religião[116], encontra significados diversos, dependendo do contexto cultural em que é analisada, fato que tem acarretado leituras totalmente antagônicas sobre a sua relação com a dignidade humana das mulheres. Essa discordância moral tem ocorrido, sobretudo, porque as culturas envolvidas vêm tentando julgar as práticas umas das outras utilizando os seus próprios parâmetros valorativos, quando, a bem da verdade, a única forma de se avaliar com justeza uma conduta social é utilizando-se o próprio ambiente axiológico em que ela está inserida.

Assim, ao se analisar a questão da burca sob o espectro das duas dimensões da dignidade humana e os seus correspondentes níveis de atuação dos direitos humanos, vê-se que, na *dimensão básica,* o uso da burca somente poderá ser considerado violador dos direitos humanos fundamentais se ele importar na redução do status da pessoa que a está utilizando, como sujeito de direitos, passando a ser tratada como mero instrumento ou coisa. Levando em conta esse parâmetro objetivo de análise, vê-se que, tanto a imposição do uso da burca quanto a sua proibição, materializam formas de violação da *dimensão básica da dignidade humana,* pois ambas as posições desconsideram a mulher como sujeito de direitos, com vontade própria e capaz de exercer o seu direito de

---

[116] LYON, Dawn; SPINI, Debora. Unveiling the Headscarf Debat. *Feminist Legal Studies, Netherlands,* v. 12. p. 342, 2004.

crença e de escolha. Quando uma cultura impõe o uso dessa vestimenta à mulher, sob pena de sofrer sanções físicas, morais ou legais, está reduzindo-a a mero instrumento (objeto) de vontade alheias, violando aquele atributo inerente a todos os seres humanos que os protegem contra atos que resultem em seu tratamento como coisa. Por outro lado, a proibição do uso da burca também materializa a redução da mulher como sujeito de direitos, visto que impede que ela exercite a sua liberdade de crença e de escolha, tratando-a como ser incapaz de decidir por si mesma qual o tipo de vida quer adotar para a busca da sua felicidade e realização.

No que concerne à análise da situação sob o aspecto da *dimensão cultural* da dignidade humana, vê-se que, uma vez respeitado o direito de escolha da mulher (*direito humano fundamental*) em optar pelo uso da burca, abre-se espaço para o reconhecimento dessa prática como expressão das peculiaridades culturais adotadas por cada sociedade. Isso é possível porque essa escolha representa a adoção livre de certos valores morais que a usuária da burca, juntamente com o grupo em que está inserida, elegeu para a sua realização pessoal. Veja-se que, nesse nível de análise, são respeitadas as peculiaridades culturais e suas práticas, visto que se busca compreensão das finalidades de cada grupo-social, sem utilizar juízos de valor sobre qual é a melhor forma de valorizar a mulher ou lhe fazer mais feliz, pois esses conceitos são, por natureza, relativos. Respeita-se, assim, a dignidade da mulher, em sua *dimensão básica*, representada pelo seu *direito humano fundamental* de liberdade de crença[117], e preserva-se a forma escolhida por ela para a realização dessa dignidade, de acordo com os valores morais que aceitou seguir livremente, personificado pelo *direito humano dependente de fatores culturais* de manifestação da religião[118] que elegeu.

---

[117] GHANDHI, op. cit., p. 24.
[118] GHANDHI, op. cit., p. 24.

Nessa análise, vê-se que a posição atualmente adotada pela França e outros países das sociedades ocidentais acerca da proibição ou restrição do uso da burca em lugares públicos, baseada no conceito moral de dignidade humana adotado por essas sociedades, materializa a tentativa de imposição de um imperialismo cultural, com total desrespeito às crenças e axiomas seguidos pelas mulheres que veem o uso da burca como forma de realização de sua dignidade. A pretensão exposta por esses Estados de escolher o que é certo, válido e bom para as mulheres que vivem em seus territórios, baseada única e exclusivamente em um conjunto moral adotado pela maior parte de seus nacionais, representa, portanto, uma violação frontal ao *direito humano fundamental* de liberdade de crença. Além disso, é também um desrespeito à diversidade, assegurada pelo *direito humano dependente de fatores culturais* de manifestação de religião. É que essas proibições não levam em consideração que aquelas mulheres usuárias da burca por convicção, tratadas, nesse caso, como mero objetos, são providas de sentimentos, vontades, sonhos e crenças, os quais devem ser compreendidos e respeitados.

A situação das mulheres muçulmanas nas sociedades ocidentais é apenas mais um exemplo dentre os vários que podem ser vistos diariamente nos meios de comunicação, em que uma cultura tenta impor uma visão moral à outra, utilizando a bandeira dos direitos humanos como justificativa. Observe-se que os textos das Declarações internacionais reconhecem expressamente a liberdade de religião e de crença, bem como os seus respectivos meios de externação, como forma de expressão da dignidade humana.[119] Contudo, a ausência de fundamentação clara e objetiva sobre a forma como esses direitos devem ser interpretados tem

---

[119] Na seara internacional, o direito de liberdade de religião é previsto na Declaração Universal dos Direitos Humanos da ONU (1948); na Declaração para a Eliminação de Todas as Formas de Intolerância e Discriminação Baseadas na Religião ou na Crença (1981); na Declaração de Direitos das Pessoas Pertencerem às Minorias Nacionais ou Étnicas, Religiosas e Lingüísticas (1992). In: GHANDHI, op. cit., p. 22-25; 107-109; 180-182.

levado alguns governos a entenderem que a vestimenta usada pelas muçulmanas contraria o conceito moral de dignidade humana.

Estas situações polêmicas têm ocorrido diante da ausência de compreensão das diferentes dimensões de atuação dos direitos humanos. Isso ocorre porque os conceitos até então desenvolvidos, associados à generalidade dos textos das declarações internacionais, não deixam claros os parâmetros que devem ser utilizados para identificar um *direito*, como sendo *humano*, e, tampouco, informam como esses direitos devem ser interpretados.

A teoria apresentada neste estudo propõe a utilização da ética, por sua capacidade de diálogo com as diversas morais, como ferramenta para conceituar e construir um parâmetro de identificação e interpretação dos direitos humanos. Assim, diante de casos concretos, substituem-se quaisquer aferições morais por análises objetivas e éticas dos fatos, passando-se a verificar tão só se as circunstâncias avaliadas implicam ou não a redução dos indivíduos envolvidos a meros objetos, desprovidos de vontade. Se essa redução estiver presente no caso estudado, ter-se-á uma situação clara de violação dos *direitos humanos fundamentais*. Caso contrário, se as práticas avaliadas, embora controvertidas e incompatíveis com certas leituras morais, não acarretam tal redução, respeitando os indivíduos como sujeitos de direitos, livres para seguirem suas crenças, vê-se, então, que devem ser respeitadas e protegidas, pois materializam uma forma de expressão cultural da dignidade humana, protegidas pelos *direitos humanos dependentes de fatores culturais*.

A compreensão da existência de duas dimensões de direitos humanos permite uma avaliação objetiva de casos concretos, pois, ao mesmo tempo em que se busca a proteção universal da *dimensão básica* da dignidade humana, respeitam-se as diferenças morais adotadas por cada sociedade.

Deve-se ressaltar, no entanto, que a distinção aqui proposta entre *direitos humanos dependentes de fatores culturais* e *direitos humanos fundamentais* **não pretende relativizar o respeito de uma** *dimensão* em relação à outra, mas demonstrar que existe um conjunto universal e básico dessa categoria que representa um nível fundamental de atuação dos direitos humanos. Sobre esse nível é que se construirão as especificações culturais da dignidade humana, de acordo com as peculiaridades morais e possibilidades políticas e econômicas de cada povo.

Adverte-se, contudo, que a compreensão da existência de duas dimensões dos direitos humanos não afasta o caráter de indivisibilidade dessa categoria, pois as normas existentes nesses dois níveis de atuação são interdependentes. Para ilustrar esse raciocínio, toma-se emprestado o exemplo destacado por Carol Devine, para quem assegurar-se ao indivíduo o direito ao voto (*direito humano fundamental*) **não será o bastante se ele não tiver um trabalho, com remuneração, em patamar suficiente que lhe garanta ter o que comer** (*direito humano social);* de igual forma, o fato de alguém estar desempregado e não ter comida suficiente (pela ausência de realização de um *direito humano social,* **não significa que também não seja capaz de votar (ou seja, de exercer um** *direito humano fundamental*).[120]

A indivisibilidade e a interdependência dos direitos humanos não se incompatibilizam com a teoria aqui defendida na medida em que se entende que os indivíduos devem ter iguais acessos a essas duas dimensões de atuação. A distinção que se faz é que, no nível *básico* de realização da dignidade humana, ou seja, nos *direitos humanos fundamentais*, não se admite a imposição de restrições políticas ou culturais, na sua efetivação, enquanto, no segundo nível, estarão situadas normas que, embora sejam de observância obrigatória por todos, admitem diferentes formas de realização, dependendo do contexto político, econômico ou social em que forem aplicadas. Não se pode pensar, por exemplo, em

---

[120] DEVINE, Carol; HANSEN, Carol Era; WILDE, Ralph. *Human Rights: The Essential Reference.* Phoenix: Oryx Press, 1999, p. 105.

implementar os direitos *humanos sociais* na República do Congo, com toda a sua miséria e dificuldades econômicas, da mesma forma como são implementados na Alemanha, pois as condições desses povos são diferentes.[121]

Considerações Finais

Em razão do exposto, pode-se concluir que a posição metodológica de Robert Alexy em considerar os direitos humanos como valores *morais universais* é equivocada, pois a moral é, por sua própria natureza, relativa e específica de um certo grupo social, não podendo, por isso ser considerada universal.

Ademais, nem todos os direitos humanos são universais já que, dependendo da dimensão da dignidade humana em que eles atuam (dimensão cultural), poderão ser morfologicamente relativos e dependentes de fatores culturais.

Observe-se que, apesar de complexa, a construção de uma conceituação ética do gênero direitos humanos é possível na proporção em que se busca compreender quais são os valores nucleares que compõem a sua morfologia. Nesse sentido, o estudo feito sobre as diversas teorias que buscam fundamentar esses direitos, associado à análise dos valores morais inseridos nas diferentes religiões e culturas de maior expressão da atualidade, evidenciam que o valor ético nuclear encontrado em todos os direitos pertencentes a essa categoria está diretamente relacionado com as formas de realização e proteção da *dignidade humana*. Tanto é assim que as Declarações de Direitos Humanos da Organização dos Estados Americanos, da Organização das Nações Unidas, dos Povos Africanos, do Islã, da Liga de Estados Árabes e da União Europeia são

---

[121] DIOUF, op. cit., p. 52.

unânimes em afirmar a dignidade humana como a base e o próprio objetivo dos direitos humanos que proclamam.

Nesse sentido, percebe-se que é possível inferir das teorias que buscam definir a dignidade humana que ela possui duas dimensões existenciais: a primeira, chamada *básica,* **é formada por valores éticos que são essenciais para a existência humana e que se externam pela faculdade de autodeterminação dos indivíduos, demandando respeito por sua vida, liberdade e integridade física e moral, além de impedirem que eles sejam tratados como coisas;** a segunda, denominada *dimensão cultural* é aquela em que estão inseridos os valores morais eleitos por cada sociedade, os quais têm por finalidade realizar a dimensão básica da dignidade humana de acordo com as possibilidades políticas, econômicas, morais e históricas de cada povo.

A violação da dimensão básica da dignidade humana estará caracterizada sempre que uma prática implique reduzir o ser humano à condição de mero objeto ou coisa, desconsiderando suas vontades e anseios, colocando-o como um simples joguete da vontade e dos caprichos alheios. Nesse nível de atuação tem-se uma concepção absoluta de direitos humanos. Já a violação da dimensão cultural da dignidade humana ocorrerá quando não se respeitarem as opções culturais que cada povo elegeu para a expressão da sua humanidade. Aqui a concepção de dignidade humana será relativa e passível de ponderação, pois ela será uma mandado de otimização, um princípio que poderá ser restringido em face de eventual colisão com outras normas.

Tendo-se então construído esse pacto semântico sobre o conteúdo e a abrangência das dimensões de atuação dos direitos humanos, percebe-se que não se pode afirmar que todos os valores éticos proclamados como pertencentes a essa categoria possuem natureza universal, pois, como se viu anteriormente, existem níveis de realização desses direitos que são morfologicamente passíveis de adaptações culturais. Por outro lado, ficou claro também que existe uma dimensão básica da dignidade humana, caracterizada por atributos que todos os indivíduos possuem e que os levam a rejeitar situações consideradas ruins e indesejáveis, independentemente das especificidades culturais em que estejam inseridos. Nesse nível de atuação, estão presentes os direitos humanos fundamentais, os quais são universais e não aceitam restrições legais ou morais sobre o seu conteúdo, já que estão morfologicamente relacionados com a proteção da dimensão básica da dignidade, que é inerente a todos os seres humanos. Eles constituem, portanto, o limite mínimo que deve ser observado por todas as nações na regulação de suas práticas morais.

Com a sistematização aqui proposta, oferece-se espaço para a coexistência das teses universalistas e relativistas, pois, ao mesmo tempo em que se reforça a necessidade de observância global dos direitos humanos fundamentais, como uma obrigação de todas as civilizações, proclama-se que existem dimensões de atuação dos direitos humanos que deverão não só respeitar, mas também proteger as tradições e as especificidades morais de cada civilização.

Além disso, a compreensão dessas distintas dimensões de atuação dos direitos humanos e dos conteúdos alcançados por cada uma delas permite o desenvolvimento de parâmetros hermenêuticos objetivos que podem ser de grande auxílio na solução de casos envolvendo situações controvertidas sobre práticas culturais. Desse modo, diante de uma situação concreta sobre suposta violação de direitos humanos fundamentais, decorrente do exercício da tradição de um povo, não se farão mais avaliações morais sobre o caso para afirmar que eles implicam afronta à dignidade humana. Ao contrário, buscar-se-á verificar tão somente se a situação implica a redução das pessoas envolvidas na prática avaliada à condição de mero objeto ou coisa, desprovida de vontades ou sentimentos.

Referências Bibliográficas

AL-MARZOUQI, Ibrahim Abdulla. *Human Rights in Islamic Law.* Abu Dhabi: Intl Specialized Book Service, 2000.

ANDORNO, Roberto. Liberdade e Dignidade da Pessoa: dois paradigmas opostos ou complementares na bioética? In: MARTINS-COSTA, Judith; MÖLLER, Letícia Ludwig (Org.). *Bioética e responsabilidade.* Rio de Janeiro: Forense, 2009.

ARENDT, Hannah. *Origens do Totalitarismo.* Trad. Roberto Raposo. Rio de Janeiro:Companhia das Letras, 2004.

ARISTOTLE, *The Complete Works of Aristotele.* 2. ed, v. 2. Trad. Oxford Translation. Princenton: Princeton University Press, 1984.

BAEZ, Narciso Leandro Xavier. Dimensões de Aplicação e Efetividade dos Direitos Humanos In: XIX CONGRESSO NACIONAL DO CONPEDI - Desafios da Contemporaneidade do Direito: diversidade, complexidade e novas tecnologias, 19, 2010, Florianópolis. Anais... Florianópolis, 2010, p. 7120-7134.

BAEZ, Narciso Leandro Xavier; BARRETTO, Vicente. Direitos Humanos e Globalização. In:_____. (Orgs). *Direitos Humanos em Evolução.* Joaçaba: Editora Unoesc, 2007, p. 18-39.

BALES, Kevin. *Disposable People: new slavery in the global economy.* Los Angeles: University of California Press, 2000.

BARRETTO, Vicente. *O Fetiche dos Direitos Humanos.* Rio de Janeiro: Lumen Juris, 2010.

BIDART CAMPOS, Germán José. *Teoría general de los derechos humanos.* México: UNAM, 1993.

BITTAR, Eduardo C. B. *Curso de Ética Jurídica.* 2 ed. São Paulo: Saraiva, 2004.

BOBBIO, Norberto. *A era dos Direitos.* Trad. Carlos Nelson Coutinho. 10. ed. Rio de Janeiro: Campus, 1992.

BORELLA, François. Le Concept de Dignité de la Personne Humaine. In: PEDROT, Philippe (Dir). *Ethique Droit et Dignité de la Personne.* Paris: Economica, 1999.

BRENNER, Robert. The rises and declines of serfdom in medieval and early modern Europe. In: BUSH, M. L. (Ed.) *Serfdom and Slavery: Studiesin Legal Bondage*. London: Longman, 1996.

BUULTJENS, Ralph. Human Rights in Indian Political Culture. In: THOMPSON, Kenneth W. *The Moral Imperativs of Human Rights: A World Survey*. Washington: University Press of America, 1980.

CARVALHO, Luís Gustavo Grandinetti de. *Processo Penal e Constituição*. 4. ed. Rio de Janeiro: Lumen Juris, 2008.

CHAN, Joseph. Confucianism and human rights. In: SMITH, Rhona K. M.; ANKER, Cristien van den. *The essentials of human rights*. London: Oxford University Press, 2005.

CHAN, Stephan. Buddhism and human rights. In: SMITH, Rhona K. M.; ANKER, Cristien van den. *The essentials of human rights*. London: Oxford University Press, 2005.

COMPARATO, Fábio Konder. *A afirmação histórica dos direitos humanos*. 2.ed. São Paulo: Saraiva, 2001.

COPERNICUS. Nicolaus. *Copernicus: on ther revolutions of the haeavenly spheres*. Trad. DUNCAN, A. N. New York: Barnes & Noble Books, 1976.

COUNCIL FOR A PARLIAMENT OF THE WORLD'S RELIGIONS. Declaration Towards a Global Ethic. Disponível em <http://www.parliamentofreligions.org/_includes/FCKcontent/File/TowardsAGlobalEthic.pdf>. Acesso em: 07 maio 2011.

CROCE, Benedetto. *Declarações de Direitos – Benedetto Croce, E. H. Carr, Raymond Aron*. 2. ed. Brasília: Senado Federal, Centro de Estudos Estratégicos, Ministério da Ciência e Tecnologia, 2002.

DALACOURA, Katerina. Islam and human rights. In: SMITH, Rhona K. M.; ANKER, Cristien van den. *The essentials of human rights*. London: Oxford University Press, 2005.

DECLARACIÓN UNIVERSAL DE LOS DERECHOS HUMANOS – Versión Comentada. México, DF: Aministia Inernacional – Seccion México, 1998.

DEVINE, Carol; HANSEN, Carol Era; WILDE, Ralph. *Human Rights: The Essential Reference*. Phoenix: Oryx Press, 1999.

DIOUF, Jacques; SHEERAN, Josette. *The State of Food Insecurity in the World: Addressing food insecurity in protracted crises*. Rome: Food and Agriculture Oranization of the United Nations (FAO) and World Food Programme (WFP), 2010.

DWORKIN, Ronald. *O domínio da vida: aborto, eutanásia e liberdades individuais* Trad. Jerferson Luiz Camargo. São Paulo: Martins Fontes, 2003.

FLOOD, Patrick James. *The Effectiveness of UN Human Rights Institutions*. Westport: Praeger Publishers, 1998.

FRANCO DEL POZO, Mercedes. El derecho humano a un medio ambiente adecuado. In: UNIVERSIDAD DE DEUSTO, *Cuaderno de Derechos Humanos*, Universidad de Deusto (Bilbao), n. 8, Bilbao, p. 28-46, España, 2000.

GHANDHI, P. R. *Internacional Human Rights Documents*. 4 ed. New York: Oxford University Press, 2004.

GLENDON, Mary Ann. *A World Made New:Eleanor Roosevelt and the Universal Declaration of Human Rights*. New York: Random House, 2001.

GUISÁN, Esperanza. *Introdución a la ética*. Madri: Cátedra, 1995.

HÄBERLE, Peter. A dignidade humana como fundamento da comunidade estatal. Trad. Ingo Wolfgang Sarlet e Pedro Scherer de Mello Aleixo. In: SARLET, Ingo Wolfgang. (Org.). *Dimensões da dignidade: ensaios de filosofia do direito e direito constitucional*. Porto Alegre: Livraria do Advogado, 2005.

HABERMAS, Jürgen. *The Future of Human Nature*. Malden: Blackwell Publishing Inc., 2003.

HARSH, Bhanwar Lal. *Human Rights in India: Protection and Implementation of the Human Rights Act, 1993*. New Delhi: Regal Publications, 2009.

HÖFFE, Otfried. *A democracia no mundo de hoje*. Trad. Tito Lívio Cruz Romão. São Paulo: Martins Fontes, 2005.

HONGLADAROM, Soraj. Buddhism and Human Rights in the Thoughts of Sulak Sivaraksa and Phra Dhammapidok (Prayudh Prayutto). In: KEOWN, Damien V.; CHARLES, S. Prebish; WAYNE, R. Husted. *Buddhism and Human Rights*. Cornwall: Curzon, 1998.

IHARA, Craig K. Why There Are no Rights in Buddhism: A Repply to Damien

Keown. In: KEOWN, Damien V.; CHARLES, S. Prebish; WAYNE, R. Husted. *Buddhism and Human Rights*. Cornwall: Curzon, 1998.

ISHAY, Micheline. *The history of human rights: from ancient times to the globalization era*. California: University of California Press, 2004.

JUNGER, Peter D. Why the Buddha Has no Rights. In: KEOWN, Damien V.; CHARLES, S. Prebish; WAYNE, R. Husted. *Buddhism and Human Rights*. Cornwall: Curzon, 1998.

KANT, Immanuel. Groundwork of the Metaphysic of Morals. In: PASTERNACK, Lawrence. *Immanuel Kant: Groundwork of the Metaphisic of Morals*. New York: Routledge, 2002.

KEOWN, Damien. Are There Human Rights in Buddhism?. In: KEOWN, Damien V.; CHARLES, S. Prebish; WAYNE, R. Husted. *Buddhism and Human Rights*. Cornwall: Curzon, 1998.

KLEVENHUSEN, Renata Braga . O conceito de direito à vida no direito brasileiro e a tutela do mebrião humano. In: BAEZ, Narciso Leandro Xavier ; BARRETTO, Vicente. (Org.). *Direitos Humanos em evolução*. 1 ed. Joaçaba - SC: UNOESC, 2007, v. 1, p. 99-122.

KÜNG, Hans; KUSCHEL, Karl-Josef. *A Glogal Ethic: The Declaration of The Parliament of the World's Religions*. New York: The Continuum International Publishing Group Inc., 1993.

LAWSON, Edward. *Encyclopedia of Human Rights*. 2 ed. Washington: Taylor & Francis, 1999.

LEAL, Rogério Gesta. *Perspectivas Hermenêuticas dos Direitos Humanos e Fundamentais no Brasil*. Porto Alegre: Livraria do Advogado, 2000.

LEGESSE, Asmarom. *Human Rights in African Political Culture*. In: THOMPSON, Kenneth W. *The Moral Imperatives of Human Rights: A World Survey*. Washington: University Press of America, 1980.

LENG, Shao-Chuan. Human Rights in Chinese Political Culture. In: THOMPSON, Kenneth W. *The Moral Imperativs of Human Rights: A World Survey*. Washington: University Press of America, 1980.

LI, Xiaorong. *Ethics, human rights, and culture: beyond relativism and universalism*. New York: Palgrave Macmillan, 2006.

LIMA JÚNIOR, Jayme Benvenuto. Os Direitos Humanos Econômicos, Sociais e Culturais. Rio de Janeiro: Renovar, 2001.

LYON, Dawn; SPINI, Debora. Unveiling the Headscarf Debat. *Feminist Legal Studies, Netherlands*, v. 12. p. 328-351, 2004.

MAHONEY, Jack. *The Challenge of Human Rights: Origin, Development, and Significance*. Oxford: Blackwell Publishing, 2007.

MALIK, Habib C. *The Challenge of Human Rights: Charles Malik and the Universal Declaration*. Oxford: Center Lebanese Studies, 2000.

MARTINEZ, Miguel Angel Alegre. *La dignidad de la persona como fundamento del ordenamiento constitucional español*. León: Universidad de León, 1996.

MAURER, Béatrice. Notas sobre o respeito da dignidade humana... ou pequena fuga incompleta em torno de um tema central. Trad. Rita Dostal Zanini. In: SARLET, Ingo Wolfgang. (Org.). *Dimensões da dignidade: ensaios de filosofia do direito e direito constitucional*. Porto Alegre: Livraria do Advogado, 2005.

MAYER, Ann Elisabeth. The Islamic Declaration on Human Rights. In: SMITH, Rhona K. M.; ANKER, Cristien van den. *The essentials of human rights*. London: Oxford University Press, 2005.

MAYER, Ann Elizabeth. *Islam and Human Rights*. 4 ed. Boulder: Westview Press, 2007.

MELTZER, Milton. *Slavery I: From the Rise of Western Civilization to the Renaissance*. Chicago: Henry Regnery Company, 1971.

MIKLÓS, András. Central and Eastern Europe: The Reality of Human Rights. In: SMITH, Rhona K. M.; ANKER, Cristien van den. *The essentials of human rights*. London: Oxford University Press, 2005.

MORAES, Maria Celina Bodin de. O Conceito de Dignidade Humana: Substrato Axiológico e Conteúdo Normativo. In: SARLET, Ingo Wolfgang (Org.). *Constituição, Direitos Fundamentais e Direito Privado*. Porto Alegre: Livraria do Advogado, 2003.

MORAIS, José Luís Bolzan de. Direitos Humanos, Estado e Globalização. In: RÚBIO, David Sánchez; FLORES, Joaquín Herrera e CARVALHO, Salo (org.). *Direitos Humanos e Globalização: Fundamentos e possibilidades desde a teoria crítica*. Rio de Janeiro: Lumen Juris, 2004.

MORSINK, Johannes. *Inherent Human Rights. Philosophical Roots of the Universal Declaration.* Philadelphia: University of Pennsylvania Press, 2009.

MUNRO, Bradley R. Maritain and the Universality of Human Rights. In: SWEET, William. *Philosophical Theory and the Universal Declaration of Human Rights.* Ottawa: University of Ottawa Press, 2003.

MURITHI, Tim. Ubuntu and human rights. In: SMITH, Rhona K. M.; ANKER, Cristien van den. *The essentials of human rights.* London: Oxford University Press, 2005.

NALINI, José Renato. Ética geral e profissional. 2 ed. São Paulo: Revista dos Tribunais, 1999.

NEIRINCK, Claire. La Dignité de la Personne ou le Mauvais Usage d'une Notion Philosophique. In: PEDROT, Philippe (Dir). *Ethique Droit et Dignité de la Personne.* Paris: Economica, 1999.

OREND, Brian. *Human Rights: Concept and Contxtex.* Peterborough,(Ontario-Canadá): Boadview Press, 2002,.

OSTNER, Ilona. Farewell to the Family as We Know it: Family Policy Change in Germany. In *German Polyce Studies.* Georg-August-University, Göttingen, v. 6, n.1, p. 230 p. 221-249, 2010.

PAREKH, Bhikhu. Pluralist universalism and human rights. In: SMITH, Rhona K. M.; ANKER, Cristien van den. *The essentials of human rights.* London: Oxford University Press, 2005.

PÉREZ-LUÑO, Antônio Enrique. *Derechos humanos em la sociedade democratica.* Madrid: Tecnos, 1984.

PISCATORI, James P. Human Rights in Islamic Political Culture. In: THOMPSON, Kenneth W. *The Moral Imperativs of Human Rights: A World Survey.* Washington: University Press of America, 1980.

RODLEY, Nigel S. The Evolution of United Nations' Charter-based Machinery for the Protection of Human Rights. In: BUTLER, Frances (Ed). *Human Rights Protection: Methods and Effectiveness.* Dordrecht (Netherlands): Kluwer Law International, 2002.

SALDAÑA, Javier. Notas sobre la fundamentación de los derechos humanos. *Boletín Mexicano de Derecho comparado*. Universidad Nacional Autónoma de México, México, n. 96, p. 949-968, septiembre-diciembre, 1999.

SANTOS, Boaventura de Souza. Para uma concepção multicultural dos direitos humanos. *Contexto Internacional*, Pontifícia Universidade Católica do Rio de Janeiro, Rio de Janeiro, v. 23, n.1, p. 119-138, jan./jun. 2001.

SARLET, Ingo W. *Dignidade da Pessoa Humana e Direitos Fundamentais na Constituição Federal de 1988*. Porto Alegre: Livraria do Advogado, 2001.

SARLET, Ingo Wolfgang. As dimensões da dignidade da pessoa humana: uma compreensão jurídico-constitucional aberta e compatível com os desafios da biotecnologia. In: SARMENTO, Daniel et al. (Coord.). *Nos limites da vida*. Rio de Janeiro: Lumen Juris, 2007.

SARLET, Ingo Wolfgang. As Dimensões da Dignidade da Pessoa Humana: construíndo uma compreensão jurídico-constitucional necessária e possível. In: _____ (Org). *Dimensões da Dignidade: Ensaios de Filosofia do Direito e Direito Constitucional*. Porto Alegre: Livraria do Advogado, 2005.

SHESTACK, Jerome J. The Philosophical Foundations of Human Rights. In: SYMONIDES, Janusz. *Human Rights: concepts and standards*. London: UNESCO, 2000.

SILVA, Reinaldo Pereira. *Introdução ao Biodireito. Investigações Político-Jurídicas sobre o Estatuto da Concepção Humana*. São Paulo: LTr, 2002.

SINGER, Peter. *Animal Liberation*. 2 ed. New York: The New York Review of Books, 1990.

SOETENDORP, Awraham. Jewish Tradition and Human Rights. In: SMITH, Rhona K. M.; ANKER, Cristien van den. *The essentials of human rights*. London: Oxford University Press, 2005.

SOKO, Keith. *A Mounting East-West Tension*. Milwaukee: Marquette University Press, 2009.

SOUTH ASIA HUMAN RIGHTS DOCUMENTATION CENTRE. Human Rights and Humanitarian Law. New Dehli: Oxford University Press, 2008.

SOUZA, Ielbo Marcus Lobo e KRETSCHMANN, Ângela. A universalidade dos direitos humanos no discurso internacional: o debate continua. In: RO-

CHA, Leonel Severo e STRECK, Lênio. *Anuário do Programa de Pós-Graduação em Direito: Mestrado e Doutorado.* São Leopoldo: Unisinos, 2003.

STRECK, Lenio Luiz. *Verdade e Consenso: Constituição, Hermenêutica e Teorias Discursivas.* Lumen Juris, Rio de Janeiro: 2006.

TALWAR, Prakash. *Human Rights.* Delhi: Isha Books, 2006.

Tribunal Constitucional da República Federal da Alemanha: decisão **BVerfGE 34, 238 (245) e** decisão **BVerfGE 109, 279 (313).**

Tribunal Constitucional da República Federal da Alemanha: decisão **BVerfGE 45, 187 (242) e** decisão **BVerfGE 109, 133 (151).**

UNESCO, *Human* Rights: comments and interpretations: a symposium. New York: Columbia University Press, 1973.

DIGNIDADE DA PESSOA HUMANA: NOTAS EM TORNO DA DISCUSSÃO SOBRE O SEU CARÁTER ABSOLUTO OU RELATIVO NA ORDEM JURÍDICO-CONSTITUCIONAL

Ingo Wolfgang Sarlet[1]

1 – Considerações preliminares

A querela em torno do caráter absoluto e/ou relativo da dignidade da pessoa humana na ordem jurídica constitucional, mas também no contexto ampliado de um direito internacional dos direitos humanos (embora não seja esse o nosso foco), segue atual e relevante e possivelmente não logrará desembocar em um denominador comum na seara doutrinária e jurisprudencial[2]. Seja na sua condição de princípio de caráter objetivo, seja assumindo a condição de direito fundamental, a possibilidade de se estabelecerem restrições à dignidade da pessoa constitui tema de crescente relevância, destacando-se a posição advogada por Robert Alexy na sua referencial "Teoria dos Direitos Fundamentais"[3] e ora revisitada e aperfeiçoada mediante publicação de um texto espe-

---

[1] Doutor e Pós-Doutor em Direito (Universidade de Munique, Alemanha). Professor Titular da Faculdade de Direito e dos Programas de Pós-Graduação em Direito e em Ciências Criminais da PUCRS. Juiz de Direito no RS.

[2] Sobre o tema, v., por exemplo, a excelente obra coletiva coordenada por Rolf Gröschner e Oliver Lembcke, *Das Dogma der Unantastbarkeit*, Tübingen: Mohr Siebeck, 2009 (contendo diversos trabalhos sobre o tópico e sustentando posições diferenciadas), bem como Nils Teifke, *Das Prinzip Menschenwürde*, Tübingen: Mohr Siebeck, 2011 (que parte da construção de seu orientador de doutorado, Robert Alexy), e, por último, o importante contributo do próprio Robert Alexy, publicado nesta mesma obra coletiva, onde o autor revisita e desenvolve o tema.

[3] Robert Alexy, *Theorie der Grundrechte*, 2ª ed., Frankfurt am Main: Suhrkamp, 1994, p. 94 e ss.

cialmente dedicado ao tema, veiculado na presente obra coletiva, justamente sustentando que a dignidade, na condição de princípio, é passível de ponderação quando em rota de colisão com outros bens jurídicos de estatura constitucional.

Com efeito, em se considerando a perspectiva dúplice da dignidade como elemento limitador e integrante (protetivo) dos direitos fundamentais, não nos parece – pelo menos em nível teórico e em caráter por ora meramente especulativo – desarrazoado indagar, se, para assegurar a dignidade e os direitos fundamentais de uma determinada pessoa (ou grupo de pessoas), não se acaba, por vezes, afetando (limitando) a dignidade de outra pessoa, seja considerando a dignidade como bem jurídico autônomo, seja em se considerando a como representando o conteúdo de determinado direito fundamental. Em suma, cuida-se de saber até que ponto a dignidade da pessoa, notadamente na sua condição de princípio e/ou direito fundamental, pode efetivamente ser tida como absoluta, isto é, completamente infensa a qualquer tipo de restrição e/ou relativização. Para avançarmos com tal análise é preciso iniciar retomando, ainda que em caráter sumário, a relação entre a dignidade da pessoa humana e os direitos fundamentais, bem como – no mesmo contexto - relembrar alguns aspectos que dizem respeito à própria "condição normativa" (estrutura), mas também atinentes à função da dignidade da pessoa humana na arquitetura constitucional, para, na sequência, focar a atenção na questão de sua "relativização" propriamente dita.

2 - A relação entre dignidade da pessoa humana e direitos fundamentais

A qualidade da relação entre a dignidade da pessoa humana e os direitos fundamentais segue - possivelmente tanto quanto se verifica no caso do debate sobre o caráter absoluto ou relativo da dignidade – objeto de controvérsia. Mas, considerando que ambas as discussões guardam entre si uma conexão evidente, não é possível seguir adiante sem pelo menos esboçarmos aqui a nossa posição sobre o tema.

Se, por um lado, consideramos que há como discutir – especialmente na nossa ordem constitucional positiva – a afirmação de que todos os direitos e garantias fundamentais encontram seu fundamento direto, imediato e igual na dignidade da pessoa humana, do qual seriam apenas parciais concretizações,[4] isso não significa que a dignidade da pessoa humana, designadamente na condição de princípio estruturante e, portanto, informador de toda a ordem constitucional, não exerça de algum modo uma influência sobre a compreensão, aplicação e interpretação dos direitos fundamentais de um modo geral, inclusive e especialmente para o efeito de avaliar, no caso de colisão entre direitos fundamentais, para que lado há de pender, no caso concreto, a solução a ser ditada.

Nesse contexto, desde que bem compreendida e ressalvada a tese de que nem todos os direitos fundamentais constituem exigências diretas da dignidade ou, como preferem outros, apresentam sempre um determinado conteúdo em dignidade, calha retomar a posição de Vieira de Andrade, que, embora sustentando que o princípio da dignidade da

---

[4] Quanto a este ponto, já nos pronunciamos, em outra oportunidade, no sentido de revelar alguma reserva no que diz com a alegação de que todos os direitos fundamentais positivados na Constituição de 1988 possam ser reconduzidos diretamente e de modo igual ao princípio da dignidade da pessoa humana, seja pela extensão do nosso catálogo de direitos e garantias, seja pelas peculiaridades de algumas normas de direitos fundamentais, tal como ocorre com as regras sobre prescrição em matéria de direito do trabalho, a gratificação natalina (13ª salário), o dispositivo que impõe o registro dos estatutos dos partidos políticos junto ao TSE (art. 17 da Constituição de 1988), etc. Nesse sentido, v. o nosso *A Eficácia dos Direitos Fundamentais. Uma Teoria Geral dos Direitos Fundamentais na Perspectiva Constitucional*, 11ª ed., Porto Alegre: Livraria do Advogado, 2012, p. 93 e ss. Cumpre agregar, que o entendimento de que todos os direitos fundamentais são diretamente fundados na dignidade da pessoa seria sustentável apenas em se partindo de um conceito exclusivamente material de direitos fundamentais, considerando como tais unicamente os que puderem encontrar seu fundamento direto na dignidade, concepção esta que, como já salientado, não harmoniza com a Constituição Federal de 1988.

pessoa humana radica na base de todos os direitos fundamentais constitucionalmente consagrados (com o que não se concorda), admite, todavia, que o grau de vinculação dos diversos direitos àquele princípio poderá ser diferenciado, de tal sorte que existem direitos que constituem explicitações em primeiro grau da ideia de dignidade e outros que destes são decorrentes.[5] Assim, mesmo que se deva – nesta linha de entendimento – admitir que o princípio da dignidade da pessoa humana atua como principal elemento fundante e informador dos direitos e garantias fundamentais também da Constituição de 1988 – o que, de resto, condiz com a sua função como princípio fundamental – também é certo que haverá de se reconhecer um espectro amplo e diversificado no que diz com a intensidade desta vinculação, é que embora se possa aceitar, ainda mais em face das peculiaridades da Constituição Brasileira, que nem todos os direitos fundamentais tenham fundamento direto na dignidade da pessoa humana[6], sendo, além disso, correta a afirmação de que o conteúdo em dignidade dos direitos é variável, tais circunstâncias não retiram da dignidade da pessoa humana, na sua condição de princípio fundamental e estruturante, a função de conferir uma determinada (e possível) unidade de sentido ao sistema constitucional de direitos fundamentais, orientando – tal como bem aponta Jorge Reis Novais – inclusive as possibilidades de abertura e atualização do catálogo constitucional de direitos,[7] como mais adiante teremos oportunidade de verificar.

Todavia, como bem aponta José de Melo Alexandrino, é preciso levar em conta que a ideia de acordo com a qual o princípio da dignida-

---

[5] Cf. José Carlos Vieira de Andrade, *Os Direitos Fundamentais na Constituição Portuguesa de 1976*, Coimbra: Almedina, 1987, p. 101-2.

[6] No mesmo sentido, por último, colacionando razões adicionais a justificar a inexistência de um vinculo direto e necessário entre dignidade e todos os direitos fundamentais, v. José de Mello Alexandrino, *A Estruturação do sistema de direitos, liberdades e garantias na Constituição Portuguesa*, vol. II, Coimbra: Almedina, 2006, p. 325 e ss.

[7] Cf. Jorge Reis Novais, *Os princípios constitucionais estruturantes da República Portuguesa*, Coimbra: Coimbra Editora, 2004, p. 52-53.

de da pessoa humana imprime unidade de sentido ao sistema de direitos fundamentais não resulta imune a controvérsias, visto que não afasta alguns pontos problemáticos, a começar pela ampla gama de conteúdos e dimensões que se atribui à noção de dignidade da pessoa humana em si, bem como na (já referida) e não necessariamente linear e incontroversa relação entre a dignidade e os direitos fundamentais.[8]

É justamente a partir dessas premissas que André Ramos Tavares sustenta a existência de uma consubstancialidade parcial dos direitos fundamentais na dignidade da pessoa humana.[9] Nessa mesma perspectiva, reconhecendo que nem todos os direitos fundamentais (e quando, não da mesma forma) encontram seu fundamento direto na dignidade da pessoa humana, vale colacionar a lição de Ignácio Gutiérrez-Gutiérrez, ao afirmar que a pretensão de eficácia e de inviolabilidade da dignidade da pessoa humana encontra-se na dependência da sua capacidade de se integrar no contexto da dogmática dos direitos fundamentais, designadamente mediante a aptidão para uma abertura sistêmica que revela sua produtividade justamente pela possibilidade de uma reconstrução historicamente situada.[10]

Em suma, o que se pretende sustentar de modo mais enfático é que a dignidade da pessoa humana, na condição de valor (e princípio normativo) fundamental, exige e pressupõe o reconhecimento e proteção de direitos fundamentais de todas as dimensões (ou gerações, se assim preferirmos), muito embora – importa repisar – nem todos os direitos fundamentais. Dito de outro modo, a invocação da dignidade da pessoa humana como critério exclusivo para o reconhecimento de direitos fun-

---

[8] Cf. José de Melo Alexandrino, *A Estruturação do sistema de direitos, liberdades e garantias na Constituição Portuguesa*, vol. II, op. cit., p. 306 e ss.
[9] Cf. André Ramos Tavares, "Princípio da consubstancialidade parcial dos direitos fundamentais na dignidade do homem", in: *Revista Brasileira de Direito Constitucional*, nº 4, jul./dez. 2004, p. 232 e ss.
[10] Cf. Ignacio Gutiérrez-Gutiérrez. *Dignidad de la Persona y Derechos Fundamentales*, Madrid: Marcial Pons, 2005, p. 21.

damentais não se revela compatível com a concepção de direitos fundamentais da Constituição Federal de 1988, muito embora boa parte dos direitos fundamentais na ordem constitucional brasileira corresponda a exigências da dignidade da pessoa humana, tendo, como já adiantado, um conteúdo (maior ou menor) em dignidade. Já por tal razão (embora não apenas por isso) resulta incorreta a pura e simples equiparação entre o conteúdo essencial dos Direitos Fundamentais, como sendo aquele conteúdo – maior ou menos e diferente em cada direito – subtraído aos poderes constituídos no plano das intervenções restritivas nos direitos fundamentais, do conteúdo em dignidade da pessoa humana que se verifica, igualmente em maior ou menor expressão, em boa parte, mas não todos, os direitos.

No âmbito da relação entre a dignidade da pessoa humana e os direitos fundamentais assume relevo – inclusive para o problema aqui discutido – a circunstância de que a dignidade da pessoa humana opera tanto como limite aos direitos fundamentais, quanto assume a condição de limite aos limites. Com isso, o que se está a recordar (sem que aqui se possa desenvolver mais o tópico) é que em homenagem à dignidade humana (como justificação de matriz constitucional) é não apenas possível como mesmo necessário restringir o exercício de direitos fundamentais, inclusive – a depender do caso - na esfera da renúncia a direitos personalíssimos no âmbito das relações entre particulares, mas também e ao mesmo tempo tais intervenções na esfera de direitos fundamentais não podem afetar o seu respectivo núcleo essencial e especialmente devem preservar o seu – quando existente – conteúdo em dignidade humana[11]. É precisamente o fato de que dignidade e direitos fundamentais (mas também dignidade de uma pessoa e dignidade de outras pessoas) estão sempre situados num contexto de concorrência e colisão, que remete

---

[11] Sobre o tópico remetemos aqui ao nosso *Dignidade da Pessoa Humana na Constituição Federal de 1988*, 9ª ed., Porto Alegre: Livraria do Advogado, 2012.

também ao problema da possibilidade, ou não, de se estabelecer limitações à própria dignidade da pessoa humana, o que será objeto de nossa atenção logo a seguir.

3 - O caráter relativo da dignidade da pessoa humana na condição de princípio e no contexto de sua relação com os direitos fundamentais

Consoante já adiantado é perceptível que o problema da possível relativização da dignidade da pessoa humana já se coloca quando se toma a sério a referida dimensão intersubjetiva da dignidade da pessoa humana. Sendo todas as pessoas iguais em dignidade (embora nem todas se portem de modo igualmente digno) e existindo, portanto, um dever de respeito e de consideração recíproco (de cada pessoa) da dignidade alheia (para além do dever de respeito e proteção por parte do poder público e da sociedade), coloca-se a hipótese de um conflito direto entre as dignidades de pessoas diversas, impondo-se – também nesses casos (?) – o estabelecimento de uma concordância prática[12] (Hesse), que necessariamente implica a ponderação (Alexy) dos bens em rota conflitiva, neste caso, do mesmo bem (dignidade) concretamente atribuído a dois ou mais titulares. Na mesma linha – muito embora com implicações peculiares – situa-se a hipótese de acordo com a qual a dignidade pessoal poderia ceder em face de valores sociais mais relevantes, designadamente quando o intuito for o de salvaguardar a vida e a dignidade pessoal dos demais integrantes de determinada comunidade, aspecto sobre o qual voltaremos a nos manifestar.

---

[12] A expressão *concordância prática* vai aqui utilizada no sentido cunhado por Konrad Hesse, *Grundzüge des Verfassungsrechts der Bundesrepublik Deutschland*, 20ª ed., Heidelberg: C.F. Müller, 1995, p. 28, sustentando que bens jurídico-constitucionais devem, quando da solução do caso concreto, ser aplicados de modo a terem cada um a sua efetividade assegurada, de tal sorte que, na hipótese de colisões, um não deve ser realizado às custas do outro, impondo-se, à luz do postulado da unidade da Constituição, a otimização dos bens conflitantes, de modo a assegurar-lhes o máximo em eficácia e efetividade.

Se partirmos da premissa de que a dignidade, sendo qualidade (ou atributo, se assim preferirmos) indissociável da condição do humano, se constitui em bem jurídico absoluto, e, portanto, inalienável, irrenunciável e insuscetível de restrição, como sugere (ainda) a maioria da doutrina e da própria jurisprudência, certamente acabaremos por ter dificuldades ao nos confrontarmos com o problema referido. Com efeito, parece-nos irrefutável que, na esfera das relações sociais, nos encontramos diuturnamente diante de situações nas quais a dignidade (e os direitos humanos e fundamentais) de uma determinada pessoa (e até mesmo de grupos de indivíduos) esteja sendo objeto de violação por parte de terceiros, de tal sorte que sempre se põe o problema – teórico e prático – de saber se é possível, com o escopo de proteger a dignidade de alguém, restringir a dignidade de outrem.

Nesse contexto, vale lembrar a lição de Winfried Brugger, o qual parte da premissa – que nos parece correta – de que a Lei Fundamental da Alemanha, quando, no seu artigo 1º, inciso I, anunciou que a "dignidade do homem é intocável" (*Die Menschenwürde ist Unantastbar*), justamente tomou por referência a experiência de que esta dignidade é, de fato, violável e que por tal razão necessita ser respeitada e protegida, especialmente pelo poder que, apesar de muitas vezes ser o agente ofensor, ainda acaba sendo a maior e mais efetiva instância de proteção da dignidade da pessoa humana.[13] Muito embora no direito constitucional positivo brasileiro o princípio da dignidade da pessoa humana não tenha sido formulado de modo tão enfático – já que não se fez menção expressa alguma à sua inviolabilidade – outro não tem sido o entendimento majoritário, tal como já restou consignado. Mesmo assim, ninguém será capaz de negar que entre nós – e lamentavelmente cada vez mais – a dignidade da pessoa humana (de alguns humanos mais do que de ou-

---

[13] Cf. W. Brugger, *Menschenwürde., Grundrechte, Menschenrechte, op.cit.*, p.19.

tros) é desconsiderada, desrespeitada, violada e desprotegida, seja pelo incremento assustador da violência contra a pessoa, seja pela carência social, econômica e cultural e grave comprometimento das condições existenciais mínimas para uma vida com dignidade e, neste passo, de uma existência com sabor de humanidade.

Assim, diante da evidente violabilidade concreta da dignidade pessoal, e em que pese o mandamento jurídico-constitucional (implícito, no caso brasileiro) de sua inviolabilidade, permanece o questionamento do cunho absoluto da dignidade da pessoa e da possibilidade de se admitir eventuais limitações. Apenas para ilustrar o problema, parece-nos que dificilmente se poderá, por exemplo, questionar que o encarceramento de alguém (mesmo condenado pela prática de homicídio qualificado pela utilização de meio cruel ou outro delito de suma gravidade) em prisão com problemas de superlotação e na qual os detentos são submetidos a condições evidentemente desumanas e degradantes, não constitua, efetivamente, uma violação de dignidade pessoal, ainda que com amparo aparente no sistema jurídico-positivo.

Da mesma forma, parece-nos estreme de dúvidas o fato de que a sanção imposta (no caso, a prisão) decorre por razões vinculadas (ainda que não exclusivamente) à necessidade de proteção da vida, liberdade e dignidade dos demais indivíduos, que, à evidência, não poderão ficar à mercê de toda sorte de violência e violação de sua dignidade pessoal sob o argumento de que a segregação do ofensor se afigura impossível já que, por sua vez, implica limitação de sua própria dignidade, a não ser, é claro, que não se tenha a pena de prisão (em suma, a privação temporária da liberdade) como ofensiva à dignidade, mas apenas como restrição intensa da liberdade, que, no entanto, preserva íntegro o conteúdo em dignidade inquestionavelmente ínsito aos direitos de liberdade. Por isso, não há como desconsiderar, nesse contexto, a função da dignidade como tarefa, no sentido específico de que ao Estado – e o direito penal também cumpre este desiderato – incumbe o dever (ainda que não expressamente enunciado, como no caso brasileiro[14]) de proteger a dignidade pessoal dos particulares e os direitos fundamentais que lhe são correlatos.[15]

Nessa quadra, avançando com a discussão em torno do caráter relativo ou absoluto da dignidade da pessoa humana, não podemos deixar de relembrar – na esteira de Robert Alexy – que até mesmo o princípio da dignidade da pessoa humana (por força de sua própria condição principiológica) acaba por sujeitar-se, em sendo contraposto à igual dignidade de terceiros e presente uma justificativa constitucionalmente relevante, a uma necessária relativização.[16] Não há como deixar de reconhecer – acompanhando Michael Kloepfer – que mesmo em se tendo a dignidade como o valor supremo do ordenamento jurídico, daí não segue, por si só e necessariamente, o postulado de sua absoluta imunidade contra intervenções restritivas[17]. Assim, também nas tensões verificadas no relacionamento entre pessoas igualmente dignas, não se poderá dispensar – até mesmo em face da necessidade de solucionar o caso

---

[14] A Lei Fundamental da Alemanha, que também inovou quanto a tal aspecto, ao reconhecer expressamente a dignidade humana como princípio fundamental e estruturante, agregou um dever de respeito e de proteção.

[15] Convém aqui lembrar a função prestacional (positiva) da dignidade, na qual se insere (também) a tutela penal (positiva, pois mediante edição de leis) de direitos fundamentais, como é o caso da honra, integridade corporal, criminalização da tortura, etc., todos bens jurídico-penais diretamente relacionados com a dignidade.

[16] Consoante já restou consignado, para Alexy, *Theorie der Grundrechte, op.cit.*, p. 94 e ss., também o princípio da dignidade da pessoa (justamente na sua condição de princípio) admite uma realização em diversos graus. Entre nós, recentemente, e entre outros, v. também M. N. Camargo, "O Conteúdo Jurídico da Dignidade da Pessoa Humana", in: *Leituras Complementares de Constitucional*, p. 128 e ss.

[17] Cf. M. Kloepfer, "Grundrechtstatbestand und Grundrechtsschranken in der Rechtsprechung des Bundesverfassungsgerichts – dargestellt am Beispiel der Menschenwürde", in: STARCK, Christian (Org.), *Bundesverfassungsgericht und Grundgesetz. Festschrift aus Anlass des 25 jährigen Bestehens des Bundesverfassungsgerichts*, vol. II, Tübingen: J.C. Mohr (Paul Siebeck), 1976, p. 411, sustentando que mesmo tida como valor (bem jurídico) maior, tal por si só não significa que a dignidade deva em todo e qualquer caso prevalecer em face dos outros bens fundamentais, mas sim, que a ela deve ser reconhecida uma posição privilegiada no âmbito do estabelecimento de uma harmonização com os demais princípios e direitos fundamentais, antecipando, de tal sorte e em parte, o pensamento posteriormente retomado e desenvolvido por Alexy.

concreto – um juízo de ponderação (ou seja, uma hierarquização), que, à evidência, jamais poderá resultar – e esta a dimensão efetivamente absoluta da dignidade – no sacrifício da dignidade como tal, na condição de valor permanente e insubstituível atribuído a cada ser humano que, como tal, sempre deverá ser reconhecido e protegido, sendo, portanto – e especificamente neste sentido – não ponderável.

Por outro lado, também aqui em adesão à doutrina de Robert Alexy, a dignidade da pessoa, no plano jurídico-normativo, encontra-se assegurada simultaneamente por meio de princípios e regras, de tal sorte que se na condição de princípio é possível (e até mesmo necessário) admitir a existência de alguma margem para a sua interpretação e aplicação (inclusive mediante uma ponderação na relação com outros bens e interesses constitucionalmente protegidos), há também como admitir que na condição de regra, a dignidade da pessoa humana atua como fundamento para a proibição de determinadas condutas, em relação às quais a ordem jurídica não admite exceção, não cabendo, nesse caso, recorrer a um juízo de ponderação[18].

Quando se cuida de conflitos entre direitos fundamentais, mas relevante para a proteção da dignidade humana, especialmente para o efeito da indispensável hierarquização (e/ou ponderação), poderá assumir algum destaque a circunstância de que os direitos fundamentais não possuem, conforme já restou suficientemente frisado, o mesmo conteúdo em dignidade, já que dela constituem exigências e concretizações em maior ou menor grau de intensidade, isto sem falar na possibilidade de existirem direitos fundamentais sem um conteúdo aferível em dignidade, situação na qual ainda assim haverá que salvaguardar o núcleo essencial do direito, relembrando que embora nem todos os direitos tenham um conteúdo em dignidade, todos os direitos (sendo fundamentais) têm um conteúdo (núcleo) essencial.

---

[18] Cf. Robert Alexy, *Theorie der Grundrechte*, op. cit., p. 94 e ss.

Da mesma forma, muito embora a prática de atos "indignos" (vale dizer claramente, para o presente efeito, de violações da dignidade) não tenha o condão de acarretar a perda da dignidade (que não ocorre nem mesmo voluntariamente, já que, ao menos em princípio, irrenunciável), parece-nos razoável considerar o argumento de que qualquer pessoa, ao cometer uma ofensa à dignidade alheia, acaba por colocar, a si mesma, numa (certa) condição de desigualdade na sua relação com os seus semelhantes, que, para além de serem igualmente dignos na condição de pessoas que integram a comunidade humana, são também – pelo menos para efeito do caso concreto onde se faz indispensável a ponderação – dignos nas suas ações (e, exatamente neste particular, diferentes).[19] Assim, considerando que também o princípio isonômico (no sentido de tratar os desiguais de forma desigual) é, por sua vez, corolário direto da dignidade, forçoso admitir – pena de restarem sem solução boa parte dos casos concretos – que a própria dignidade individual acaba, ao menos de acordo com o que admite parte da doutrina constitucional contemporânea, por admitir certa relativização, desde que justificada pela necessidade de proteção da dignidade de terceiros, especialmente quando se trata de resguardar a dignidade de todos os integrantes de uma determinada comunidade.[20]

---

[19] Neste passo, Winfried Brugger, *Menschenwürde, Grundrechte, Menschenrechte, op. cit.*, p. 35, indaga se efetivamente se pode falar em igual respeito e consideração, por força do princípio da dignidade da pessoa humana, às pessoas que, nos seus atos, se portam de modo indigno, em relação aos demais que se portam com respeito em face de seus semelhantes. Considerando tal aspecto, não é à toa que se tenha traçado uma distinção entre a dignidade fundamental (esta absoluta) e a dignidade "atuada", isto é, manifestada pelos atos concretos das pessoas (estes sujeitos a limites), cf. leciona Béatrice Maurer, "Note sur le respect de la dignité humaine ...ou petite fugue inachevée autour d'un thème central", in: Alain Sériaux et.allii. *Le Droit, Le Médicine et L'être Humain*, Aix-En-Provence: Presses Universitaires D'Aix--Marseille, 1996, p. 185 e ss.

[20] Em favor também da possibilidade de restrições recíprocas com o escopo de salvaguardar a dignidade de outra pessoa, v., por exemplo, Christian Starck, in: (o mesmo, Coord.), *Bonner Grundgesetz*, 4ª ed., vol. I, München: Verlag Franz Vahlen, 1999, p. 52 ("apenas na medida em que a proteção da dignidade encontra-se em face da proteção da dignidade, uma ponderação, eventualmente também uma restrição, encontra-se constitucionalmente justificada").

Nesse contexto, todavia, há que distinguir as situações, pois não se pode confundir a hipótese em que por força da proteção da dignidade de alguém se promove uma intervenção restritiva em direito de terceiro, sem que, contudo, se esteja a afetar o respectivo conteúdo em dignidade humana, pois resulta elementar que nem toda restrição de direito afeta a dignidade de seu titular. Se, por outro lado, se fosse equiparar restrição de direitos com intervenção do âmbito de proteção da dignidade humana, ou todas as intervenções restritivas seriam constitucionalmente ilegítimas (em homenagem à tese que advoga o caráter absoluto da dignidade), de tal sorte que, apenas para invocar um exemplo, a própria imposição da pena de prisão, por implicar em restrição da liberdade pessoal (direito que tem forte conexão com a dignidade e para alguns com a mesma se identifica) acarretaria sempre uma afetação da dignidade.

Todavia, eventual relativização da dignidade na sua condição de princípio (de norma jurídica) não significa – convém reiterá-lo para evitar incompreensões – que se esteja a transigir com a função da dignidade como regra impeditiva de condutas que representam violações a aspectos nucleares do âmbito de proteção da dignidade ou mesmo com a existência de regras impositivas de ações e omissões destinadas à salvaguarda e promoção da dignidade (satisfação do mínimo existencial, por exemplo). Da mesma forma, a dignidade, naquilo que guarda relação com a pretensão de respeito e consideração da pessoa na sua relação com o Estado e com outros indivíduos e no que traduz a noção de aptidão da pessoa (de toda e qualquer pessoa) a ser sujeito de direitos e obrigações, não pode ser objeto de supressão e desconsideração pelo Estado e pela sociedade.

Nesse contexto, pelo menos não há como desconsiderar pura e simplesmente a argumentação de Winfried Brugger, ao sustentar que no embate entre dignidade e dignidade, a tese de acordo com a qual a dignidade da pessoa humana constitui direito fundamental de feições absolutas (no sentido de absolutamente infenso a qualquer relativização), além de ser de difícil compatibilização com o caráter não absoluto de todos os demais direitos fundamentais (e com boa parte dos quais a dignidade encontra-se umbilicalmente ligada), já que mesmo os direitos não sujeitos à reserva legal encontram-se expostos aos assim denominados limites implícitos (aqui considerados como restrições não expressamente autorizadas pela Constituição e impostas pela necessidade de compatibilização com outros direitos fundamentais ou bens constitucionalmente assegurados pela Constituição),[21] acabaria por esvaziar a proteção que se pretendeu imprimir à própria dignidade.[22] Para este mesmo autor, proteger de modo absoluto a igual dignidade de todas as pessoas apenas será possível enquanto se estiver falando na dignidade como a capacidade (ou seja, a potencialidade) para a autodeterminação, muito embora, no plano das relações interpessoais concretas, não haja como evitar a necessidade de se estabelecer limites ao livre desenvolvimento da personalidade, razão pela qual o Tribunal Federal Constitucional da Alemanha, em regra, tem referido a dignidade da pessoa em conjunto com um direito fundamental específico, que, por sua vez, sempre estará sujeito a algum tipo de restrição.[23]

---

[21] A respeito das restrições a direitos fundamentais não expressamente autorizadas pela Constituição, v., dentre tantos e por todos, especialmente (em língua portuguesa) J.R. Novais, *As restrições aos direitos fundamentais não expressamente autorizadas pela Constituição*, Coimbra: Coimbra Editora, 2003 (existe segunda edição mas sem alteração substancial das posições do autor).

[22] Cf. Winfried Brugger, *Menschenwürde, Menschenrechte, Grundrechte*, op. cit., p. 22 e ss., advogando, em suma, que a dignidade da pessoa, na sua condição de norma constitucional, deve assumir o caráter de mais importante princípio fundamental, mas não de direito fundamental absoluto, posição que, ao fim e ao cabo, é muito próxima da de Robert Alexy.

[23] Cf. Winfried Brugger, *Menschenwürde, Menschenrechte, Grundrechte*, op. cit., p. 36. Brugger também argumenta que, no caso de a compreensão da dignidade restar limitada à capacidade para a autodeterminação de todos os seres humanos, em princípio nada haveria a opor em relação a um direito fundamental absoluto (ilimitado), muito embora, neste caso, o caráter absoluto do direito fundamental acabaria por resultar na ausência de realização prática: "a garantia da dignidade da pessoa humana seria reduzida à referência descritiva de

Um problema (teórico e prático) que se situa no presente contexto, e que, de resto, tem sido objeto de amplo debate, diz com a possível contraposição dos valores (e princípios) dignidade e vida. Com efeito, pressuposta a existência de um direito à vida com dignidade e se tomando o caso de um doente em fase terminal, vítima de sofrimentos atrozes e sem qualquer esperança de recuperação, sempre se poderá indagar a respeito da legitimidade da prática da eutanásia ou do suicídio assistido, justificando-a com base no argumento de que mais vale morrer com dignidade, ou então fazer prevalecer (mesmo contrariamente à vontade expressa do doente ou mesmo em flagrante violação de sua dignidade) o direito (e, nesta quadra, também dever) à vida, ou mesmo, na esteira de exemplo já referido, considerar que a dignidade engloba a necessidade de preservar e respeitar a vida humana, por mais sofrimento que se esteja a causar com tal medida. Em verdade, em se admitindo uma prioridade da vida (e não são poucos os que assim o sustentam),[24] no âmbito

---

que a humanidade em cada pessoa poderia, quando de seu desenvolvimento concreto, ser limitada pelo Estado e pelos particulares, mas não retirada e, neste sentido, afetada. Assim, o preso político sempre poderia resignar-se, com dignidade, à sua prisão, assim como o doente terminal poderia morrer com dignidade."

[24] Sustentando uma priorização do direito à vida e afirmando ser esta o valor (bem jurídico) mais relevante, vale lembrar a lição de Michael Kloepfer, *Grundrechtstatbestand und Grundrechtsschranken...*, op. cit., p. 412, consignando que a dignidade é reconhecida e objeto de proteção onde há vida humana e esta, por sua vez, tem sido considerada a base vital da própria dignidade, argumentando que o direito à vida não pode ser mais limitável que um direito fundamental que tenha a vida (e todos, inclusive a dignidade e os direitos a ela inerentes, a têm) como pressuposto. Tal concepção, que mesmo na Alemanha – onde esbarra no entendimento contrário da maioria doutrinária e jurisprudencial – não se encontra imune a controvérsias, também entre nós merece ser objeto de questionamento, inclusive – embora não exclusivamente – considerando a posição e função expressamente outorgada pelo Constituinte de 1988 à dignidade da pessoa como princípio fundamental (e fundamento) do nosso Estado democrático de Direito. Afirmando a primazia do direito à vida, considerando-o "valor central e superior da Constituição", v. – no direito lusitano – a contribuição de Paulo Otero, *Personalidade e Identidade Pessoal e Genética do Ser Humano: um perfil constitucional da bioética*, Coimbra: Livraria Almedina, 1999, p. 35 e ss., destacando, ainda, ser a "inviolabilidade da vida humana, principal expressão do respeito pela dignidade do ser humano." De qualquer modo, é de questionar-se, em face da inequívoca relação (íntima e aparentemente indissociável) entre a vida e a dignidade da pessoa, a própria possibilidade ou, pelo menos, a conveniência, de se estabelecer, em abstrato e previamente,

de uma hierarquização axiológica, estar-se-á fatalmente dando margem à eventual relativização e, neste passo, também admitindo (como decorrência lógica) uma ponderação da dignidade, de tal sorte que desde logo (embora não apenas por este motivo) merece ser encarada com certa reserva a assertiva de que a dignidade não se encontra sujeita, em hipótese alguma, a juízos de ponderação de interesses.[25] No mínimo, parece-nos que a realidade da vida (e da dignidade) oferece situações-limite, diante das quais dificilmente não se haverá de pelo menos questionar determinados entendimentos.

4 – Dignidade como regra e uma possível dimensão "absoluta"

Consoante já adiantado, assumindo-se como correto que a dignidade da pessoa humana, na condição de norma jurídica, possui a dupla natureza de princípio e regra, sendo a primeira passível, mesmo que em situações excepcionais, de ponderação com outros princípios e bens jurídico-constitucionais, resta saber se e em que medida a dignidade na sua versão de regra poderá ser tida como de caráter absoluto, ao menos no sentido emprestado por Robert Alexy, de que não é possível resolver eventual conflito mediante ponderação e um juízo de proporcionalida-

---

uma hierarquia axiológica entre os valores (e bens jurídicos) vida e dignidade, temática que, pelas suas implicações, não temos a pretensão de aqui aprofundar. Aliás, tal entendimento foi objeto de manifestação do mesmo Michael Kloepfer, "Leben und Würde des Menschen", in: *Festschrift 50 Jahre Bundesverfassungsgericht,* Tübingen: J.C. Mohr (Paul Siebeck), 2001, p. 77 e ss., sustentando, além da vinculação umbilical entre vida e dignidade, pois ambas formam uma unidade indissolúvel, a impossibilidade de se afirmar uma prioridade *a priori* da dignidade (v. especialmente p. 78-79).

[25] A respeito da inviabilidade de sujeitar-se a dignidade da pessoa humana à ponderação de interesses, v. a contribuição, entre nós, de Daniel Sarmento, *A Ponderação de Interesses na Constituição,* Rio de Janeiro: Lumen Juris, 2000, p. 73 e ss., sustentando, na esteira do que já havia proposto Fernando Ferreira dos Santos, *Princípio Constitucional da Dignidade da Pessoa Humana,* São Paulo: Celso Bastos, 1999, p. 94-96, que a dignidade, na condição de valor maior do ordenamento jurídico, atua como principal critério substantivo na ponderação de interesses constitucionais, mas não poderá jamais ser objeto de ponderação, no sentido de se admitir sua violação ou relativização em face de outros valores constitucionais.

de. Para tanto, nada melhor do que lançar um olhar sobre alguns exemplos, antes de avançarmos com uma tomada de posição.

O caso mais emblemático (mas que segue polêmico) é o da proibição da prática da tortura. No caso brasileiro, de acordo com o que dispõe o artigo 5º, III, CF, a tortura (assim como todo e qualquer tratamento desumano e degradante), como se sabe, encontra-se vedada por norma de direito fundamental específica, com estrutura de regra, pois se trata de norma proibitiva de determinada conduta. Ainda que inexistisse dispositivo constitucional específico vedando expressamente a tortura, tal prática implica inequivocamente a coisificação e degradação da pessoa, transformando-a em mero objeto da ação arbitrária de terceiros, sendo, portanto, incompatível com a dignidade da pessoa, regra que veicula aspecto nuclear da proteção da dignidade da pessoa humana.

Tal linha de entendimento, aliás, revela-se absolutamente afinada com a evolução jurídico-constitucional contemporânea e a opção do legislador internacional em matéria de direitos humanos, que, ainda mais no caso da tortura, guarda umbilical ligação com a própria proteção da dignidade da pessoa e da aplicação, neste caso, da referida fórmula-objeto, que veda toda e qualquer coisificação (instrumentalização) da pessoa humana. Convém registrar, no contexto, que entre nós já existe pacífica e reiterada posição do Supremo Tribunal Federal,[26] chancelando a vedação absoluta da tortura, ainda que tal reconhecimento, por si só, não impeça a ocorrência de tal prática, mas tenha por efeito a sua ilegitimidade jurídica. Da jurisprudência internacional, destacamos um dos julgamentos da Corte Europeia de Direitos Humanos, do dia 28.07.1999 (caso Selmouni contra a França), onde – em que pese ter a Corte se declarado incompetente para o efeito de estabelecer uma inde-

---

[26] Cf., por exemplo, a decisão proferida no *Habeas Corpus* nº 70.389-SP, relatado pelo Ministro Celso de Mello e publicado no DJ em 23.06.1994, hipótese em que se tratava de tortura contra criança e adolescente.

nização pelos danos causados – foi reconhecido que o uso da força por ocasião de um interrogatório, especialmente (mas não exclusivamente) quando caracterizado a tortura, é manifestamente incompatível com a vedação estabelecida pelo artigo 3º da Convenção Europeia de Direitos Humanos, que proíbe a tortura e qualquer tratamento desumano ou degradante, assim como se trata de ato incompatível com a dignidade da pessoa humana.[27] Também o Tribunal Constitucional Federal da Alemanha, desde o início de sua profícua judicatura, situa a hipótese da tortura e do tratamento desumano e degradante (inclusive mediante referência reiterada aos métodos utilizados no período nacional-socialista) como absolutamente vedada com base na dignidade da pessoa humana, colacionando-se, em caráter ilustrativo, decisão mais recente onde estava em causa a prática de tortura na esfera de investigação policial, o conhecido caso "Daschner", no qual o Tribunal afirmou que a utilização da tortura reduz a pessoa inquirida à condição de mero objeto do combate ao crime, representando violação de sua pretensão de respeito e consideração constitucionalmente tutelada, além de destruir pressupostos fundamentais da existência individual e social do ser humano.[28]

Nesse mesmo contexto, da vedação da prática de atos degradantes e desumanos, situa-se o problema da humilhação, ou seja, de o quanto atos praticados por pessoas que submetem outras pessoas a situações humilhantes, para efeito de aferição da ocorrência de uma violação da dignidade da pessoa humana, podem e devem ser equiparadas às hipóteses do tratamento desumano e/ou degradante. Que a resposta há de ser positiva, no sentido de que atos de humilhação representam também uma violação da dignida-

---

[27] Cf. decisão citada na *Revue Trimmestrielle des Droits de L'Homme*, 2000, p. 123 e ss., seguida de um comentário de Pierre Lambert.
[28] Cf., BVerfg (K), NJW 2005, 656 (657), tradução livre da seguinte passagem no original: "Die Anwendung von Folter macht die Vernehmungsperson zum blossen Objekt der Verbrechensbekämpfung unter Verletzung ihres verfassungsrechtlich geschützten sozialen Wert-und Achtungsanspruchs und zerstört grundlegende Voraussetzungen der individuellen und sozialen Existenz des Menschen".

de, parece (ou deveria parecer) incontroverso e tem sido amplamente reconhecido, embora a polêmica em torno de quais os atos que efetivamente podem ser enquadrados na hipótese. Um exemplo digno de nota, ainda mais em função da discussão que gerou na esfera pública, pode ser encontrado na Súmula do STF que restringiu o uso de algemas por parte da autoridade judiciária e policial, exigindo justificativa devidamente fundamentada para tanto. Embora questionável se o uso em si de algemas já representa uma violação da dignidade da pessoa (o que, se for admitido como correto, implica afirmar que a absoluta maioria dos Estados e de suas ordens jurídicas chancela prática indigna), o que merece destaque, sem prejuízo de outros aspectos a serem discutidos e da correção do uso do instituto da Súmula no caso, é a mensagem clara de que a humilhação pura e simples, o uso desnecessário e, portanto abusivo, de algemas ou mesmo outros meios que reduzem a pessoa à condição de objeto ou limitam fortemente sua capacidade de ação e liberdade, assim como a exposição pública e não raras vezes para efeitos "midiáticos" (reforçando o argumento da humilhação) da pessoa algemada, devem ser repudiados.

O caso da tortura e da vedação de qualquer tipo de tratamento desumano ou degradante assume, além disso, importância no que diz com a discussão a respeito da existência, ou não, de direitos absolutos, no sentido de absolutamente imunes a qualquer tipo de intervenção restritiva. De outra parte, sem que se vá desenvolver o ponto propriamente dito, há que relembrar – mais uma vez! - que se está em face, no que diz com a estrutura normativa, de uma regra impeditiva de determinada (s) condutas (tal, como formulada expressamente no artigo 5º, inciso III, da Constituição Federal de 1988), regra que, de outra parte, diz respeito justamente ao que se poderia enquadrar no âmbito do núcleo essencial do princípio da dignidade da pessoa humana.

Assim, a vedação da tortura e a impossibilidade de "flexibilização" (ponderação com outras regras e/ou princípios) da regra correspondente não se revelam incompatíveis com a tese de que na sua condição de princípio a dignidade da pessoa humana não é absolutamente infensa a algum tipo de restrição (pelo menos no que diz com a definição do seu âmbito de proteção pelo legislador e pelo Juiz), embora se reconheça que o tema merece maior reflexão.[29] A própria regra proibitiva da tortura e de qualquer tratamento desumano ou degradante não deixa de assegurar uma razoável margem de apreciação por parte tanto do legislador (a quem incumbe, em primeira linha, selecionar os atos que se enquadram na hipótese) quanto por parte dos órgãos jurisdicionais, que terão inclusive a missão de avaliar a correção da opção legislativa ao definir o que (e o que não é) tortura ou mesmo o que configura (ou não) tratamento desumano ou degradante, ou, para mencionar outro exemplo importante, o que são penas cruéis, já que também vedadas por regra constitucional expressa no Brasil e em muitos outros Estados, mas também proscrita no âmbito do direito internacional dos direitos humanos. Algo similar, apenas para ampliar o espectro, se passa com o assim chamado mínimo existencial, que, na acepção de Robert Alexy, exerce a função de um direito subjetivo definitivo a prestações (com ou sem articulação com outros direitos fundamentais) e em face do qual cedem os princípios colidentes[30], o que não dispensa uma regulação legal do conteúdo do mínimo existencial e uma – nesse caso relativamente ampla – margem de conformação legislativa.

Para que fique suficientemente clara a nossa posição, o que se está a dizer é que eventual margem de ação para definição (com vistas a ex-

---

[29] No mesmo sentido, v., por último, Virgílio Afonso da Silva, *Direitos Fundamentais. Conteúdo Essencial, Restrições e Eficácia*. São Paulo: Malheiros, 2009, p. 200-202.

[30] Cf. Robert Alexy, *Theorie der Grundrechte*, op. cit., p. 465 e ss. Tal entendimento (muito embora nem sempre as decisões judiciais demonstrem argumentativamente e de modo controlável como no caso concreto se dá o juízo de ponderação) tem sido recorrentemente adotado na prática decisória dos Tribunais brasileiros, inclusive pelo STF, quando em causa direitos sociais a prestações (v., por ex. o julgamento da STA 175, março de 2010, Rel. Ministro Gilmar Mendes).

tração de efeitos jurídicos, ainda mais quando se trata de justificar a imposição de sanções) do que significa tortura e/ou tratamento desumano e degradante (ou mesmo mínimo existencial), não equivale a dizer que, mesmo com o objetivo de salvar vidas de terceiros, se possa – no âmbito de uma "ponderação" das dignidades dos envolvidos – considerar juridicamente legítima a prática da tortura, muito embora não sejam tão poucos assim os defensores de tal possibilidade.[31] Com efeito, volta-se a frisar que a regra impeditiva da tortura e de tratamento desumano e degradante já poderia (como de fato, assim o tem sido em diversos ordenamentos jurídicos) ser deduzida diretamente como expressão da dignidade da pessoa humana, no âmbito de um conteúdo mínimo universalizável, como, de resto, demonstra a evolução no plano do próprio direito internacional dos direitos humanos onde, seja no plano regional, seja no plano universal, a tortura foi categoricamente proscrita.

O exemplo da vedação da tortura (assim como, em sentido similar, o da proibição de abate de um avião com sequestradores a bordo)[32] bem

---

[31] Na doutrina alemã, um dos primeiros e principais autores a sugerir a possibilidade de, em nome da dignidade e com o intuito de salvaguardar direitos de terceiros, designadamente em casos extremos e quando grave o risco de vida para outras pessoas e inexistentes outros meios eficientes para evitar o dano, como, por exemplo – e este é um exemplo recorrente na doutrina – para descobrir o paradeiro de uma bomba armada e capaz de matar dezenas e mesmo centenas de pessoas – foi W. Brugger, *Menschenwürde.Menschenrechte, Grundrechte*, op. cit., p. 23. Nos Estados Unidos da América, onde o tema alcançou significativa repercussão especialmente após o trágico atentado de 11.09.2001, v., dentre tantos, a discussão proposta por Richard Posner, *Not a Suicide Pact. The Constitution in a Time of National Emercency*, Oxford University Press, 2006, p. 77 e ss.

[32] Aqui estamos a nos referir a caso apreciado pelo Tribunal Constitucional Federal da Alemanha, que envolvia a discussão sobre a constitucionalidade, entre outros dispositivos, de artigo de Lei editada pelo Parlamento Alemão objetivando o combate ao terrorismo, o qual previa a possibilidade de abate, por parte das forças armadas alemãs, de aeronave, mesmo civil, ocupada por terroristas, verificada a possibilidade de a aeronave vir a ser utilizada para destruição de alvos civis ou militares a causar a morte de pessoas inocentes, tal qual ocorreu nos ataques ao Pentágono e Torres Gêmeas (11 de Setembro de 2001). Na sua enfática decisão (v. BVerfGE 115, 118/154), o Tribunal Constitucional, em síntese, decidiu pela inconstitucionalidade de tal previsão legal, enfatizando – dentre outros aspectos de relevo – que tanto a tripulação quanto os passageiros do avião estariam sendo reduzidos à condição de objeto, além de destituídos de seus direitos, visto que sua morte estaria servindo de meio para a salvação de outras vidas. Embora não se possa aprofundar o ponto, o que desde logo

ilustra a já referida função da dignidade da pessoa humana como cláusula (ética e jurídica) de barreira, que fundamenta uma espécie de "sinal de pare", inclusive no sentido de operar como um "tabu" (no sentido de não ter sua validade absoluta condicionada a qualquer justificativa de matriz dogmática, não estar sujeito a uma ponderação e dela não necessitar para efeitos de ter sua eficácia jurídica e de regulação reconhecida),[33] a estabelecer um "território proibido", onde o Estado não pode intervir e onde, além disso, lhe incumbe assegurar a proteção da pessoa (e sua dignidade) contra terceiros. Por outro lado, que mesmo tal uso da dignidade, por várias razões (independentemente da correção – importa repisar – da proibição da tortura e de outras condutas manifestamente ofensivas à dignidade) se revela imune a controvérsias, vai aqui assumido, assim como se assume a opção de não desenvolver o tópico.

5 – Simultaneamente absoluta e relativa?

A despeito dos argumentos deduzidos em prol de uma possível relativização até mesmo da dignidade da pessoa humana na sua condição de princípio jurídico e norma de direitos fundamentais, sem que, à evidência, se possa admitir o sacrifício da dignidade quando em causa na sua dimensão-regra (impeditiva ou impositiva de determinadas condutas), constata-se que expressiva doutrina (quiçá mesmo ainda

---

chama a atenção é, novamente, a circunstância de como a solução adotada (em nome da vida e da dignidade) pode variar, a depender de quem tem a prerrogativa de decidir sobre a matéria, mesmo em se tratando de ordens jurídicas de um Estado Democrático de Direito, bastando apontar para a alternativa adotada nos EUA, onde aviões chegaram a ser abatidos com passageiros e tripulação inocentes a bordo. Discussão similar ocorreu entre nós, embora voltada especialmente ao combate do narcotráfico, havendo, em tese, possibilidade de a força aérea abater aeronave tripulada por suspeitos de tráfico e contrabando, ou seja, sequer se está a falar de uma ameaça real e imediata da vida de civis inocentes, sem que, por evidente, se esteja a desconsiderar o mal causado especialmente pelo tráfico.

[33] Sobre a dignidade da pessoa humana como "Tabu" v., por todos, Ralf Poscher, "Die Würde des Menschen ist Unantastbar", *JZ* 2004, p. 756 e ss.

majoritária) se opõe veementemente a qualquer tipo de restrição à dignidade pessoal, de tal sorte que se chegou a afirmar que cada restrição da dignidade (ainda que fundada na preservação de direitos fundamentais ou proteção da dignidade de terceiros) importa em sua violação, e, portanto, encontra-se vedada pelo ordenamento jurídico.[34] Nessa linha de entendimento, nem mesmo o interesse comunitário poderá justificar ofensa à dignidade individual, esta considerada como valor absoluto e insubstituível de cada ser humano.

Nesse sentido, vale reproduzir pensamento de Castanheira Neves:

> "A dimensão pessoal postula o valor da pessoa humana e exige o respeito incondicional de sua dignidade. Dignidade da pessoa a considerar em si e por si, que o mesmo é dizer a respeitar para além e independentemente dos contextos integrantes e das situações sociais em que ela concretamente se insira. Assim, se o homem é sempre membro de uma comunidade, de um grupo, de uma classe, o que ele é em dignidade e valor não se reduz a esses modos de existência comunitária ou social. *Será por isso inválido, e inadmissível, o sacrifício desse seu valor e dignidade pessoal a benefício simplesmente da comunidade, do grupo, da classe (grifo nosso)*. Por outras palavras, o sujeito portador do valor absoluto não é a comunidade ou classe, mas o homem pessoal, embora existencial e socialmente em comunidade e na classe. Pelo que o juízo que histórico-socialmente mereça uma determinada comunidade, um certo grupo ou uma certa classe não poderá implicar um juízo idêntico sobre um dos membros considerado pessoalmente – a sua dignidade e responsabilidade pessoais não se confundem com o mérito e o demérito, o papel e a responsabilidade histórico-sociais da comunidade, do grupo ou classe de que se faça parte".[35]

---

[34] Cf., por todos, Bodo Pieroth/Bernhard Schlink, *Grundrechte – Staatsrecht II*, 26ª ed., Heidelberg: C.F. Müller, 2010, p. 88.

[35] *Apud* Jorge Miranda, *Manual de Direito Constitucional*, vol. IV, 3ª ed., Coimbra: Coimbra Editora, 2000, p. 190-91.

Todavia, tomando por referência tudo o que foi exposto até o momento, pendem, ainda, algumas indagações, que, por sua vez, refletem na discussão em torno do caráter absoluto e/ou relativo da dignidade da pessoa humana na ordem jurídico-constitucional.

Assim, importa relembrar que já no tocante ao conteúdo jurídico da noção de dignidade da pessoa humana inexiste completo consenso, dissídio este que se revela ainda maior quando se trata de averiguar quais condutas (e em que medida) são, de fato, violadoras dessa dignidade. Por mais que se tenha a dignidade como bem jurídico absoluto, o que é absoluto (e nesta linha de raciocínio, até mesmo o que é a própria dignidade) encontra-se de certa forma em aberto e, em certo sentido – como já demonstrado – irá depender da vontade do intérprete e de uma construção de sentido cultural e socialmente vinculada. Assim, a partir do que se considera como protegido em termos de dignidade pessoal e do que se possa ter (e vir a ter) como efetiva agressão, é que se irá também viabilizar uma tomada de posição relativamente ao problema proposto. Em se admitindo – na esteira de Alexy – que mesmo a dignidade comporta diversos níveis de realização e, portanto, certa graduação e relativização, desde que não importe em sacrifício da dignidade, seria possível reconhecer também que a própria dignidade da pessoa, como norma jurídica fundamental, possui um núcleo essencial e, portanto, apenas este (na hipótese de uma necessária harmonização da dignidade de diversas pessoas), por via de consequência, será intangível, não sendo o caso aqui de adentrar o exame das diversas concepções sobre o núcleo essencial.

Nessa linha de raciocínio, consideramos equivocada a crítica assacada contra Alexy, notadamente ao sustentar que a dignidade, na condição de princípio, constitui-se (a exemplo das demais normas-princípio) em mandado de otimização,[36] já que otimizada deve ser a eficácia

---

[36] Cf., por exemplo, Tatjana Geddert-Steinacher, *Menschenwürde als Verfassungsbegriff*, Berlin: Duncker & Humblot, 1990, p. 128-29.

e efetividade da(s) norma(s) jurídica(s) que reconhece(m) e protege(m) a dignidade, não se tratando – ao menos não é o que parece entender Alexy – de afirmar que a dignidade implica uma máxima (ótima) satisfação de todas as necessidades humanas, de tal sorte que, na sua dimensão positiva (como exigência de prestações estatais), poderia a garantia (jurídica) da dignidade - que se torna produtiva na esfera da noção de um mínimo existencial - vir a ser interpretada como um programa de segurança social amplo e irrestrito.[37]

Por sua vez, partindo-se de um conceito mais restrito de dignidade, no sentido de que apenas uma grave violação da condição de pessoa e, nesta linha de pensamento, somente na hipótese de uma desconsideração inequívoca de seu valor intrínseco como ser humano (em suma, sua condição de sujeito, e não objeto de direitos) restaria configurada uma efetiva violação da dignidade, verificar-se-á também que todas as demais condutas ofensivas acabariam não sendo reconhecidas como verdadeiras restrições à dignidade, mas sim, eventuais ofensas a outros direitos fundamentais específicos, estando sujeitas ao regime jurídico que informa as restrições aos direitos fundamentais em geral. A prevalecer este entendimento, restaria sempre vedada (tal como já anunciado) uma ofensa ao conteúdo em dignidade ou ao assim denominado núcleo essencial dos direitos, que, de resto, não se confunde necessariamente com o primeiro.[38]

Nesse contexto, impõe-se sempre a verificação, à luz do caso concreto, se, em verdade, não estamos diante de uma restrição ao âmbito de proteção de uma norma de direito fundamental sem que esta esteja a

---

[37] Nesse sentido, a ponderação crítica de Christian Starck, in: *Bonner Grundgesetz*, op. cit., p. 42.
[38] Aqui há que fazer breve referência à discussão em torno da circunstância de que a dignidade encontra-se mais eficientemente protegida por uma concepção restrita ou ampla de seu âmbito de proteção (conteúdo). A respeito deste ponto, v., entre outros, Wolfgang Höfling, "Anmerkungen zu Art. 1 Abs, 3 Grundgesetz", in: Michael Sachs (Org.), *Grundgesetz Kommentar*, München: C.H. Beck, 1996, p. 103 e ss.

configurar uma violação do conteúdo em dignidade da pessoa humana do direito em causa. Reportando-nos aos exemplos já citados, poderemos então argumentar que a imposição de uma pena de prisão em regime fechado (desde que não se cuide de prisão perpétua, expressamente vedada no sistema constitucional brasileiro) embora constitua inequívoca e grave restrição da liberdade pessoal, justificada pela necessidade de coibir e prevenir violações da dignidade e direitos fundamentais de terceiros, não assume a condição de ofensa (esta sim intolerável) ao conteúdo em dignidade, que, de resto, como já destacado alhures, deve ser (assim como ocorre com os direitos humanos e fundamentais em geral) igualmente assegurada ao preso (ou qualquer pessoa), por mais "indignos" tenham sido os atos por este praticados.

Ainda no que diz com a proteção da dignidade, percebe-se a existência de consenso no sentido de que a consideração e o respeito pela pessoa como tal constituem simultaneamente tarefa e limites intransponíveis para a ordem jurídica. Tanto isto é correto que o princípio da dignidade da pessoa, apesar de não ter sido - (diversamente da solução adotada pela Lei Fundamental da Alemanha[39] - expressamente agasalhado no elenco das assim denominadas "cláusulas pétreas" da nossa Constituição (art. 60, § 4º), seguramente ostenta a condição de limite material implícito ao poder de reforma constitucional, integrando a essência (identidade) da Constituição formal e material, ou aquilo que Rawls designou de "elementos constitucionais essenciais".[40]

Ainda assim – voltando à questão do caráter relativo ou absoluto da dignidade da pessoa humana - há que ter em conta que da condição de limite material (implícito) ao poder de reforma constitucional não

---

[39] De acordo com o disposto no art. 79, inc. III, da Lei Fundamental da Alemanha, a dignidade da pessoa humana (e, portanto, também o conteúdo em dignidade dos direitos fundamentais) constitui limitação material expressa ao poder de reforma constitucional.

[40] Cf. John Rawls, *O Liberalismo Político*, 2ª ed., São Paulo: Ática, 2000, p. 277 e ss., embora não expressamente mencionando a dignidade da pessoa.

decorre, por si só, uma absoluta imunidade a restrições do bem protegido, já que pela sistemática adotada pela Constituição Federal de 1988 apenas são vedadas emendas (ou propostas de emendas) que resultem em abolição efetiva ou tendencial das assim denominadas "cláusulas pétreas", proteção esta que se aplica igualmente aos limites implícitos.[41] Tal entendimento, em verdade, harmoniza com a dimensão principiológica da dignidade da pessoa, que, na sua condição de norma-princípio, tolera certa relativização, respeitado, todavia, sempre também o núcleo essencial, este sim blindado contra restrições, sem prejuízo da existência de regras assegurando dimensões da dignidade que se encontram subtraídas à ponderação.

Convém lembrar, nesta quadra da exposição, que, de modo geral, as teorias que pregam o caráter absoluto da dignidade, considerando-a imune a qualquer restrição, justamente partem de uma (já lembrada) concepção minimalista da dignidade, reconhecendo que apenas esta se revela compatível com a sua condição de "cláusula pétrea" (limite material ao poder de reforma constitucional), assim como com a garantia do núcleo essencial e a necessária restringibilidade (para além deste núcleo) dos demais direitos fundamentais, de tal sorte que apenas uma esfera nuclear da existência humana seria objeto da proteção absoluta do ordenamento jurídico.[42] De outra parte, não há como desconsiderar o argumento de que uma exegese extensiva do conteúdo da garantia

---

[41] Sobre a problemática dos limites à reforma constitucional e, de modo especial, sobre o alcance da proteção por meio dos limites materiais, remetemos ao nosso *A Eficácia dos Direitos Fundamentais*, op. cit., p. 431 e ss.

[42] Cf. Wolfgang Höfling, in: Michael. Sachs (Org.), *Grundgesetz*, op. cit., p. 106. Na mesma linha, advogando uma irrestringibilidade da dignidade da pessoa, mas alertando para o fato de que tal condição se encontra vinculada a uma exegese restritiva da dignidade, v. também Hans D. Jarass, "Garantie der Menschenwürde", in: Jarass-Pieroth, *Grundgesetz für die Bundesrepublik Deutschland*, 3ª ed,, München: C.H. Beck, 1995, p. 40-41. Tatjana Gedert-Steinacher, *Menschenwürde als Verfassungsbegriff*, op. cit., p. 83 e ss., lembra, igualmente no âmbito de uma concepção minimalista, que uma interpretação extensiva da garantia (absoluta) da dignidade já não se revela compatível com a sua estrutura normativa peculiar, que não pode ser equiparada aos demais direitos fundamentais.

da dignidade da pessoa humana poderá colocar em risco a função dos demais direitos fundamentais, que, neste passo, restariam esvaziados, assim como no mínimo comprometida e fragilizada resultaria a própria dignidade.[43]

O que nos parece deva ficar consignado é que não se deve confundir a necessidade de harmonizar, no caso concreto, a dignidade na sua condição de norma-princípio (que, por definição, admite vários níveis de realização) com outros princípios e direitos fundamentais, com as situações em que a dignidade se traduz em regras impeditivas de determinadas condutas, como ocorre no caso da proibição da tortura, da imposição de penas cruéis, da vedação de trabalho escravo, entre outras. Assim, alguma relativização se revela como indispensável para a proteção e mesmo promoção da igual dignidade de todas as pessoas, não olvidando que, antes mesmo de ser norma jurídica (princípio e regra), a dignidade é, acima de tudo, o valor distintivo e insubstituível atribuído ao ser humano (e nele reconhecido) que o torna merecedor ou, pelo menos, titular de uma pretensão de respeito e proteção e de um conjunto de direitos humanos e fundamentais. Que cada ser humano é, em virtude de sua dignidade, merecedor de igual respeito e consideração no que diz com a sua condição de pessoa, e que tal dignidade não poderá ser violada ou sacrificada nem mesmo para preservar a dignidade de terceiros, não afasta, portanto – e convém repisar este aspecto – certa relativização (no sentido de possibilidade de restrição) ao nível jurídico-normativo, quando em causa o princípio da dignidade da pessoa humana.

Mas ainda que não se aceite tal "relatividade" (como é o caso dos que advogam ser a dignidade sempre insuscetível de ponderação em face

---

[43] Neste sentido, a lembrança de Christian Starck, in: *Das Bonner Grundgesetz*, op. cit., p. 42, advogando que a garantia jurídico-constitucional da dignidade da pessoa protege apenas o núcleo da condição de pessoa do ser humano. Entre nós, v., por último e em sentido próximo, V. A. da Silva, *Direitos Fundamentais...*, p. 191 e ss.

de outros bens, princípios e direitos de estatura constitucional), existe uma dimensão relativa que não nos parece seja contornável, decorrente da necessidade de se averiguar, em cada caso concreto, a existência, ou não, de uma ofensa à dignidade, bem como a de definir qual o âmbito de proteção da norma que a consagra, não se podendo olvidar que, em última análise, irá depender dos órgãos competentes a decisão sobre tal matéria, não sendo à toa que já se disse que definir dignidade é sempre de algum modo lhe impor limites[44]. Assim e retomando também este ponto, não há como desconsiderar não ser incomum que tenhamos situações similares nas quais, em razão de uma diversa compreensão do conceito de dignidade, acabou-se chegando a resultados distintos.[45]

---

[44] Esta a oportuna lembrança de Béatrice Maurer, *Notes sur le respect de la dignité humaine...*, op. cit., p. 187.

[45] Nesse contexto, para ilustrar a afirmação, colacionamos exemplo extraído da jurisprudência estrangeira. Cuida-se de uma das muitas decisões envolvendo conflito entre a liberdade de comunicação e expressão (por intermédio da veiculação de publicidade para fins comerciais) e a dignidade da pessoa humana envolvendo a multinacional Benetton, onde Tribunais de diferentes países, em circunstâncias similares, divergiram no concernente à ocorrência de uma violação da dignidade. No caso, cuidava-se de uma reclamação constitucional (*Verfassungsbeschwerde*) impetrada perante o Tribunal Constitucional Federal da Alemanha pela empresa Benetton, que alegava ter havido, por parte da Instância inferior (na hipótese, o Superior Tribunal Federal=*Bundesgerichtshof*) uma violação da liberdade de comunicação e expressão ao reconhecer a ilegalidade, no âmbito das normas sobre a concorrência desleal (por ofensa ao princípio da dignidade da pessoa humana, já que, entre outros argumentos colacionados, a propaganda estaria coisificando a dor e as necessidades dos portadores do HIV, utilizando tal imagem para fins comerciais, a despeito de eventual intenção de influir positivamente sobre a opinião pública) de publicidade que ostentava a fotografia de uma pessoa nua, sobre a qual estava aposto um carimbo com a inscrição "HIV Positivo", determinando, tal como requerido pela demandante na ação originária, a sustação da veiculação da propaganda. O Tribunal Federal Constitucional (v. BVerfGE vol. 107, p. 275 e ss.), em decisão proferida no dia 11.03.2003, acolheu a reclamação constitucional e cassou a decisão desfavorável à reclamante, por entender, em síntese, que restou configurada uma restrição desproporcional da liberdade de comunicação e expressão, já que, a despeito de a dignidade da pessoa humana representar, de fato, um limite intransponível também para a liberdade de expressão, este limite, no caso concreto, não teria sido transposto e que tal tipo de publicidade, se moralmente reprovável, não poderia ser juridicamente vedada. Após reiterar sua posição em prol da "imponderabilidade da dignidade com outros direitos fundamentais", o Tribunal Constitucional Federal argumentou que a utilização de imagem retratando a dor e sofrimento alheio não resta impedida somente por estar vinculada a propósito comercial, nem mesmo – necessariamente – pelo fato de se estar a proteger supostos interesses da coletividade em não ser perturbada e ofendida por tal tipo de mensagem. Por sua vez, tratando exatamente do mesmo

À vista do exposto, é preciso retomar aqui a noção de que a dignidade, sendo um conceito necessariamente aberto, relacional e comunicativo (portanto, uma noção histórico-cultural), não pode servir como justificação para uma espécie de fundamentalismo da dignidade,[46] já que, como bem lembra Jônatas Machado, "o *conceito* de dignidade humana apresenta-se desvinculado de qualquer concepção mundividencial fechada e heterónoma acerca do sentido existencial e ético da vida, não podendo servir para a imposição constitucional de qualquer *absolutismo valorativo*" (grifos do autor).[47] Nesse sentido, a "relatividade" é algo que não pode ser afastado da noção de dignidade, seja no plano moral (ou axiológico, se preferirmos), seja na esfera jurídica, posto que se trata de um construído (produto cultural) e não um dado.

Assim, o que se percebe, portanto, é que tanto na sua dimensão-princípio quanto como regra o conceito subjacente (dinâmico) de dignidade (relativo sempre que se opta por uma – não outra - definição) a dignidade da pessoa humana, mesmo ocupando o mais alto posto na constelação dos princípios e direitos fundamentais, não opera – pelo menos na esfera do Direito – como um absoluto no sentido de imune a qualquer tipo de delimitação e, portanto, restrição. Com isso, todavia, a dignidade não perde em significação para o Direito, pelo contrário, ca-

---

tipo de publicidade, veiculada pela mesma empresa, na França, os Tribunais consideraram, ainda que mediante argumentação diferenciada nas diversas instâncias, que houve uma utilização abusiva da liberdade de expressão e comunicação por parte da empresa, que resultou em violação descabida da intimidade e da dignidade da pessoa humana (neste sentido, v. o relato, mediante referência às decisões, de Bernard Edelman, "La dignité de la personne humaine, un concept nouveau", in: Marie-Luce Pavia/Thierry Revett (Coord.), La dignité de la personne humaine, Paris: Económica, 1999, p. 32-3.

[46] Nesse sentido, já a advertência de Chaim Perelman, *Ética e Direito*, São Paulo: Martins Fontes, 1996, p. 403: "ante as divergências sobre a própria ideia de pessoa humana e sobre as obrigações impostas pelo respeito à sua dignidade, é não somente utópico, mas mesmo perigoso, crer que existe uma verdade nessa questão, pois essa tese autorizaria os detentores do poder a impor suas visões e a suprimir toda opinião contrária, que supostamente expressa um erro intolerável".

[47] Cf. Jónatas .E.M. Machado, *Liberdade de Expressão. Dimensões constitucionais da esfera pública no sistema social*, Coimbra: Coimbra Editora, 2002, p. 358.

rece de constante reafirmação e legitimação, precisamente para que - em regra e sempre preservados os seus aspectos essenciais (assegurados por regras estritas e que implicam direitos e deveres de caráter definitivo) – possa prevalecer nas hipóteses de conflito com outros bens constitucionalmente consagrados. Assim, o "absoluto" (se é que é possível usar adequadamente no contexto o termo) e o "relativo" de algum modo se articulam e retroalimentam produtivamente e mesmo garantem que a própria dignidade humana não se converta em princípio de caráter meramente formal, que, a despeito de poder então aspirar ao absoluto, acabaria por se revelar incapaz de fazer frente a diversidade das situações da vida que o Direito (e a dignidade na condição de norma jurídica) devem regular, proteger e promover.

De todo modo, calha frisar que não se está aqui encaminhando nenhuma posição fechada sobre o tema, mas também convém lembrar que a dinâmica da vida e da própria evolução do conhecimento cada vez mais desnudam a falácia dos "absolutos", o que se revela de modo ainda mais evidente no campo do Direito, ele próprio (assim como seus conceitos, princípios e regras), em permanente processo de reconstrução em face da realidade. Assim, o que se espera é que com as presentes considerações se possa contribuir para mais esse debate.

A DIGNIDADE HUMANA: PRINCÍPIO, REGRA OU ARTIMANHA?

Ana Maria D'Ávila Lopes[*]
Martonio Mont'Alverne Barreto Lima[**]

1. INTRODUÇÃO

Em artigo recentemente publicado, Habermas questiona por que o conceito filosófico de dignidade humana, que surgiu na Antiguidade, só começou a ser incluído nos documentos de direito internacional depois da Guerra Segunda Mundial, especialmente considerando sua relação estreita com os direitos humanos. Sem dúvida alguma, a "assimetria temporal entre a história dos *direitos* humanos, que remonta ao século XVII, e o aparecimento recente do conceito *dignidade* humana em codificações nacionais e do direito internacional, assim como a jurisprudência do último meio século, continuam a ser um facto assinalável" (HABERMAS, 2012, p. 29).

Nos dias de hoje, a dignidade humana tem alcançado um protagonismo nunca antes visto na história da humanidade, sendo frequen-

---

[*] Mestre e Doutora em Direito Constitucional pela Universidade Federal de Minas Gerais (UFMG). Professora Titular do Programa de Pós-Graduação em Direito da Universidade de Fortaleza (UNIFOR). Bolsista de Produtividade em Pesquisa do Conselho Nacional de Desenvolvimento Científico e Tecnológico (CNPq).

[**] Mestre em Direito pela Universidade Federal do Ceará (UFC) e Doutor em Direito pela Universität Frankfurt am Main. Professor Titular do Programa de Pós-Graduação em Direito da Universidade de Fortaleza (UNIFOR). Procurador do Município de Fortaleza. Coordenador da Área de Direito da CAPES.

temente invocada cada vez que alguém considera que algum dos seus direito tem sido violado. Esse uso recorrente do argumento de ofensa à dignidade vem levantando sérios questionamentos a respeito da sua banalização.

Trata-se de uma situação que pode ser facilmente verificada no Direito brasileiro, com algumas particularidades ainda mais críticas. Assim, a dignidade, positivada na Constituição Federal de 1998 como um princípio fundamental (art. 1º, III), vem sendo indiscriminadamente invocada não apenas pelas partes de um processo, mas também por alguns juízes, que encontraram, na ponderação de princípios proposta por Alexy, a desculpa perfeita para sentenciar com elevada carga de discricionariedade e pouca de racionalidade (ÁVILA, 2008; STRECK, 2012), transformando disposições constitucionais, como a própria dignidade, em verdadeiras artimanhas jurídicas.

Nesse contexto, o objetivo deste trabalho é mostrar como a aplicação distorcida da teoria normativa de Alexy tem transformado a disposição constitucional da dignidade humana uma artimanha jurídica. Para tal, inicialmente, a teoria normativa de Alexy será brevemente exposta, objetivando delimitar o escopo teórico da nossa proposta, para, em seguida, analisar, mais especificamente, a norma da dignidade humana e como ela vem sendo – erroneamente - aplicada no Direito brasileiro.

2. A TEORIA NORMATIVA DE ALEXY

A teoria normativa de Alexy encontra-se exposta em seu livro "Teoria dos Direitos Fundamentais", escrito como sua *Habilitationsschrift* para professor da Faculdade de Direito da Georg-August-Universität Göttingen, em 1984. O objetivo do livro é "dar respuestas racionalmente fundamentadas a las cuestiones vinculadas con los derechos fundamentales" (ALEXY, 1993, p. 24), como forma de escapar da "retórica política y de los vaivenes de la lucha de las concepciones del mundo" (ALEXY, 1993, p. 45).

Com essa finalidade, parte Alexy (1993, p. 52 e ss.) da afirmação de que todo direito fundamental pressupõe a vigência de uma norma de direito fundamental, passando a elucidar a diferença entre norma e enunciado.

A norma é o significado de um enunciado normativo, o que significa que uma norma pode expressar-se por meio de diferentes enunciados. Sendo assim, os critérios de identificação de uma norma não devem ser buscados nos enunciados por meio dos quais se expressa, mas na norma mesma.

Uma forma de identificar uma norma é verificar se está formulada em enunciados deônticos básicos como "pode", "deve" e "proibido". O problema é que não existem regras exatas para identificar um enunciado permissivo, imperativo ou proibitivo.

Outro critério importante para identificar uma norma é a distinção entre existência e validade normativa. Alguns autores, como Ross (1994), equivocadamente confundem os dois conceitos, chegando a afirmar que apenas as normas válidas existem como tais. Alexy (1993, p. 56) discorda e argumenta que, assim como é possível expressar um pensamento sem que seja verdadeiro, também é possível expressar uma norma sem que seja válida.

Apesar de uma norma precisar atender a alguns requisitos de validade para ser tal, não se pode afirmar que exista total identificação entre validade e existência. Se assim fosse, a teoria normativa ficaria reduzida a um único aspecto.

Para esclarecer essa distinção, é necessário antes definir a funcionalidade da norma, ou seja, determinar o modo como deve ser interpretada e aplicada, se é ou não válida, ou o que precisa para sê-lo.

Os enunciados que indicam quais normas são válidas são chamados "enunciados de validade normativa"[3], os que podem ser verdadeiros ou falsos, segundo o critério de validade utilizado. Todavia, disso deriva outra diferença entre os enunciados normativos e as normas, já que os primeiros podem ser classificados como verdadeiros ou falsos, enquanto que das normas só se pode dizer que expressam algo proibido, permitido ou ordenado (FREGE, 1974). Dessa forma, o enunciado expressa algo que "é" ao passo que a norma algo que "deve ser" (ALEXY, 1993, p. 55).

Por outro lado, os critérios de validade mudam de acordo com cada teoria. Assim, há critérios sociológicos (introduzem o sentimento social de obediência à norma); critérios jurídicos (defendem a imposição normativa com base numa norma hierarquicamente superior); e critérios éticos (argumentam a necessidade de uma fundamentação moral), sendo que o conceito semântico da norma não pressupõe nem exclui qualquer dessas teorias.

São essas questões que levaram a Alexy (1993, p. 53) a considerar como critério de identificação da norma, o contexto do uso do enunciado, o que implica indagar pelas circunstâncias, regras de uso e conexão desse enunciado com outros. Contudo, o uso desses critérios pragmáticos não muda o fato de que o que há que identificar é uma identidade semântica, isto é, o conteúdo de uma modalidade deôntica.

Para este fim, em seguida, analisa-se brevemente a teoria semântica e a teoria estrutural das normas de direito fundamental de Alexy.

2.1 A teoria semântica da norma de direito fundamental

Os direitos fundamentais encontram-se enunciados em disposições de direito fundamental, ou seja, em disposições constitucionais.

---

[3] Kelsen chama os enunciados de validade normativa de "enunciados jurídicos", os quais não pertencem ao Direito (composto apenas de normas), mas à Ciência do Direito. (KELSEN, 1996, p. 73).

Alexy sugere inicialmente que se faça una distinção entre uma disposição ou enunciado constitucional de direito fundamental e uma norma de direito fundamental. Desse modo, identifica as disposições de direito fundamental com os artigos constitucionais que conferem direitos subjetivos, ao passo que as normas de direito fundamental correspondem ao conteúdo diretamente expressado nessas disposições. A partir daí surgem duas importantes questões:

Enunciados de direito fundamental que expressam direitos fundamentais:

Carl Schmitt (1996, p. 190) identifica um direito fundamental com base em dois critérios:

- material: são direitos fundamentais apenas os que pertencem ao fundamento mesmo do Estado e que, portanto, são assim reconhecidos na Constituição. No caso do Estado liberal, por exemplo, Schmitt considera como fundamentais apenas os direitos individuais de liberdade. O inconveniente deste critério está em vincular um direito fundamental a uma determinada concepção de Estado (ALEXY, 1993, p. 64);

- estrutural: são direitos fundamentais apenas os que apresentam uma determinada estrutura a qual, seguindo o exposto linhas acima, deve corresponder à de um direito individual de liberdade. Este critério também apresenta inconvenientes, pois restringe a lista de direitos fundamentais.

Frente aos inconvenientes dos critérios propostos por Schmitt, Alexy propõe uma alternativa. Assim, defende utilizar um critério estrutural capaz de identificar como direito fundamental apenas aquele que derive de uma norma de direito fundamental que outorgue um direito subjetivo, independentemente do seu conteúdo (ALEXY, 1993, p. 64-65).

Esse critério, entretanto, tem o inconveniente de que certos enunciados, ainda possuindo uma estreita relação com um direito fundamental, estariam excluídos da categoria de fundamentais por não conferirem um direito subjetivo, criando-se o risco de limitar indiretamente um direito fundamental.

Outro possível critério seria o estritamente formal, isto é, identificar como direito fundamental apenas aquele que está compreendido no capítulo da constituição relativo aos direitos fundamentais, independentemente do seu conteúdo ou da sua estrutura normativa (ALEXY, 1993, p. 65). Este critério é também muito restritivo, já que podem existir direitos fundamentais derivados de enunciados fundamentais que não se encontrem previstos no capítulo específico dos direitos fundamentais ou que não se encontrem previstos expressamente na constituição, como é o caso brasileiro. Assim, no §2º do art. 5º da Constituição Federal brasileira de 1988, se estabelece que se reconhecem como direitos e garantias fundamentais não apenas os que se encontram expressos em toda a Constituição, mas também os derivados do regime e dos princípios por ela adotados, assim como os que se encontrem em tratados internacionais dos quais o Brasil faça parte, mostrando a inviabilidade da adoção deste critério, pelo menos no ordenamento jurídico brasileiro;

b) As consequências da imprecisão semântica e estrutural dos direitos fundamentais.

Acima, concluiu-se, provisoriamente, que as normas de direito fundamental são as que se encontram expressas em enunciados de direito fundamental. O problema surge com a imprecisão de algumas disposições constitucionais, que são tanto semântica como estruturalmente abertas.

Uma disposição de direito constitucional é semanticamente aberta quando utiliza termos gerais suscetíveis de diversas interpretações, exigindo, consequentemente, sua delimitação semântica com o fim de garantir sua correta aplicação. É estruturalmente aberta quando não especifica se é o Estado, por meio de uma ação ou de uma omissão, quem deve satisfazer a exigência estabelecida na disposição ou se não deixa claro se outorga um direito subjetivo (ALEXY, 1993, p. 67-68).

Dessa imprecisão derivam outros dois problemas:

- toda disposição constitucional aberta precisa ser conceitualmente delimitada para ser aplicada a um caso concreto. Essa delimitação é realizada por meio de disposições de hierarquia infraconstitucional. A questão é se essas disposições também são enunciados de direito fundamental. A doutrina é unânime em afirmar que um direito fundamental contido num enunciado constitucional aberto, sem disposições infraconstitucionais que especifiquem seu conteúdo, torna-se perigosamente ineficaz, o que demonstra uma estreita relação entre esses dois enunciados (o constitucional e o infraconstitucional). Alexy (1993, p. 69) chama este tipo de relação de *relação de precisão*, porque são as disposições infraconstitucionais as que irão precisar o que está sendo ordenado, proibido o permitido.

Desse modo, estaria justificado considerar como normas de direito fundamental não apenas as que se encontram expressas em enunciados constitucionais, mas também as contidas em enunciados de hierarquia infraconstitucional adstritas às disposições de direito fundamental e que ajudem a precisar o conteúdo e o alcance das normas constitucionais. Nesse sentido, as normas de direito fundamental, segundo Alexy (1993, p. 70) classificar-se-iam em: a) normas de direito fundamental diretamente estabelecidas na Constituição; b) normas de direito fundamental adstritas às anteriores e contidas em disposições de hierarquia infraconstitucional.

A questão, entretanto, é estabelecer quando uma disposição infraconstitucional pode ser considerada adstrita a um enunciado constitucional, isto é, quando pode ser suficiente sua relação com uma norma de direito fundamental ou quando é necessário que desenvolva ou especifique diretamente o conteúdo normativo fundamental. São duas alternativas que, em determinadas circunstâncias, podem ser muito difíceis de distinguir, dificultando ainda mais a sua delimitação conceptual.

O critério utilizado para considerar a adstrição de um enunciado infraconstitucional a um constitucional não pode ser empírico, por sua imprecisão. O correto é buscar a validade da adstrição na sua fundamentação, o que depende da argumentação jusfundamental que dela se faça (ALEXY, 1993, p. 71). Apesar de que podem surgir argumentações diferentes, e até contrárias, deve-se buscar a solução que melhor resolva o caso concreto e a que apresente uma maior coincidência com a própria fundamentação da norma de direito fundamental à que está adstrita.

- O segundo problema derivado da imprecisão das disposições de direito fundamental é que, muitas vezes, num único enunciado constitucional podem ser encontrados diferentes tipos de normas, algumas de caráter fundamental e outras não (ALEXY, 1993, p. 68). O critério utilizado por Alexy para identificar as normas de direito fundamental, como antes mencionado, é considerar como tais apenas as normas que outorguem direitos subjetivos, isto é, apenas as que criem direitos fundamentais. As restantes, apesar de contidas num enunciado de direito fundamental, não devem ser consideradas como normas fundamentais.

Dessa maneira, para conceituar a norma de direito fundamental é necessário levar em consideração que:

a) o conceito semântico parte da distinção entre disposição ou enunciado normativo e norma. Disposição ou enunciado de direito fundamental é aquele por meio do qual uma norma de direito fundamental se expressa. Uma norma é de direito fundamental se outorga um direito subjetivo;

b) reconhece-se a existência de normas de direito fundamental contidas em enunciados que não têm hierarquia constitucional, mas que se encontram a eles adstritas, sendo identificadas como tais com base na comparação realizada entre a argumentação jusfundamental que justifica a adstrição e a argumentação da própria norma de direito fundamental.

2.2 A teoria estrutural da norma de direito fundamental

Tradicionalmente, a doutrina tem apresentado os princípios como contrapostos às normas e estas como sinônimos de regras. Contrariamente, Alexy defende uma teoria na qual "tanto las reglas como los principios son normas porque ambos dicen lo que debe ser" (ALEXY, 1993, p. 83).

Por outro lado, é possível observar que comumente os direitos fundamentais são associados a dois conceitos muito diferentes e, muitas vezes, contrapostos. Esses conceitos são os princípios (quando, por exemplo, os direitos fundamentais são chamados "valores") e as regras (quando se afirma que os direitos fundamentais são "normas positivas obrigatórias"), o que demonstra a necessidade de uma delimitação conceitual mais clara.

De acordo com Alexy (1993, p. 86), o critério decisivo utilizado para distinguir os princípios das regras é que os primeiros são normas que mandam que algo seja realizado da melhor maneira possível, sendo, portanto, *comandos de otimização*, caracterizados por poderem ser cumpridos em diferentes graus, segundo as condições fáticas e jurídicas[4], estando estas últimas determinadas pelas regras e princípios opostos.

As regras, por outro lado, são normas que ou são cumpridas, ou não o são. Se uma regra é válida, deve-se fazer exatamente o que exige, nem mais nem menos. Assim, "las reglas contienen *determinaciones* en el ámbito de lo fáctica y jurídicamente posible" (ALEXY, 1993, p. 87).

---

[4] As condições jurídicas determinam a máxima de proporcionalidade dos princípios, os que, por sua vez, determinarão a solução do conflito entre eles. Já as possibilidades fáticas referem-se as máximas de adequação e necessidade que os princípios deverão seguir em cada caso concreto.

Essa diferença entre os princípios e as regras proposta por Alexy (1993, p. 85) inova em relação à tradicional posição que defende que a distinção entre ambos é apenas de grau, isto é, que afirma que o princípio é geral e a regra é específica.

Outra importante diferença entre os princípios e as regras é a forma como se solucionam os conflitos entre cada um desses tipos de norma. Assim, na medida em que no sistema jurídico não se aceitam contradições, o conflito entre regras resolve-se declarando a invalidade de uma delas ou introduzindo uma cláusula de exceção que admita o pressuposto da outra[5] (ALEXY, 1993, p. 88). Já no caso de conflito entre princípios, um deles deve ceder ao outro, mas sem a necessidade nem o risco de se ter que declarar a invalidade de algum dos dois, pois ambos podem coexistir no sistema. Alexy (1993, p. 90) chama isso de "lei de colisão". A discussão, em qualquer caso, centra-se em saber quais critérios devem ser utilizados para determinar a precedência de um princípio sobre o outro, o que depende de cada caso concreto, já que, sendo comandos de otimização, não é possível falar de uma precedência absoluta ou abstrata[6], mas de uma precedência condicionada às circunstâncias do caso concreto[7] (ALEXY, 1993, p. 95).

---

[5] É evidente que se abre espaço para uma forte discussão política neste sentido, vez que a "introdução de uma cláusula de exceção" teria impacto sobre a teoria de separação de poderes: como poderia o aplicador do Direito resolver tais questões que não foram enfrentadas pelo político, legitimamente eleito? Em outras palavras, pode o juiz legislar? Sabemos que aqui reside o fecundo ponto de discussão à obra de Alexy, não se constituindo, neste breve texto, nosso objetivo.

[6] Aparentemente, o princípio da dignidade humana constituiria uma exceção à fixação de precedências absolutas ou abstratas, já que teriam sempre precedência sobre os outros princípios, desconhecendo limites jurídicos, ainda que não fáticos. Alexy (1993, p.105-109) discorda desse posicionamento, afirmando que existe tanto uma regra como um princípio de dignidade humana, conforme será exposto posteriormente neste texto.

[7] Habermas (1994) questiona a ponderação e a lei de colisão propostas por Alexy, na medida em que aceitar que um juiz possa "preferir" um princípio a outro, implica retirar-lhes seu caráter deontológico, passando a conferir-lhes uma natureza axiológica.

Desse modo, pode-se observar que a solução do conflito entre regras encontra-se no âmbito da validade, enquanto que o conflito entre princípios se encontra no âmbito da ponderação, isto é, da busca pelo princípio com maior peso[8] (ALEXY, 1993, p. 89).

Contudo, não todos os princípios apresentam sempre igual caráter *prima facie*, nem todas as regras têm o mesmo caráter definitivo, como o propõe Dworkin (1989). Aceitar isso implicaria ignorar a complexidade da realidade. Por isso, Alexy propõe um modelo diferenciado tanto para as regras (baseado na criação de cláusulas de exceção que permitam a coexistência das regras em conflito[9]), como para os princípios (fundado na atribuição de diferentes pesos a cada princípio de acordo com o caso concreto).

Outra diferença entre os princípios e as regras é que os primeiros são razões para as segundas. Contudo, isso não impede que os princípios não possam ser também razões imediatas para juízos concretos de "dever ser", nem que as regras não possam ser razões para outras regras. A distinção reside em que as regras estabelecem razões definitivas (outorgam direitos definitivos), ao passo que os princípios são apenas razões *prima facie*, nunca chegando a serem razões definitivas, mas critérios ou justificações para aplicações concretas (indicando qual direito deve ser o preferido) (ALEXY, 1993, p. 99).

Finalmente, outra diferença é que os princípios apresentam um grau elevado de indeterminação na medida em que não estão referidos a possibilidades do mundo real ou normativo. Diferentemente, quando se referem ao mundo real ou normativo configuram um sistema de

---

[8] Quando excepcionalmente um princípio é contrário ao ordenamento jurídico, o conflito se resolve no âmbito da validade como no caso das regras (ALEXY, 1993, p. 105).

[9] Outro aspecto que reforça o caráter diferenciado das regras é a presença dos princípios formais, ou seja, daqueles que estabelecem quando as regras instituídas por uma autoridade legítima devem ser seguidas, conferindo certo caráter *prima facie* a esse tipo de regras. Contudo, nesses casos, o decisivo para caracterizar essas regras como tais é a força da autoridade que está por detrás delas, e não a regra em si (ALEXY, 1993, p. 100).

regras[10]. No entanto, não devem confundir-se princípios com normas gerais, cujo pressuposto é o suficientemente impreciso para criar problemas de interpretação. O princípio distingue-se claramente da regra na medida em que permite conhecer seu conteúdo valorativo mais facilmente[11] (ALEXY, 1993, p. 104). Nesse sentido, os princípios não necessitam estar estabelecidos explicitamente, pois podem ser derivados do costume ou de decisões jurisprudenciais específicas, as quais, na maioria das vezes, são a expressão de concepções difundidas a respeito de como o Direito deve ser.

2.3 Modelos de enunciados ou de disposições fundamentais

Ao analisar as disposições fundamentais, Alexy (1993, p. 115-138) apresenta três modelos.

a) Modelo puro de princípios: é o modelo no qual se reconhece a existência de dois tipos de disposições fundamentais:

- os princípios: concebidos como normas diretamente impostas pelo ordenamento jusfundamental;

- as regras: derivadas da determinação das condições sob as quais um princípio precede a outro. Essas condições constituem o pressuposto fático da regra, a que expressa a consequência jurídica do princípio precedente.

Neste modelo, as regras praticamente são subsumidas pelos princípios, já que dependem totalmente deles. Por isso é chamado de "modelo puro de princípios".

---

[10] Günther (1993), diferentemente de Alexy, entende que o grau maior de indeterminação dos princípios, em relação às regras, deriva da forma como são aplicados e não da sua estrutura.

[11] É um conteúdo que tanto pode referir-se a um direito individual como a um bem coletivo, já Dworkin só reconhece como princípios os que se apresentam como razões para direitos individuais (ALEXY, 1993, p. 111).

As críticas a este modelo são muitas. A principal é que se corre o risco de não respeitar a constituição escrita, na medida em que se deixa de lado o caráter definitivo das regras, suprimindo, com isso, as limitações específicas de cada direito fundamental, contradizendo a teoria de que não existem princípios absolutos nem abstratos. Por outro lado, é um modelo que provoca a desvinculação dos princípios à própria Constituição já que, ao não existir qualquer tipo de delimitação específica, ocasiona a perda da segurança e efetiva concretização dos direitos fundamentais.

b) Modelo puro de regras: é a alternativa mais atrativa na medida em que permite a aplicação das normas de direito fundamental sem necessidade de uma ponderação. Qualquer discussão estará no âmbito da interpretação. A aceitação deste tipo de modelo puro implica a admissão de um dos seguintes três tipos de regras:

- regras sem restrições: regras deste tipo admitem apenas limites lógico-jurídicos, isto é, relativos a direitos de terceiros (especialmente no âmbito privado) ou limites social e moralmente imanentes, conhecidos como de ordem pública e bons costumes. Nesses casos, ao igual do que acontece num modelo puro de princípios, deve-se recorrer à ponderação, provocando que as regras adquiram um carácter *prima facie*, perdendo sua definitividade;

- regras com restrições simples: contrariamente às anteriores que garantem "demasiado", as regras com restrições garantem "muito pouco", pelo fato de que praticamente não existem limites nem à qualidade nem à quantidade de restrições às que poderiam estar submetidas, correndo o risco de perder o conteúdo que as caracteriza como fundamentais. Afirma-se que, se o legislador pode restringir arbitrariamente direitos fundamentais, não está, então, sujeito a tais normas. A solução apresenta-se por meio da garantia do conteúdo essencial ou introduzindo um critério adicional que limite a competência do legislador para impor restrições. O problema deste modelo surge no momento em que se estabelecem limites ao poder de legislar, já que as restrições dependerão, no fundo, da ponderação dos interesses existentes por detrás das próprias regras, perdendo, novamente, seu caráter definitivo;

- regras com restrições qualificadas: é uma alternativa que também não consegue sustentar a existência de um modelo puro de regras, na medida em que todo limite para ser imposto, ainda que seja qualificado, deve respeitar as máximas constitucionais da proporcionalidade e da exigibilidade, precisando-se para isso ponderar as regras, o que, novamente, implica a perda da sua definitividade.

c) Modelo regra/princípio: tanto o modelo puro de princípios, como o de regras, fracassou na tentativa de qualificar a normatividade dos direitos fundamentais. Surge, assim, outro modelo, o qual vincula os dois tipos de normas de direito fundamental: os princípios e as regras.

De acordo com este modelo, as disposições de direito fundamental não apenas podem ser consideradas como positivações de princípios, mas também como expressões da tentativa de estabelecer determinações (regras) perante as exigências de princípios contrapostos. Em outras palavras, segundo este modelo, as disposições de direito fundamental apresentam um caráter duplo, já que mediante elas, além de positivarem-se princípios, regulam-se tipos de garantias e cláusulas restritivas diferenciadas, mas com caráter definitivo (regras).

Este modelo de regras/princípios levanta a dúvida sobre a existência de uma possível hierarquia entre os princípios e as regras. Doutrinariamente, as segundas têm precedência sobre os princípios, especialmente porque dessa forma obedece-se ao princípio básico da sujeição ao texto constitucional, já que o caráter *prima facie* dos princípios não permite soluções, na maioria das vezes, definitivas, como acontece no caso das regras. No entanto, pode-se admitir excepcionalmente a primazia dos princípios e o abandono da letra do texto constitucional segundo o caso concreto e a argumentação jusfundamental utilizada.

De qualquer forma, aceitar o caráter duplo das disposições jusfundamentais não necessariamente significa que as normas jusfundamentais compartilhem também esse mesmo caráter, podendo acontecer se a cláusula restritiva da regra se referir expressamente a princípios e a sua ponderação.

3. A DIGNIDADE HUMANA NA TEORIA NORMATIVA DE ALEXY

A proposta de Alexy da existência de dois tipos de normas (as regras e os princípios) levanta uma série de questionamentos centrados basicamente no caráter ambíguo dos segundos. O problema deriva da própria natureza dos princípios, pois se encontram estreitamente vinculados a valores, até o ponto de, muitas vezes serem identificados com eles, o que, sem dúvida, constitui um erro.

Para esclarecer essa confusão, Alexy (1993, p. 139-140) cita Wright, quem ensina que, apesar das semelhanças, os valores e os princípios constituem conceitos claramente diferentes. Assim, classifica o que chama "conceitos práticos" em três grupos: deontológicos (ou normativos), axiológicos (ou de valor) e antropológicos (ou psicológicos):

a) conceitos deontológicos: são conceitos que se identificam com o "dever ser". Estão compreendidos nesta categoria as proibições, as permissões, os comandos e os direitos a algo;

b) conceitos axiológicos: caracterizam-se por se referir a o bom, "La variedad de conceptos axiológicos es consecuencia de la variedad de los criterios que pueden ser utilizados para determinar lo que es bueno" (ALEXY, 1993, p. 139);

c) conceitos antropológicos: referem-se aos conceitos de vontade, interesse necessidade, decisão e ação.

Essa classificação, ainda que não termine com as discussões doutrinárias, tem a vantagem de apresentar uma clara distinção entre princípios e valores. Na teoria de Alexy, os princípios, ao igual que as regras, são conceitos deontológicos na medida em que determinam algo que "deve ser" (1993, p. 83).

Considerando esse posicionamento de Alexy, surge a dúvida em relação à dignidade humana. É a dignidade humana um princípio ou uma regra?

Ao trabalhar a diferença entre esses dois tipos de normas, Alexy defende que o conflito entre princípios não se resolve fazendo que um invalide o outro, como acontece no caso das regras, mas os princípios devem ser ponderados buscando-se, no caso concreto, dar maior peso a um em relação ao outro.

Alexy chama isso de "lei de colisão", construída a partir da concepção dos princípios como comandos de otimização, dentre os quais não há precedências absolutas ou abstratas, mas precedências condicionadas às circunstâncias do caso concreto.

O problema que surge com a dignidade humana é que, se é tratada como um princípio deve-se admitir a possibilidade da sua ponderação com outro princípio e, consequentemente, a possibilidade da sua relegação. Contudo, se é tratada como regra, seu conteúdo deveria ser definitivo, o que não acontece.

Esse dilema é enfrentado por Alexy (1993, p. 106) ao se referir ao art. 1.1. da Lei Fundamental da República Federal de Alemanha de 1949, no qual se confere caráter de intangibilidade à dignidade humana. Analisando esse dispositivo, Alexy afirma que não é que a dignidade tenha sido prevista como um princípio absoluto, mas que a norma da dignidade está sendo "tratada, en parte, como regla y, en parte, como principio" (ALEXY, 1993, p. 106).

Esse duplo caráter da dignidade provoca algumas controvérsias. Assim, quando é tratada como regra, a dificuldade que surge é determinar quando é violada, considerando sua alta carga de indeterminação. Para ilustrar essa situação, Alexy cita uma sentença do Tribunal Constitucional [BVerfGE 30, 1 (25)] na qual se afirmou não ser possível estabelecer de forma geral as circunstâncias nas quais a dignidade humana é violada. Essa imprecisão da regra da dignidade leva a Alexy a admitir a excepcional possibilidade de ponderar regras, ainda que sem negar o caráter absoluto da regra da dignidade, só que "debido a su apertura semántica, no necesita una limitación con respecto a ninguna relación de preferencia relevante" (ALEXY, 1993, p. 108).

Em relação à dignidade como princípio, Alexy (p. 1993, p. 109) defende que afirmar que um princípio precede a todos os demais, não significa que seja absoluto, mas que "casi no existen razones jurídico--constitucionales inconmovibles para una relación de preferencia a favor de la dignidad de la persona bajo determinadas condiciones". De qualquer maneira, ainda não sendo um princípio absoluto, não significa que "poderão ser justificadas violações da dignidade, de tal sorte a sacrificá-la" (SARLET, 2004, p. 74).

A defesa de Alexy do caráter duplo da dignidade e da necessidade de recorrer à ponderação para resolver as colisões ou conflitos com outros princípios ou regras, tem dado lugar a que, no Direito brasileiro, a disposição constitucional da dignidade da pessoa humana, prevista no art. 1º, III da Constituição Federal de 1988, venha sendo ponderada indistintamente como princípio ou como regra sem nenhum critério nem justificação racional. Trata-se de um perigoso decisionismo judicial, conforme observado por Sarmento (2006, p. 200) "muitos juízes, deslumbrados diante dos princípios e da possibilidade de, através deles, buscarem a justiça – ou o que entendem por justiça -, passaram a negligenciar seu dever de fundamentar racionalmente os seus julgamentos. Esta 'euforia' com os princípios abriu um espaço muito maior para o decisionismo judicial. Um decisionismo travestido sob as vestes do politicamente correto, orgulhoso com os seus jargões grandiloqüentes e com a sua retórica inflamada, mas sempre um decisionismo. Os princípios constitucionais, neste quadro, converteram-se em verdadeiras 'varinhas de condão': com eles, o julgador de plantão consegue fazer quase tudo o que quiser".

Esquece-se que a ponderação exige uma argumentação jurídica racional. Alexy (1993, p. 167) reconhece que, embora a lei da ponderação "no formula ninguna pauta con cuya ayuda pudieran ser decididos definitivamente los casos [...] el modelo de ponderación como un todo proporciona un criterio de vincular la ley de la ponderación con la teoría de la argumentación jurídica racional".

A precedência da dignidade em relação a outro princípio deve ser racionalmente justificada. Se isso não acontece, significa que está sendo tratada como um princípio absoluto, o que contradiz não apenas o sentido da própria ponderação, mas de toda a teoria de Alexy.

Trata-se de um erro comum no Brasil, que evidencia a incompreensão do duplo caráter da norma da dignidade. Na teoria de Alexy, a regra da dignidade exige delimitar racionalmente seu conteúdo, haja vista não ser possível aplicar regras abstratas. Já o princípio da dignidade exige argumentar racional e juridicamente o motivo da sua prevalência quando é ponderado com outra norma, considerando não haver princípios absolutos. Contudo, alguns de nossos juízes tratam a regra da dignidade como um princípio, e o princípio da dignidade como uma regra.

Mais do que isso. Se por um lado está o problema da compreensão e da aplicação erradas da teoria de Alexy por parte de setor do Poder Judiciário brasileiro, por outro lado, há que reconhecer que a "densificação valorativa das normas" proposta pelo autor alemão tem dado lugar a essa abertura (STRECK, 2012, p. 236). Esta problemática não é nova, mas há muito vem sendo denunciada por Lenio Streck (2012).

É, dessa maneira, como a disposição constitucional da dignidade tem se tornado uma artimanha jurídica, uma disposição vazia de conteúdo e usada irracionalmente para atender, muitas vezes, apenas os valores pessoais de quem a aplica.

4. CONCLUSÃO

A teoria normativa de Robert Alexy foi publicada em 1984 e, desde essa época, tem alcançado grande repercussão mundial e levantado uma série de questionamentos formulados tanto por autores estrangeiros, como Jürgen Habermas (1994) e Klaus Günther (1993), quanto por nacionais, como Lenio Streck (2012) e Humberto Ávila (2008).

Sem desconhecer essas críticas, o objetivo do presente trabalho foi mostrar como a compreensão errada da teoria normativa de Alexy tem provocado o uso irracional da disposição constitucional da dignidade humana, transformando-a uma artimanha jurídica.

Assim, por exemplo, alguns juízes vêm ponderando o princípio/regra da dignidade com outro princípio ou com outra regra, sem delimitar racionalmente seu conteúdo normalmente vago e ambíguo (o que é necessário para salvaguardar o caráter definitivo da regra da dignidade) e sem justificar racionalmente o motivo da sua prevalência (o que é fundamental para preservar o caráter não absoluto do princípio da dignidade), demonstrando uma compreensão errada da teoria e provocando a banalização do dispositivo constitucional da dignidade.

Contra aquilo, no presente texto, buscou-se expor alguns pontos-chave da teoria normativa de Alexy, com o objetivo de contribuir para sua correta compreensão e, assim, restituir à dignidade o papel de verdadeiro fundamento do Estado brasileiro e de "fonte moral da qual se alimentam os conteúdos de todos os direitos fundamentais" (HABERMAS, 2012, p. 31).

5. REFERÊNCIAS

ALEXY, Robert. *Teoría de los derechos fundamentales*. Madrid: Centro de Estudios Constitucionais, 1993.

ÁVILA, Humberto. *Teoria dos princípios*. São Paulo: Malheiros, 2008.

DWORKIN, Ronald. *Los derechos en serio*. Barcelona: Ariel, 1989.

FREGE, Gottlob. *Escritos lógicos-semánticos*. Tecnos: Madrid, 1974.

GÜNTHER, Klaus. *Application discourses in morality and law*. The sense of appropriateness. Albany: State University of New York, 1993.

HABERMAS, Jürgen. *Um ensaio sobre a Constituição da Europa*. Lisboa: Edições 70, 2012.

_____. *Direito e democracia*: entre facticidade e validade. Rio de Janeiro: Tempo Brasileiro, 2003.

KELSEN, Hans. *Teoria pura do direito*. 5. ed. São Paulo: Martins Fontes, 1996.

ROSS, Alf. *Sobre el derecho y la justicia*. 5. ed. Buenos Aires: Eudeba, 1994.

SARMENTO, Daniel. *Livres e Iguais*: Estudos de Direito Constitucional. São Paulo: Lúmen Juris, 2006, p. 200.

SARLET, Ingo Wolfgang. *Dignidade da pessoa humana e direitos fundamentais*. Porto Alegre: Livria do Advogado, 2004.

STRECK, Lenio. *Verdade e Consenso* – Constituição, Hermenêutica e Teorias Discursivas. São Paulo: Saraiva, 2012.

SCHMITT, Carl. *Teoría de la constitución*. Barcelona: Alianza, 1996.

 É um conteúdo que tanto pode referir-se a um direito individual como a um bem coletivo, já Dworkin só reconhece como princípios os que se apresentam como razões para direitos individuais (ALEXY, 1993, p. 111).

A DIGNIDADE HUMANA E O PRINCÍPIO DA PROPORCIONALIDADE COMO FUNDAMENTOS E COMO PARÂMETRO PARA O CONTROLE JURISDICIONAL DE POLÍTICAS PÚBLICAS[1]

Mônia Clarissa Hennig Leal[2]

1 Introdução

Os limites e possibilidades do controle jurisdicional de Políticas Públicas se constituem em um tema controverso (tanto do ponto de vista operacional quanto teórico), uma vez que envolve aspectos como relação entre Poderes, discricionariedade administrativa, orçamento, etc., estando, por sua vez, associado ao fenômeno de "judicialização", próprio do Estado Constitucional democrático. Nesse contexto, percebe-se que

---

[1] Este artigo é resultante das atividades do projeto de pesquisa "Controle jurisdicional de políticas públicas: o papel e os limites do Supremo Tribunal Federal na fiscalização e na implementação de políticas públicas de inclusão social – análise crítica e busca de novos mecanismos/instrumentos para uma atuação democrática e cooperativa entre os Poderes", vinculado ao Grupo de Pesquisa "Jurisdição Constitucional aberta" (CNPq), do qual a autora é coordenadora, e desenvolvido junto ao Centro Integrado de Estudos e Pesquisas em Políticas Públicas – CIEPPP (financiado pelo FINEP), ligado ao Programa de Pós-Graduação em Direito – Mestrado e Doutorado da Universidade de Santa Cruz do Sul – UNISC.

[2] Com Pós-Doutorado na Ruprecht-KarlsUniversität Heidelberg (Alemanha) e Doutorado em Direito pela Universidade do Vale do Rio dos Sinos – Unisinos (com pesquisas realizadas junto à Ruprecht-KarlsUniversität Heidelberg, na Alemanha). Professora do Programa de Pós-Graduação em Direito – Mestrado e Doutorado da Universidade de Santa Cruz do Sul – UNISC, onde ministra as disciplinas de Jurisdição Constitucional e de Controle Jurisdicional de Políticas Públicas, respectivamente. Coordenadora do Grupo de Pesquisa "Jurisdição Constitucional aberta", vinculado ao CNPq. Bolsista de produtividade em pesquisa do CNPq. Membro do Comitê Assessor das Ciências Humanas e Sociais da Fundação de Amparo à Pesquisa do Rio Grande do Sul – FAPERGS.

a dignidade humana e o princípio da proporcionalidade desempenham um papel estratégico, funcionando como critério e como fundamento para a atuação do Judiciário nesta seara. Assim, o objetivo que se propõe para o presente estudo consiste em analisar como as noções de "dever de proteção" (*Schutzpflicht*), de "proibição de excesso" (*Übermassverbot*) e de "proibição de proteção insuficiente" (*Untermassverbot*), compreendidas, aqui, como modalidades específicas do princípio da proporcionalidade, constituem-se em elementos-chave para a realização desse controle. Por fim, faz-se uma análise crítica da operacionalização desses conceitos pelo Supremo Tribunal Federal brasileiro, concluindo-se, destarte, que, apesar de a Corte manejá-los em suas decisões, eles são utilizados, mais, como instrumento para a solução de conflito entre direitos fundamentais, não sendo manejados propriamente como instrumentos para o controle de Políticas Públicas *stricto sensu*, tendendo o fundamento, nesses casos, a focar-se na dignidade humana, em estreita conexão com a garantia do "mínimo existencial".

2 A dignidade humana e o princípio da proporcionalidade como fundamentos e como parâmetro para o controle jurisdicional de Políticas Públicas pelo Supremo Tribunal Federal brasileiro

As Políticas Públicas podem ser consideradas um *locus* privilegiado de aplicação do princípio da proporcionalidade, pois, enquanto instrumentos de atuação (política) voltados à realização dos direitos fundamentais (jurídicos), tem-se configurada, nelas, uma hipótese em que a realização do Direito se dá por meio de opções/escolhas políticas, associadas à noção de discricionariedade, tradicionalmente "imune" ao controle e à ingerência do Poder Judiciário.

Esse espaço de atuação reservado aos Poderes Públicos no sentido de escolha dos meios e instrumentos mais adequados para a realização dos fins postos pela Constituição se evidencia, contudo, ainda mais na seara dos direitos sociais, caracterizados por uma dimensão positiva[3],que demanda uma atuação do Estado no sentido de sua realização.

Isto porque esses direitos diferenciam-se significativamente daqueles tidos como negativos – que correspondem aos direitos de defesa ou de abstenção (*Abwehrrechte*) – pois, quando algo é proibido (*verboten*) – como é o caso característico destes últimos – então toda e qualquer ação que significar ou implicar uma violação do direito protegido é tida como proibida, como vedada;em contrapartida, quando algo é imposto numa dimensão positiva, nem toda e qualquer ação que proteger ou promover esse direito é tida como devida, abrindo-se espaço, então, para uma ponderação (entre meios e fins), que, na esfera administrativa, se traduz no conceito de discricionariedade.

Exemplo ilustrativo acerca dessa questão pode ser encontrado em Alexy, que traz a seguinte situação: quando o que está em pauta é a proibição de matar, esta proibição atinge, *prima facie*, toda e qualquer forma de morte (independentemente do meio empregado); já na hipótese de haver um dever em sentido contrário, de salvamento – cuja dimensão é objetiva – nem todos os meios disponíveis para tanto são, desde logo, impostos.[4] Se, conforme referido, no caso de um bêbado que está se afogando, for possível resgatá-lo tanto com uma boia quanto com um bote, não é a prática de todas estas ações que será devida; antes pelo contrário, trata-se, muito mais, de se eleger uma *ou* outra.

Significa dizer que o destinatário da ordem tem um espaço aberto (*Spielraum*)[5] dentro do qual é possível fazer-se uma opção de como

---

[3] GRIMM, Dieter. *Constitucionalismo y Derechos Fundamentales*. Traducción de Raúl Sanz Burgos y José Luis Muñoz de Baena Simón. Madrid: Trotta, 2006. p. 155.
[4] ALEXY, Robert. *GrundrechtealssubjektiveRechte und alsobjektiveNormen*. In: Der Staat. ZeitschriftfürStaatslehre, öffentlichesRecht und Verfassungsgeschichte.Band 29. Berlin: Duncker&Humblot, 1990. p. 62.
[5] Em seu texto sobre direito constitucional e controle de constitucionalidade, Alexy classifica diferentes tipos de *Spielräume*, dividindo-os em estruturais (*strukturelleSpielräume*, aqueles

este dever será cumprido da melhor forma, a partir de uma análise que leva em consideração a adequação entre os meios e os fins propostos.⁶ E é exatamente esta a essência das Políticas Públicas, compreendidas, conforme já referido, como meios (escolhas políticas) para a realização de determinados fins, traduzidos, no caso, na figura dos direitos fundamentais (fixados juridicamente).

Esta tensão não se fazia, no entanto, tão evidente em um contexto marcado pela noção de programaticidade⁷, caracterizado pela existên-

---

que se colocam quando a Constituição deixa espaços de conformação em aberto, demandando elementos como atribuição de sentido, eleição dos meios e sopesamento) e epistêmicos (*epistemischeSpielräume*, relacionados às situações nas quais a Constituição não é clara com relação àquilo que é devido, proibido ou permitido; trata-se, portanto, de uma abertura de natureza hermenêutica, ao contrário da situação anterior, onde a abertura reside na própria estruturação da Constituição). Cf. Idem. *VerfassungsrechtundeinfachesRecht: VerfassungsgerichtsbarkeitundFachgerichtsbarkeit*. In: Veröffentlichungen der Vereinigung der DeutschenStaatsrechtslehrer (VVDStRL), Band 61. Berlin: Walter Gruyter, 2002. pp. 15 *et seq*.

6   A referência a este espaço de deliberação aparece em inúmeros julgados do Tribunal Constitucional alemão, dentre eles o *Cannabis-Urteil*, onde a questão envolvia as formas de limitação ao uso de drogas e os seus efeitos para com o uso de álcool e de cigarros. No julgado, lê-se a necessidade de adequação entre os fins e os meios, bem como o reconhecimento de que existe a possibilidade de escolha por parte do legislador: "Bei der vomVerhältnismässigkeitsgrundsatzgeforderten Beurteilung der EignungdesgewähltenMittelszurErreichungdeserstrebtenZweckssowiebei der in diesemZusammenhangvorzunehmendenEinschätzungundPrognose der demeinzelnenoder der AllgemeinheitdrohendenGefahrenstehtdemGesetzgebereinBeurteiligungsspielraumzu, welchervomBundesverfassungsgerichtnur in begrenztemUmfangüberprüftwerdenkann." BVerfGE 90, 145. In: DEUTSCHLAND/BUNDESVERFASSUNGSGERICHT. *EntscheidungendesBundesverfassungsgerichts*.Studienauswahl. 2. Auflage. Herausgegeben von Dieter Grimm und Paul Kirchhof.Bearbeitet von Michael Eichenberger.Tübingen: Mohr, 1997. p. 519.

7   Vale destacar que, em sua origem, as "normas programáticas" foram concebidas como sendo normas que, apesar de conformarem direções a serem observadas pelo legislador, constituem normas jurídicas, de modo que os dispositivos sociais que contêm pudessem ser aplicados pelos tribunais nos casos concretos. Assim, elas não só conformariam limites ao legislador, como também estatuiriam o sentido em que a Constituição deveria ser compreendida e interpretada. Tal concepção, no entanto, sofreu um profundo desvirtuamento, de maneira que "norma programática" passou a ser aquela que não possui qualquer valor concreto: "toda norma incômoda passou a ser classificada como programática", bloqueando, na prática, a efetividade da Constituição e contrariando, por sua vez, a intenção original de seus divulgadores. O argumento utilizado para combater esta percepção foi o de que estas normas consistiam em meras diretivas, indicando uma direção futura (e incerta, não imediata) para o legislador, não configurando, por conseguinte, normas jurídicas, mas sim meros programas políticos. Cf. BERCOVICI, Gilberto. *A Constituição dirigente e a crise da Teoria da Constituição*. In: SOUZA NETO, Cláudio Pereira de [et all]. *Teoria da Constituição: estudos sobre o lugar da política no Direito Constitucional*. Rio de Janeiro: Lumen Juris, 2003. p. 109.

cia de normas de natureza meramente compromissória[8], ou seja, normas incorporadas formalmente ao texto constitucional que reenviam para o futuro – incerto – a sua realização.[9] Ela adquire, contudo, uma nova dimensão em um cenário[10] em que se propugna a máxima efetividade[11] dos direitos fundamentais, concebidos como sendo dotados de uma dimensão objetiva[12], da qual decorre um processo de progressiva

---

[8] Relato interessante sobre este processo, que toma como referência a realidade portuguesa, mas que se aplica muito bem ao fenômeno percebido nos demais países, pode ser encontrado em PINTO, Luzia Marques da Silva Cabral. *Os limites do poder constituinte e a legitimidade material da Constituição*. Coimbra: Coimbra, 1994. pp. 163-164, onde consta que, nesta transição, havia quem quisesse que se atribuísse à Assembleia Constituinte não só a tarefa de reconstruir na forma republicana as estruturas fundamentais do Estado, mas também a de deliberar ao menos algumas fundamentais reformas de caráter econômico e social que representassem o início de uma transformação da sociedade em sentido progressivo. Entretanto, "esta idéia não foi acolhida; ou, para dizer melhor, foi acolhida por metade com o fim de dar aos seus apoiantes a ilusão de que não foi negada de todo. Entre o tipo de Constituição breve, meramente organizatória do aparelho de Estado, e o tipo de Constituição longa, esta também ordenadora da sociedade, a Assembléia Constituinte escolheu um tipo de Constituição longa, isto é, contendo ainda uma parte ordenadora que, em vez de efetuar uma transformação das estruturas sociais, se limitava a **prometê-las** a longo prazo, traçando-lhe o programa para o futuro."

[9] Como refere Bobbio, trata-se de um direito cujo reconhecimento e cuja efetiva proteção são reenviados *sine die* e confiados à vontade de sujeitos cuja obrigação de realizar o "programa" contido na norma configura uma simples obrigação moral ou, no máximo, política. Cf. BOBBIO, Norberto. *A era dos direitos*. Tradução de Carlos Nelson Coutinho. Rio de Janeiro: Campus, 1992. pp. 123 *et seq*.

[10] CARBONELL, Miguel. El neoconstitucionalismo: significado y niveles de análisis. In: _____; JARAMILLO, L. G. (Org.). *El canon neoconstitucional*. Madrid: Trotta, 2010. p. 157.

[11] SARLET, Ingo Wolfgang. *Os Direitos Fundamentais Sociais na Constituição de 1988*. In: _____ (org.). *O Direito Público em tempos de crise: estudos em homenagem a Ruy Ruben Ruschel*. Porto Alegre: Livraria do Advogado, 1999. p. 144.

[12] A elaboração desta concepção aparece, pela primeira vez, no chamado *Lüth-Urteil*, julgado pelo Tribunal Constitucional alemão em janeiro de 1958, em que a controvérsia envolvia a possibilidade ou não de boicote – enquanto livre manifestação do direito constitucional de liberdade de expressão – de um filme considerado anti-semita, produzido por um cineasta que havia colaborado com o regime hitlerista. O presidente do Clube de Imprensa da cidade de Hamburgo, Erich Lüth, que tentou excluir o filme da grade de programação dos cinemas locais e incitou o referido boicote, foi processado pelos produtores da película em perdas e danos. A controvérsia colocou em pauta, então, a questão de até que ponto as leis civis devem levar em consideração os direitos fundamentais. Na argumentação do Tribunal aparece, expressamente, referência ao fato de que o *Grundgesetz* não se constitui em uma ordem neutra de valores, senão que ele fornece princípios objetivos para pautar a vida em comum. BVerfGE 7, 198. In: DEUTSCHLAND/BUNDESVERFASSUNGSGERICHT. *Ents-*

vinculação dos Poderes Públicos no sentido de sua realização, com a consequente redução de sua esfera de discricionariedade.

A maior dificuldade operacional com relação a esses aspectos se apresenta, por seu turno, no âmbito dos direitos sociais prestacionais[13], que envolvem uma dimensão coletiva e estão condicionados, de forma mais direta, a aspectos como orçamento, eleição de fins e de meios, etc.

É aqui que o "controle jurisdicional de Políticas Públicas" ganha espaço, abrindo margem a uma larga discussão acerca da atuação dos Tribunais nesta seara, sob o argumento de uma suposta violação do princípio da separação de Poderes, de uma "invasão" do político pelo jurídico, uma vez que, nesta perspectiva, não apenas os fins são fixados pelo Direito (Constituição), mas também os meios para sua realização passam a ser passíveis de fiscalização. Dito de outra forma, ainda que a eleição das prioridades (fins) e dos instrumentos (meios) aconteça dentro da esfera da Política (discricionariedade), ela está condicionada à consecução de um fim maior, que são os direitos fundamentais.[14] O critério balizador e o limite para estas escolhas residem, por sua vez, justamente na observância do princípio da proporcionalidade: quando as escolhas satisfazem o teste de proporcionalidade, prevalece a lógica da discricionariedade; havendo desproporcionalidade (na ponderação

---

*cheidungendesBundesverfassungsgerichts.*Studienauswahl. 2. Auflage. Herausgegebenvon-Dieter Grimm und Paul Kirchhof. Bearbeitetvon Michael Eichenberger. Tübingen: Mohr, 1997. p. 41.

[13] Canotilho identifica três espécies de direitos a prestações: a) proteção por parte do Estado (ex.: proteção do Estado perante outros cidadãos, como através da edição de normas penais); b) participação em procedimentos (que o Estado garanta aos cidadãos uma participação no procedimento administrativo); c) prestações fáticas (prestações em sentido estrito). Segundo ele, somente a terceira é típica do Estado Social, de modo que os direitos a prestações são anteriores a ele. Cf. CANOTILHO, José Joaquim Gomes. *Tomemos a sério os direitos econômicos, sociais e culturais.* In: Estudos sobre Direitos Fundamentais. Coimbra: Coimbra, 2004. p. 50.

[14] As Políticas Públicas são compreendidas, aqui, notadamente como instrumentos jurídicos de atuação política, destinadas à realização de direitos fundamentais e dos objetivos fixados pelo texto constitucional.

entre fins[15] por ocasião da alocação de recursos e/ou na ponderação entre meios e fins[16]), a intervenção do Judiciário se justifica.

Em se tratando do tema, poder-se-ia falar, ainda, a partir do reconhecimento expresso da teoria do "dever de proteção" (*Schutzpflicht*) dos direitos fundamentais pelo Estado[17], de conceitos como"proibição de excesso"(*Übermassverbot*) e"proibição de proteção insuficiente" (*Untermassverbot*), estreitamente conectados com a noção de proporcionalidade[18](ainda que em direções opostas, já que um trabalha com a lógica do "além", enquanto que o outro, com a do "aquém").[19]

Em face desse reconhecimento, entende-se que o Estado não se afigura mais comomero violador ou destinatário das proibições impostas por esses direitos, tornando-seresponsável, também, por protegê-los e por assegurar as condições para sua efetiva garantia.[20] O problema é que os parâmetrosdessa proteção não aparecem fixados expressamente, daí a jurisprudência tedesca ter assentado, na segunda decisão sobre o aborto (*BverfGE* 88, 203), que, nessa atuação,deve ser observado o princípio da proporcionalidade, pois

---

[15] Como exemplo, se poderia citar, aqui, uma situação em que houvesse uma destinação exagerada de verba para a realização de publicidade governamental, em detrimento de outras áreas, como saneamento básico, educação, etc.

[16] Como exemplos, se poderiam referir a opção de meios inadequados à realização do fim proposto (ex.: realização do direito à educação por meio de ensino domiciliar, com professores particulares para cada criança) ou exagerados (ex.: aquisição um "x" número de ambulâncias, desproporcional à população do Município).

[17] Este "dever de proteção" é uma construção jurisprudencial decorrente da dimensão objetiva atribuída aos direitos fundamentais pelo Tribunal Constitucional alemão por ocasião do caso Lüth(vide nota de rodapé n. 12, supra) e que foi reforçada pelo mesmo Tribunal ao tratar sobre a descriminalização do aborto em duas situações, a primeira na *BVerfGE* 39 (1975) e a segunda na *BVerfGE*88(1993), reconhecendo, de modo expresso, que ao Estado é atribuída a função de proteção e de defesa dos direitos fundamentais, estandoobrigado a observar determinados níveis de proteção.

[18] CARBONEL, Miguel. *El principio de proporcionalidad y la interpretación constitucional*. Quito: V&M Gráficas, 2008. p. 11.

[19] LEIVAS, Paulo Gilberto Cogo. *Teoria dos direitos fundamentais sociais*. Porto Alegre: Livraria do Advogado, 2006. p. 76.

[20] STRECK, Maria Luiza Schafer. *O direito penal e o princípio da proibição de proteção deficiente*: a face oculta da proteção dos direitos fundamentais. Dissertação (Mestrado) – Universidade do Vale do Rio Sinos, Programa de Pós-Graduação em Direito, São Leopoldo, 2008. p. 81.

a Constituição fixa a proteção como meta, não detalhando, porém, sua configuração. No entanto, o legislador deve observar a proibição de insuficiência [...] ele está sujeito ao controle jurisdicional constitucional (pelo TCF). [...] Decisivo é que a proteção seja eficiente como tal. As medidas tomadas pelo legislador devem ser suficientes para uma proteção adequada e eficiente e, além disso, basear-se em cuidadosas averiguações de fatos e avaliações racionalmente sustentáveis. [...] O Estado deve adotar medidas normativas e fáticas suficientes para cumprir seu dever de tutela, que levem - considerando os bens conflitantes – ao alcance de uma proteção adequada e, como tal, efetiva (proibição de insuficiência). Para tanto, é necessário um projeto de proteção que combine elementos de proteção preventiva e repressiva.[21]

As Políticas Públicas configuram-se, por sua vez, como instrumentos privilegiados para a consecução desse "projeto de proteção" referido pelo Tribunal Constitucional alemão, numa perspectiva ampla e complexa, pois elas têm a capacidade de articular, a um só tempo, ações tanto do Legislativo quanto do Executivo, além de possibilitarem e combinarem a adoção de medidas de diferentes naturezas (educativas, protetivas, inclusivas, distributivas, preventivas, repressivas, fornecimento de serviços públicos, etc.) e em diferentes níveis (articulação entre os distintos entes federados, por exemplo).

Nessa perspectiva, entende-se que o conceito de "dever de proteção" (*Schutzpflicht*) poderia servir, também, como fundamento para o controle jurisdicional de políticas Públicas, ao servir como parâmetro para o reconhecimento do "dever" de agir do Estado e, consequentemente, para a indicação das possíveis "omissões" ou "desvirtuamentos" por ele praticados, tomando-se como critérios, para tanto, as noções de "proibição de proteção insuficiente" (*Untermassverbot*) e de "proibição

---

[21] MARTINS, Leonardo (Org). *Cinqüenta Anos de Jurisprudência do Tribunal Constitucional Federal Alemão.*Montevideu: Konrad-Adenauer-Stiftung, 2005. p. 276-280.

de excesso" (*Übermassverbot*).

O Supremo Tribunal Federal brasileiro, por seu turno, já se valeu-desses conceitos em alguns de seus julgados, reconhecendoque

> é tarefa do legislador determinar, detalhadamente, o tipo e a extensão da proteção. A Constituição fixa a proteção como meta, não detalhando, porém, sua configuração. No entanto, o legislador deve observar a proibição de insuficiência [...]. Considerando-se bens jurídicos contrapostos, necessária se faz uma proteção adequada. Decisivo é que a proteção seja eficiente como tal.[22]

Assim, tem-se quea realização de uma proteção adequada dos direitos fundamentais não é faculdade daquele que atua em nome do Poder Público, devendo sua atuação pautar-se pelaproporcionalidade, a fim de queela não se dê de modo insuficiente ou excessivo[23], aspecto que sugere a existência de uma escala de intensidades e de possibilidades de intervenção por parte do Estado que não pode ser ultrapassada nem num sentido (excesso) e nem noutro (insuficiência)[24], sob pena de ser ferir frontalmente a Constituição.

Desta forma, sustenta-se a possibilidade de o Poder Judiciário atuar,no âmbito das Políticas Públicas,com fundamentona teoria do "dever de proteção" (*Schutzpflicht*) e na dupla face do princípio da proporcionalidade, especialmente com base na noção de"proibição de proteção insuficiente" (*Untermassverbot*).[25]

---

[22] BRASIL. Supremo Tribunal Federal. *HC 104.410/RS*. Segunda Turma, julgado em 06/03/2012. Relator Ministro Gilmar Mendes. Disponível em: <http://www.stj.jus.br>. Acesso em: 10 mai. 2013. p. 18.

[23] SARLET, I. W.; MARINONI, L. G.; MITIDIERO, D. *Curso de Direito Constitucional*. Porto Alegre: Revista dos Tribunais, 2012. p. 338.

[24] CARA, de Juan Carlos Gavara. *La dimensión objetiva de los derechos sociales*. JMB Bosch: Barcelona, 2010. p. 54.

[25] BOLESINA, I.; LEAL, M. C. H. *O mínimo existencial e o controle jurisdicional de políticas públicas*: análise de sua operacionalidade na jurisprudência do Supremo Tribunal Federal e do Superior Tribunal de Justiça. Curitiba: Multideia, 2013. p. 115.

No que se refere a este último conceito, é possível obsevar que a jurisdição constitucional brasileira já o utilizou em algumas decisões. Exemplo disso é o Habeas Corpus 96.759/CE, julgado em 2012, que versava sobre porte ilegal de arma; no caso, a arma estava sem munição e, portanto, a controvérsia girava em torno de se tal fato poderia ser considerado típico ou não. O Tribunal decidiu, então, que a Lei 10.826/2003, em seu artigo 14, não prevê a necessidade de munição para a caracterização do crime. A "proibição de proteção insuficiente" (*Untermassverbot*) – apesar de não haver sidoutilizada como fundamento central – foi invocada, contudo, para justificar a possibilidade de atuação do Judiciário, conforme se depreende do trecho abaixo transcrito:

> [...] uma vez que se ateste que as medidas legislativas adotadas transbordam os limites impostos pela Constituição – o que poderá ser verificado com base no princípio da proporcionalidade como proibição de excesso (*Übermassverbot*) e como proibição de proteção deficiente (*Untermassverbot*) –, **deverá o Tribunal exercer um rígido controle** sobre a atividade legislativa, declarando a inconstitucionalidade de leis penais transgressoras de princípios constitucionais. (Grifou-se)[26]

Entendimento semelhante pode ser encontrado, ainda, na Ação Direta de Inconstitucionalidade 1800-1/DF, apreciada em 2006, em que se discutiu a gratuidade das certidões de registro de nascimento e de óbito, havendo sido dado especial destaque, no julgamento, para a necessidade de o Estado proteger a cidadania, justificando-se, assim, a previsão de gratuidade instituída pela legislação:

> como se sabe, o princípio da proporcionalidade, bem estudado pela doutrina alemã, corresponde a uma moeda

---

[26] BRASIL. Supremo Tribunal Federal. *HC 96.759/CE*. Segunda Turma, julgado em 28/02/2012 Min. Rel. Joaquim Barbosa. Disponível em: <http://www.stj.jus.br>. Acesso em: 10 nov. 2013. p.46.

de duas faces: de um lado, tem-se a proibição de excesso (*Übermassverbot*) e, de outro, a proibição de proteção insuficiente (*Untermassverbot*).[...] **A medida legal contestada conforma-se perfeitamente à outra faceta do princípio da proporcionalidade acima mencionado, a qual exige que o Estado preste proteção eficaz aos economicamente hipossuficientes, sobretudo no que respeita seus direitos de cidadania.**(Grifou-se)[27]

A"proibição de proteção insuficiente" também restou evidenciada no Recurso Extraordinário 418.376-5/MS, sentenciadono mesmo ano de 2006, que versava sobre crime de estupro praticado contra criança de nove anos de idade;o questionamento residia na possibilidade de extinção da punibilidade em razão da convivência entre autor e vítima, visto que, à época, ainda vigorava artigo 107, inciso VII, do Código Penal, que previa a extinção da punibilidade se vítima e autor viessem a celebrar matrimônio. Diante das circunstâncias, o Supremo Tribunal Federal entendeu que o conceitoadquire especialrelevância na aplicação dos direitos fundamentais de proteção, ou seja, na perspectiva do dever de proteção, que se consubstancia naqueles casos em que o Estado não pode renunciar à sua proteção pela via do Direito Penal.[28]No caso, restou decidido que a criança era absolutamente incapaz e, portanto, não poderia autodeterminar-se, de modo que não poderia serconfigurada a união estável, o que"não seria consentâneo com o princípio da proporcionalidade".[29]

---

[27] BRASIL. Supremo Tribunal Federal. *Adin 1800-1/DF*. Tribunal Pleno, julgado em 11/06/2007 Min. Rel. Ricardo Lewandowski. Disponível em: <http://www.stj.jus.br>. Acesso em: 10 nov. 2013. p. 128 – 129.

[28] BRASIL. Supremo Tribunal Federal. *RE 418.376-5/MS*. Segunda Turma, julgado em 09/02/2006 Min. Rel. Gilmar Ferreira Mendes. Disponível em: <http://www.stj.jus.br>. Acesso em: 10 mai. 2013. p. 688.

[29] BRASIL. Supremo Tribunal Federal. *RE 418.376-5/MS*. Segunda Turma, julgado em 09/02/2006 Min. Rel. Gilmar Ferreira Mendes. Disponível em: <http://www.stj.jus.br>. Acesso em: 10 mai. 2013. p. 690-691.

É possível concluir, portanto, que a "proibição da proteção insuficiente" (*Untermassverbot*) tem sido utilizada pelo Supremo Tribunal Federal como fundamento para sua intervenção na defesa dos direitos fundamentais.Ele não a utiliza, todavia, como fundamento para o controle jurisdicional de Políticas Públicas prestacionais ourelativas a direitos sociais, para o quetende a privilegiar o conceito de dignidade humana.

Nesse contexto, várias são as decisões da mais alta Corte do país acerca do tema[30], sendopossível perceber-se uma linha clara de análise, que passa pela vinculação e associação de elementos como "mínimo existencial", "núcleo essencial dos direitos fundamentais" e "reserva do possível", podendo-se constatar que, quando o que está em jogo é a tutela do "mínimo existencial", não incide o princípio da "reserva do possível"[31], isto é, não se aplica o orçamento, devendo o direito pleiteado ser garantido independentemente da disponibilidade ou não de recursos financeiros[32]:

> Cumpre advertir, desse modo, que a cláusula da "reserva do possível" - ressalvada a ocorrência de justo motivo objetiva-

---

[30] Para os fins do presente trabalho, serão tomadas como referência, num caráter exemplificativo, a Arguição de Descumprimento de Preceito Fundamental 45 (sobre a aplicação de recursos financeiros mínimos nas ações e serviços públicos de saúde), o Recurso Extraordinário 482.611/SC (referente ao Programa Sentinela – direito de abrigo para crianças vítimas de violência doméstica) e a "decisão da saúde" (sobre o fornecimento de medicamentos e de tratamentos de alto custo pelo Estado).

[31] É preciso que se refira, neste ponto, que a doutrina brasileira, ao incorporar a noção de "reserva do possível" cunhada pelo Tribunal Constitucional alemão, na decisão conhecida como *NumerusClausus*(BVerfGE 33, 303) referente à obrigação do Estado de oferecer novas vagas no curso de Medicina, em face da demanda apresentada, tendeu a desvirtuá-la, identificando-a, notadamente, com a disponibilidade/existência de recursos, quando, em seu sentido originário, ela está mais associada à ideia de razoabilidade da pretensão (aquilo que se pode esperar do Estado em termos de prestação, para além da questão orçamentária) formulada. Cf. GRIMM, D.; KIRCHHOF, P.; EICHBERGER, M. *Entscheidungen des Bundesverfassungsgerichts*: Studienauswahl. Band 1. 3. Auflage. Tübingen: MohrSiebeck, 2007. p. 282-297.

[32] BRASIL. Supremo Tribunal Federal. *Arguição de Descumprimento de Preceito Fundamental 45*, Rel. Ministro Celso Mello, julgada em 29/04/04, DJ, 04/05/2004. Disponível em http://www.stf.jus.br, acesso em 10 mai. 2011.

mente aferível - não pode ser invocada, pelo Estado, com a finalidade de exonerar-se do cumprimento de suas obrigações constitucionais, notadamente quando, dessa conduta governamental negativa, puder resultar nulificação ou, até mesmo, aniquilação de direitosconstitucionais impregnados de um sentido de essencial fundamentalidade.

Percebe-se, assim, que,por tratar-se de um direito fundamental intimamente ligado à dignidade da pessoa humana, o Judiciário encontra-se autorizado a adotar provimentos jurisdicionais para a sua concretização:

> Essa eminente atribuição conferida ao Supremo Tribunal Federal põe em evidência, de modo particularmente expressivo, a dimensão política da jurisdição constitucional conferida a esta **Corte, que não pode demitir-se do gravíssimo encargo de tornar efetivos os direitos econômicos, sociais e culturais** - que seidentificam, enquanto direitos de segunda geração, com as liberdades positivas, reais ou concretas, sob pena de o Poder Público, por violação positiva ou negativa da Constituição, comprometer, de modo inaceitável, a integridade da própria ordemconstitucional.[33] (Grifou-se)

A dignidade humana aparece, por conseguinte, como elemento determinante para o reconhecimento da essencialidade do direito pleiteado, vindo, frequentemente,associada ao conceito de "mínimo existencial", do que decorre a sua necessária garantia, independentemente da "reserva do possível".

Tal aspecto, apesar de, num primeiro momento, parecer atribuir força jurídica à dignidade, conduz, entretanto, a uma certa banalização

---

[33] BRASIL. Supremo Tribunal Federal. *Arguição de Descumprimento de Preceito Fundamental 45*, Rel. Ministro Celso Mello, julgada em 29/04/04, DJ, 04/05/2004. Disponível em http://www.stf.jus.br, acesso em 10 mai. 2011.

do conceito[34], estabelecendo-se, assim, um aparente paradoxo, pois, ao mesmo tempo em que resta fortalecido, ao ser invocado para a garantia do direito de forma desvinculada do orçamento (isto é, sem possibilidade de restrição em virtude da "reserva do possível"), ele acaba sendo enfraquecido ao ser identificado com a noção de "mínimo" (existencial).

Isto porque, num contexto caracterizado pelo imperativo de efetividade dos direitos fundamentais, tidos como "mandamentos de otimização" (*Optimierungsgebote*, no dizer de Alexy[35]), estes devem ser realizados de forma "ótima", na máxima medida possível; uma restrição somente é possível se atender ao princípio da proporcionalidade (*Verhälnissmässigkeitsprinzip*), identificado por três subprincípios que lhe são inerentes: justo motivo; adequação entre fins e meios; proporcionalidade em sentido estrito. A ponderação pressupõe, portanto: a) a determinação da importância do princípio contrário; b) uma avaliação dos danos da não-realização plena do princípio em questão, que deve ser restringido na mínima medida necessária; e c) a verificação de se a importância desse princípio contrário e sua realização justificam a lesão do outro direito em pauta ("análise de custo-benefício").[36]

Assim, quando a realização de um princípio não é possível senão às custas da restrição de outro[37], tem-se que, quanto maior a não-rea-

---

[34] Vale destacar, neste sentido, que, no caso dos direitos sociais prestacionais, o argumento invocado é, reiteradamente, o da "dignidade humana", sendo que o Supremo Tribunal Federal não se vale de outros fundamentos da República, igualmente instituídos no texto constitucional – como a redução das desigualdades sociais, por exemplo – para justificar suas decisões.

[35] ALEXY, Robert. *Theorie der Grundrechte*. Frankfurt a.M.: Suhrkamp, 1994.

[36] ALEXY, Robert. *Verfassungsrecht und einfachesRecht: Verfassungsgerichtsbarkeit und Fachgerichtsbarkeit*. In: Veröffentlichungen der Vereinigung der DeutschenStaatsrechtslehrer (VVDStRL), Band 61. Berlin: Walter Gruyter, 2002. p. 19.

[37] "Je höher der Grad der Nichtrealisierung des einenPrinzipsist, destogrössermuss dieWichtigkeit der Realisierung des anderensein." Cf. ALEXY, Robert. *Grund- und Menschenrechte*. In: Verfassung und Argumentation. InterdiziplinäreStudienzuRecht und Staat, Band 36. Baden-Baden: Nomos, 2005. p. 55.

lização de um, maior deve ser a importância e realização do princípio contrário.[38]

Em tal contexto, também as limitações são tidas como limitadas, configurando-se uma ideia de "limites aos limites" (*Schranken--SchrankenTheorie*)[39], constituindo-se o "núcleo essencial" em um balizador, ao estabelecer uma linha de intervençãoe de restrição para além da qual a realização do direito em pauta fica comprometida. O caráter principiológico das normas de direitos fundamentais estabelece, por conseguinte, não apenas que eles são restringíveis, mas também que a sua própria limitação é limitada ("proibição de excesso").[40]

De qualquer forma, por mais que o "núcleo essencial" configure um "mínimo", um núcleo intangível, ele se insereem uma lógica na qual prevalecem asnoções de "máxima realização possível" e de "mínima restrição necessária".[41]

Já a operacionalização do "mínimo existencial" se dá em sentido inverso, ou seja, ao associar a dignidade humana ao conceito de "mínimo existencial", o Supremo Tribunal Federal está, em verdade, tendendo a identificá-la com o "mínimo", e não com o "máximo".

---

[38] Estas decisões são conhecidas, na doutrina germânica, como proposições "tanto-quanto" (*je-destoSätze*), resultantes de sucessivas manifestações de parte do Tribunal alemão em casos de ponderações de valor, onde o referencial reside sempre na máxima de que *quanto* maior a não-realização de um direito, *tanto* maior deve ser a realização do direito contrário. Cf. EBSEN, Ingwer. *Das Bundesverfassungsgerichtals Element gesellschaftlicherSelbstregulierung: einepluralistischeTheorie der Verfassungsgerichtsbarkeitimdemokratischen Verfassungsstaat.* Berlin: Duncker&Humblot, 1985. p. 74.

[39] ALEXY, Robert. *Theorie der Grundrechte*. Frankfurt a.M: Suhrkamp, 1994. p. 267.Interessante referir, neste sentido, que a própria Constituição alemã prevê, expressamente, em seu Art. 19 Abs. 2 GG, a existência de um núcleo essencial e intocável dos direitos fundamentais que precisa ser preservado: "In keinemFalledarfeinGrundrecht in seinemWesensgehaltangetastetwerden." DEUTSCHLAND. *Grundgesetzfür die BundesrepublikDeutschland*. Bonn: BundeszentralefürpolitischeBildung, 1998.

[40] Podem-se diferenciar duas concepções com relação à proteção do núcleo essencial (*Wesensgehalt*) desses direitos: uma aboluta e outra que os interpreta de forma relativa. Para tanto, ver SCHNEIDER, Ludwig.*Der Schutz des Wesensgehalts von Grundrechtennach Art.19 Abs. 2 GG.*Berlin: Duncker&Humblot, 1983. pp. 93 *et seq.*

[41] QUEIROZ, Cristina. *O princípio da não-reversibilidade dos direitos fundamentais sociais*. Coimbra: Coimbra, 2006. p. 33.

Também aqui o princípio da proporcionalidade desempenha, uma vez mais, um papel estratégico.Um dos aspectos determinantes para tal distinçãoreside na própria natureza dos direitos tutelados, pois, nos casos de restrição aos direitos fundamentais (típica dos direitos de defesa –*Abwehrrechte*), parte-se de uma noção de proteção absoluta ("máximo"), estando eles sujeitos a limitações apenas em face de outros direitos igualmente fundamentais ou de situações excepcionais que o justifiquem, devendo as intervenções do Estado (*Eingriffe*) dar-se de forma proporcional[42], ou seja, sem excessos; já o "mínimo existencial", identificado com os direitos fundamentais sociais (*Leistungsrechte*), de natureza prestacional (seja fática ou normativa[43]),está mais associado a um"dever de proteção" (*Schutzpflicht*). O primeiro conduz auma "proibição de excesso" (*Übermassverbot*), ao passo que o segundo, a uma "proibição de proteção insuficiente" (*Untermassverbot*).[44]

Resta evidente, por conseguinte, em face do exposto, em que pesem as considerações críticas aqui tecidas, que o princípio da proporcionalidade e a dignidade humanase constituem em critério/fundamento determinante para a atuação do Supremo Tribunal Federal brasileiro no controle de Políticas Públicas, funcionando como "elementos operacionais estratégicos" para a atuação do Poder Judiciário nas questões relacionadas à discricionariedade administrativa.

---

[42] Compreendida, aqui, no sentido de proporcionalidade entre os fins colimados e os meios empregados, isto é, de que a intervenção operada deve dar-se de maneira que o fim seja alcançado (proteção do direito fundamental contrário) com o mínimo sacrifício do direito restringido.

[43] CANOTILHO, Joaquim José Gomes. *Tomemos a sério os direitos econômicos, sociais e culturais*. In: Estudos sobre Direitos Fundamentais. Coimbra: Coimbra, 2004.p. 42.

[44] No dizer de Canotilho, a esse aspecto problemático soma-se, ainda, a observação de que a aplicação dos direitos sociais é, frequentemente, deslocada para outros âmbitos (teorias da justiça, teorias da fundamentação e da argumentação, teorias econômicas do Direito, etc.), o que conduz a uma "fuzzylização" e a uma "politização" do Direito Constitucional.CANOTILHO, Joaquim José Gomes. *Metodologia "fuzzy" e "camaleões normativos" na problemática actualdos direitos econômicos, sociais e culturais*. In: Estudos sobre Direitos Fundamentais. Coimbra: Coimbra, 2004.p. 98-101 passim.

4 Conclusão

As Políticas Públicas podem ser compreendidas como sendo um *locus* privilegiado de aplicação do princípio da proporcionalidade, pois, enquanto instrumentos de atuação (política) voltados à realização dos direitos fundamentais (jurídicos), tem-se configurada, nelas, uma hipótese em que a realização do Direito se dá por meio de opções políticas, associadas à noção de discricionariedade, esfera tradicionalmente "imune" ao controle e à ingerência do Poder Judiciário.

Esse espaço de atuação reservado aos Poderes Públicos no sentido de escolha dos meios e dos instrumentos mais adequados para a realização dos fins postos pela Constituição se evidencia, contudo, ainda mais na seara dos direitos sociais, pois, no caso dos direitos negativos (*Abwehrrechte*), que correspondem aos direitos de defesa, quando algo é proibido (*verboten*), então toda e qualquer ação que significar ou implicar uma violação do direito protegido é tida como proibida; em contrapartida, quando algo é imposto numa dimensão positiva, nem toda e qualquer ação no sentido de proteger ou promover esse mesmo direito é tida como devida, abrindo-se espaço, então, para uma ponderação, que, na esfera administrativa, se traduz no conceito de discricionariedade.

Significa dizer que o destinatário da ordem tem um espaço aberto (*Spielraum*) dentro do qual é possível eleger como este dever será cumprido da melhor forma, a partir de uma análise que deve levar em consideração a adequação entre os fins e os meios propostos. E é exatamente esta a essência das Políticas Públicas.

Este aspecto adquire, contudo, ainda mais relevância em um cenário em que se propugna a máxima efetividade dos direitos fundamentais, concebidos como sendo dotados de uma dimensão objetiva, da qual decorre um processo de progressiva vinculação dos Poderes Públicos no sentido de sua realização, coma consequente redução de sua esfera de discricionariedade.

A maior dificuldade operacional com relação a esses aspectos se apresenta, por seu turno, no âmbito dos direitos sociais prestacionais, que envolvem uma dimensão coletiva e estão condicionados, de forma mais direta, a aspectos como orçamento, eleição de fins e de meios, etc.O balizador para estas escolhas reside, por sua vez, no princípio da proporcionalidade, do qual decorrem, ainda, uma "proibição de excesso" (*Übermassverbot*) e uma "proibição de proteção insuficiente" (*Untermassverbot*).

A"proibição da proteção insuficiente" (*Untermassverbot*) tem sido utilizada pelo Supremo Tribunal Federal como fundamento para a garantia dos direitos fundamentais, porémnão como fundamento para o controle jurisdicional de Políticas Públicas prestacionais ou relativas a direitos sociais.

Para tanto, a Cortetende, antes, a se valerdo conceito de dignidade humana, sendo possível perceber-se uma linha clara de análise, que passa pela vinculação e associação de elementos como "mínimo existencial", "núcleo essencial dos direitos fundamentais" e "reserva do possível", podendo-se constatar que, quando o que está em jogo é a tutela do "mínimo existencial", não incide o princípio da "reserva do possível".

Tal aspecto, apesar de, num primeiro momento, parecer atribuir força jurídica à dignidade, conduz, no entanto, a um risco de banalização, fazendo com que se estabeleça um aparenteparadoxo: ao mesmo tempo em que resta fortalecido, ao ser utilizado como fundamento para a garantia do direito pleiteado de forma desvinculada do orçamento, ele acaba sendo enfraquecido ao ser identificado com a noção de "mínimo" (existencial).Em ambos os casos, contudo, o princípio da proporcionalidade desempenha um papel estratégico.

Resta evidente, por conseguinte, em face do exposto, em que pesem as considerações críticas tecidas, que o princípio da proporcionalidade e a dignidade humana se constituem em critério/fundamento determinante para a atuação do Supremo Tribunal Federal brasileiro no controle jurisdicional de Políticas Públicas.

5 Referências

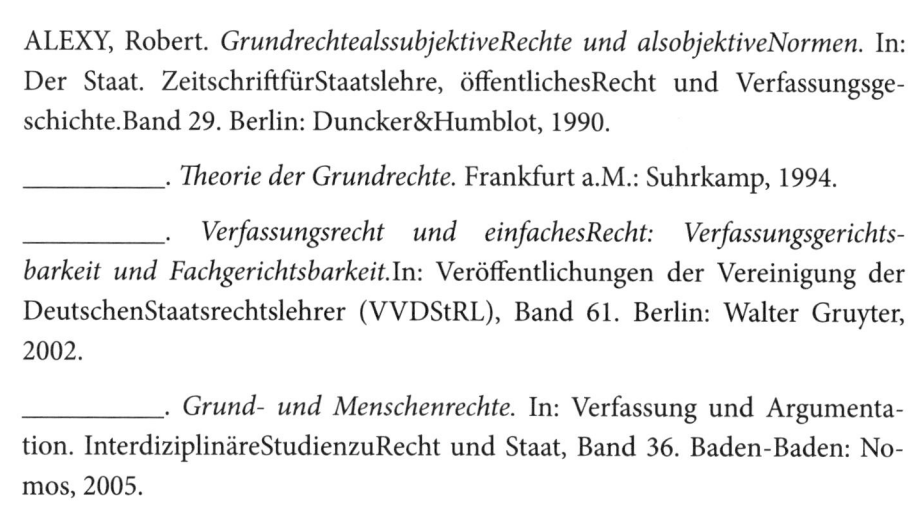

ALEXY, Robert. *GrundrechtealssubjektiveRechte und alsobjektiveNormen*. In: Der Staat. ZeitschriftfürStaatslehre, öffentlichesRecht und Verfassungsgeschichte.Band 29. Berlin: Duncker&Humblot, 1990.

_____. *Theorie der Grundrechte*. Frankfurt a.M.: Suhrkamp, 1994.

_____. *Verfassungsrecht und einfachesRecht: Verfassungsgerichtsbarkeit und Fachgerichtsbarkeit*.In: Veröffentlichungen der Vereinigung der DeutschenStaatsrechtslehrer (VVDStRL), Band 61. Berlin: Walter Gruyter, 2002.

_____. *Grund- und Menschenrechte*. In: Verfassung und Argumentation. InterdiziplinäreStudienzuRecht und Staat, Band 36. Baden-Baden: Nomos, 2005.

BERCOVICI, Gilberto. *A Constituição dirigente e a crise da Teoria da Constituição*. In: SOUZA NETO, Cláudio Pereira de [etall]. *Teoria da Constituição: estudos sobre o lugar da política no Direito Constitucional*. Rio de Janeiro: Lumen Juris, 2003.

BOBBIO, Norberto. *A era dos direitos*. Tradução de Carlos Nelson Coutinho. Rio de Janeiro: Campus, 1992.

BOLESINA, I.; LEAL, M. C. H. *O mínimo existencial e o controle jurisdicional de políticas públicas*: análise de sua operacionalidade na jurisprudência do Supremo Tribunal Federal e do Superior Tribunal de Justiça. Curitiba: Multideia, 2013.

BRASIL. Supremo Tribunal Federal. *Arguição de Descumprimento de Preceito Fundamental 45*, Rel. Ministro Celso Mello, julgada em 29/04/04, DJ, 04/05/2004. Disponível em http://www.stf.jus.br, acesso em 10 mai. 2011.

BRASIL. Supremo Tribunal Federal. *RE 418.376-5/MS*. Segunda Turma, julgado em 09/02/2006 Min. Rel. Gilmar Ferreira Mendes. Disponível em: <http://www.stj.jus.br>. Acesso em: 10 mai. 2013.

BRASIL. Supremo Tribunal Federal. *HC 96.759/CE*. Segunda Turma, julgado em 28/02/2012 Min. Rel. Joaquim Barbosa. Disponível em: <http://www.stj.jus.br>. Acesso em: 10 nov. 2013. p.46.

BRASIL. Supremo Tribunal Federal. *Adin 1800-1/DF*. Tribunal Pleno, julgado em 11/06/2007 Min. Rel. Ricardo Lewandowski. Disponível em: <http://www.stj.jus.br>. Acesso em: 10 nov. 2013.

BRASIL. Supremo Tribunal Federal. *HC 104.410/RS*. Segunda Turma, julgado em 06/03/2012. Relator Ministro Gilmar Mendes. Disponível em: <http://www.stj.jus.br>. Acesso em: 10 mai. 2013.

CANOTILHO, José Joaquim Gomes. *Tomemos a sério os direitos econômicos, sociais e culturais*. In: Estudos sobre Direitos Fundamentais. Coimbra: Coimbra, 2004.

_____. *Metodologia "fuzzy" e "camaleões normativos" na problemática actualdeos direitos económicos, sociais e culturais*. In: Estudos sobre Direitos Fundamentais. Coimbra: Coimbra, 2004.

CARA, de Juan Carlos Gavara. *La dimensión objetiva de los derechos sociales*. JMB Bosch: Barcelona, 2010.

CARBONEL, Miguel. *El principio de proporcionalidad y la interpretación constitucional*. Quito: V&M Gráficas, 2008.

_____. El neoconstitucionalismo: significado y niveles de análisis. In: _____; JARAMILLO, L. G. (Org.). *El canon neoconstitucional*. Madrid: Trotta, 2010.

DEUTSCHLAND/BUNDESVERFASSUNGSGERICHT.*Entscheidungen des Bundesverfassungsgerichts*.Studienauswahl. 2. Auflage. Herausgegeben von Dieter Grimm und Paul Kirchhof.Bearbeitet von Michael Eichenberger.Tübingen: Mohr, 1997.

EBSEN, Ingwer. *Das Bundesverfassungsgerichtals Element gesellschaftlicherSelbstregulierung: einepluralistischeTheorie der Verfassungsgerichtsbarkeitimdemokratischen Verfassungsstaat*.Berlin: Duncker&Humblot, 1985.

GRIMM, Dieter. *Constitucionalismo y Derechos Fundamentales*. Traducción de Raúl Sanz Burgos y José Luis Muñoz de Baena Simón. Madrid: Trotta, 2006.

LEIVAS, Paulo Gilberto Cogo. *Teoria dos direitos fundamentais sociais*. Porto Alegre: Livraria do Advogado, 2006.

MARTINS, Leonardo (Org). *Cinqüenta Anos de Jurisprudência do Tribunal Constitucional Federal Alemão*.Montevideu: Konrad-Adenauer-Stiftung, 2005.

PINTO, Luzia Marques da Silva Cabral. *Os limites do poder constituinte e a legitimidade material da Constituição*. Coimbra: Coimbra, 1994.

QUEIROZ, Cristina. *O principio da não-reversibilidade dos direitos fundamentais sociais*. Coimbra: Coimbra, 2006.

SARLET, Ingo Wolfgang. *Os Direitos Fundamentais Sociais na Constituição de 1988*. In: _____ (org.). *O Direito Público em tempos de crise: estudos em homenagem a Ruy Ruben Ruschel*. Porto Alegre: Livraria do Advogado, 1999.

SARLET, I. W.; MARINONI, L. G.; MITIDIERO, D. *Curso de Direito Constitucional*. Porto Alegre: Revista dos Tribunais, 2012.

SCHNEIDER, Ludwig. *Der Schutz des Wesensgehalts von Grundrechtennach Art.19 Abs. 2 GG*.Berlin: Duncker&Humblot, 1983.

STRECK, Maria Luiza Schafer. *O direito penal e o princípio da proibição de proteção deficiente*: a face oculta da proteção dos direitos fundamentais. Dissertação (Mestrado) – Universidade do Vale do Rio Sinos, Programa de Pós-Graduação em Direito, São Leopoldo, 2008.

DIREITOS FUNDAMENTAIS SOCIAIS E PROPORCIONALIDADE

Prof. Dr. Phd. hc. mult. Robert Alexy (Alemanha)
Tradução[1]: Prof. Dr. Rogério Luiz Nery da Silva (Brasil)

Introdução

No livro *Teoria dos Direitos Fundamentais*, originalmente publicado em 1985, eu propus um "modelo de direitos fundamentais sociais".[2] Foi num tempo em que muitos constitucionalistas no mundo ocidental estavam bastante céticos a respeito dos direitos fundamentais sociais.

Esse ceticismo encontrou expressão não apenas na produção acadêmica. Ele também pode ser encontrado no texto da Constituição da República Federal Alemã, a Lei Fundamental, que, fora uma única exceção, não contém direitos sociais explicitamente formulados. A referida exceção se encontra no Artigo 6 (4) da Lei Fundamental, que garante a todas as mães o direito à proteção e cuidado pela comunidade.

Eu venho sustentando, desde 1985, que a Constituição alemã, ainda assim, contém direitos sociais, especialmente, o direito ao mínimo

---

[1] Adequado, necessário e proporcional registrar o imenso agradecimento do tradutor ao querido amigo e ilustre professor-doutor **WILSON STEINMETZ**, colega no Programa de Mestrado em Direito da Universidade do Oeste de Santa Catarina (UNOESC), por destinar de forma tão solícita parte de seu exíguo tempo, em detrimento de outras tarefas pessoais, para realizar considerações e observações muito precisas a título de revisão do texto desta tradução.

[2] ALEXY, Robert. **A Theory of Constitutional Rights** (Trad. Julian Rivers). Oxford: Oxford University Press, 2002, p. 343.

existencial.³ A Corte Constitucional alemã, já àquela época, havia dado alguns passos no sentido dos direitos sociais⁴ –uma construção elaborada do direito ao mínimo existencial – ainda que a corte não o tenha reconhecido antes de 9 de fevereiro de 2009, na famosa decisão do chamado caso "Hartz IV".⁵

Outro passo importante para a garantia dos direitos sociais foi dado na Carta Europeia de Direitos Humanos, a qual contém uma seção específica para os direitos sociais. Isso demonstra que tem havido consideráveis mudanças com respeito aos direitos sociais na Alemanha e na Europa, o que parece ser uma boa razão para revisitar o modelo de direitos fundamentais sociais, desenvolvido há quase trinta anos.

I. Ideia-chave formal

O modelo de direitos fundamentais sociais é uma expressão daquilo que tenho denominado "ideia-chave formal" dos direitos fundamentais.⁶ Essa ideia pode ser assim resumida:

> "Os direitos fundamentais são posições tão importantes que a decisão de protegê-los não pode ser delegada para maiorias parlamentares simples".⁷

De acordo com essa ideia, o critério para aquilo que deve ser decidido em conformidade com o processo democrático e aquilo que é decidido pela Constituição, vale dizer, aquilo que deve ser decidido mediante a interpretação do conteúdo da Constituição e, em última instância, pela alternativa à jurisdição constitucional, depende do grau de importância de cada posição.

---

3   Ibidem, p. 344.
4   Ibidem, 290-3.
5   **Tribunal Constitucional Federal Alemão** – decisão BVerfGE 125, 175.
6   ALEXY, Robert. **A Theory of Constitutional Rights** (op. cit. n. 1, acima), 343.
7   Ibidem, p. 297.

II. A Ideia-chave Substantiva

Quais são os critérios de definição da importância? A ideia-chave formal, como ideia formal, não informa nada sobre isso. Por essa razão, a ideia formal deve estar conectada com uma ideia ou concepção substantiva. Em *Teoria dos Direitos Fundamentais*, propus que a dignidade humana fosse essa ideia substantiva[8], e não mudei meu pensamento quanto a isso.

Mas a tese sobre a dignidade humana como a principal referência material ou ideia-chave precisa ser melhor desenvolvida. No livro, eu digo que a «Lei Fundamental alemã define esse amplo conceito material básico pela ideia de dignidade humana».[9] Isso é, longe de qualquer dúvida, válido como uma tese de direito constitucional positivo, na Alemanha. O mesmo se aplica à tese de que «os direitos fundamentais constantes da Lei Fundamental alemã»[10] determinam qual direito é tão relevante que não possa ser deixado a cargo das maiorias parlamentares simples. Ambos se encaixam bem na intenção de adotar a *Teoria dos Direitos Fundamentais* como "uma teoria dos direitos fundamentais da Lei Fundamental alemã"[11], o que parece com uma teoria positivista dos direitos fundamentais. Os direitos fundamentais, no entanto, têm uma natureza dúplice, e esta dupla natureza conduz a um conceito não positivista de direitos fundamentais.

III. Um Conceito Não Positivista dos Direitos Fundamentais

A tese de dupla natureza não contesta que os direitos fundamentais sejam direito positivo, vale dizer, direito positivo ao nível da Constituição. Sustenta, entretanto, que isso não se mostra suficiente a explicar

---

[8] Ibidem, p. 299.
[9] Ibidem, p. 299.
[10] Ibidem, p. 297.
[11] Ibidem, p. 5.

a sua natureza. A positividade é apenas um lado dos direitos fundamentais, notadamente, o seu lado real ou fático. Para além desse aspecto, eles também possuem uma dimensão ideal.

A razão para isso é que os direitos fundamentais são os direitos gravados intencionalmente em uma constituição, com o intuito de transformar os direitos humanos em direito positivo – a intenção, em outras palavras, é de positivar direitos humanos.[12] Essa intenção é muitas vezes efetiva ou subjetivamente sustentada pelos constitucionalistas. E, para além dessas considerações, é uma pretensão necessariamente suscitada por aqueles que estabelecem um catálogo de direitos fundamentais. Nesse sentido, é uma intenção objetiva. Direitos humanos, então, são: primeiro, direitos morais; segundo, direitos universais; terceiro, direitos fundamentais; quarto, direitos abstratos; quinto, direitos omniprevalentes, dotados de prevalência sobre todas as demais normas.[13]

Nesse particular, apenas uma dessas cinco propriedades definidoras dos direitos humanos interessa: o seu caráter moral. Um direito existe se for válido. A validade dos direitos humanos como direitos morais depende da sua justificabilidade, e tão somente disso. Tenho buscado demostrar que os direitos humanos são justificáveis a partir da Teoria do Discurso. O *leitmotiv* – princípio ativo fundante dessa justificativa – é que a prática de afirmar, questionar e discutir pressupõe a liberdade ea igualdade.[14] Nenhuma das demais poderá ser aqui desenvolvida. Para o presente propósito, o único ponto de interesse, neste contexto, é que os direitos humanos, como direitos morais, pertencem à dimensão ideal do direito.

---

[12] ALEXY, Robert. **Discourse Theory and Fundamental Rights** in: *Arguing Fundamental Rights*, ed. Agustín José Menéndez and Erik Oddvar Eriksen. Dordrecht: Springer, 2006, 15-29, v. 17.

[13]

[14] ALEXY, Robert, **Discourse Theory and Human Rights**, *Ratio Juris* 9 (1996), 209-35; ALEXY, Robert. **Discourse Theory and Fundamental Rights** (n. 43 e seguintes), pp. 19-22.

Essa dimensão ideal desempenha um papel decisivo na interpretação dos direitos fundamentais como direito positivo. Se os direitos humanos, como direitos morais, existem, vale dizer, se eles são justificáveis, um catálogo de direitos fundamentais que não os compreenda não cumpre a sua pretensão de correção. Trata-se de um catálogo incorreto, e a corte constitucional tem o dever de corrigi-lo, como o Tribunal Constitucional Federal alemão fez, em 2010, com relação ao direito a um mínimo existencial, na decisão do caso Hartz IV.[15] A principal expressão dessa decisão é que a dignidade humana justifica o direito a um mínimo existencial.

IV. A Dignidade Humana

O conceito de dignidade humana está intimamente ligado ao de direitos humanos. A dignidade humanaimplicadireitos humanos. Essa é a razão pela qual a dignidade humana pode desempenhar o papel de uma "ideia-chave substantiva". Portanto, a questão é se o atendimento da dignidade humana demanda direitos sociais. Para dar uma resposta a essa questão, um olhar deve ser lançado sobre o conceito dedignidade humana.

O conceito de dignidade humana é um conceito altamente complexo que conecta elementos descritivos ou empíricos com elementos avaliativos ou normativos. Os elementos empíricos ou descritivos podem ser explicitados pelos sentidos do conceito de pessoa. A minha principal formulação sobre o conceito de pessoa é que este conceito tem uma estrutura duplo-triádica.[16] Para ser considerado pessoa, deve-se cumprir três condições, em duplo turno, seguidamente – duas tríades, portanto. A primeira condição da primeira tríade é a inteligência; a se-

---

[15] **Tribunal Constitucional Federal Alemão** – decisão BVerfGE, 125, 175 (222).
[16] ALEXY, Robert. **Data y los derechos humanos. Mente positrónica y concepto dobletriádico de persona**, in: Robert Alexy et Alfonso Garcia Figueroa, *Star Trek y los derechos humanos*. Valencia: tirant lo blanch, 2007, pp. 94-100.

gunda, o sentimento e, a terceira, a consciência. Inteligência, isoladamente, não é suficiente, tanto que os computadores têm inteligência, em certo sentido, mas não são pessoas, pelo menos no atual estágio de seu desenvolvimento. A relação de conexão entre a inteligência e o sentimento também não é suficiente. Os animais podem ter, pelo menos até um certo grau, inteligência e sentimento, mas eles não são pessoas. Por essa razão, a terceira condição da primeira tríade – consciência – ou, mais precisamente, a auto consciência, constitui condição essencial. A autoconsciência é definida pela reflexividade. A fim de determinar o que é a reflexividade, três tipos de reflexividade têm que ser distinguidos: a reflexividade cognitiva, a reflexividade volitiva e a reflexividade normativa. Isso com o intuito de dizer que o terceiro elemento do conceito da pessoa – a auto consciência –, de igual forma, se subdivide em três elementos. Essa é a razão pela qual o conceito de pessoa pode ser designado como «duplo-triádico».

A reflexividade cognitiva consiste na pessoa tornar-se o objeto do conhecimento. Pode-se falar ainda em «autoconhecimento». A peça mais elementar do autoconhecimento é o conhecimento do fato de que todos nascemos e que todos vamos morrer. Para ser uma pessoa, a reflexividade cognitiva é necessária, mas não é suficiente. As reflexividades volitiva e normativa devem também ser agregadas. A reflexividade volitiva consiste na capacidade de dirigir seu comportamento e, com isso, a si mesmo, mediante atos de vontade. Até o ponto em que os atos individuais estejam vinculados, isso é a "autodireção". Com relação à vida como um todo, pode-se falar em «autoformação». O resultado da autoformação pode ser bom ou ruim. Isso mostra que a reflexividade volitiva, como tal, ainda não inclui a normatividade. A normatividade entra em cena com o terceiro tipo de reflexividade, a reflexividade normativa. A reflexividade normativa está vinculada à "auto-avaliação", sob o aspecto de correção. Neste ponto, a questão a discutir é se uma ação que alguém tenha praticado ou queira praticar seja certa ou errada, e se a vida que se leva ou que se tem levado é, ou foi, uma vida boa. Essa é a dimensão da autonomia kantiana.

Alguém que preencha as condições de: primeiro, possuir inteligência; segundo, possuir sentimento; terceiro, possuir a reflexividade em suas três formas – cognitiva, volitiva e normativa – é uma pessoa. Esse é o lado descritivo da dignidade humana. O caminho para o lado normativo começa comuma ligação entre o conceito de pessoa e o conceito de dignidade humana. Esta relação pode ser expressa da seguinte forma:

(1) *Todas as pessoas possuem dignidade humana.*

Essa afirmação é verdadeira, mas não torna explícita a dimensão normativa da dignidade humana. Há diferentes possibilidades para fazer isso.[17] Aqui, apenas uma delas será objeto de consideração, aquela que se apoia sobre o fato deque a dignidade humana implica direitos humanos. É uma formulação correta que aplica a dignidade humana como um conceito-ponte, vale dizer, como um conceito que conecta o conceito da pessoa como conceito de direito. Isso funciona da seguinte forma:

(2) *A dignidade humana confere a todos os seres humanos o direito a serem levados a sério como pessoas.*

Esta regra conecta três conceitos: o conceito de pessoa, o conceito de dignidade humana e o conceito do direito a ser levado a sério. É fácil constatar que a dignidade humananão deve ser incluída na formulação dessa norma. Por isso, uma regra de dignidade humana deve conter apenas o conceito de pessoa e o conceito do direito deser levado a sério.

(3) *Todos os seres humanos têm o direito a serem levados a sério como pessoas.*

---

[17] ALEXY, Robert. **Human Dignity and Proportionality Analysis**, ms. IV, 3.

V. A Dignidade Humana como Princípio

Aqui, apenas um ponto de interesse, que foi elaborado em outro lugar.[18] A dignidade humana – enquanto norma – tem, essencialmente, o caráter de um princípio. As elaborações de regras de garantia da dignidade humana são apenas derivações.

Os princípios são mandamentos de otimização. Como tal, eles exigem que "algo seja realizado em sua maior extensão possível, consideradas as possibilidades jurídicas e de fato".[19] As pessoas podem ser levadas a sério em diferentes graus e a dignidade humanaenquanto norma exige que eles devem ser levados a sério, na máxima medida do que for possível. Esse ponto, também, não poderá ser melhor desenvolvido aqui.

Isso é o suficiente para dizer que a natureza dos princípios como mandamentos de otimização conduz diretamente a uma conexão necessária entre princípios e a análise ou teste da proporcionalidade. O princípio da proporcionalidade consiste de três subprincípios: o princípio da adequação, o princípio da necessidade e o princípio da proporcionalidade (em sentido estrito). Todos os três subprincípios expressam a ideia de otimização. Por essa razão, a natureza dos princípios implica o princípio da proporcionalidade, assim como ele a implica.[20]

Os princípios da adequação e da necessidadereferem-se à otimização relativa às possibilidades fáticas. A otimização em relação às possibilidades fáticas consiste em evitar sacrifícios evitáveis.[21] Os sacrifícios, entretanto, são inevitáveis, quando os princípios colidem entre si. Torna-se, então, necessário ponderar. A ponderação ou balanceamento é o objeto do terceiro subprincípio do princípio da proporcionalidade,

---

[18] Ibidem, V, 1.
[19] Ibidem, p. 47.
[20] Ibidem, p. 66.
[21] ALEXY, Robert. **Constitutional Rights and Proportionality**, in: *Chinese Yearbook of Constitutional Law,* 2010, 222-4.

ou seja, do princípio da proporcionalidade em sentido estrito. Este princípio expressa o quea otimização significa em relação às possibilidades jurídicas. O mesmo se aplica a uma regra que possa ser chamada de "lei de ponderação".[22] Ela estabelece:

Quanto maior o grau de não satisfação ou de restrição de um princípio, maior deverá sera importância em satisfazer o conteúdo do outro princípio com ele colidente.

A lei de ponderação pode e deve ser melhor elaborada complementarmente. O resultado dessa tal complementação elaborativa é representado pela Fórmula do Peso (*Weight Formula*).[23] Desta forma, as ferramentas necessárias a uma análise da relação entre os direitos fundamentais sociais e o teste da proporcionalidade ficam disponíveis.

VI. Direitos Fundamentais Sociais e Ponderação

O ponto central do modelo de direitos fundamentais sociais é "a discussão sobre quais os direitos fundamentais sociais a que o indivíduo faz jus definitivamente; é uma questão de ponderação de princípios".[24] Em *Teoria dos Direitos Fundamentais*, descrevi o balanceamento da seguinte forma: de um lado, fica, sobretudo, o princípio da liberdadede fato; do outro lado, ficam o princípio da competência para a tomada de decisão pelo legislador democraticamente legitimado e o princípio da separação dos poderes, assim como como princípios substantivos relativos, sobretudo, à liberdade jurídica das pessoas, mas também a outros direitos fundamentais sociais e bens coletivos.[25]

---

[22] ALEXY, Robert. **A Theory Of Constitutional Rights** (n. 1, acima), p. 102.
[23] ALEXY, Robert. **The Weight Formula**, in: Jerzy Stelmach, Bartos Brożek et Wojciech Załuski (eds.), *Frontiers of the Economic Analysis of Law*. Krakow: Jagiellonian University Press, 2007, p. 25.
[24] ALEXY, Robert. **A Theory Of Constitutional Rights** (n. 1, acima), p. 343.
[25] Ibidem, p. 343.

1. Dignidade Humana e Liberdade de Fato

No texto que acabo de citar, o argumento principal em prol dos direitos sociais é a liberdade fática. O que não se encaixa bem com a ideia-chave substantiva da dignidade humana. Para que se tenha certeza do que aqui se afirma, a dignidade humana requer a liberdade de fato, e o princípio da liberdade de fato requer direitos sociais como, por exemplo, o direito aosuporte financeiro. Mas o conceito de liberdade de fato não é abrangente o suficiente. O atendimento à saúde não está diretamente relacionado com a liberdade de fato. Está, contudo, diretamente vinculado à dignidade humana. Não garantir o atendimento aos indivíduos com doenças graves equivale a não levá-los a sério como pessoas.

O conceito duplo-triádico de pessoa, que é a base empírica do conceito de dignidade humana, atribui às pessoas não só a reflexividade volitiva e a reflexividade normativa, vale dizer, – a liberdade e a autonomia –, mas também o sentimento. Com ênfase, a omissão na garantia da saúde às pessoas portadoras de graves enfermidades significa não levar a sério suas necessidades, e, consequentemente, os seus sentimentos. Por essa razão, não levar a sério as necessidades dos indivíduos é não levá-los a sério como pessoas. Portanto, o princípio da dignidade humana é o único princípio que pode ficar do lado dos direitos fundamentais sociais constitucionais em *todos* os casos.

2. Princípios Formais

A lista de casos de princípios formais colidentes começa com "o princípio da competência para a tomada de decisão de uma legislatura democrática e o princípio da separação de poderes".[26]

Aqui somente o primeiro – o princípio da democracia – poderá ser objeto de considerações. Em *Teoria dos Direitos Fundamentais*, eu propus um modelo da relação entre os princípios substantivos e os formais que

---

[26] Ibidem.

pode ser designado como "modelo de combinação". De acordo com este modelo, os pesos dos princípios substantivos e formais podem ser combinados através da adição do peso do princípio formal ao do princípio substantivo. Há situações em que essa combinação é possível. Em alguns escritos recentes, especialmente no artigo *Princípios Formais*, sustento que em casos ocorridos em uma legislatura compromissada com os direitos fundamentais isso não chega a caracterizar uma situação desse tipo.

Se uma grave intervenção no direito fundamental só pode ser justificada por uma razão de peso médio ou leve, a intervenção é desproporcional e, portanto, inconstitucional. O modelo de combinação autoriza a transformar essa escolha inconstitucional em uma constitucional. Se isso fosse possível, as intervenções desproporcionais com direitos fundamentais seriam permissíveis, pela razão de que o legislador democraticamente legitimado pode tomar decisões mais amplas quando é permitido tomá-las do que quando não o é. Isso prejudicaria a prevalência da Constituição sobre a legislação parlamentar ordinária.

Nada disso significa que os princípios formais não desempenham nenhum papel no balanceamento. Eles o fazem, ao justificar a inserção das variáveis epistêmicas na fórmulado peso (*weight formula*). Isso tem como consequência que a legislação democraticamente legitimada detém discricionariedade nos casos de incerteza epistêmica. Esse modelo epistêmico é de grande importância para os direitos fundamentais sociais, já que eles são frequentemente conectados com consideráveis incertezas empíricas e normativas. Esse modelo epistêmico, no entanto, não deve ser identificado como modelo decombinação.

3. Relevância Financeira

Direitos fundamentais sociais são, em grande medida, financeiramente significativos.[27] Isso conduz à discussão sobre qual o papel que as

---

[27] Ibidem, 344.

possibilidades financeiras do Estado exercem quanto a ponderar direitos sociais. Essas possibilidades financeiras fáticas não desempenhariam qualquer papel, se fossem consideradas tão somente como princípios formais. Por certo, os direitos sociais têm uma certa dimensão formal, mas a sua dimensão substantiva predomina. As possibilidades financeiras do Estado vinculam metas substantivas potenciais, tais como: a segurança pública, a proteção do meio ambiente ea pesquisa científica.

Objetivos como estes podem ser considerados como conteúdo de princípios substantivos. Quanto mais recursos financeiros sejam aplicados em direitos sociais, mais intensa é a interferência em algum, alguns ou todos esses princípios. Por essa razão, o princípio das possibilidades financeiras é o argumento mais importante para a limitação dos direitos sociais. Poder-se-ia dizer muito mais sobre quais princípios substantivos outros podem ser sopesados em uma equação de balanceamento de direitos humanos. Mas os dois princípios fundamentais já estão identificados: o princípio da dignidade humana, ao lado dos direitos fundamentais sociais, e o princípio das possibilidades financeiras, ao lado dos argumentos contrários. Isso é o que nos basta até aqui.

4. Mínimo Existencial

Uma questão persiste. Pode-se objetar que a discussão em torno do balanceamento de direitos fundamentais sociais seja enganosa. Os objetos em ponderação não são os direitos sociais, mas as expressamente mencionadas dignidade humana e possibilidades financeiras. O direito fundamental social mais importante – devemos continuar discutindo esta objeção – é o direito a um mínimo existencial, e esse direito é, como se pode ler em *Teoria dos Direitos Fundamentais Constitucionais*,[28] um direito definitivo, ou seja, uma regra. Então, o direito a um mínimo existencial tem, de fato, o caráter de uma regra.

---
[28] Ibidem, 336.

Mas isso não é argumento contra a teoria da ponderação dos direitos fundamentais sociais. Há duas regras fundamentais na teoria dos princípios. A primeira é a lei da ponderação, que se aplica quando o princípio da dignidade humana colide com o princípio das possibilidades financeiras, e a qual pode ser complementarmente desenvolvida com a fórmula do peso (*weight formula*). A segunda é a regra de colisão de princípios. A regra de colisão de princípios determina que "as circunstâncias, segundo as quais um princípio tem precedência sobre outro, constituem o suporte fático de uma regra que tem as mesmas consequências jurídicas que o princípio dotado de precedência».[29]

A dignidade humana tem precedência sobre possibilidades financeiras quando o mínimo existencial não se vê garantido. Sob essa condição, o Estado é peremptoriamente obrigado a assegurar o mínimo existencial; o indivíduo tem um direito indiscutível a isso, e o tribunal constitucional se vê definitivamente obrigado a condenar o Estado se não cumprir este dever estatal. O modo como se operam as regras de mínimo existencial – igual em conteúdo e apenas distinto em estrutura – é, de fato, por subsunção. Mas as regras que se espera sejam aplicadas como forma de subsunção não são exclusivamente resultado do balanceamento, mas elas também dependem continuamente de balanceamento.

Existem casos simples (*clear cases*) e casos difíceis (*hard cases*) de análise sobre o mínimo existencial. Nos casos simples, por exemplo, nos quais o financiamento entregue pelo Estado, ao longo de um mês, é suficiente apenas para uma semana, a subsunção não é problema. Mas há muitos casos difíceis. Quanto dinheiro deve o Estado destinar a fim de viabilizar que os pobres possam participar na vida cultural, quais são as necessidades das crianças nas diferentes fases do seu desenvolvimento,[30]

---

[29] Ibidem, 54.
[30] **Tribunal Constitucional Federal Alemão**– decisão BVerfGE 125, 175 (245-50).

e quão caro pode ser a ajuda médica, a fim de salvar uma vida? Perguntas como estas não podem ser resolvidas por mera referência ao significado da expressão «mínimo existencial», vale dizer, por subsunção pura. A ponderação, primeiro de tudo e principalmente, entre a dignidade humana e possibilidade financeira é indispensável. Com isso, a necessária relação entre os direitos fundamentais sociais com a ponderação ou balanceamento, ou seja, com a análise da proporcionalidade, resta provada.

Referências

ALEXY, Robert, **A Theory of Constitutional Rights.** (Trad. Julian Rivers). Oxford: Oxford University Press, 2002.

ALEXY, Robert. **Discourse Theory and Fundamental Rights**. In: *Arguing Fundamental Rights*, ed. Agustín José Menéndez et Erik Oddvar Eriksen. Dordrecht: Springer, 2006.

ALEXY, Robert, **Discourse Theory and Human Rights**. In: *Ratio Juris* 9, 1996.

ALEXY, Robert. **Data y los derechos humanos. Mente positrónica y concepto dobletriádico de persona**, in: Robert Alexy et Alfonso Garcia Figueroa, *Star Trek y los derechos humanos*. Valencia: tirant lo blanch, 2007.

ALEXY, Robert. **Human Dignity and Proportionality Analysis**, ms. IV, 3.

ALEXY, Robert. **Constitutional Rights and Proportionality**, in: *Chinese Yearbook of Constitutional Law*, 2010.

ALEXY, Robert. **The Weight Formula.** In: Jerzy Stelmach, Bartos Brożek, and Wojciech Załuski (eds.), *Frontiers of the Economic Analysis of Law*. Krakow: Jagiellonian University Press, 2007.

Tribunal Constitucional Federal Alemão – decisão BVerfGE 125, 175.

DIREITOS SOCIAIS E DIGNIDADE DA PESSOA HUMANA: REFLEXÕES A PARTIR DO CONCEITO DE MÍNIMO EXISTENCIAL

Rogério Luiz Nery da Silva[1]
Daiane Garcia Masson[2]

RESUMO

O presente trabalho se propõe, inicialmente, a estudar os contornos da dignidade humana, a fim de permitir uma maior aproximação com a temática dos direitos fundamentais de modo a servirem de base ao estudo de direitos sociais, área de concentração do curso de mestrado, ora em andamento na UNOESC, no qual o primeiro autor é professor-doutor, orientador da segunda autora, também professora do curso de graduação e mestranda. O estudo visita os conceitos de direitos humanos e fundamentais como forma de preparação da análise de direitos sociais que também busca cotejar em termos de aplicabilidade, contrastado às

---

[1] Professor-doutor do Programa de Pósgraduação *stricto sensu* - Mestrado em Direito da Universidade do Oeste de Santa Catarina (UNOESC), titular da cadeira de Políticas Públicas de efetivação de direitos sociais; professor convidado na New York Fordham Law School (USA) e professor coorientador do programa de doutorado em direitos humanos na Universitá degli studi di Palermo (ITÁLIA); professor da Escola da Magistratura do Estado do Rio de Janeiro (EMERJ); professor da Escola do Ministério Público do Estado do Rio de Janeiro (FEMPERJ); editor de direitos humanos e internacionais da Revista Espaço Jurídico Journal of Law (Qualis B1); revisor e avaliador de diversos periódicos jurídico-científicos.

[2] Mestranda do Programa de Pós-Graduação *stricto sensu* – Mestrado em Direito da Universidade do Oeste de Santa Catarina (UNOESC), orientanda do professor-doutor Rogério Luiz Nery da Silva; Professora de Direito Constitucional e Processo constitucional na Graduação em Direito da mesma universidade (Campus Joaçaba); advogada em Capinzal-SC.

teorias do mínimo existencial e da reserva financeira do possível, a fim de avaliar os possíveis alcances quanto à efetividade dos direitos fundamentais sociais, entendidos como forma de realização do princípio da dignidade da pessoa humana. Busca-se, em termos centrais, promover uma reflexão acerca do conceito de dignidade humana, dos direitos sociais e das teorias que modulam sua eficácia material e sua elevação ao nível de princípio constitucional, adotando como ação nuclear a pesquisa bibliográfica de reconhecidas fontes doutrinárias, com o emprego do método de pesquisa analítico-interpretativo, de modo a possibilitar uma reflexão mais abrangente sobre os temas em confronto e o aporte sobre os modais teóricos aptos a sustentar as conclusões pertinentes à matéria.
Palavras-chave: dignidade humana; direitos fundamentais - direitos sociais; políticas públicas; mínimo existencial; reserva do possível.

1. INTRODUÇÃO

O princípio da dignidade da pessoa humana espelha o progressivo e crescente reconhecimento do ser humano como centro e finalidade da existência e, por conseguinte, própria razão do direito. Entende-se que não basta que o Estado garanta a vida, é necessário que garanta a vida digna.

No presente estudo, busca realizar uma verificação o problema de relacionamento entre o ideal de vida digna, a exigibilidade dos direitos sociais e, por lógico, em que grau, mediante o recurso às teorias do mínimo existencial e da reserva do possível, a fim de identificar seus pontos de congruência. Embora não se trata de tema eminentemente novo, o trabalho é atual e relevante para a comunidade jurídica na medida em que busca contribuir com mais um olhar para a compreensão do fenômeno vinculativo dos direitos sociais a partir de considerações básicas e essenciais acerca da ideia de viver com dignidade.

Da temática abordada pode-se extrair o seguinte problema de pesquisa: qual a importância do desenvolvimento da teoria do mínimo existencial para a promoção da dignidade da pessoa humana? Pretende-se obter uma resposta satisfatória com a utilização de pesquisa bibliográfica, recorrendo a alguns autores reconhecidos no cenário nacional, ibero-americano e europeu e aplicar-se-á o método de pesquisa analítico-interpretativo.

O trabalho está dividido em três partes gerais: a primeira acerca da noção de dignidade humana, seu conceito e natureza; a segunda parte se subdivide em, de um lado, revisitar os conceitos, por vezes consagrados – ainda que não pacificados de todo - sobre direitos humanos e fundamentais, a fim de fornecer pavimento inicial às discussões que se seguirão entre dignidade e direitos sociais, que de outro, são explorados a fim de delinear seu contorno teórico e prático; a terceira parte, também se desdobra para cuidar, na prima metade, da noção de "mínimo existencial" e, na última, do relacionamento deste com a noção de "reserva do possível"; ao final, apresenta-se conclusão sobre a compreensão da vinculação entre a dignidade humana e os direitos fundamentais sociais e a modulação de sua exigibilidade por obra das teorias que operam ajuste na máxima efetividade. Fala-se das referências como a restrição de recursos públicos (reserva do possível) e do recorte classificatório entre as diversas modalidades de prestações públicas ou sociais, consoante sua importância objetiva ou justificabilidade subjetiva, em razão da efetiva necessidade dos destinatários das prestações em sentido estrito (mínimo existencial).

1, DIGNIDADE HUMANA: CONCEITO E NATUREZA

Não se tem uma conceituação clara e precisa da dignidade humana; até mesmo no intuito de perquirir seu âmbito de proteção como norma fundamental é, pelo menos, difícil ser taxativo em aspectos conceituais. (SARLET, 2009, pp. 17-18). Também preocupado com a cientificidade sobre o tema, Ridola (2014, p. 20) adverte que o tema da dignidade humana deve ser enfrentado com cautela, evitando-se tentações de um abstrato dogmatismo e com a consciência de que o significado da dignidade se relaciona com distintas imagens do ser humano; o professor da Universidade de Roma – La Sapienza considera necessário observar o contexto de acordo com o histórico de cada grupo de seres humanos, por suas diferentes concepções de mundo, respeitando, por certo, contornos multiculturais.

Sarlet (2011, p. 73) propõe um conceito de dignidade humana, afirmando que dignidade humana é a qualidade intrínseca e distintiva reconhecida em cada pessoa, e isso a faz merecedora de respeito e consideração por parte de todos, em especial, do Estado e da comunidade, ao que se inclui a esfera familiar. Tal qualidade implica um complexo de direitos e deveres fundamentais que a protejam de todo e qualquer ato desumano ou degradante, e mesmo da indiferença, como lhe garantam condições existenciais mínimas para uma existência saudável, além de proporcionar e promover sua participação ativa e responsável por sua própria existência em comunhão com os demais seres humanos, por meio do respeito e da cooperação.

A dignidade humana como princípio se reporta ao papel reservado aos princípios no constitucionalismo contemporâneo, destacando a amplitude conceitual e a abrangência deôntica desempenhada por um princípio constitucional fundamental. Martins (2009, pp. 99-100) considera importante frisar que, ao menos em matéria constitucional, os princípios não possuem apenas natureza de auxiliares na aplicação do direito. São muito além disso. Por certo, os princípios sustentam na discussão jusnaturalista de sua origem prejurídica a noção de existirem independentemente de um direito que os constitua ou declare, o que faz com que este último, quando positivado, opere um papel mais declaratório que constitutivo de direitos.

Ao se referir à distinção entre princípios e regras, Alexy (2008, p. 90) ensina que os "*princípios são normas que ordenam que algo seja realizado na maior medida possível dentro das possibilidades jurídicas e fáticas existentes. Princípios são, por conseguinte, mandamentos de otimização* [...]".

No tocante à dignidade, o consagrado jusfilósofo tedesco, em recente vinda ao Brasil, atendendo ao nosso convite, proferiu três grandiosas conferências em Chapecó - fazendo página nova na história jurídica em terras do Oeste catarinense -, em que se aportaram os conteúdos de três novos artigos jurídico-científicos que tivemos a honra e a satisfação de poder traduzir ao português, nos quais reafirma a coexistência de dois conceitos de dignidade humana contrapostos ideologicamente: um absoluto e outro relativo. O primeiro a considerar que a dignidade humana é uma norma e tem precedência sobre todas as demais normas, em toda e qualquer situação, o que impede a ponderação de seu grau de aplicabilidade em relação a outras que com ela entrem em choque, portanto, considerando que toda colisão com a dignidade será necessariamente tida como uma violação da dignidade, ainda que essa intervenção possa ser – de alguma forma – justificável. De acordo com o conceito relativo, exatamente o oposto é verdadeiro. O último, a seu turno, considera que para se caracterizar a dignidade humana por violada, dependerá do grau de proporcionalidade ou desproporcionalidade da intervenção. (ALEXY, 2014-b, p.1-2)

Verifica-se, destarte, que da análise da proporcionalidade, segundo a qual, as intervenções podem ser graduadas entre justificadas e não justificadas, resulta a possibilidade de aplicação da concepção relativa, que, segundo o consagrado autor, mais do que compatível com o teste da proporcionalidade, o tem como próprio pressuposto de existência.

Uma intervenção proporcional é justificável e é constitucional. Uma intervenção desproporcional será inaceitável.

Depreende-se, assim, que dos dois conceitos de dignidade em confronto, resulta que o conceito absoluto é incompatível com o teste de proporcionalidade, enquanto o conceito relativo dela depende para existir e se ver reconhecido.

Para analisar a estrutura jurídica da dignidade humana, recorre-se ao clássico Teoria dos Direitos Fundamentais, de Alexy (2008, p. 113-114), no qual o caro professor da Kiel Universität enuncia a existência de natureza dúplice quanto à norma da dignidade humana: uma de regra, outra de princípio. O princípio da dignidade humana, em geral, tem prevalência em face de outros princípios, mas é necessário compreender que essa verdade só se confirma com a dignidade como regra, pois, quando se trata da dignidade como princípio, há situações em que o princípio da dignidade deve ceder espaço a outro princípio que com ele colida. Pois que nenhum princípio é absoluto.

Como regra, a dignidade não enfrenta limitação, devendo sempre prevalecer nos conflitos aparentes, portanto de forma absoluta. Como princípio, a dignidade humana pode ser realizada em diferentes graus. Mesmo a legítima expectativa de que o princípio da dignidade deverá a priori prevalecer quando em confronto com outros princípios, se presentes determinadas condicionantes, não presume nem sustenta a natureza absoluta, apenas significa que há razões jurídico-constitucionais que não se pode afastar para uma relação de precedência em favor da dignidade humana. Vale dizer, colidindo princípios, há, por menor que possa ser, alguma possibilidade de a dignidade humana ceder algum espaço à efetividade de outro princípio com ela em choque, segundo o jusfilósofo alemão, na proporção de uma chance para oitenta e uma ocorrências ou possibilidades, como muito bem demonstra segundo modelo matemático sofisticado, por ele desenvolvido, chamado fórmula do peso, que doravante para a contar também com uma versão mais refinada, em que computa também as variantes relativas à confiabilidade na atribuição dos pesos.

Na esteira do pensamento de Alexy, na condição de princípio fundamental, a dignidade humana estabelece uma espécie de ideia-guia formal e substancial. Também Sarlet (2012, p. 105) adota tal linha de raciocínio ao considerar que ela opera como valor-guia não somente dos direitos fundamentais, mas de todo ordenamento constitucional, e isso justifica que seja caracterizada como princípio constitucional de maior hierarquia axiológico-valorativa.

Os princípios fundamentais são dotados de superioridade em relação aos demais, e são aplicáveis a todo sistema jurídico constitucional. Eles conformam, orientam e limitam a interpretação do ordenamento como um todo. Assim, o princípio fundamental da dignidade humana funciona como um operador deôntico especial, pois mesmo que não esteja envolvido diretamente na solução do caso concreto, haverá de conformar, orientar e limitar a escolha efetivada. (MARTINS, 2009, p. 108).

Absorvendo as lições alexianas, tem-se que a dignidade humana, pensada como princípio, deverá ser recepcionada como um *mandamento de otimização,* cabendo ao legislador e demais atores constitucionais jurídicos satisfazê-la na maior medida possível, mediante o emprego de mecanismos de efetivação, além de buscar rechaçar eventuais tentativas violadoras.

Por certo, a tema da dignidade humana comporta aportes muito amplos, tal como o fazem as obras referenciais dos professores Ingo Sarlet, Luís Roberto Barroso e Paolo Rídola, dentre outras igualmente respeitáveis sobre o tema. De nossa parte, por expressa limitação do objeto desse artigo sentimos por não avançar mais aprofundadamente na questão.

2. DIREITOS HUMANOS E DIREITOS FUNDAMENTAIS

Os conceitos de direitos humanos e de direitos fundamentais não importam sinonímia. Para Sarlet (2012, p. 29), direitos humanos são aqueles direitos positivados na esfera do direito internacional, os quais guardam relação com os documentos de direito internacional e independem de positivação em determinada ordem constitucional; revelam inequívoco caráter supranacional e constituem *jus cogens* para além da tímida noção de *soft law* por alguns defendida.

Importa registrar que os direitos humanos, assim como a noção de dignidade humana, não surgiram somente após a Segunda Guerra Mundial, nem são preexistentes ao surgimento da raça humana, mas passam a lograr reconhecimento paulatino, em paralelo com o desenvolvimento da sociedade, segundo uma noção denominada de historicidade, vale dizer, seu desabrochar se confunde com o passo-a-passo do estabelecimento da sociedade, representando lentas conquistas significativas da humanidade, no sentido do respeito pelo Estado e do respeito mútuo entre os homens.

Não é outra a lição de Barreto e Baez (2007, p. 15), segundo a qual "[...] os direitos humanos não são anteriores ou superiores à constituição da sociedade, mas sim o resultado da sua evolução e transformação". Eles são considerados inerentes à própria natureza humana. Segundo a visão jusnaturalista, o simples fato de ser pessoa humana por si só já assegura direitos à titularidade desses direitos, independentemente de tempo e espaço. E é por isso que os direitos humanos são dotados de caráter inviolável, universal e atemporal.

Por outro lado, os direitos fundamentais possuem delimitação espaço-temporal, são os direitos humanos previstos em documentos constitucionais. Sarlet (2012, p. 77) informa tratarem-se os direitos fundamentais de posições jurídicas que se atribui às pessoas do ponto de vista do direito constitucional positivado, as quais, por seu conteúdo e importância, foram ao longo da história integradas ao texto constitucional e assim, retiradas da esfera de disponibilidade dos poderes constituídos. São direitos fundamentais, ainda, as posições que em virtude de seu conteúdo e significado foram a eles equiparadas, agregando-se à Constituição material, tendo ou não assento na chamada Constituição formal, por obra da chamada cláusula de abertura ou cláusula de resgate, operada pelo art. 5º, parágrafo 2º da Constituição.

Para Alexy (2008, p. 446), "direitos fundamentais são posições que são tão importantes que a decisão sobre garanti-las ou não garanti-las não pode ser simplesmente deixada para a maioria parlamentar simples". Portanto, ao que se pode inferir, o compromisso constitucional com os direitos fundamentais vai muito além de fornecer mera inspiração programática, que fique ao bel prazer do legislador infraconstitucional decidir se lhe confere ou não eficácia social. Os dispositivos constitucionais que veiculam direitos fundamentais individuais ou sociais tem eficácia axiológica plena e dependem tão somente da atividade hermenêutica interpretativa para lhes conferir a necessária eficácia social.

Resta consolidada a recepção da classificação bobbiana dos direitos humanos em gerações ou dimensões de direitos, ainda que sujeita a críticas ou possíveis refinamentos, assim como se pode também identificar o ocorrência de ataques sem grande fundamentação à mesma. Assim, tem-se: os direitos de primeira geração – ou dimensão – são os direitos de liberdade, a saber, os civis e os políticos, que em grande escala correspondem àquela fase inaugural do constitucionalismo do Ocidente. Bonavides (2007, p. 563) os tem por consolidados em sua projeção de universalidade formal, sendo oponíveis ao Estado e conferindo ao indivíduo, o papel de seu titular. Não há Constituição digna desse nome se não os reconhecer em toda extensão.

Se determinada ordem jurídica não exigir por meio de sua Constituição o reconhecimento e respeito aos direitos fundamentais e sua Constituição não for identificada por proclamar esses direitos, mas, tão somente, por ocupar a mais alta posição desse ordenamento, a própria proclamação dos direitos do homem e do cidadão – da Revolução Francesa – já se ocupara de negar-lhe o *status* de Constituição. Bastida (2009, p. 119) questiona o porquê de algumas constituições conterem um catálogo de direitos fundamentais, concebido formalmente no sentido puramente jurídico? Ele próprio esboça a explicação relacionando-a a seleção de expectativas individuais e sociais feitas pelo constituinte. Vai além: quando se estabelece direitos fundamentais é porque o Constituinte considera essencial dar proteção legal máxima a certas reivindicações e expectativas de autodisposição de indivíduos ou dos grupos em que organizem.

Para Sarlet (2012, p. 46-47), os direitos fundamentais são fruto do pensamento liberal burguês e firmaram-se como direitos do indivíduo perante o Estado, figurando como direitos de defesa e resistência à intervenção estatal na esfera da autonomia individual. São de primeira geração, dentre outros, o direito à vida, à liberdade e à propriedade.

Os direitos de segunda geração – ou dimensão –, por sua vez, que predominaram na discussão do século XX, correspondem aos direitos sociais, culturais e econômicos, bem como os direitos coletivos ou das coletividades. Nasceram abraçados ao princípio da igualdade. (BONAVIDES, 2007, p. 564). São frutos, portanto, do impacto da industrialização aliada aos graves problemas socioeconômicos da sociedade do século XIX e início do século XX. O objetivo principal dos movimentos reivindicatórios de reconhecimento desses direitos foi atribuir ao Estado um comportamento ativo na realização da justiça social. (SARLET, 2012, pp. 47-48).

Na segunda metade do século XX, surgem os direitos de terceira geração - ou dimensão -, enquanto direitos que não se destinam à proteção de interesses de um indivíduo, um grupo ou mesmo proteção de um determinado Estado. O destinatário dos direitos de terceira geração é o próprio gênero humano, como valor supremo em termos de existencialidade concreta. Dentre esses direitos estão o direito ao desenvolvimento, à paz, ao meio ambiente, à propriedade sobre o patrimônio comum da humanidade e o direito de comunicação (BONAVIDES, 2007, p. 569). São, pois, os direitos de fraternidade.

Embora haja vozes que discutam a existência de direitos de quarta e até quinta geração ou dimensão, informando como de quarta geração o direito à democracia, à informação e ao pluralismo[3] e como de quinta geração o direito à realidade virtual e sua acessibilidade a todos, preferimos considerar a classificação original de Norberto Bobbio como mais adequada, portanto, fiéis às três gerações, mas compreendendo os novos direitos como sempre moldáveis a uma delas, em vez de abrir espaço a novas gerações para cada grupo de novas manifestações sobre posições jurídicas relevantes das pessoas como tais .

É patente a dificuldade em se desenvolver um conceito único, preciso e perfeito para direitos fundamentais, dada "a aplicação e transformação dos direitos fundamentais do homem no envolver histórico dificulta a atribuição de um conceito sintético e preciso" (SILVA, 2009, p. 175).

Por direitos fundamentais, para os fins deste estudo, consideram-se aqueles direitos basilares previstos constitucionalmente materialmente a eles se equiparem por qualquer das normas de abertura ou

---

[3] Bonavides (2007, p. 571-572) apresenta o direito à democracia, o direito à informação e o direito ao pluralismo como direitos de quarta geração. Para ele, tais direitos decorrem da globalização dos direitos fundamentais, o que significa universalizá-los no campo institucional, são direitos que "compendiam o futuro da cidadania e o porvir da liberdade de todos os povos. Tão-somente com eles será legítima e possível a globalização política".

resgate do catálogo de direitos fundamentais, constitucionalmente reconhecidas. Esses direitos não podem se vir vilipendiados quanto ao seu exercício por parte dos indivíduos destinatários, independentemente de qual seja sua situação jurídica ou financeira, conforme bem preceituam os debates acerca da dignidade humana, também sucedâneos aos estudos e à discussão acerca dos direitos humanos e dos direitos fundamentais. Daí a importância de tecer considerações acerca dos direitos fundamentais – considerados aqui os direitos humanos positivados, assim como os reconhecidos como tais pelas cláusulas de abertura inspiradas pela materialidade constitucional e presentes em quase todas as constituições modernas.

2.1. DIREITOS FUNDAMENTAIS E DIGNIDADE HUMANA

A dignidade da pessoa humana, na condição de valor fundamental, ordena e implica o prestígio e o amparo dos direitos fundamentais, em todas as suas dimensões – ou gerações, mesmo que nem todos os direitos fundamentais tenham fundamento direto na dignidade da pessoa humana. (SARLET, 2011, p. 101-102).

Interessante a reflexão de Ridola (2014, p. 115-116) acerca do que seria, afinal, a dignidade humana:

> [...] Que coisa é, afinal, a dignidade humana se não o lugar que a cada ser humano livre cabe ocupar na sua irrepetível diversidade? É a possibilidade de realizar o próprio projeto de vida, que a comunidade política deve proteger, pois na vida está o núcleo originário de *sua* liberdade.

Baez e Barreto (2007, p. 19) destacam que a realização da dignidade da pessoa humana é possível na medida em que os direitos humanos são incorporados aos ordenamentos jurídicos internacionais e nacionais, tendo em vista que é dessa forma que esses valores demonstram sua utilidade para a preservação da dignidade, visto que servem como instrumento de influência, condicionamento e até validade para o direito positivado atual.

Dentro da arquitetura constitucional, o papel da dignidade humana é o de fonte jurídico-positiva de direitos fundamentais. É um princípio que dá valor, unidade e coerência ao conjunto de direitos fundamentais. Resumindo, os direitos fundamentais são uma concretização do princípio da dignidade humana, quer se trate de direitos individuais ou coletivos, de direitos sociais ou de direitos políticos. Pode-se afirmar que a dignidade humana é um critério interpretativo do ordenamento constitucional. (FARIAS, 2000, p. 66-67). Assim, se reunirmos a concepção de ideia-guia formal e substancial de Alexy, no sentido de os direitos constitucionais fundamentais carecerem no mais das vezes, tão somente do exercício da atividade interpretativa, a dignidade humana será a matriz hermenêutica substantiva de tal atividade, a fornecer referência de patamares a atingir e critérios operativos dos direitos fundamentais individuais ou sociais.

Os direitos fundamentais, portanto, são a primeira e mais importante forma de concretização do princípio da dignidade humana, que consiste numa cláusula aberta capaz de respaldar o aparecimento de novos direitos na dogmática constitucional, já que a prioridade do Estado deve ser a pessoa, em todas as suas dimensões.

Avançando para a análise dos direitos de segunda geração ou dimensão, Peces-Barba (2009, 85) considera que os direitos sociais não costumam encontrar reconhecimento na doutrina e nas legislações positivas, destacando que no universo europeu há uma potencialidade favorável ao desenvolvimento teórico dos direitos fundamentais sociais, com ênfase de correntes ideológicas liberal-progressistas e social-democratas.

Para o autor, a Teoria dos Direitos Fundamentais de Alexy os reconhece e situa no marco do direito a ações positivas do Estado, em termos de prestações em sentido amplo, com mesma esfera e alcance que os direitos de proteção (individuais), direitos de organização (do Estado) e os direitos fundamentais processuais, razão pela qual opta por denominá-los direitos a prestações em sentido estrito. Tomando por origem a concepção essencial de dignidade humana, ele a adota como referencial da ética pública e da chamada "modernidade".

A dignidade humana se apresenta como uma possibilidade fática e, ao mesmo tempo, como ideia normativa: no primeiro sentido, a dignidade assume a dimensão fundamental, a distinguir os homens dos animais, pela capacidade de escolher, criar conceitos gerais e de organizar o pensar filosófico, científico e técnico, aptos a interagir com um sistema complexo de normas, para enfrentar temas como a escassez, o egoísmo e a violência, tidos, de certa forma, como origem do direito. A dignidade é individual e, concomitantemente coletiva; pode migrar da potencial faticidade à efetiva normatividade, a partir de interelações pessoais horizontais até alcançar a legítima expectativa de ação positiva dos poderes públicos, os quais, segundo Barba, devem se valer da previsão dos direitos sociais para cooperar na satisfação das necessidades básicas da imensa população, individualmente desassistida, que não consegue prover a garantia de sua própria dignidade. (PECES-BARBA, 2009, 87).

De nossa parte, entendemos apenas caber uma leve modulação nesse pensamento, ao mencionar que o Estado se vale dos direitos sociais para ajudar as pessoas necessitadas. Primeiro, por que a noção de relação com o direito social se constrói no sentido de sua exigibilidade por parte dos destinatários da tutela, portanto estando os cidadãos autorizados a endereçar administrativamente ao Estado certas demandas sociais. Portanto, o Estado não depende necessariamente da caracterização formal de determinada carência como direito social para, somente, então, se valer dessa especial condição do objeto para atender àquela demanda, prestando-a aos administrados; muito ao contrário, o Estado, o Estado pode ser provocado por iniciativa dos necessitados, e mais que isso, por sua especial qualidade de mentor das políticas públicas implementadoras ou garantidoras de direitos, pode imprimir uma dinâmica autoestimulada, ao identificar as carências não atendidas da população para além do rol daquelas já positivadas, ou seja, formalmente reconhecidas.

Por outro lado, ultrapassando essa visão de ser ao Estado franqueado a atuar em temas que por sua livre iniciativa identifique conveniente, é preciso concordar com o autor quanto à vinculatividade do agir estatal, nos casos nos quais, de outra sorte completamente distinta, os direitos sociais já reconhecidos e positivados – ainda que de forma dita programática – operem exigibilidade por parte dos legitimados como destinatários desses direitos. Nessas hipóteses, adstrito ao seu cumprimento fica o Estado, em relação a todos os administrados e não apenas aos mais necessitados financeiros. Isso porque as noções de direito à saúde, à educação, à seguridade social se projetam sobre todos e não somente sobre os pobres, ainda que na etapa de efetivação, possa o Estado operar, conforme a reserva do financeiramente possível e exequível, no sentido de priorizar o atendimento dos mais necessitados.

Desse entendimento, conclui-se que Estado é livre para prover prestações para além das dispostas como direitos sociais, mas se vê vinculado a cumprir os direitos já reconhecidos como inseridos no contexto dos direitos sociais, ainda que possa modular o alcance dos beneficiários por razões de alcances do princípio da realidade. Por outro lado, é necessário compreender os direitos sociais como prestações a que os cidadãos fazem jus por parte não apenas do Estado, mas também de toda a sociedade e devem avaliar a possibilidade e conveniência de exigi-los de seus responsáveis jurídicos, de forma a viabilizar que o Estado se concentre no atendimento dos menos assistidos.

Desde uma reflexão mais consciente sobre o papel dos direitos ou até mesmo uma análise mais superficial têm por obrigação considerar como pressuposto que a efetivação realística desses direitos dependem do equacionamento de certas condicionantes, a começar pela adoção de um modelo mínimo de organização estatal que permita trabalhar de forma não empírica ou casual com a gestão das políticas públicas sociais, para o que – é certo – também se dependerá de "precondições de caráter psicológico e de uma base axiológica que permita reconhecer o dever moral de assumir as necessidades dos demais". (CARBONELL, 2008, p. 44).

O investigador mexicano adverte também que nenhuma dessas condições se viu presente na primeira edição do movimento do constitucionalismo, de vertente europeia oitocentista, muito em razão dos seus antecedentes históricos mais imediatos, de cunho absolutista, que canalizaram as atenções para os ideais de liberdade. Destaca o professor que o surgimento e a consolidação dos direitos sociais, com todas as suas peculiaridades e restrições é um aspecto característico dos ordenamentos jurídicos mais desenvolvidos, portanto, que materializam, pelo menos como opção idealística, uma adesão ao paradigma do neoconstitucionalismo.

A seguir examinam-se as considerações de Robert Alexy (2008 e 2014-c) acerca do tema dos direitos fundamentais, com especificidade sobre os direitos sociais

2.2. DIREITOS FUNDAMENTAIS SOCIAIS E ROBERT ALEXY

Alexy (2008, p. 433) considera que o direito à prestação em sentido amplo pode e deve ser entendido como direito subjetivo a ações estatais positivas. Nesse contexto, portanto, reconhece que os direitos fundamentais sociais como direitos a prestações com amplo âmbito de aplicação, o que é refletido por sua efetiva ocorrência em boa parte das dezesseis constituições dos estados-membros da república federal alemã, bem como em constituições de diversos estados europeus soberanos, nas quais os clássicos direitos individuais de defesa ladeiam os direitos sociais. Como contraponto, registra que a Lei Fundamental Federal alemã não os prevê, apenas se limita a reconhecer formal e literalmente a proteção à gestante e à maternidade, tão somente. Alexy (2008, 434), entretanto, ressalta que o próprio texto fundamental oferece subsídios aptos a construir uma ponte para o reconhecimento objetivo, por meio de exercício interpretativo, dos direitos a prestações a partir da cláusula do Estado social e também de decisões emblemáticas do Tribunal Constitucional alemão.

Como a Constituição (Lei Fundamental alemã) não tem positivado um número significativo de direitos, limitando-se à proteção à maternidade, a jurisprudência do Tribunal Constitucional Federal tem contribuído para completar o entendimento acerca da fundamentalidade dos direitos a prestações sociais, com três decisões: a decisão acerca da assistência social, de 1951; a primeira decisão sobre *numerus clausus* e a decisão sobre a Lei Provisória sobre o ensino superior integrado na Baixa Saxônia, mas Alexy adverte que os direitos a prestações abarcam ampla divergência de opiniões no que diz respeito à natureza e a função do Estado, do direito e da própria Constituição. (ALEXY, 2008, p. 436-440). Como se pode bem depreender, o direito a prestações em sentido amplo corresponde a todo direito a uma ação positiva do Estado, ao contrário dos direitos de defesa que reclamam uma ação negativa, vale dizer, uma omissão ou abstenção estatal. Essas prestações podem ser tanto fáticas quanto normativas, desde as sancionatórias às organizacionais e procedimentais, sendo certo, portanto, que segundo a visão alexiana, os direitos a prestações podem ser divididos em direitos de proteção, direitos a organização e procedimento e direitos a prestações em sentido estrito.

Alexy (2008, p. 446-448) adota o conceito de "ideia-guia", que, em síntese, vem a ser aquilo que se considera um direito dotado de fundamentalidade, ele pode ser compreendido como "posições que são tão importantes que a decisão sobre garanti-las ou não só pode ser dada ao poder constituinte". Nesse sentido, cumpre enfatizar expressão já colacionada do caro autor em que salienta que essas posições jurídicas são amplamente aceitas como "direitos tão importantes que a decisão sobre eles não pode ser deixada para as maiorias parlamentares simples". A ideia-guia expressa um direito geral a prestações.

Também Bastida (2009, p. 120) adota esse entendimento ao prelecionar que a escolha, mediante seleção e preferência por determinadas expectativas individuais ou sociais em detrimento de outras, feitas pelo constituinte, tem o condão não apenas de definir quais dessas posições jurídicas se tornarão direitos fundamentais, mas, sobretudo, de estabelecer um grau diferenciado de proteção normativa que a Constituição irá emprestar a essas posições ou direitos. Daí, poder-se cogitar de diferenciados graus de proteção entre direitos, em função de um maior ou menor grau de fundamentalidade entre eles, decorrente da proteção dada pela Constituição.

Registre-se que não corresponde à mesma situação regulamentar o alcance de um direitos com base em norma de eficácia limitada, cuja construção permite ao legislador estabelecer limites ao exercício de determinado direito por seus titular do que fazê-lo, por exemplo, mediante uma norma de eficácia contida ou norma de eficácia plena, cuja forma de atuação do legislador se vê mais refreada ou mesmo impedida. Segundo o autor "a intensidade do caráter fundamental se amplia quando as normas definidoras de direitos fundamentais impedem, de plano, ao legislador deliberar sobre certas posições ou expectativas dos titulares (BASTIDA, 2009, p. 120)".

Os direitos a prestações em sentido estrito – direitos fundamentais sociais - são direitos da pessoa individualmente considerada, em face do Estado. As normas pertencentes ao grupo de direitos fundamentais sociais podem ser classificadas e diferenciadas com base em três critérios: a um, normas que garantem direitos subjetivos ou que apenas obriguem o Estado de forma objetiva; a dois, normas vinculantes ou não vinculantes (enunciados programáticos); e, a três, normas que fundamentam direitos e deveres definitivos ou prima facie, ou seja, regras ou princípios. (ALEXY, 2008, p. 500)

Alexy (2008, p. 503-506) considera que o principal argumento favorável aos direitos fundamentais baseia-se na liberdade. O ponto de partida para esse argumento são duas teses: a primeira sustenta que a liberdade jurídica não é possível sem liberdade fática de escolher entre as alternativas permitidas. A segunda tese defende que a liberdade fática depende, sobretudo, das atividades estatais.

A pergunta que fica é: por que razão a liberdade fática deve ser garantida diretamente pelos direitos fundamentais? Por sua importância para o indivíduo e porque a liberdade fática é constitucionalmente relevante também sob o aspecto substancial. Já no tocante às objeções contrárias aos direitos fundamentais sociais, anotam-se dois argumentos: o argumento formal, de que os direitos fundamentais sociais não são justiciáveis, ou o são em pequena medida, já que os objetos da maioria dos direitos fundamentais sociais são indeterminados e o argumento substancial contra os direitos fundamentais sustenta que eles são incompatíveis com normas constitucionais materiais.

Uma posição no âmbito dos direitos a prestações será definitivamente garantida se o princípio da liberdade fática a exigir prementemente e se o princípio da separação dos poderes e os princípios materiais forem afetados minimamente. Essas condições são satisfeitas quando se fala em direitos mínimos, em mínimo existencial.

> "De acordo com o modelo proposto, o indivíduo tem um direito definitivo à prestação quando o princípio da liberdade fática tem um peso maior que os princípios formais e materiais colidentes, considerados em conjunto. Esse é o caso dos direitos mínimos".

Para Alexy (2008, pg. 519), "A competência do tribunal termina nos limites do definitivamente devido". Portanto, o Tribunal não pode exceder à garantia do mínimo existencial.

3. DIGNIDADE HUMANA, MÍNIMO EXISTENCIAL E POSSIBILIDADES FÁTICAS

É possível afirmar que o debate acerca dos direitos fundamentais tem como objeto principal a garantia da dignidade da pessoa humana. A ideia de mínimo existencial, por sua vez, traz consigo a tarefa de enumerar os direitos sem os quais não haveria possibilidade de desfrutar de uma vida digna, segundo um esforço classificatório de prioridades, diante da dificuldade de atender a todos em tudo. Assim, quando se fala em mínimo existencial, está-se referindo a uma noção que não pode se distanciar da concretização dos direitos fundamentais materializadores da dignidade humana, mas tampouco se pode crer que o Estado ou a sociedade consigam suprir todas as expectativas de vida confortável a todas as pessoas. A expansão populacional torna a cada dia mais visível a dificuldade de que todos tenham de tudo, na máxima plenitude, embora pudesse ser de todo desejável.

Para Nobre Júnior (2000, p. 240), na ordem jurídica brasileira, o princípio da dignidade da pessoa humana significa simultaneamente três coisas: primeiramente, significa reverência à igualdade existente entre as pessoas. Em segundo lugar, significa que o ser humano não pode ser tratado como objeto, degradando-se sua condição de pessoa, mas deve ser tratado sempre segundo a referência de respeito aos direitos da personalidade. Em terceiro lugar, significa que todo ser humano deve ter garantido um patamar existencial mínimo.

Eis o ponto crucial deste estudo. Se o princípio da dignidade humana pressupõe a garantia de um patamar existencial mínimo, é na elucidação do significado de mínimo existencial que se pode encontrar as premissas essenciais para uma vida digna.

3.1 A DIGNIDADE HUMANA À LUZ DO MÍNIMO EXISTENCIAL

Na visão de Olsen (2012, p. 326), o mínimo existencial pode ser identificado caso a caso. Por exemplo, no direito à previdência, há que se examinar se do benefício previdenciário em termos de valor recebido pelo aposentado supre ou não suas necessidades básicas, como alimentação, vestimenta, saúde e moradia. O mesmo se pode dizer do direito à educação, quanto a oportunizar aos cidadãos iguais condições de acesso, permanência e êxito nas escolas, ao ponto de exercitarem em iguais condições o direito de cidadania, tal como a participação na vida social e política.

No tocante ao direito à saúde, observando-se se a atuação dos poderes públicos em termos de qualificação de profissionais de saúde e sua remuneração para o exercício responsável de seus deveres funcionais, assim como da construção e aparelhamento das unidades de saúde, tais como hospitais e casas de tratamento, até desaguar nos programas de atendimento às pessoas necessitadas, seja com tratamento domiciliar, seja no gerenciamento dos programas de tratamentos, cirurgias e transplantes, cujas filas nem sempre transparecem sua lógica organizacional e operativa. Esses apenas alguns exemplos da repercussão dos direitos sociais sobre a vida digna das pessoas.

Lazari (2012, p. 92) apresenta uma conceituação de mínimo existencial denominada por ele mesmo de simplória e reducionista, mas que abarca, ainda assim, a ideia de assegurar a dignidade. Segundo ele, o mínimo existencial deve ser entendido como o conjunto de condições elementares que garantem a dignidade do ser humano, de forma que a subsistência dele seja respeitada.

Mas o mínimo existencial não deve ser confundido com um mínimo vital ou um mínimo de sobrevivência. É necessária a garantia de uma vida que corresponda às exigências do princípio da dignidade humana. Somente com a efetivação do princípio da dignidade humana será possível que o indivíduo exerça plenamente seus direitos fundamentais.

Nesse sentido são as considerações de Cordeiro (2012, p. 128), para quem uma estratégia focada tão somente na sobrevivência – ou minimalista – encontra pouca resistência, mas não supre as necessidades efetivas da vida digna. O mínimo existencial, por vezes beira esse limite. Não é o que se espera de uma sociedade que reverencia a dignidade de todos e de cada um. Assim, o mínimo existencial não deverá ser reduzido ao mínimo vital, sob pena de não abranger as condições para uma vida com qualidade.

No campo da filosofia, destacam-se as ideias desenvolvidas pelo norte-americano John Rawls, cujo intento foi apresentar à comunidade uma base filosófica e moral razoável que pudesse ser endossada por todos, na busca de uma sociedade de pessoas livres e iguais. Rawls propõe uma situação hipotética por ele denominada posição original. Na posição original as pessoas não têm o poder de identificar como será a vida, a que posição social pertencerá, qual será a cor da pele, visto que possuem uma característica em comum: estão acobertadas pelo véu da ignorância.

A posição original rawlsiana é capaz de abstrair as características e circunstâncias particulares de cada sujeito. Assim sendo, abstrai também as contingências da estrutura básica, tornando possível um acordo equitativo entre pessoas livres e iguais. O acordo diz respeito aos princípios de justiça para a estrutura básica, e especifica os termos justos da cooperação entre tais pessoas – livres e iguais. Por tudo isso, a teoria se denomina justiça como equidade. (RAWS, 2003, p. 22-23). É nesse contexto que Rawls desenvolve os dois princípios da justiça, que assim podem ser representados:

> (a) cada pessoa tem o mesmo direito irrevogável a um esquema plenamente adequado de liberdades básicas iguais que seja compatível com o mesmo esquema de liberdades para todos; e
> (b) as desigualdades sociais e econômicas devem satisfazer duas condições: primeiro, devem estar vinculadas a cargos e posições acessíveis a todos em condições de igualdade equitativa de oportunidades; e, em segundo lugar, têm de beneficiar ao máximo os membros menos favorecidos da sociedade (o princípio da diferença) (RAWLS, 2003, p. 60) (*sic*).

Para que se chegue aos dois princípios que compõe o conceito de justiça, no entanto, pressupõe-se a satisfação de um princípio lexicamente anterior. Eis a noção rawlsiana de mínimo existencial. Tal noção passa a ter fundamental importância nos escritos de Rawls a partir da obra *O liberalismo político*, em que o autor expressa que o primeiro princípio pode ser precedido de um princípio lexicamente anterior que indique mecanismos de satisfação das necessidades básicas das pessoas, pelo menos à medida que essa satisfação permita que todos entendam e tenham condições de exercer seus direitos e liberdades. (RAWLS, 2000, p. 49).

No campo da dogmática jurídica, o mínimo existencial, assim como a reserva do possível, são construções oriundas do direito alemão. No início da década de 1950 já era possível encontrar decisões acerca do assunto no Tribunal Federal Administrativo. O ápice da aplicação da referida teoria, na Alemanha, se deu mais tarde, em 1990, com auxílio da interpretação operada pela Corte Constitucional de Karlsruhe, por intermédio do jurista Paul Kirchhoof. (LAZARI, 2012, p. 91).

Os créditos pela apresentação exordial da teoria ao direito brasileiro, no final da década de 1980, devem ser rendidos ao professor Ricardo Lobo Torres, da Universidade do Estado do Rio de Janeiro. Torres (2009, pp. 13-14) entende que o instituto do mínimo existencial carece de conteúdo específico, atuando de forma fenomenológica que denomina "metamorfose do mínimo existencial". Para ele, o mínimo existencial pode abranger eventualmente outro direito, ainda que originariamente constante do rol constitucional de direitos fundamentais, mediante a transmutação de um determinado direito social em direito fundamental para fins de conferir-lhe exigibilidade. Preleciona, ainda, que há um mínimo existencial a ser observado no direito tributário, financeiro, civil, penal, etc. a posição do mínimo existencial, assim como a posição dos direitos fundamentais é de absoluta centralidade, e tais figuras se irradiam para todos os demais ramos do direito. Necessário registrar que em que pese o mérito do ineditismo, a visão de mínimo existencial do autor encontra, hoje, entendimentos diferenciados.

Barcellos (2002, p. 305), por exemplo, difere e identifica o mínimo existencial como núcleo sindicável da dignidade da pessoa humana. Acredita que sua materialização abrange o direito à educação fundamental, à saúde básica, à assistência aos necessitados e ao acesso à Justiça, todos justiciáveis de forma direta.

Verifica-se, em termos gerais, que o direito brasileiro adere à tradição alemã de fundar o mínimo existencial no direito à vida e à dignidade da pessoa humana, inclusive vinculando-o ao desenvolvimento da personalidade, de tal sorte que o mínimo existencial não se reduz ao mínimo vital. Registra-se, ainda, que há consenso até mesmo na jurisprudência no sentido de que o mínimo existencial apresenta uma dimensão negativa – tutela contra a intervenção de particulares e do Estado – e uma dimensão positiva, que abarca direito a prestações. (SARLET, 2012, p. 320).

Sobre a possibilidade de quantificação do mínimo existencial, Torres (2009, pp. 124-125) acredita ser um problema, visto que abre caminho para algumas questões candentes. Uma delas é o fato de que o mínimo existencial vai deixando de exibir apenas a problemática ligada a direitos fundamentais para se deixar envolver por aspectos quantitativos de uma qualidade de vida mensurável. Outra é que o Poder Judiciário passaria a examinar e controlar essa face quantitativa, como ocorre com o limite da tabela do imposto de renda e isso para ilidir a discricionariedade do Poder Legislativo. Sustenta, portanto, que a quantificação do mínimo existencial não é possível, visto que inúmeras considerações haverão de ser tecidas em cada caso concreto. Substantivá-lo seria o mesmo que retirar seu caráter ideológico, condicionando-o a valores ínfimos incapazes de promover a existência digna.

Distintamente, Alexy (2014-c, p. 1) registra a importância do mínimo existencial em termos interpretativos, servindo de substrato à Corte alemã na interpretação do caso Hartz IV[4] que permite, desde 2009, reconhecer a existência implícita de direitos sociais na Lei Fundamental, embora em termos expressos, a referida norma se resuma a proteger tão somente a maternidade.

Ademais, em sua fórmula do peso, Alexy propõe uma solução para a ponderação de princípios em colisão, considerando possível aplicar a dignidade humana, quando encarada como princípio, nunca quando tida por norma legislada, de modo a avaliar a intensidade da intervenção proposta e considera que é viável sim quantificar a dignidade e, portanto, o mínimo existencial dela decorrente, sendo claro que apenas excepcionalissimamente se admite a sua ponderação em favor

---

4   **Tribunal Constitucional Federal Alemão** – decisão BVerfGE 125, 175.

de outro princípio com ela eventualmente colidente, quando para além de componentes formais, as componentes substanciais venham a justificar excepcional tratamento, portanto, por meio de processo de quantificação, aferido por componentes de confiabilidade, segunda a novel fórmula do peso refinada. (ALEXY, 2014-a, p. 7)

É preciso ter presente que o conjunto de prestações necessárias para assegurar o mínimo existencial não pode ser reduzido a um valor pecuniário determinado ou a um objeto fixo, pois depende de um conjunto de fatores, muitas vezes ligados às condições pessoais de cada sujeito, além de fatores sociais, culturais e econômicos, sem omitir a referência ao mínimo existencial aos direitos fundamentais em espécie. (SARLET, 2012, p. 322).

A ideia, como se vê, está relacionada às necessidades básicas dos seres humanos. Necessidades que, caso não sejam supridas, vilipendiam o próprio direito de "viver como pessoa". Um conjunto de prestações materiais é necessário para a garantia do mínimo existencial e, por consequência, para a garantia da dignidade humana.

3.2. MÍNIMO EXISTENCIAL E A RESERVA DO POSSÍVEL – UM DIÁLOGO NECESSÁRIO

Como já mencionado por Bastida (2009, p.119), o constituinte, ao estabelece um rol de direitos fundamentais, o faz por considerá-lo indispensável ao funcionamento do sistema jurídico a ser implementado, de forma a conferir proteção legal máxima a certas reivindicações e expectativas de autodisposição de indivíduos e grupos legitimamente organizados.

Isso confere participação aos direitos fundamentais no mais alto padrão do ordenamento jurídico, regulamentado como área jurídica cuja existência é indisponível ao legislador ordinário, tornando-os legalmente essenciais. Ademais, por isso são direitos que não se articulam somente legalmente como constitucionalmente como objeto de proteção, mas também tem empoderamento aos sujeitos de tais expectativas para que possam fazer valer em todos os âmbitos protegidos, **pelo menos um núcleo essencial**[5]; garante-se, assim, uma disponibilidade potencial imediata dos direitos fundamentais por seus titulares. (BASTIDA, 2009, p. 119). Necessário registrar a presença, portanto, no ensaio do professor espanhol, de nítido ensaio do conceito de mínimo existencial exigível, vale dizer, com força de direito subjetivo.

De outra sorte, enquanto a ideia de mínimo existencial enumera as condições básicas que todo ser humano necessita para uma existência digna, a ideia de reserva do possível apresenta os obstáculos para a execução de políticas públicas, inclusive as de efetivação de direitos sociais direitos entendidos como essenciais, diante de empecilhos de controle interno, como responsabilidade fiscal, a noções de direito financeiro versantes sobre a aplicação e desembolso de recursos públicos ou, ainda, as crises decorrentes da falta de confirmação arrecadatória nas receitas originalmente projetadas em sede orçamentária.

A denominada reserva do possível foi exposta ao mundo primeiramente em 1972, via controle concreto de constitucionalidade, pelo Tribunal Constitucional Federal alemão, para resolver problemas advindos dos tribunais administrativos de Hamburgo e da Baviera, cujos objetos consistiam na admissão de alunos para medicina humana nas universidades das respectivas cidades. (LAZARI, 2012, p. 69).

A pretensão foi embasou em discussão judicial em torno de dispositivo da Constituição alemã que afirmava ser um direito de cada um a livre escolha da profissão, do local de trabalho e do centro de formação. Na hipótese concreta, em que discutia a constitucionalidade da

---

[5] Grifo nosso.

limitação de vagas nas universidades públicas, a decisão proferida pela Corte Constitucional ficou conhecida como *numerus clausus*, dado o seu entendimento judicial de que "não é possível exigir do poder público mais do que ele razoavelmente pode oferecer".

Não há como negar que a efetivação de políticas públicas garantidoras de direitos fundamentais demandem recursos públicos, muitas e no mais das vezes escassos. Por outro lado, não se pode tolerar que o pretexto da escassez de recursos permita a violação do conteúdo resguardado pela noção de mínimo existencial, que pode ser considerado um direito fundamental implícito e exigível.

Todos os direitos fundamentais dependem do orçamento público para serem efetivados. O problema – ou a solução – está em definir quais bens jurídicos serão protegidos. Diferente do argumento da inexistência de recursos é a escolha que se procede à revelia das normas constitucionais. (OLSEN, 2012, p. 211). Acrescente-se, a título de complemento também se fazer necessário e indispensável decidir em que grau de prioridade e em favor de quais beneficiários, tudo decorrente de juízo de restrição de meios e de compromisso com a justiça e equidade.

Embora se tenha conhecimento de que a reserva do possível representa a condição de limite fático e jurídico à efetivação de direitos fundamentais, não se pode perder de vista que é obrigação inerente a todos os órgãos e agentes públicos a tarefa de maximizar recursos e minimizar os impactos causados pela reserva do possível. (SARLET, 2012, p. 363). Assim, a fundamentação de uma impossibilidade prestacional com base na reserva do possível é, por certo, arguível dada situação, o que não se admite é a vulgarização do argumento por meio de invocação genérica, sem uma cabal demonstração concreta das limitações eventualmente proclamadas.

Nesse sentido, Sarlet (2012, p. 288) informa que o instituto apresenta pelo menos três dimensões: a efetiva disponibilidade fática de recursos, a disponibilidade jurídica de recursos materiais e recursos humanos e a problemática da proporcionalidade da prestação, especialmente no que toca à sua exigibilidade e sua razoabilidade. Cumpre, portanto, destacar que o importante é que se esclareça que a problemática apresentada pela reserva do possível vai além da discussão acerca da escassez de recursos materiais, tal discussão também passa pelas escolhas políticas.

No mesmo sentido das observações aqui lançadas, Olsen (2012, p. 328) pontua que quando a sobrevivência digna do titular de um direito estiver em risco, a justificativa para a intervenção negativa dos poderes públicos no núcleo normativo deverá ser extremamente grave. Vale dizer, os bens jurídicos resguardados em contrário ao mínimo existencial deverão ser pungentes, individualizados e racionalmente defensáveis a tal ponto que se possa compreender a restrição imposta. E mais, mesmo diante das limitações impostas pela realidade financeira e política, os riscos à sobrevivência devem ser levados à sério.

Para Lazari (2012, p. 110), é perfeitamente aceitável opor o princípio da reserva do possível ao princípio do mínimo existencial, a fim de sopesá-los. Entretanto, para que a "reserva" prevaleça, é necessário que o argumento do Estado seja bem embasado e convincente. Claro que o entendimento aqui colacionado ultrapassa os contornos semânticos de convencimento, para representar compromisso com a verdade dos fatos e a justificabilidade de por que os recursos ou meios, de fato, disponíveis se encontrarem diante de uma dada situação, ou seja, além de demonstrar a situação efetiva dos meios materiais ou pessoais ou, ainda, dos recursos financeiros, far-se-á necessário justificar como se chegou àquele patamar deficitário, não apenas informá-lo.

Em outra linha vertente argumentativa, Barcellos (2002, pp. 252-253) se posiciona mediante rigidez maior quanto à possibilidade de ponderação entre reserva do possível e mínimo existencial. No seu entender, o conteúdo mais essencial da dignidade humana está contido na esfera do consenso mínimo. Dessa forma, não realizar o mínimo é o mesmo que violar o princípio da dignidade humana. Não se admite ponderação de princípios nesse caso.

Barcellos (2002, pp. 245-246) adota, a título elucidativo de seu raciocínio, recorrer a imagem de dois círculos concêntricos, dos quais o mínimo existencial é representado pelo círculo interior, segundo uma decisão fundamental do constituinte originário – que todos terão de respeitar e realizar –. Entre o círculo interno e o externo fica a deliberação política, a quem caberá desenvolver a concepção de dignidade para além do mínimo existencial, levando em consideração o momento histórico e as escolhas específicas de cada povo.

Como tais considerações, no entanto, não têm o condão de excluir do ordenamento o princípio da reserva do possível, os gastos públicos deverão, prioritariamente, ser destinados à efetivação do mínimo existencial. Após isso, pode-se operar a política, a deliberar sobre novas agendas para a aplicação de recursos públicos. Somente assim, o mínimo existencial pode ser visto como associado ao estabelecimento de prioridades orçamentárias, e poderá conviver produtivamente com a reserva do possível.

Em análise sobre a ponderação entre os dois institutos, Olsen (2012, p. 333) identifica que o mínimo existencial é um importante instrumento jurídico capaz de refrear a reserva do possível enquanto restrição aos direitos fundamentais sociais. É certo que toda vez que a reserva do possível atingir desvantajosamente o âmbito de proteção da norma jusfundamental e reduzir a responsabilidade do Estado para com prestações materiais previstas pela norma, o mínimo existencial, compreendido como condição necessária à sobrevivência e como núcleo essencial do direito fundamental garantidor da dignidade humana, erige-se como fronteira vertical intransponível, sob pena de comprometimento do próprio Estado Democrático de Direito.

Por certo que tal entendimento encontra absoluto respaldo no pensamento de Alexy (2014-c, p. 11), segundo o qual: "a dignidade humana tem precedência sobre possibilidades financeiras quando o mínimo existencial não se vê garantido." E prossegue o autor enfatizando que, diante do não atendimento dessas condições de vida digna, o Estado restará "peremptoriamente obrigado a assegurar o mínimo existencial", pois o indivíduo detém direito subjetivo, inafastável ao mínimo existencial.

Para fins de entendimento operativo, Alexy destaca que as regras relativas ao mínimo existencial é igual em conteúdo, mas distinto quanto à estrutura – por subsunção, fazendo a seguinte distinção: as regras irão ser aplicadas como subsunção, mas, também, dependerão continuadamente de balanceamento, conforme se cuide de casos simples (*clear cases*) ou casos difíceis (*hard cases*) sobre o mínimo existencial.

Finalizando, Alexy (2014-c, p. 12) leciona: nos casos simples, por exemplo, a subsunção não é problema; já nos caso difíceis, que não podem ser solucionados por simples menção ao "mínimo existencial", não se aplica a subsunção pura, fazendo-se necessária a ponderação entre a dignidade humana e possibilidade financeira do Estado, o que, segundo o grande professor, finda por provar a plena sindicabilidade dos dirietos sociais mediante balanceamento, orinetado pelo princípio da proporcionalidade.

Apresentados tais argumentos, é possível afirmar que a ninguém é dado o direito de ignorar a dignidade de seu semelhante, muito menos ao Estado é dado esse direito. Deve o Estado promover a vida digna de modo a garantir às pessoas não apenas uma existência, mas uma existência digna. Assim, a reserva do possível deverá atuar como uma cláusula que comine prudência e responsabilidade ao aplicador do direito sim, mas nunca como obstáculo à efetivação do mínimo existencial, nem justificativa para a indiferença aos reclamos da dignidade humana.

Como conclusão parcial, uma vez desvelada a limitação de ordem financeira ou orçamentária que inviabilize o atendimento de um direito social tido como dotado de força subjetiva e, portanto, exigível, deve ser identificado o ente com competência para o provimento da prestação, a fim de configurá-lo como ator político-social em estado de omissão e devedor de ações de ordem efetivadora.

CONCLUSÃO

Do que se pode examinar até aqui, verificou-se que a partir do fundamento constitucional da "dignidade da pessoa humana" se tem por justificado o reconhecimento ao mínimo existencial, mesmo que este não apareça expressamente no texto maior. Transmuda-se em direito constitucional implícito.

Como condição para o exercício das liberdades e dos direitos fundamentais, o mínimo existencial há de ser respeitado até mesmo quando em confronto com o princípio da reserva do possível, já que as decisões orçamentárias, em primeiro lugar, devem garantir as condições mínimas para a existência digna de todas as pessoas.

A dignidade, entendida como direito inerente a toda a pessoa e independente de qualquer circunstância concreta, reclama prestações a fim de ver-se efetivada. Se a sociedade e o Estado concordaram com a constitucionalização de certos direitos é porque estavam convencidos de que esses direitos poderiam ser exigidos.

O fato do direito à vida digna reclamar ação governamental e criar exigências em termos de recursos financeiros não autoriza a abstenção dos responsáveis, mas, ao contrário, reclama políticas públicas capazes de concretizar, pelo menos, o mínimo existencial.

Enquanto forma de efetivação da dignidade humana, o mínimo existencial pode ser considerado um grande avanço na teoria dos direitos fundamentais. Um Estado que se intitule Democrático de Direito não poderá permitir que, a pretexto de restrições ou escolhas orçamentárias equivocadas, se deixe de garantir à população, no mínimo, as prestações mínimas e os serviços públicos necessários à sua sobrevivência com dignidade.

À guisa de conclusão, a adoção do modelo de direitos fundamentais sociais, mesmo diante das inegáveis limitações orçamentárias e da compreensível estrutura de raciocínio em torno do que é realisticamente executável por parte do Estado, faz-se necessário concentrar os esforços de gestão de políticas públicas na garantia do atendimento de algumas das distintas manifestações da dignidade humana – que vêm a ser o mínimo existencial digno – e devem representar fina expressão da ideia-guia alexyana ou valor-guia sarletiano, conforme afirmado ao longo desse trabalho. Resta provado, enquanto problema central desse estudo o grau de inter-relação entre os direitos sociais e a dignidade humana e a necessidade de modular seu atendimento, em consonância com a realidade fática, pelo recurso à observância e efetivo atendimento ao mínimo existencial, de tal forma que os direitos fundamentais expressos na constituição de um estado compromissado com seus governados e administrados, e, portanto, comprometido com a dignidade humana e, por conseguinte com os direitos fundamentais, os reconheça de fato e de direito como "direitos tão importantes que a decisão de garanti-los não possa ser deixada para as maiorias parlamentares simples", sob pena de uma escolha equivocada condenar as minorias à exclusão ou uma "omissão programática" poder mantê-las no mais injustificável esquecimento.

Vale dizer, portanto, parafraseando fala magistral de respeitável ministro brasileiro: a promessa constitucional não pode ser tratada como compromisso irresponsável ao qual possam os parlamentares decidir conferir distinta validade.

Mesmo diante das dificuldades inerentes a uma realidade de um Estado com economia em fase de desenvolvimento, sujeito a oscilações tantas de ordem mercadológica e política, um esforço responsável deve ser adotado como compromisso ético, moral e jurídico de que: a Constituição deve ser cumprida!

Referências Bibliográficas

ALEXY, Robert. **Teoria dos Direitos Fundamentais**. 2 ed. São Paulo: Malheiros, 2008;

ALEXY, Robert. **Não positivismo inclusivo**. (Trad. Rogério Luiz Nery da Silva). Autumn 2014 UNOESC International Legal Seminar at Chapecó (BRAZIL), 2014-a;

ALEXY, Robert. **Dignidade humana e proporcionalidade.** (Trad. Rogério Luiz Nery da Silva). Autumn 2014 UNOESC International Legal Seminar at Chapecó (BRAZIL), 2014-b;

ALEXY, Robert. **Direitos Fundamentais Sociais e proporcionalidade**. (Trad. Rogério Luiz Nery da Silva). Autumn 2014 UNOESC International Legal Seminar at Chapecó (BRAZIL), 2014-c;

BAEZ. Narciso Leandro Xavier; BARRETO, Vicente. Direitos humanos e globalização. In: BAEZ. Narciso Leandro Xavier; BARRETO, Vicente (Org.). **Direitos humanos em evolução**. Joaçaba: Unoesc, 2007;

BARCELLOS, Ana Paula de. **A eficácia jurídica dos princípios constitucionais**. Rio de Janeiro: Renovar, 2002;

BASTIDA, Francisco J.. **¿Son los derechos sociales derechos fundamentales?** *Por una concepción normativa de la fundamentalidad de los derechos*. In: ALEXY, Robert. *Derechos sociales y ponderación* (Ricardo García Manrique – org.) 2 ed. Madrid: Fundação Coloqui Juridico Europeo, 2009, pp. 103-150.

BONAVIDES, Paulo. **Curso de direito constitucional**. 21. ed., atual. São Paulo: Malheiros, 2007;

CARBONELL, Miguel. **Eficacia de la constitución y derechos sociales: esbozo de algunos problemas**. In: Revista de Estudios constitucionales v.6 n.2,

Santiago, 2008, pp. 43-71. Disponível em: http://dx.doi.org/10.4067/S0718-52002008000100003. Acesso em 19 de junho de 2014;

CORDEIRO. Karine da Silva. **Direitos fundamentais sociais:** *dignidade da pessoa humana e mínimo existencial, o papel do poder judiciário.* Porto Alegre: Livraria do Advogado, 2012;

FARIAS, Edilsom Pereira de. **Colisão de direitos**: a honra, a intimidade, a vida privada e a imagem *versus* a liberdade de expressão e de informação. 2. ed. Porto Alegre: Sérgio Antonio Fabris Editor, 2000;

LAZARI. Rafael José Nadim de Lazari. **Reserva do possível e mínimo existencial:** a pretensão da eficácia da norma constitucional em face da realidade. Curitiba: Juruá, 2012;

MARTINS, Flademir Jerônimo Belinati. **Dignidade da Pessoa Humana:** Princípio Constitucional Fundamental. Curitiba: Juruá, 2009;

NOBRE JUNIOR, Edilson Pereira. **O direito brasileiro e o princípio da dignidade da pessoa humana.** Revista de Direito Administrativo. Rio de Janeiro: Renovar, nº 219: 237-251, jan./mar. 2000;

OLSEN. Ana Carolina Lopes. **Direitos fundamentais sociais:** *efetividade frente à reserva do possível.* Curitiba: Juruá, 2012;

PECES-BARBA, Gregorio. **Reflexiones sobre los derechos sociales**, pp. 85-101. In: ALEXY, Robert. *Derechos sociales y ponderación* (Ricardo García Manrique – org.) 2 ed. Madrid: Fundação Coloqui Juridico Europeo, 2009;

RAWLS. John. **O liberalismo político**. 2. ed. Trad. Dinah de Abreu Azevedo. São Paulo: Ática, 2000;

_____. **Justiça como equidade**: *Uma reformulação* (Trad. Claudia Berliner). São Paulo: Martins Fontes, 2003;

RIDOLA. Paolo. **A dignidade da pessoa humana e o "princípio liberdade" na cultura constitucional europeia.** (Trad. Carlos Luiz Strapazzon). Porto Alegre: Livraria do Advogado, 2014;

SARLET. Ingo Wolfgang (Org.). **Dimensões da dignidade**: ensaios de filosofia do direito e direito constitucional. Porto Alegre: Livraria do Advogado, 2009;

_____. **Dignidade da Pessoa Humana e Direitos Fundamentais na Constituição Federal de 1988**. 9. ed. rev. atual. Porto Alegre: Livraria do Advogado, 2011;

_____. **A eficácia dos Direitos Fundamentais:** *uma teoria dos direitos fundamentais na perspectiva constitucional.* 11. ed. rev. atual. Porto Alegre: Livraria do Advogado, 2012;

SILVA, José Afonso da. **Curso de Direito Constitucional Positivo**. 32. ed., rev. e atual. São Paulo: Malheiros, 2009;

SILVA, Rogério Luiz Nery da. Políticas públicas;

TORRES. Ricardo Lobo. **O direito ao mínimo existencial.** Rio de Janeiro: Renovar, 2009.

DIREITOS A PRESTAÇÕES POSITIVAS: QUEM DEVE DECIDIR? CONTROLE JUDICIAL PONDERADO

Matthias Klatt*
Professor de Direito na Universidade de Hamburgo, Alemanha
Doutor em Direito, Universidade de Kiel, Alemanha
Trad.
Carlos Luiz Strapazzon
PPGD | Unoesc

Direitos positivos[1] são direitos que demandam uma atuação positiva do Estado. São frequentemente criticados por darem margem a problemas de justiciabilidade: os Tribunais,

---

[1] A primeira versão deste trabalho foi apresentada no *Autumn 2014 | Unoesc International Legal Seminars – Brazil-Germany*, em 27 de março de 2014, organizado pelo Programa de Pós-Graduação em Direito da Universidade do Oeste de Santa Catarina (PPGD|Unoesc), também foi discutido na Universidade de Brasília (UnB) e na Universidade Federal de Juiz de Fora (UFJF), em março de 2014. Gostaria de expressar minha gratidão aos meus anfitriões, respectivamente, Carlos Luiz Strapazzon, Cláudia Toledo, João Costa Neto e Gilmar Mendes pela imensa hospitalidade que me dispensaram. A primeira versão deste trabalho se beneficiou de numerosos comentários dos participantes desses encontros, pelo que também estou muito agradecido. Meus mais sinceros agradecimentos são devidos ao tradutor, Carlos Luiz Strapazzon, pela sua energia e devotado trabalho. O texto se beneficiou grandemente de seus comentários e questionamentos levantados durante o processo de tradução.
Ao ler o título, no original, em inglês: "Positive Rights: who decides? Judicial Review in balance", logo se vê que a expressão preferida de Klatt, em inglês, é "positive rights". Todavia, uma preocupação desta tradução foi evitar confusão, na língua portuguesa, entre "direito(s) positivo(s)" e "direitos a prestações positivas". Assim, optei por adotar, a partir do 3o. parágrafo, a expressão "direitos a prestações positivas" sempre que necessário para demarcar claramente o sentido específico desejado pelo autor nos parágrafos iniciais. Esta tradução foi realizada com a colaboração de Rodrigo Espiúca, mestrando do PPGD-Unoesc, Wilson Steinmetz, doutor em direito constitucional e professor dos PPGDs-Unoesc e UCS, Rosana Pizzatto, doutoranda em filosofia (PUC-RS) e professora de filosofia do direito no Unicuritiba, a quem agradeço pelos comentários e sugestões.

em lugar de órgãos legislativos democraticamente eleitos, decidem a respeito do sentido e do alcance desses direitos. Este artigo afirma que essa objeção democrática aos direitos positivos é equivocada. O controle judicial e a deferência ao Legislativo admitem gradações. Assim, é possível alcançar um patamar equilibrado de intervenção judicial que evitará tanto o problema do controle excessivo, quanto o do controle insuficiente. O conflito de competências entre Legislativo e Judiciário pode ser resolvido por via do exercício da ponderação, cujos detalhes serão aqui explicitados. O modelo do controle judicial ponderado será explicado com auxílio da análise de casos implicados com o tema do direito a um nível mínimo de subsistência digna. Por fim, o artigo apresenta uma solução flexível, e sensível a casos concretos, ao problema de como os Tribunais devem garantir o cumprimento dos direitos sociais e socioeconômicos.

I. Introdução

Direitos positivos são direitos que exigem atuação estatal, em vez de abstenção de intervenção abusiva. Direitos positivos exigem que o Estado realmente *faça* algo. Nas duas últimas décadas, eles têm sido objeto de crescente interesse, em grande número de jurisdições, tanto na esfera política quando no direito constitucional.[2] Receberam atenção

---

[2] YOUNG, Katharine Galloway. CONSTITUTING ECONOMIC AND SOCIAL RIGHTS (2012); FREDMAN, Sandra. HUMAN RIGHTS TRANSFORMED: POSITIVE RIGHTS AND POSITIVE DUTIES (2008); LIEBENBERG, Sandra. SOCIO-ECONOMIC RIGHTS: ADJUDICATION UNDER A TRANSFORMATIVE CONSTITUTION (2010); BARAK--EREZ, Daphne & GROSS, Aeyal M., EXPLORING SOCIAL RIGHTS. BETWEEN THEORY AND PRACTICE (2007); KLATT, Matthias; MEISTER, THE CONSTITUTIONAL STRUCTURE OF PROPORTIONALITY 85-108 (2012); GEARTY, Conor; MANTOUVALOU, Virginia, (eds)., DEBATING SOCIAL RIGHTS (2010); LANGFORD, Malcolm, (ed.), SOCIAL RIGHTS JURISPRUDENCE (2008). Sobre a crescente importância dos direitos positivos na jurisprudência da Corte Europeia de Direitos Humanos, ver MOWBRAY, Alastair R., THE DEVELOPMENT OF POSITIVE OBLIGATIONS UNDER THE

considerável de eruditos do constitucionalismo comparado, em muitas tentativas de se chegar a um consenso a respeito das características que definem suas particularidades, por oposição aos direitos negativos.

Aceita-se, atualmente, que é infrutífera toda e qualquer tentativa de limitar a dimensão positiva de certos tipos ou categorias de direitos. Ao invés, todos os direitos, literalmente, podem impor obrigações positivas e negativas às autoridades.[3] Com isso, o *status positivus* – no sentido atribuído pela doutrina de Georg Jellinek[4] – tem uma aplicabilidade potencial bastante ampla. Sabe-se também que a dimensão positiva dos direitos é frequentemente mais debatida no âmbito dos direitos sociais e socioeconômicos, tais como educação, saúde, moradia e água. Contudo, a dimensão positiva não se restringe, de forma alguma, aos direitos sociais. Na verdade, todos os direitos liberais clássicos de primeira geração também têm uma dimensão positiva, ao passo que os direitos sociais e socioeconômicos também têm um *status negativus*.[5] Assim, os direitos civis ou liberais não podem ser considerados diferentes dos direitos socioeconômicos a partir da dicotomia positivo-negativa.[6] Essa é a razão pela qual este artigo prefere empregar a expressão "direitos positivos" de maneira a abranger a dimensão positiva dos direitos, não importando a geração de sua origem.

EUROPEAN CONVENTION ON HUMAN RIGHTS BY THE EUROPEAN COURT OF HUMAN RIGHTS 229 (2004).

[3] FREDMAN, supra nota 1, p. 65, 69; KHOSLA, Madhav, *Making social rights conditional: Lessons from India*, 8 INT'L. J. CONST. L. 739, 741 (2010); WESSON, Murray, *Disagreement and the Constitutionalisation of Social Rights*, 12 HUM RTS L REV 221, 225 (2012); SHUE, Henry. BASIC RIGHTS: SUBSISTENCE, AFFLUENCE, AND U.S. FOREIGN POLICY, 2nd ed. 155 (1996); MOWBRAY, supra nota 1, p. 224.

[4] JELLINEK, Georg. SYSTEM DER SUBJEKTIVEN ÖFFENTLICHEN RECHTE, 2nd ed. 86 (1905); JELLINEK, Georg. ALLGEMEINE STAATSLEHRE, 3rd ed. 418 (1921).

[5] "Em seu conteúdo mínimo, os direitos socioeconômicos podem ser negativamente protegidos de intervenções inapropriadas." *Ex Parte* Chairperson of the Constitutional Assembly: In re Certification of the Constitution of the Republic of South Africa SA § 78 (Constitutional Court of South Africa September 06, 1996), http://www.saflii.org/za/cases/ZACC/1996/26.html.

[6] Cfe. Wesson, *Disagreement and the constitutionalisation of social rights*, supra nota 2, p. 225.

O ainda crescente interesse dos constitucionalistas pelos direitos a prestações positivas pode ser explicado pelo fato de que tais direitos dão origem a uma variedade de sérios problemas que podem ser divididos em quatro categorias: justificação, conteúdo, estrutura e competência.[7] O problema da *justificação* está relacionado a questões políticas, tais como: se, e em que medida, os direitos a prestações positivas podem ser incluídos num catálogo de direitos.[8] Isso equivale a afirmar que as funções positivas do Estado são uma questão de *direito*, em vez de concebê-las como uma questão de moral ou de política.[9] Ademais disso, o problema da justificação atrai questões de interpretação se uma Constituição contempla direitos a prestações positivas. Esta é uma questão que pode ser respondida tanto a partir de uma referência expressa às palavras de uma norma constitucional, quanto por uma interpretação judicial criativa e extensiva. A justificativa padrão para os direitos a prestações positivas estabelecidos na Convenção Europeia de Direitos Humanos é, por exemplo, garantir que os direitos consagrados sejam "práticos e efetivos".[10] O problema da justificação, por exemplo, foi virulento no início do período de vigência da Constituição brasileira de 1988, enquanto por mais de uma década não estava claro se as normas constitucionais estabeleciam direitos a prestações positivas ou meras normas programáticas. O Supremo Tribunal Federal encerrou esse debate com uma série de decisões importantes relativas ao direito à saúde.[11] O problema da justificação é, claramente, solucionado afirmativamente em jurisdições como Portugal, África do Sul, Índia e Alemanha, bem como na Carta

---

[7] Sobre os primeiros três grupos de problemas, ver ALEXY, Robert. *On constitutional rights to protection*, 3 LEGISPRUDENCE 1, 3 (2009); KLATT, Matthias. *Positive obligations under the European Convention on Human Rights* HJIL 681, 693 (2011).
[8] YOUNG, supra nota 1, Cap. 1 e 2.
[9] FREDMAN, supra nota 1, p. 9-30.
[10] MOWBRAY, supra nota 1, p. 221.
[11] STF, Ag.Reg. no Ag.AI n. 238.328-0/RS, segunda turma, Rel. Min. Marco Aurélio, 16.11.1999; STF. Ag.Reg no RE 271.286-8 AgR/RS, segunda turma, Rel. Min. Celso de Mello, 12.09.2000

da União Europeia.¹² Outros sistemas jurídicos ainda resistem à ideia de estabelecer direitos a prestações positivas como tipos particulares de direitos constitucionais e preferem concebê-los como decisão política. Bons exemplos desta última, e cética, posição vêm do Reino Unido – onde a inserção dos direitos sociais numa futura Declaração de Direitos é combatida por razões democráticas – e também dos Estados Unidos.¹³

O segundo grupo de problemas está relacionado com o *conteúdo* dos direitos positivos. Mesmo quando o problema da justificação é solucionado afirmativamente, ainda assim pode haver divergências quanto à exata extensão das obrigações positivas do Estado, bem como quanto aos meios que devem ser empregados para efetivá-las.¹⁴ O âmbito de proteção preciso deve ser definido em face de interesses colidentes, tais como a disponibilidade de recursos financeiros pelo Estado e os direitos de terceiros. Qualquer medida protetiva implica em custos, que podem ser mensurados tanto em dinheiro quanto em liberdade, ou a partir de ambos.¹⁵ Qualquer solução para problemas de justificação e de conteúdo depende de um claro entendimento da *estrutura* dos direitos positivos, o que representa o terceiro grupo de problemas.¹⁶ A doutrina mais recente alcançou algum progresso no entendimento dessa estrutura, em

---

[12] Pouco convincente é esta argumentação contrária aos direitos positivos no contexto da Carta da UE, BOGDANDY, Armin von. *The european union as a human rights organization? Human Rights and the Core of the European Union*, 37 CMLREV 1307, 1313 f. (2000).

[13] Sobre o debate no Reino Unido, ver FREDMAN, Sandra. *New Horizons: Incorporating Socio-Economic Rights in a British Bill of Rights* PUB L 297 (2010); GEARTY, Conor. *Against Judicial Enforcement*, in DEBATING SOCIAL RIGHTS 1 (GEARTY, Conor; MANTOUVALOU, Virginia eds., 2010); Wesson, *Disagreement and the Constitutionalisation of Social Rights*, supra nota 2, p. 222-3; FREDMAN, supra nota 1, p. 94-5. Para o debate nos EEUU, em relação ao desacordo entre social-democratas e libertários conservadores, ver BELLAMY, Richard. POLITICAL CONSTITUTIONALISM: A REPUBLICAN DEFENCE OF THE CONSTITUTIONALITY OF DEMOCRACY 25 (2007). Cfe. DeShaney vs. Winnebago County Department of Social Services, 498 U.S. 189 195, por Rehnquist J (Supreme Court US February 22, 1989).

[14] WESSON, *Disagreement and the Constitutionalisation of Social Rights*, supra nota 2, p. 227.

[15] ALEXY, *On Constitutional Rights to Protection*, supra nota 6, p. 3.

[16] Sobre essa dependência, ver ALEXY, *On Constitutional Rights to Protection*, supra nota 6, p. 3-4; Klatt, *Positive Obligations under the European Convention on Human Rights*, supra nota 6, p. 693.

particular a respeito da relação entre os direitos a prestações positivas e o teste da proporcionalidade.[17] Seguindo a lógica da diferença entre uma estrutura disjuntiva e outra conjuntiva, o teste da proporcionalidade apresenta diferenças significativas quando aplicado a direitos positivos, em vez de direitos negativos.[18]

O quarto e último problema diz respeito à questão da *competência* e da justiciabilidade. Está relacionado com o papel adequado dos Tribunais na tarefa de efetivar os direitos a prestações positivas, papel que deve ser esclarecido em face da competência dos órgãos legislativos.[19] Muito frequentemente os dois níveis — das questões materiais e da competência para decidir a respeito delas — são confundidos. Isso pode ser notado, por exemplo, na bem conhecida objeção democrática aos direitos positivos. Essa objeção confunde o problema da justificação com o problema da competência para decidir. Todavia, uma clara distinção entre o nível material e o nível formal ajudará a esclarecer tais questões.

Este artigo se concentra no problema da competência. Isso não quer dizer que as conclusões aqui desenvolvidas sejam irrelevantes para os outros três problemas. Ao contrário, devido à íntima interrelação dos quatro problemas, as conclusões deste artigo para o problema da competência também influenciam as soluções dos demais. Por exemplo, a objeção democrática — que frequentemente é apresentada como razão definitiva para responder ao problema da justificação — pode, de fato, ser incorporada como solução para o problema da competência, como será demonstrado mais adiante. Consequentemente, a objeção democrática não pode ser oposta à justificação dos direitos a prestações positivas.

---

[17] KLATT; MEISTER, supra nota 1, p. 85–108; KLATT, *Positive Obligations under the European Convention on Human Rights*, supra nota 6, p. 704–18; ALEXY, *On Constitutional Rights to Protection*, supra nota 6, p. 10–7.
[18] Para mais detalhes, KLATT; MEISTER , supra nota 1, p. 94–108.
[19] Cfe. WESSON, *Disagreement and the Constitutionalisation of Social Rights*, supra nota 2, p. 222, 224, 228.

A fim de oferecer uma abordagem direta ao problema da competência, inicio com um conceito particular de direitos a prestações positivas que alguns podem até julgar muito exigente. Não obstante, admitirei aqui que os direitos a prestações positivas são normas jurídicas vinculantes que garantem direitos subjetivos *prima facie*.[20]

Este artigo se divide em quatro seções. Na primeira, descrevo em detalhes o problema da competência, já apontando para a justiciabilidade dos direitos a prestações positivas e fazendo referência à taxonomia do controle judicial. Na segunda, desenvolvo o núcleo da ideia de um controle judicial ponderado, fundando-a numa teoria que reconhece diferentes graus de deferência ao legislador e que, também, reconstrói o problema do controle judicial como um conflito de competências. Na terceira, explico o funcionamento da ponderação de competências. Ao final, ilustro minha teoria do controle judicial ponderado a partir da discussão de um recente caso julgado pelo Tribunal Constitucional Federal da Alemanha, relativo ao direito positivo a um nível mínimo, e digno, de subsistência. Em vista disso, este artigo pretende oferecer direcionamento teórico para responder ao problema da competência para decidir sobre direitos a prestações positivas, a partir do desenvolvimento de um modelo de controle judicial ponderado.

O argumento mais importante é: ao invés de adotar um único modelo de controle judicial, forte ou fraco, os Tribunais devem adotar uma abordagem flexível que permita uma maior gama de níveis de intensidade de controle judicial. A escolha de uma determinada intensidade de controle depende das circunstâncias do caso em discussão, o qual, por sua vez, pode ser avaliado à luz de vários fatores.

---

[20] Essa definição corresponde à posição 2 da tabela de normas elaborada por Alexy, ver A THEORY OF CONSTITUTIONAL RIGHTS, p.334–7 (2002) [ou, ALEXY, R. Teoria dos Direitos Fundamentais, Trad. Virgílio A. da Silva, Malheiros, SP, p.499-503, 2008. N. do T.]

Ao longo desta minha exposição também argumento contra o equívoco largamente aceito de que a proporcionalidade equivale a controle judicial em sentido estrito, enquanto que a razoabilidade seria equivalente a uma abordagem mais deferente à atuação do Poder Legislativo.[21] De acordo com a posição aqui defendida, proporcionalidade e razoabilidade são, meramente, questões diferentes que não predeterminam o exame das respostas formuladas pelo decisor primário a respeito delas, nem o controle pelos Tribunais. Em vez disso, é o grau de controle que precisa ser destacado.

II. O PROBLEMA DA COMPETÊNCIA

1. A Justiciabilidade dos Direitos a prestações Positivas

O problema da competência não ocorre apenas com os *direitos a prestações positivas*. Ao contrário, é um "dilema básico da jurisdição em direitos humanos."[22] Por um lado, autorizar o Judiciário a proferir decisões definitivas a respeito da interpretação dos direitos humanos importa, inevitavelmente, na permissão para que elabore polêmicos juízos de valor. E isso contraria o ideal democrático de que, se não todas, ao menos as mais importantes decisões, deveriam ser tomadas pelo povo, e não por juízes que não foram eleitos, e que não estão sujeitos ao controle externo de suas decisões.[23] Por outro lado, conferir poder decisório ilimitado aos representantes eleitos pode levar a interferências nos direitos humanos, razão pela qual é necessário estabelecer limites também aos representantes eleitos. Os direitos humanos são esses limites.

---

[21] Esse mal-entendido é mantido, e.g., por WESSON, *Disagreement and the Constitutionalisation of Social Rights*, supra nota 2, p. 246.
[22] FREDMAN, Sandra. *From Dialogue to Deliberation: Human Rights Adjudication and Prisoners' Rights to Vote* PUB L 292, 292 (2013).
[23] WALDRON, Jeremy. *The Core of the Case Against Judicial Review*, 115 YALE L J 1346 (2006).

Entretanto, sem um Judiciário que exerça controle sobre esses limites, eles não serão eficazes.

Esse dilema está presente na jurisdição dos direitos humanos, tanto positivos quanto negativos. O debate internacional contemporâneo sobre o problema da competência está um pouco confuso, já que alguns estudiosos, no contexto da justiciabilidade dos direitos a prestações positivas, levantam objeções que afetam qualquer tipo de controle judicial que se envolva com direitos humanos. Todavia, esse dilema é vital para esses direitos. Neste artigo, porém, enfrento o problema da competência apenas no que concerne aos direitos a prestações positivas.

O problema da competência é, indiscutivelmente, o aspecto mais controverso da jurisprudência dos direitos a prestações positivas.[24] Sua relevância não pode ser subestimada, quer por razões práticas, quer por razões teóricas. Em relação à relevância prática, nos últimos anos tem-se visto um aumento significativo de decisões envolvendo direitos a prestações positivas, e numa grande variedade de jurisdições. O exemplo mais impactante é do Brasil: pesquisas empíricas têm demonstrado impressionantes taxas de crescimento do número de processos relacionados à saúde, relativos ao fornecimento gratuito de medicamentos e a tratamento médico. As taxas de crescimento variam de 505% a 1.412% entre os anos de 2006 a 2009, em comparação com 2002. Ao mesmo tempo, a taxa de sucesso dos reclamantes estava bem acima dos 80%.[25] Essa explosão é bem conhecida como "a judicialização do direito à saúde".[26]

---

[24] Cf. FREDMAN, supra nota 1, p. 92.
[25] BIEHL, João et al., *Between the Court and the Clinic: Lawsuits for Medicines and the Right to Health in Brazil*, 14 Health And Human Rights 36, 40, 46 (2012). Quanto à taxa de sucesso, ver também FERRAZ, Octavio L. M. *Right to Health Litigation in Brazil: An Overview of the Research*, acesso em 25.02.2014, http://papers.ssrn.com/abstract=1426011 24–5.
[26] BIEHL, João et al., *Judicialisation of the Right to Health in Brazil*, 373 THE LANCET 2182 (2009); BIEHL et al., *Between the Court and the Clinic*, supra nota 24, p. 37. Para uma avaliação crítica desse fenômeno, ver FERRAZ, Octavio L. M. *The Right to Health in the Courts of Brazil: Worsening Health Inequities?*, 11 Health And Human Rights 33 (2009).

Quanto à relevância teórica, o problema da competência é uma objeção de fundamental importância contra o reconhecimento da exigibilidade de direitos a prestações positivas.[27] Essas preocupações prevalecem, em especial, na literatura estadunidense, mas também aparecem nos sistemas jurídicos que reconhecem direitos a prestações positivas.[28] Há duas variáveis dessa objeção. Uma aponta para os limites da *expertise* e a outra para a legitimidade do Judiciário, respectivamente. A variável da *expertise* sustenta que os Tribunais, em geral, não estão capacitados para lidar com questões complexas e de alto impacto político.[29] Em contraste com o Legislativo, os Tribunais não estariam amparados por um vasto aparato burocrático apto a elaborar e a processar informações em ampla variedade de temas e matérias. Afora isso, os Tribunais têm apenas limitada *expertise* em teoria política e ética.[30]

A variável da legitimidade, por sua vez, não atribui a juízes qualquer função significativa na efetivação de direitos sociais, porque eles não são eleitos e nem podem ser politicamente responsabilizados por suas decisões.[31] Esta variável tem sido vigorosamente articulada, particularmente pela doutrina constitucional da Alemanha. Afirma-se que atribuir competência aos Tribunais para controlar atos legislativos, com fundamento numa interferência em direitos a prestações positivas, é uma forma de violar o princípio do equilíbrio dos poderes do Estado constitucional. O verdadeiro poder do Estado se desviaria do

---

[27] YOUNG, supra nota 1, p. 133–5.
[28] Sobre os EEUU, ver BORK, Robert H., *The Impossibility of Finding Welfare Rights in the Constitution* WASH U L Q 695 (1979); CROSS, Frank. *The Error of Positive Rights*, 48 UCLA L REV 857 (2001); FULLER, Lon L. *The Forms and Limits of Adjudication*, 92 HARV L REV 353 (1978). Para a discussão no Brasil ver, Biehl et al., *Between the Court and the Clinic*, supra nota 24, p. 47.
[29] Cfe. FULLER, *The Forms and Limits of Adjudication*, supra nota 27, p. 393–405; FISS, Owen M., *The Forms of Justice*, 93 Harv. L. Rev 1, 39–44 (1979); KING, Jeff A. *The Pervasiveness of Polycentricity* PUB L 101 (2008).
[30] YOUNG, supra nota 1, p. 135.
[31] Cfe. WESSON, *Disagreement and the Constitutionalisation of Social Rights*, supra notA 2, p. 228.

processo político e dos representantes democraticamente eleitos para ser entregue aos Tribunais. Isso resultaria na transformação do estado legislativo parlamentar num "estado constitucional judicial"[32] ou numa "juristocracia."[33] Essa transformação — continua a argumentar essa corrente — só pode ser evitada pela denegação de competência aos Tribunais para a função de controlar direitos a prestações positivas.[34] Se não for assim, afronta-se uma espécie de dilema de Midas: conceber a Constituição como uma ordem objetiva de valores, com direitos a prestações positivas ampla e suficientemente interpretáveis, é admitir que "cada relação jurídica envolvida com direitos fundamentais pode ser doutrinariamente (re)formulada por meio de uma ponderação entre demandas por liberdade e igualdade."[35] Tudo o que entra em contato com o direito constitucional, por assim dizer, vira ouro. Essa crítica foi paradigmaticamente explicitada no voto dissidente proferido na primeira decisão sobre o aborto, no Tribunal Constitucional Federal da Alemanha:

> [A] competência do Tribunal Constitucional para anular decisões do Parlamento requer moderação, de forma a evitar um desequilíbrio de pesos entre os ramos constitucionais. A ideia de moderação judicial, que tem sido caracterizada como "força vital" da jurisdição do Tribunal, é particularmente relevante quando a atuação judicial impõe parâmetros à legislatura democraticamente legítima para o arranjo positivo da ordem social, ao invés de garantir a defesa contra infrações perpetradas por autoridades

---

[32] Essa famosa crítica contra os direitos positivos é sustentada por Ernst-Wolfgang Böckenförde, Grundrechte als Grundsatznormen: Zur gegenwärtigen Lage der Grundrechtsdogmatik, in STAAT, VERFASSUNG, DEMOKRATIE: Studien Zur Verfassungstheorie Und Zum Verfassungsrecht 159, 190 (Ernst-Wolfgang Böckenförde ed., 1991).
[33] HIRSCHL, Ran, TOWARDS JURISTOCRACY: THE ORIGINS AND CONSEQUENCES OF THE NEW CONSTITUTIONALISM (2004).
[34] BÖCKENFÖRDE, Grundrechte als Grundsatznormen, supra nota 31, p. 198, 194.
[35] JESTAEDT, Matthias. *The Doctrine of Balancing: Its Strengths and Weaknesses*, in INSTITUTIONALIZED REASON: THE JURISPRUDENCE OF ROBERT ALEXY 152, 167 (Matthias Klatt ed., 2012).

estatais. No tocante aos direitos positivos, o Tribunal não deve sucumbir à tentação de cumprir a função do Legislativo, a não ser que haja ameaça à jurisdição constitucional em longo prazo.[36]

2. Uma taxonomia do Controle Judicial

Importantes estudos de direito constitucional comparado têm demonstrado que são bem diversificadas as respostas oferecidas para o problema da competência, em vários sistemas constitucionais. O espectro das respostas varia desde a simples proibição de atuação do Judiciário em qualquer função relativa à exigibilidade dos direitos a prestações positivas, até a permissão para o exercício de uma intensa atividade de controle. Um exemplo da primeira abordagem pode ser encontrado na Constituição irlandesa, que incorpora "princípios de política social", porém os exclui expressamente da justiciabilidade.[37] Já a segunda abordagem, depois de um debate que perdurou por dez anos após a promulgação da Constituição de 1988, foi adotada pelo Judiciário brasileiro em relação ao direito à saúde.[38] Foi também aceita após a queda do Comunismo – literalmente sem qualquer discussão – pelas Constituições pós-autoritárias da Europa Central e Oriental.[39] Entre esses dois polos há

---

[36] BVerfGE 39, 1 parag. 222, voto dissidente.
[37] Ver Art. 45 da Constituição da Irlanda, 1937. Cfe. TUSHNET, Mark. *Social Welfare Rights and the Forms of Judicial Review*, 82 TEX L REV 1895, 1898, 1918 (2004).
[38] Supremo Tribunal Federal do Brasil, Ag 238.328/RS; RE 271.288 AgR/RS. Cf. MENDES, Gilmar F. "*The Judiciary and the Right to Health*" (Princeton, March 25, 2010), acesso em 25 fev 2014, http://www.stf.jus.br/repositorio/cms/portalStfInternacional/portalStfAgenda_pt_br/anexo/Princeton.ingles1.pdf.
[39] SADURSKI, Wojciech. Rights-Based Constitutional Review in Central and Eastern Europe, in SCEPTICAL ESSAYS ON HUMAN RIGHTS 315 (Tom Campbell; K. D. Ewing; Adam Tomkins; Keith D. Ewing eds., 2010); SADURSKI, Wojciech. *Judicial Review and the Protection of Constitutional Rights*, 22 OJLS 275, 298 (2002). Ver também LANDAU,David. *Political Institutions and Judicial Role in Comparative Constitutional Law*, 51 HARV INT 'L L.J. 319, 367 (2010) sobre as mudanças da Corte Constitucional da Hungria em direção a uma posição mais deferente ao Poder Legislativo.

abordagens intermediárias. Bons exemplos são o controle da razoabilidade praticado na África do Sul e a interação dialógica entre Tribunais e Legislativo, no Canadá.⁴⁰

Essa tríplice imagem se enquadra muito bem na útil tipologia do Controle Judicial recentemente formulada por Katharine G. Young.⁴¹ Ela emprega uma categorização de cinco e de três grupos. Utilizarei a última neste trabalho. De acordo com essa tipologia triádica, a concepção do papel dos Tribunais no controle dos direitos positivos pode ser entendida como independente, engajada, ou supremacista. Um *Tribunal independente* adota uma abordagem deferente ao Poder Legislativo, "dando crédito à autoridade democrática e superioridade epistêmica [...] aos ramos legislativo e executivo."⁴² Um Tribunal independente, no máximo, iniciará o controle e, então, estabelecerá um diálogo com os demais Poderes a fim de solucionar o problema da determinação dos direitos. Em geral, um Tribunal independente deixará, em boa medida, a aplicação dos direitos a prestações positivas a cargo dos representantes eleitos. Um *Tribunal engajado*, por sua vez, também adota uma postura de diálogo para exercer sua competência de controle, mas estará preparado para fazer as partes se envolverem ativamente na construção da solução. Desse modo, o Tribunal irá, sistematicamente, guiar as partes a

---

⁴⁰ Para a África do Sul, ver PILLAY, Anashri. *Toward effective social and economic rights adjudication: The role of meaningful engagement*, 10 INT'L. J. CONST. L. 732 (2012); WESSON, *Disagreement and the Constitutionalisation of Social Rights*, supra nota 2; DIXON, Rosalind. *Creating Dialogue about Socioeconomic Rights: Strong-form versus Weak-form Judicial Review Revisited*, 5 INT'L. J. CONST. L. 391 (2007); FREDMAN, supra nota 1; YOUNG, supra nota 1, p. 174–91. Para o Canadá, ver a "Notwithstanding Clause", ou "cláusula não obstante", estabelecida pelo Ato Constitucional de 1982, (a Carta Canadense de Direitos e Liberdades), Seção 33, (1) que autoriza a criação de uma imunidade ao controle judicial, por via legislativa *ex-post*, ou seja, a possibilidade de a própria lei editar uma declaração de proibição de invalidação pelo Judiciário. Sobre isso, ver Peter W. HOGG, Allison A. Bushell Thornton & Wade K. Wright, *Charter Dialogue Revisited: Or "Much Ado about Metaphors"*, 45 OSGOODE HALL L J 1, 14–8 (2007).

⁴¹ YOUNG, supra nota 1, p. 142-166, 193-196.

⁴² Id. 143, 206-212.

uma negociação sobre o sentido e o alcance dos direitos a prestações positivas do caso particular. Essa coordenação reflexiva emprega métodos da nova governança pública mas, simultaneamente, realiza uma avaliação séria das ações governamentais.[43] A abordagem do "engajamento efetivo" desenvolvida pelo Tribunal Constitucional da África do Sul, no caso *Olivia Road*, é um bom exemplo disso.[44] Finalmente, um *Tribunal supremacista* está preparado para proferir, autonomamente, decisões substantivas e detalhadas, bem como a examinar ainda com mais rigoror as políticas públicas ou a legislação. Essa abordagem tem sido adotada, por exemplo, pelo Tribunal Constitucional Colombiano, que tem sido apontado como "talvez o Tribunal mais ativista do mundo".[45]

Por mais perspicaz e intrigante que realmente seja a tipologia de Young, ela ainda deixa uma questão decisiva em aberto: como determinar qual das três abordagens deve ser aplicada num dado sistema constitucional? Que critérios normativos estão disponíveis para que os Tribunais possam decidir se devem aplicar um ou outro desses modelos de *controle judicial*? Enfim, se um relato descritivo dos diferentes modelos de Tribunais é útil como ponto de partida, isso ainda não fornece, só por si, uma orientação normativa. A tipologia de Young deve, assim, ser complementada por uma teoria sobre como determinar qual das três abordagens – independente, engajada ou supremacista – deve ser aplicada ao caso concreto. O principal objetivo deste artigo é apresentar essa teoria.

---

[43] Id. 150–153, 200-206.
[44] Olivia Road, 3 SA 208 (Constitutional Court of South Africa February 19, 2008).
[45] LANDAU, *Political Institutions and Judicial Role in Comparative Constitutional Law*, supra nota 38, p. 321. Excelente a análise de Katharine G. Young e Julieta Lemaitre, *The Comparative Fortunes of the Right to Health: Two Tales of Justiciability in Colombia and South Africa*, 26 HARV HUM RTS J 179 (2013). Ver também Rodrigo U. Yepes, *The Enforcement of Social Rights by the Colombian Constitutional Court: Cases and Debates*, in COURTS AND SOCIAL TRANSFORMATION IN NEW DEMOCRACIES: AN INSTITUTIONAL VOICE FOR THE POOR? 127 (Roberto Gargarella; Pilar Domingo; Theunis Roux eds., 2006); Rodrigo M. Nunes, IDEATIONAL ORIGINS OF PROGRESSIVE JUDICIAL ACTIVISM: THE COLOMBIAN CONSTITUTIONAL COURT AND THE RIGHT TO HEALTH, 52 LATIN AMERICAN POLITICS AND SOCIETY 67 (2010).

Essa questão tem implicações com o grandioso projeto do constitucionalismo global de construir uma gramática comum para a análise jurídica.[46] O que se busca é uma teoria abrangente que nos capacite a reconstruir criticamente – e também a avaliar – a qualidade normativa de toda a variedade de práticas dos Tribunais da Índia, Colômbia, África do Sul, Brasil, Europa, Estados Unidos da América, etc. Percebemos que necessitamos dessa teoria quando nos damos conta de que a atribuição de uma ou de outra categoria de Young a certos Tribunais sempre pode ser contestada visto que, na maioria das vezes, há decisões divergentes de um mesmo Tribunal que prestigiam abordagens diferentes. A razão disso é que cada Tribunal assume suas funções com certa flexibilidade, e também muda suas posições ao longo do tempo. Dessa forma, classificar inflexivelmente os Tribunais nos expõe ao risco de errar o diagnóstico. Qualquer Tribunal tem, independentemente do seu contexto institucional, um amplo espectro de opções à sua disposição. A questão decisiva é, então, justificar racionalmente a escolha de um específico modelo de *controle judicial*.

À luz das considerações anteriores sustentamos que ao invés de decidir a partir daqueles três modelos abstratos — e ater-se firmemente a um deles — é preferível adotar um modelo flexível de controle judicial que permita visualizar o amplo espectro de opções que surgem a partir das circunstâncias do caso concreto. Na parte ulterior deste artigo justificarei, e explicitarei, os detalhes desse modelo flexível.

III. Controle judicial ponderado

Minha ideia principal quanto ao desenvolvimento de um modelo flexível de atuação dos Tribunais no controle da eficácia dos direitos a

---

[46] Cfe. SWEET, Alec Stone; MATHEWS, Jud. *Proportionality, Balancing and Global Constitutionalism*, 47 COLUM J TRANSNAT 'L L 72 (2008); LAW, David. *Generic Constitutional Law*, 89 MINN L REV 652 (2005); KLATT e MEISTER , supra nota 1, p. 1.

prestações positivas se baseia numa teoria da ponderação de competências. Procederei da seguinte forma: primeiro, analisarei os problemas de muito e de pouco controle judicial; segundo, introduzirei uma distinção entre diferentes graus de deferência ao Poder Legislativo; terceiro, o problema do controle judicial será reconstruído como um conflito de competências.

1. *Muito e pouco controle*

As três abordagens sobre o modo de atuação dos Tribunais – independente, engajado e supremacista – devem ser entendidas no contexto de dois problemas que qualquer Tribunal deve considerar: o problema da usurpação e o problema da abdicação.[47] A usurpação judicial acontece quando "o judiciário interpreta e aplica direitos de modo a assumir o controle do sistema político [...] com exclusão [...] dos segmentos democraticamente eleitos".[48] Waldron formulou a crítica clássica para esse tipo de ativismo judicial:

> Essa avocação de autoridade judiciária, essa desarticulação das instituições representativas e, acima de tudo, essa grande desigualdade política deveriam ser desaprovadas por qualquer teoria do direito que enfatize, por uma questão de princípios, a importância da participação democrática de homens e mulheres comuns.[49]

A abdicação judicial, por outro lado, ocorre quando os Tribunais se abstêm de proteger apropriadamente os direitos a prestações positivas.[50] Um exemplo é o controle da razoabilidade praticado pelo Tribunal Constitucional da África do Sul, que tem sido criticado por ser dema-

---

[47] MICHELMAN, Frank I., *Socioeconomic Rights in Constitutional Law: Explaining America Away*, 6 INT.'L. J. CONST. L. 663, 683 (2008); YOUNG, supra nota 1, p. 133-4.
[48] YOUNG, supra nota 1, p. 134. Cfe. HIRSCHL, supra nota 32.
[49] WALDRON, Jeremy. *A Right-Based Critique of Constitutional Rights*, 13 OJLS 18, 42 (1993).
[50] YOUNG, supra note 1, at 134.

siado deferente e, assim, oferecer pouquíssima proteção aos direitos a prestações positivas.[51]

A usurpação judicial decorre do excesso de controle, enquanto que a abdicação resulta do controle insuficiente. Na primeira situação, os direitos são protegidos com altos custos para o princípio da democracia, enquanto que na última o Tribunal é reduzido a um papel de mero expectador das omissões do Executivo e do Legislativo. Resulta dessa última situação a proteção do princípio democrático, porém com altos custos para a efetivação dos direitos positivos. Os Tribunais, neste caso, não cumprem com seu papel especial de garantir a necessidade de justificação: eles não garantem que as autoridades estatais apresentem boas razões para suas decisões, função essa de alta relevância para a legitimidade de todo o poder público.[52]

Todavia, essas duas situações — de usurpação e de abdicação — não representam um estrito antagonismo. Ao contrário, elas expressam uma gradação. Ambas representam dois polos extremos de uma sequência[53] de diferentes formas de controle judicial. Contudo, o fato de existir tal gradação é amplamente ignorado. Assim, é importante superar a polarização simplista entre usurpação e abdicação, bem como o caráter "tudo ou nada" da objeção democrática que sempre é oposta à justiciabilidade dos direitos a prestações positivas.[54]

Resta-nos, agora, a tarefa de encontrar o correto equilíbrio entre esses dois polos — usurpação e abdicação — e demonstrar a intensidade

---

[51] Cfe. FREDMAN, supra nota 1, p. 115; KHOSLA, *Making social rights conditional*, supra nota 2, p. 757: "relevância apenas declaratória".

[52] DYZENHAUS,David. *The Politics of Deference: Judicial Review and Democracy*, in THE PROVINCE OF ADMINISTRATIVE LAW 279, 305 (Michael Taggart ed., 1997). Para a ideia de reforço da *accountability* com auxílio dos Tribunais, ver tb. DAVIS, Dennis M. *Adjudicating the Socioeconomic Rights in the South African Constitution: Towards 'Deference lite'?*, 22 S AFR J HUM RTS 301, 319 (2006). Para o problema de muito e de pouco controle, ver tb. Wesson, *Disagreement and the Constitutionalisation of Social Rights*, supra nota 2, p. 245.

[53] Cfe. TUSHNET, Mark. *New Forms of Judicial Review and the Persistence of Rights - and Democracy-Based Worries*, 38 WAKE FOREST LAW REVIEW 813, 824 (2003).

[54] Essa afirmação é relatada por Ferraz, *The Right to Health in the Courts of Brazil*, supra nota 25, p. 35.

correta de controle. Para essa tarefa será útil distinguir três graus diferentes de deferência.

1. *Distinguindo Graus de Deferência*

A fim de descrever com mais acuidade as diferentes intensidades de controle empregadas pelos Tribunais, adotarei uma tríplice escala que permitirá distinguir três diferentes graus de deferência em relação ao Poder Legislativo. Admitirei que esses três graus de deferência se identificam com a tipologia tripartida de Katharine G. Young, que categoriza os Tribunais em independente, engajado e supremacista. Entretanto, Young nega expressamente que sua tipologia tenha uma relação direta com uma escala de controle, que vai de fraco a forte.[55] Discordo dela neste ponto. É manifesto que quando Young descreve os detalhes dos diferentes modelos, ou tipos ideais, fica sugerido que, na realidade, sua tipologia acomoda uma escala de intensidades de controle. Por exemplo, a subespécie "controle da gestão administrativa" é apresentada, sugestivamente, como "uma forma intensificada de controlar o governo".[56]

Um controle de *leve* intensidade equivale a um alto grau de deferência ao Legislativo e se caracteriza pela busca, pelos Tribunais, por erros evidentes do decisor primário. Esse tipo de controle leve é empregado, por exemplo, nos Estados Unidos da América. A Suprema Corte estadunidense controla a legislação social buscando apenas os erros legislativos evidentes que devem ser "tão claros que não estejam abertos ao questionamento racional".[57] Da mesma forma, o Tribunal Constitucional da África do Sul, no início de sua atividade jurisdicional, empre-

---

[55] "Muito importante é salientar que esses tipos não se confundem com um "forte" ou "fraco" controle judicial [...]". YOUNG, supra nota 1, p. 142.

[56] Idem. p. 155. Para a descrição dos outros sub-tipos, ver "apreciação engajada da ação governamental' (147), "vigorosa avaliação (150), "rigorosa apreciação" (162).

[57] THAYER, James B. *The Origin and Scope of the American Doctrine of Constitutional Law*, 7 HARV L REV 129, 144 (1893). Ver, tb. Dandridge v Williams U.S. 397- 471, 485 (Supreme Court US.)

gava uma leve intensidade de controle judicial, como se observa no caso *Soobramoney vs Ministro da Saúde*.[58] O Tribunal Constitucional Federal da Alemanha emprega um controle *leve* apoiando-se no "controle de erros evidentes" das leis que intervêm em direitos a prestações positivas: o Tribunal apenas indaga se a autoridade pública falhou integralmente na tarefa de fornecer provisões para a proteção do direito positivo ou se as provisões feitas são completamente insuficientes ou claramente inadequadas para realizar a proteção.[59]

Um controle de *moderada* (ou intermediária) intensidade, conducente a um grau moderado de deferência, pode ser encontrado na segunda decisão sobre aborto proferida pelo Tribunal Constitucional Federal da Alemanha. O Tribunal deferiu ao Poder Legislativo a tarefa de determinar, em detalhes, o sentido e o alcance da proteção da vida do nascituro. Contudo, o Tribunal controla se a proteção oferecida é apropriada, eficaz e baseada numa minuciosa e cuidadosa investigação de fatos, bem como em avaliações justificáveis.[60]

Por fim, um controle de *séria* intensidade, sinônimo de um pequeno grau de deferência, foi empregado pelo Tribunal Constitucional Federal Alemanha, em sua primeira decisão sobre aborto, ocorrida dezoito anos antes. O Tribunal, à época, enfatizou seu papel de instituição de garantia da efetividade do direito à vida, ainda que isso contrariasse a maioria democrática, supostas necessidades políticas ou uma visão dominante da sociedade.[61] Pode-se apontar também que um controle sério foi empregado nos primeiros anos do Tribunal Constitucional Húnga-

---

[58] Soobramoney v Minister of Health (Kwazulu-Natal) SA 765 §§ 30, 58 (Constitutional Court of South Africa November 27, 1997). Cfe. DAVIS, *Adjudicating the Socioeconomic Rights in the South AfricanConstitution*, supra nota 51, p. 318. Elevada deferência também aparece em Mazibuko v City of Johannesburg SA 1(Constitutional Court of South Africa).

[59] BVerfGE 77, 170 parag. 101.

[60] BVerfGE 88, 203 parag. 166. Ver também YOUNG, supra nota 1, p. 150–5.

[61] BVerfGE 39, 1 parag 207. Sem nenhuma surpresa, essa decisão foi severamente criticada, pelos juízes dissidentes, como um caso de usurpação judicial, ver idem , parag. 222.

ro, o que provocou o comentário de que "era o Tribunal Constitucional Húngaro que, para todos os efeitos, conduzia o país".[62] O "olhar severo"[63] empregado pelo Tribunal Constitucional da África do Sul, em *Khosa vs Ministro do Desenvolvimento Social*[64] também deve ser mencionado neste contexto.

Quando introduzi uma escala triádica de deferências, não quis dizer que seria impossível estabelecer uma escala mais refinada. Bem ao contrário, seria possível empregar até uma escala duplo-triádica, que distinguiria três sub-intensidades no âmbito de cada um desses estágios, o que nos conduziria a nove designações possíveis. Porém, para a maioria das situações uma simples escala triádica pode ser suficiente.

Uma questão central para este artigo é salientar que a escolha desses graus de deferência não deve ser realizada em abstrato, e de maneira definitiva, em nenhuma ordem constitucional. Ao invés disso, a intensidade correta de controle deve ser uma escolha de cada caso particular, conforme às circunstâncias de fato e de direito. Sustento que, para determinar o padrão apropriado de controle, um modelo flexível e sensível às circunstâncias do caso concreto é mais eficaz e, por isso, deve ser preferido aos demais modelos, inclusive ao recém-criado padrão de controle de razoabilidade nos termos do Art. 8 (4) do Protocolo Facultativo do Pacto Internacional dos Direitos Econômicos, Sociais e Culturais (PF-PIDESC).[65]

---

[62] SCHEPPELE, Kim L., *Democracy by Judiciary: Or, Why Courts can be More Democratic than Parliaments*, in RETHINKING THE RULE OF LAW AFTER COMMUNISM 25, 44 (Adam Waldemar Czarnota; Martin Krygier; Wojciech Sadurski eds., 2005).

[63] LIEBENBERG, supra nota 1, p. 329.

[64] Khosa vs Minister of Social Development SA 505 (Corte Constitutional da Africa do Sul). Ver tb. Olivia Road, 3 SA

[65] Cfe. GRIFFEY, Brian. *The 'Resonableness' Test: Assessing Violations of State Obligations under the Optional Protocol to the International Covenant on Economic, Social and Cultural Rights*, 11 HUM RTS L REV 275 (2011). [O Art. 8 (4) do PIDESC estabelece: "Ao examinar comunicações de acordo com o presente Protocolo, o Comitê deve considerar se foram razoáveis as medidas tomadas pelo Estado Parte de acordo com a Parte II do Pacto. Ao fazer isso, o Comitê deve ter em mente que o Estado Parte pode adotar uma gama de possíveis medidas políticas para a implementação dos direitos estabelecidos no Pacto". N. do T.]

Esse modelo flexível está em franca oposição a outros enfoques que tentam estabelecer um único padrão de controle e de deferência.[66] Apenas o modelo flexível pode assegurar que o correto equilíbrio entre os polos de pouco ou de muito controle seja alcançado em todos os casos. Isso fica evidente quando se percebe que o Tribunal Federal Constitucional da Alemanha, por exemplo, não se vale apenas de um dos três modelos para todos os casos. Ao invés disso, altera a intensidade de controle conforme o caso em análise. E isso pode ser constatado já a partir da anterior apresentação de casos que exemplificam os três tipos de controle judicial, pois todos são oriundos da mesma jurisdição constitucional.

Uma objeção que se poderia fazer aqui é que é importante para o Estado de Direito haver previsibilidade na forma de controle judicial, o que certamente é verdade.[67] São questões decisivas, então, saber como poderíamos ter flexibilidade em graus de deferência e, ao mesmo tempo, assegurar a desejada previsibilidade. A resposta a isso depende da reconstrução do *controle judicial* como um conflito de competências que pode ser resolvido a partir de um procedimento de ponderação.

2. *Um conflito de competências*

O problema institucional do controle judicial pode ser reconstruído como um conflito de competências. O conflito reside entre a competência do Legislativo para decidir sobre questões de direito positivo, de um lado; e, de outro, a competência do Tribunal Constitucional para controlar tais decisões. Uma competência é uma capacidade juridicamente estabelecida para alterar uma situação normativa a partir de um ato institucional.[68]

---

[66] Com o propósito de estabelecer um modelo geral e fraco de controle judicial por meio do diálogo, ver, DIXON, *Creating Dialogue about Socioeconomic Rights*, supra nota 39, p. 393.
[67] Cfe. WESSON. *Disagreement and the Constitutionalisation of Social Rights*, supra nota 2, p. 224.
[68] ROSS, Alf. DIRECTIVES AND NORMS, p. 130 (1968).

Aceitamos aqui que as competências são tipos específicos de normas, chamadas princípios, em oposição às regras. A teoria dos princípios faz distinção entre princípios formais e materiais.[69] Competências são princípios formais. Estabelecem quem deve tomar as decisões materiais em um dado ordenamento jurídico e retratam a dimensão da autoridade num sistema jurídico.[70]

Como princípios, as competências são mandamentos de otimização. Em relação a essa característica não há diferenças entre princípios formais e materiais. Ambos demandam que algo seja realizado na maior medida possível dadas as possibilidades de fato e de direito.[71] As possibilidades jurídicas que importam definem-se a partir de princípios colidentes.[72]

Essa abordagem teórico-principiológica se harmoniza muito bem com o problema do controle judicial. As Constituições modernas visam proteger a competência de Parlamentos democraticamente eleitos, mas também se empenham na proteção de direitos por meio de um controle de competências exercido pelos Tribunais. Ambas as competências são princípios constitucionais e, dessa forma, devem ser realizadas na maior medida possível. Então, a questão não é saber se o Judiciário deve determinar a extensão das obrigações positivas do Estado ou, alternativamente, se essa tarefa é do Legislativo. O problema do controle judicial

---

[69] ALEXY, R. A THEORY OF CONSTITUTIONAL RIGHTS, p.58, 82, 192, 313, 416. [ou, ALEXY, R. Teoria dos direitos fundamentais. Trad. Virgílio A. da Silva. Ed. Malheiros, São Paulo, 2008, p. 104-106, 138-139, 295, 468-469, 615, N. do T.] Para ver desenvolvimentos mais recentes, consultar ALEXY, Robert, *Comments and Responses*, in INSTITUTIONALIZED REASON: THE JURISPRUDENCE OF ROBERT ALEXY 329, 330–1 (Matthias Klatt ed., 2012). QUISPE, Jorge A. Portocarrero. *Zu Begriff und Struktur der formellen Prinzipien*, in PRINZIPIENTHEORIE UND THEORIE DER ABWÄGUNG 200 (Matthias Klatt ed., 2013). BOROWSKI, Martin. *Formelle Prinzipien und Gewichtsformel*, in PRINZIPIENTHEORIE UND THEORIE DER ABWÄGUNG 151 (Matthias Klatt ed., 2013).
[70] KLATT; MEISTER, supra nota 1, p. 135–46.
[71] Cfe. ALEXY, A THEORY OF CONSTITUTIONAL RIGHTS p. 47. [ou ALEXY, Teoria dos direitos fundamentais, trad. Virgilio A. Silva, Malheiros, SP, p. 90, N. do T.]
[72] KLATT; MEISTER, supra nota 1, p. 10.

não é uma questão excludente do tipo "um ou outro": é uma questão de grau.

Se é correto afirmar que o problema institucional do controle judicial é um conflito entre princípios formais, e não um conflito entre regras, então a solução para o problema não é simplesmente uma questão de interpretação das normas de competências. Em vez disso, deve-se empregar um procedimento de ponderação.[73]

IV. Ponderando competências

Nesta seção explicarei com mais detalhes como as competências podem ser ponderadas. Em primeiro lugar, definirei o que é essa ponderação de competências. Em segundo lugar, transporei a Lei da Ponderação, de Alexy, do âmbito dos princípios materiais para o dos princípios formais. Em terceiro, discutirei uma lista de fatores que devem ser utilizados para determinar o peso concreto das competências do Legislativo e do Judiciário. Em quarto, tecerei considerações a respeito de uma forte objeção à minha teoria, em relação à sua capacidade de conduzir o problema do controle judicial a uma solução flexível.

1. *A ideia de ponderar competências*

Levar as competências colidentes à arena da ponderação permite conciliar a obrigação constitucional de transformar direitos positivos em realidade concreta, sem desrespeitar a autoridade do Legislativo e do Executivo.[74] Também permite entender melhor o papel do Judiciá-

---

[73] Cf. ALEXY, Robert. *On Balancing and Subsumption*, 16 RATIO JURIS 433 (2003).
[74] Quanto a isso, ver MENDES, *"The Judiciary and the Right to Health"*, supra nota 37, 7. Para a ideia de assegurar um equilíbrio entre a vigilância do Judiciário e a deferência ao Legislativo, ver PIETERSE, Marius. *Coming to Terms with Judicial Enforcement of Socio-Economic Rights*, 20 S AFR J HUM RTS 383, 411, 417 (2004); WINKLER, I.T.; MAHLER; C. *Interpreting the Right to a Dignified Minimum Existence: A New Era in German Socio-Economic Rights Jurisprudence?*, 13 HUM RTS L REV 388, 395 (2013).

rio na tutela dos direitos a prestações positivas, algo que, se exige mais intenso controle da atuação dos demais Poderes, ainda assim preserva considerável discricionariedade a estes últimos.[75] O objetivo do modelo ponderado de controle judicial é proteger direitos positivos de um modo que seja possível reduzir o "risco de uma interferência indevida no autogoverno democrático."[76]

A principal função da ponderação de competências é superar a abordagem dicotômica que, de maneira excludente, objetiva garantir – seja ao Judiciário, seja ao Legislativo – a máxima autoridade (ou estrita prioridade) para decidir, independentemente das circunstâncias do caso concreto. A "competência institucional relativa" dos Tribunais é uma questão de combinar os pesos relativos do Judiciário e do Legislativo.[77] Essa combinação deve ser alcançada com atenção às circunstâncias dos casos concretos, e não a partir de mero exercício abstrato de ponderação. Assim, a correta intensidade de controle judicial sempre será sensível às circunstâncias, não apenas do sistema jurídico em particular, mas também do caso específico.[78] Como lembra Sadurski, "tal cálculo não pode ser feito em abstrato."[79] Encontrar o equilíbrio entre as competências do Judiciário e do Legislativo (ou Executivo) é algo "muito mais contingente às circunstâncias do contexto concreto do que tem sido usualmente admitido pelo discurso público ou teórico."[80]

Entretanto, Tushnet tem criticado tal abordagem sensível ao caso

---

[75] Cf. WESSON, *Disagreement and the Constitutionalisation of Social Rights*, supra nota 2, p.228.
[76] Cfe. TUSHNET, *New Forms of Judicial Review and the Persistence of Rights-and Democracy-Based Worries*, supra nota 52, p. 814.
[77] Cf. A vs Secretary of State for the Home Department UKHL 56 § 29 (House of Lords December 16, 2004), accesso em 17 de março de 2014, http://www.bailii.org/uk/cases/UKHL/2004/56.html.
[78] DIXON, *Creating Dialogue about Socioeconomic Rights*, supra nota 39, p. 393, 413. Ver tb. PIETERSE, *Coming to Terms with Judicial Enforcement of Socio-Economic Rights*, supra nota 74, p. 417.
[79] SADURSKI, *Judicial Review and the Protection of Constitutional Rights*, supra nota 38, p. 280.
[80] Id. 298.

concreto. De acordo com ele, um modelo flexível de *"judicial review* pode degenerar num retorno à supremacia do Parlamento ou a uma forma intensa de controle judicial."[81] Em claro contraste com esse entendimento, o presente artigo sustenta que os mecanismos descritos por Tushnet, se verdadeiros em essência, representam uma vantagem real — e não uma desvantagem — para o modelo ponderado de controle judicial, já que por esta via se pode assegurar a necessária flexibilidade para atingir a correta intensidade de controle judicial em cada caso.

A decisão judicial de casos que envolvem direitos a prestações positivas não é uma tarefa que se resuma a garantir o correto equilíbrio entre princípios materiais colidentes, tal como proteger o direito e também a estabilidade do orçamento público. Julgar tais casos implica, igualmente, o dever de estabelecer o correto equilíbrio entre os princípios *formais* colidentes. Quero dizer com isso que a pretensão de correção, inerente a qualquer decisão judicial, deve abarcar a correção material – que reclama equilíbrio entre interesses materiais – e também a correção formal, que demanda equilíbrio entre as competências em jogo.[82] A pretensão de correção formal também pode ser descrita, nos termos de Joseph Raz, como "pretensão de autoridade do direito".[83]

A pretensão de correção implica uma pretensão de justificação.[84] Consequentemente, temos de determinar quais razões devem ser for-

---

[81] TUSHNET, *New Forms of Judicial Review and the Persistence of Rights - and Democracy -Based Worries*, supra nota 52, p. 814.
[82] Sobre a pretensão de correção, ver ALEXY, Robert, *Law and Correctness*, in CURRENT LEGAL PROBLEMS 205 (M.D.A Freeman ed., 1998); KLATT, Matthias, *Robert Alexy's Philosophy of Law as System*, in INSTITUTIONALIZED REASON: THE JURISPRUDENCE OF ROBERT ALEXY 1, 5-6, 12-13, 15-16 (Matthias Klatt ed., 2012).
[83] RAZ, Joseph. *Authority, Law and Morality*, 68 THE MONIST 295, 295 (1985). Ver também GARDNER, John. *How Law Claims, What Law Claims*, in INSTITUTIONALIZED REASON: THE JURISPRUDENCE OF ROBERT ALEXY 29, 30, 38-41 (Matthias Klatt ed., 2012).
[84] ALEXY, *Law and Correctness*, supra nota 82, p. 208; ALEXY, Robert. THE ARGUMENT FROM INJUSTICE: A REPLY TO LEGAL POSITIVISM 78 (2002); Klatt, *Robert Alexy's Philosophy of Law as System*, supra nota 82, p. 15.

necidas pelos Tribunais para justificar sua autoridade de controlar os demais Poderes num caso concreto. Contudo, o exame dessas razões depende de um bom entendimento da estrutura da ponderação.

2. *A Lei da Ponderação*

A estrutura da ponderação decorre, claramente, da (primeira) Lei da Ponderação, que diz o seguinte: "Quanto maior for o grau de não satisfação ou de afetação de um princípio, tanto maior terá que ser a importância da satisfação do outro."[85] Originalmente, essa lei foi idealizada por Robert Alexy para atender à ponderação de princípios materiais. Sustento, contudo, que ela também é aplicável à ponderação de princípios formais, ou seja, às competências. A ponderação de competências, então, pode ser decomposta em três passos.[86] O primeiro passo consiste em estabelecer o grau de não satisfação da primeira competência. No segundo, é preciso estabelecer a importância de satisfazer a competência concorrente. Finalmente, no terceiro passo, é preciso estabelecer se a importância de satisfazer a última competência justifica a não satisfação da primeira.

Como no caso da ponderação de princípios materiais, aqui também uma escala triádica pode ser empregada para determinar o peso concreto de uma competência. Essa escala também é formada pelos estágios leve, moderado e sério.[87] Então, o peso de um Tribunal Constitucional no controle do Legislativo pode, em um dado caso, ser leve, moderado ou sério, conforme as exigências das circunstâncias. Recipro-

---

[85] ALEXY, A THEORY OF CONSTITUTIONAL RIGHTS p.102. [ou ALEXY, Teoria dos direitos fundamentais, Trad. Virgílio A. Silva, Malheiros, SP, 2008, p. 167, N. do T.] Sobre a segunda Lei da Ponderação, relacionada com a segurança epistêmica, ver KLATT; MEISTER, supra nota 1, p. 11, 80-83.
[86] Cf. id. 10.
[87] KLATT; MEINSTER, supra nota 1, p. 12-13, 34-36; ALEXY, Robert. *The Weight Formula*, in STUDIES IN THE PHILOSOPHY OF LAW. FRONTIERS OF THE ECONOMIC ANALYSIS OF LAW 9, 15 (Jerzy Stelmach; Bartosz Brozek; Wojciech Zaluski eds., 2007).

camente, a competência do Legislativo para decidir a respeito da proteção de direitos a prestações positivas também pode ser leve, moderada ou séria. De acordo com os valores que serão atribuídos às competências colidentes, o terceiro passo da ponderação estabelecerá uma preferência entre as duas competências.[88]

Às vezes, porém, o conflito de competências subjacente ao controle judicial é simplesmente negado. O Ministro Gilmar Mendes afirma que o Supremo Tribunal Federal brasileiro "luta cuidadosamente para evitar qualquer interferência negativa nas atividades do Legislativo."[89] Em contraste com essa abordagem, e segundo o modelo aqui defendido, qualquer controle judicial será uma interferência na competência do Legislativo para decidir sobre direitos a prestações positivas. A questão não é se há ou não interferência mas, sim, qual é o peso dessa interferência. Essa abordagem tem a vantagem de ser transparente quando comparada com qualquer outra solução que simplesmente negue a existência do conflito de competências.

A Lei da Ponderação determina a estrutura interna da ponderação de competências. Assim, qualquer decisão relativa a um conflito de competências que seguir essa estrutura interna terá justificação de um ponto de vista interno.[90] Entretanto, depende-se muito também de como se vai justificar a avaliação dos pesos das competências por via da escala triádica. Essa *justificação externa* deve ser elaborada com atenção

---

[88] As situações de impasse que ocorrem nos cenários leve/leve, moderado/moderado e sério/sério, não serão abordadas com maior profundidade aqui. Sobre isso, ver KLATT; MEINSTER, supra nota 1, p. 58.
[89] Mendes, "*The Judiciary and the Right to Health*", supra nota 37, 7.
[90] Sobre as diferenças entre justificação interna e externa, ver KLATT; MEISTER, supra nota 1, p. 54; KLATT, Matthias; SCHMIDT, Johannes. *Epistemic Discretion in Constitutional Law*, 10 INT'L. J. CONST. L. 69, 74 (2012); ROBERT ALEXY, A THEORY OF LEGAL ARGUMENTATION: THE THEORY OF RATIONAL DISCOURSE AS THEORY OF LEGAL JUSTIFICATION, p.211 (1989). [ou, ALEXY, R. Teoria da Argumentação Jurídica. A teoria do discurso racional como teoria da fundamentação jurídica. Trad. Zilda H. S. Silva, Rev. Cláudia Toledo. Rio de Janeiro, RJ. Forense, p. 219 e ss. N. do T.]

às circunstâncias do caso concreto. Depende-se de argumentos que são externos à ponderação em si mesma, isto é, que estejam relacionados com o peso concreto de certa interferência numa dada competência. Para melhor esclarecer a justificação externa, a próxima seção discutirá vários fatores que podem ser empregados para determinar o peso concreto de uma competência.

3. *Determinando o peso de competências*

O peso concreto da competência do Legislativo para decidir sobre a aplicação de direitos a prestações positivas – como também da competência de um Tribunal Constitucional para controlar essa competência – pode ser determinado a partir de vários fatores. A lista seguinte contém quatro fatores e não pretende ser excludente. Ou seja, pode, muito bem, ser complementada por outros fatores. A discussão aqui proposta, no entanto, deve ser suficiente para demonstrar como o processo de justificação externa pode funcionar.[91] A essência dessa minha argumentação é estruturar a intensidade de controle judicial para casos que envolvem direitos a prestações positivas, a partir de fatores que indiquem diferentes tipos de circunstâncias em que os Tribunais deveriam aplicar uma leve, moderada ou séria intensidade de controle das decisões do Legislativo relacionadas com o bem-estar.

Um primeiro fator que influencia no peso da competência do decisor primário é a *qualidade da decisão*. Quanto melhor for a qualidade da decisão legislativa, tanto maior deve ser o peso atribuído à competência do decisor primário. Consequentemente, mais séria deve ser con-

---

[91] Sobre a diferença entre justificação interna e externa, ver KLATT; MEISTER, supra nota 1, p. 54; KLATT, Matthias; SCHMIDT, Johannes. *Epistemic Discretion in Constitutional Law*, 10 INT 'L. J. CONST. L. 69, 74 (2012); ALEXY, Robert. A THEORY OF LEGAL ARGUMENTATION: THE THEORY OF RATIONAL DISCOURSE AS THEORY OF LEGAL JUSTIFICATION 211 (1989). [ou ALEXY, R. TEORIA DA ARGUMENTAÇÃO JURÍDICA. Trad. Zilda H. S. Silva, Rev. Claudia Toledo, 3a. ed. Rio de Janeiro, Forense, 2013, p. 219 e ss. N. do T.]

siderada qualquer interferência nessa competência pela via do controle judicial. A qualidade da decisão primária pode ser aferida, por exemplo, pela avaliação dos argumentos que a justificam. Quanto mais extensos e convincentes forem esses argumentos, melhor será a qualidade da decisão. Este fator está presente, por exemplo, no julgamento do Tribunal Constitucional da África do Sul, a respeito do direito à moradia adequada, tal como protegido pela Seção 26 da Constituição da África do Sul. Num caso em que o Estado buscou uma ordem de despejo que resultou em deixar muitas pessoas sem moradia, o Tribunal considerou se as autoridades se empenharam efetivamente para realizar um acordo com essas pessoas afetadas, de modo a obter um entendimento.[92] O conceito de "significativo envolvimento" impôs ao Estado o dever de consultar os afetados pelas decisões políticas e, assim, tornou-se muito relevante para apreciar a qualidade das decisões primárias. Se esse dever for cumprido, então o peso da competência das autoridades para decidir é tão elevado que o Tribunal deve se abster de exercer um controle rigoroso.[93] Ao contrário, numa situação diferente, na qual o envolvimento seja insuficiente – isto é, quando houver falta de envolvimento significativo por parte do Estado – e se houver "graves falhas na comunicação" de parte das autoridades governamentais, tudo isso pode indicar que os Tribunais devem se preparar para atuar um controle mais rigoroso, isto é, para avaliar com mais seriedade o peso de sua competência nessas circunstâncias.[94] Por detrás desse julgamento há, na realidade, uma escala que vai do mero envolvimento, passa pelo envolvimento razoável e vai até um envolvimento significativo do Tribunal.[95] Pode-se dizer, então,

---

[92] Olivia Road, 3 SA at §§ 17–18
[93] Id., §§ 25–28.
[94] Residentes da comunidade Joe Slovo, Western Cape vs Thubelisha Homes and others SA 454 §§ 378 –379 (Corte Constitucional da África do Sul, 10 Jun 2009). Para mais detalhes, ver PILLAY, *Toward effective social and economic rights adjudication,* supra nota 39, p.742–5.
[95] Cf. id. 744.

que a qualidade da decisão primária ao longo dessa escala pode aumentar ou diminuir, respectivamente. Pode-se dizer, ademais, que os procedimentos adotados pelas autoridades estatais, somado à qualidade das informações reunidas, importam para aferir a qualidade da decisão.[96]

Afora isso, para avaliar a qualidade da decisão primária poder-se-ia considerar, igualmente, a *expertise do decisor primário*. Presume-se que a *expertise* fortalece a qualidade e, portanto, o peso da competência para decidir. Esse é um fator familiar, por exemplo, ao federalismo estadunidense.[97] É, de igual modo, amplamente reconhecido pela literatura.[98] Assim, a competência dos Tribunais para controlar uma decisão fundada em conhecimentos especializados se enfraquece, como já foi reconhecido pelo Tribunal Constitucional da África do Sul, na *Treatment Action Campaign*:

> Os Tribunais não estão institucionalmente equipados para fazer os amplos questionamentos políticos e factuais necessários para determinar o que o núcleo mínimo [...] deveria ser, nem para decidir como a receita pública deve ser mais eficientemente dispendida. [...] Os Tribunais estão mal equipados para decidir sobre questões que podem gerar múltiplas consequências econômicas e sociais para a comunidade. A Constituição estabelece, ao invés, que os Tribunais devem ter uma atuação mais contida e com foco mais específico [...].[99]

---

[96] Mazibuko vs City of Johannesburg SA at § 71
[97] TEITZ, Louise E. *Taking Multiple Bites of the Apple: A Proposal to Resolve Conflicts of Jurisdiction and Multiple Proceedings*, 26 INT'L LAW 21, 57, sec. 3 e (1992): "direito substantivo passível de aplicação e a relativa familiaridade da Corte afetada por esse direito".
[98] KAVANAGH, Aileen. *Deference of Defiance? The Limits of the Judicial Role in Constitutional Adjudicating*, in EXPOUNDING THE CONSTITUTION: ESSAYS IN CONSTITUTIONAL THEORY 184, 184 (Grant Huscroft ed., 2008); KING, Jeff A. *Institutional Approaches to Judicial Restraint*, 28 OJLS 409, 433 ff. (2008); WESSON, *Disagreement and the Constitutionalisation of Social Rights*, supra nota 2, p. 239.
[99] Minister of Health vs Treatment Action Campaign SA 721 §§ 37–38 (Corte Constitucional da Africa do Sul, 05 Jul 2002). Ver tb. Vincent Panikurlangara vs Union of India SCC 165 173 (A Suprema Corte da India argumenta que sua competência tem apenas um peso leve quando temas complexos ou técnicos estão em jogo. Cf. KHOSLA. *Making social rights conditional*, supra nota 2, p. 752.

Por fim, a *qualidade e a eficácia do sistema jurídico* como um todo também podem influenciar na avaliação da qualidade da decisão primária. Quanto melhor é o desempenho geral do sistema jurídico, maior deve ser o peso atribuído ao decisor primário. Regras processuais claras e consistência na definição de objetivos políticos, por exemplo, podem ser admitidos como indicadores para este fator. Por outro lado, se o sistema jurídico revela uma ampla variedade de disfunções legislativas ou administrativas, então o peso da competência do Tribunal para controlar deve se elevar. Um exemplo desta última situação ocorreu na Colômbia, após a entrada em vigor da Constituição de 1991[100]. O Tribunal Constitucional empregou um controle judicial bastante rigoroso, e transformou significativamente a estrutura do financiamento da saúde no país. De acordo com um ex-magistrado do Tribunal Constitucional, a razão para essa abordagem proativa foi que "tínhamos um Congresso tão ruim que não havia escolha a não ser tentar fazer algo."[101]

Um segundo fator que influencia o peso relativo concreto das competências do Legislativo e do Judiciário é a *segurança epistêmica das premissas* argumentativas para decidir. Quanto maior for a insegurança epistêmica das premissas, mais peso deve ser atribuído à competência da instituição que tem a especial autoridade para solucioná-la – ou para decidir, a despeito da incerteza.[102]

Insegurança epistêmica pode existir tanto em relação às premissas normativas, quanto em relação às premissas empíricas. O Tribunal Federal Constitucional da Alemanha, por exemplo, já decidiu que o peso da competência do Legislativo se eleva diante da insegurança empírica,

---

[100] Cfe. YOUNG, supra nota 1, p. 196–200.
[101] Apud, LANDAU, *Political Institutions and Judicial Role in Comparative Constitutional Law*, supra nota 38, p. 348.
[102] FRITZSCHE, Alexander. *Discretion, Scope of Judicial Review and Institutional Balance in European Law*, 47 CMLREV 361, 372–5 (2010).

uma vez que é, precipuamente, tarefa sua decidir em situações desse tipo de incerteza:

> Quando o Legislativo está constitucionalmente obrigado a empregar meios eficazes e suficientes para proteger um interesse jurídico, ele detém discricionariedade para valorar e para fazer escolhas políticas. O alcance dessa discricionariedade depende de vários fatores diferentes, inclusive [...] da possibilidade de formar uma convicção suficientemente *confiável*, em especial sobre os *desenvolvimentos futuros,* como as consequências de uma norma jurídica [...].[103]

Isso é particularmente verdadeiro em situações de insegurança empírico-epistêmica, quando é preciso fazer prognósticos sobre os desenvolvimentos futuros de uma decisão, como foi reconhecido pela Câmara dos Lordes do Reino Unido:

> [...] Eu aceitaria que se desse *elevado peso* ao juízo do Secretário do Interior, dos seus colegas e do Parlamento nessa questão, porque eles foram chamados a exercer um juízo eminentemente político. Isso implica fazer um *prognóstico fático* sobre o que várias pessoas ao redor do mundo farão, ou não [...]. E qualquer *previsão sobre o comportamento futuro* dos seres humanos (em oposição às fases da lua ou à maré alta na Ponte de Londres) é necessariamente problemática.[104]

Na União Europeia, a falta de consenso científico fortalece a competência do Estado para decidir, em face da competência do Tribunal de Justiça da União Europeia.[105]

---

[103] BVerfGE 88, 203 parag. 188, destaques do autor.
[104] A v Secretary of State for the Home Department UKHL, § 29, destaques do autor.
[105] Commission vs Denmark ECR I-9693 § 43 (EuGH. Cf. PAUL P. CRAIG, EU ADMINISTRATIVE LAW 706 (2006); GERARDS, Janneke. *Pluralism, Deference and the Margin of Appreciation Doctrine*, 17 EUR L J 80, 96–7 (2011).

Admite-se, também, um peso especial para a competência do Legislativo em caso de insegurança normativo-epistêmica, decorrente de questões politicamente contestáveis:

> Quanto mais politicamente pura [...] for uma questão, tanto mais apropriada será uma solução política e menos probabilidade haverá de ser um tema para decisão judicial. Menor, portanto, será o papel potencial do Tribunal. É função dos órgãos políticos, e não dos judiciais, resolver questões políticas. Consequentemente, quanto maior for o conteúdo jurídico de qualquer matéria, mais importante há de ser o papel potencial do Tribunal porque, sob nossa Constituição e sujeitos ao poder soberano do Parlamento, é função dos Tribunais, e não dos órgãos políticos, decidir sobre questões jurídicas.[106]

Muito importante para essa linha de pensamento é saber se existe, ou não, consenso em relação às premissas normativas da decisão: quanto mais consenso houver a respeito das questões normativas, menos peso deve ser atribuído à discricionariedade legislativa; e maior deve ser a importância do controle por um Tribunal. Por outro lado, se uma questão normativa é fortemente contestada, isso aumenta o peso da competência do Legislativo, uma vez que esse é o fórum primário dos debates democráticos. Esse aspecto é realmente muito considerado no sistema jurídico do Reino Unido, onde juízes ressaltam que

> as matérias de política social ou econômica podem gerar opiniões razoavelmente divergentes numa sociedade democrática e as escolhas que devem ser feitas em nome do país como um todo devem ser deixadas, apropriadamente, para o Governo e para o Legislativo.[107]

---

[106] A v Secretary of State for the Home Department UKHL, § 29
[107] Id., parag. 108. Ver tb. Donoghue vs Poplar Housing & Regeneration Community Association Ltd & Anor EWCA Civ 595 § 69 (Court of Appeal, England and Wales, 27 Abril 2001), acesso em 19 mar 2014.

Por outro lado, a preferência do Legislativo para decidir nesses casos de insegurança não deve servir de pretexto para que os Tribunais simplesmente se omitam por causa da presunção de insegurança. Consequentemente, os Tribunais têm, ao menos, o dever de controlar se existe realmente a insegurança, e dizer se a decisão — tomada dentro de certas margens — foi racional e coerente com o devido processo.[108] Isso ficou evidente, por exemplo, num caso sul-africano. Ocorreu que o governo negou a um cidadão o fornecimento de um medicamento chamado *nevirapina* (utilizado no tratamento do HIV) por causa de preocupações relativas à segurança do próprio paciente. O Tribunal, por sua vez, determinou que o Governo comprovasse que essas preocupações se baseavam em evidências e que não eram, simplesmente, invencionices.[109]

A *legitimidade democrática* de uma decisão é um terceiro fator a determinar o peso concreto de uma competência.[110] Quanto mais elevada é a legitimidade democrática de uma competência, mais importante será essa competência. A legitimidade democrática admite gradações.[111] No Reino Unido, a legitimidade democrática do Parlamento é utilizada para oferecer "maior deferência a um Ato do Parlamento do que a uma decisão do Executivo ou a uma medida subordinada."[112]

---

[108] Commission vs Denmark ECR p. §§ 45–47; GERARDS, *Pluralism, Deference and the Margin of Appreciation Doctrine*, supra nota 105, p. 96–7.

[109] Minister of Health vs Treatment Action Campaign SA p. §§ 57–67 Cfe. FREDMAN, supra nota 1, p. 118. Ver nota BVerfGE 45, 187 parag. 175.

[110] KAVANAGH, Deference of Defiance?, supra nota 98, p. 184; KING, *Institutional Approaches to Judicial Restraint*, supra nota 98, p. 428–9. Rejeitando a legitimidade democrática como fator, contudo, JOWELL, Jeffrey. *Judicial deference: servility, civility or institutional capacity?* PUB L 592 (2003).

[111] Cfe. RIVERS, Julian. *Constitutional Rights and Statutory Limitations*, in INSTITUTIONALIZED REASON: THE JURISPRUDENCE OF ROBERT ALEXY 248, 254 (KLATT, Matthias ed., 2012); ALAN D. P. BRADY, PROPORTIONALITY AND DEFERENCE UNDER THE UK HUMAN RIGHTS ACT: AN INSTITUTIONALLY SENSITIVE APPROACH 107–13 (2012).

[112] International Transport Roth GmbH v Secretary of State for the Home Department, 2003 Q.B. 728 765 (Court of Appeal (England and Wales), 13 mai 2003), acesso 21 mai 2012. Cf. Julian Rivers, Proportionality and Variable Intensity of Review, 65 CAM L J 174, p. 204 (2006).

A *legitimidade democrática*, porém, nem sempre conta exclusivamente a favor da competência do Legislativo em face de um Tribunal constitucional. Como demonstrado por Dixon e Fredman, os Tribunais podem, facilmente, cumprir uma função democraticamente sustentável. O controle judicial pode "ajudar a evitar falhas de inclusão e de responsividade no processo político" — temas que Dixon rotulou de "pontos cegos" e de "ônus da inércia."[113] Na medida em que um Tribunal cumpre essa função, o fator *legitimidade democrática* fortalece sua competência para controlar. Por outro lado, o fator da *legitimidade democrática* só apoia a competência do Legislativo para decidir se o processo legislativo não estiver viciado pelos pontos cegos ou pela inércia.

Podemos ver, novamente, e com muita clareza, que o equilíbrio de competências depende de circunstâncias concretas, e neste caso, do desempenho do processo legislativo majoritário. Mais ainda, fica evidente, a partir dessa argumentação, que a objeção democrática levantada contra o controle judicial[114] também implica gradação, e que sua força persuasiva depende das circunstâncias.

A fim de estabelecer, com mais detalhes, quando a legitimidade democrática pesa em favor da competência dos Tribunais, temos de empregar os "três valores-chave" da democracia, tal como ressaltados por Sandra Fredman, *accountability*, participação e igualdade.[115] O modelo ponderado aqui defendido, na verdade, corresponde fortemente à afirmação dela segundo a qual "o papel dos Tribunais é, dessa forma, legítimo na medida em que puderem cumprir um papel auxiliar em cada um desses valores."[116]

---

[113] Dixon, Creating Dialogue about Socioeconomic Rights, supra nota 39, p. 394, 402.
[114] JEREMY WALDRON, LAW AND DISAGREEMENT, p. 165–87 (1999).
[115] FREDMAN, supra nota 1, p. 103–13.
[116] Id. 103. Ver tb. a teoria de Ely sobre a função do controle judicial como reforço da representação democrática, JOHN HART ELY, DEMOCRACY AND DISTRUST: A THEORY OF JUDICIAL REVIEW 103 (1980).

O último fator que será analisado aqui é a importância dos *princípios materiais*. Quanto mais intensamente uma decisão legislativa afetar um princípio material, ou seja, um direito humano ou um bem coletivo, menos importante será a importância da competência legislativa para decidir autonomamente, e mais importante será a competência do Tribunal para controlar essa decisão.[117] A intensidade da interferência na competência do Legislativo — pelo controle judicial — corresponde diretamente à intensidade da interferência em um princípio material por uma decisão legislativa. Se princípios materiais não são afetados de maneira alguma, a importância da competência legislativa será muito elevada e a importância do controle judicial, por sua vez, será muito reduzida. Esse fator tem sido aceito pelo Tribunal Constitucional Federal da Alemanha:

> Quando o Legislativo está constitucionalmente obrigado a empregar meios eficazes e suficientes para proteger um interesse jurídico, ele detém discricionariedade de valoração e de escolha política. O alcance dessa discricionariedade depende de vários fatores diferentes, inclusive [...] da *importância dos interesses jurídicos* envolvidos.[118]

Isso está em perfeita consonância com a visão da Corte Europeia de Direitos Humanos, que sustenta

> o alcance da margem de apreciação das autoridades nacionais depende [...] da natureza do direito envolvido. [...] *A importância de tal direito para o indivíduo deve ser levada*

---

[117] Cfe. LESTER, Anthony Paul; PANNICK, David. HUMAN RIGHTS LAW AND PRACTICE, 2nd ed. 97 (2004); CAROLAN, Eoin. THE NEW SEPARATION OF POWERS: A THEORY FOR THE MODERN STATE 106–37 (2009); PAVLAKOS, George; PAUWELYN, Joost. *Principled Monism and the Normative Conception of Coercion Under International Law*, in BEYOND THE ESTABLISHED LEGAL ORDERS: POLICY INTERCONNECTIONS BETWEEN THE EU AND THE REST OF THE WORLD 317, 323 (EVANS, Malcolm David; KOUTRAKOS, Panos (eds.), 2011).

[118] BVerfGE 88, 203 parag. 188, os destaques são do autor. Ver tb. BVerfGE 45, 187 parag. 175

em conta na determinação do alcance da margem de apreciação conferida ao Governo.[119]

Rivers sintetizou esse aspecto na seguinte regra:

> Quanto mais séria for a restrição a um direito, tanto mais intenso deve ser o controle pelos Tribunais.[120]

Este fator também está presente, por exemplo, na jurisprudência do Tribunal Constitucional da Colômbia, que se preocupa em realizar um rigoroso controle judicial quando a "importância normativa" do direito em questão é elevada.[121] O mesmo ocorre quando o autor do pedido está em posição de "manifesta vulnerabilidade", ou quando o direito em questão está intimamente ligado a direitos fundamentais, tais como, o direito à vida, integridade ou dignidade.[122]

Por fim, e de acordo com a Câmara dos Lordes, um minucioso controle judicial é particularmente cabível quando está em jogo a proteção de minorias contra a maioria democrática:

> Posto de outra forma, a margem de discricionariedade que os Tribunais deixarão ao Executivo e ao Parlamento quando esse direito estiver em questão será menor do que em outros contextos. [...] Estamos lidando com ações to-

---

[119] Gillow vs The United Kingdom parag. 55 (EGMR 24 Nov 1986), acesso em 14 Ago 2012, os destaques são do autor. Cfe. BREMS, Eva. *The Margin of Appreciation Doctrine in the Case-Law of the European Court of Human Rights*, HJIL 240, 264 (1996).

[120] RIVERS, *Constitutional Rights and Statutory Limitations*, supra nota 111, p. 252. Ver tb. ALEXY, *Comments and Responses*, supra nota 69, p. 346; ALEXY, Robert., *Thirteen Replies*, in LAW, RIGHTS AND DISCOURSE: THEMES FROM THE LEGAL PHILOSOPHY OF ROBERT ALEXY 333, 333, 346 (PAVLAKOS, George ed., 2007); GERARDS, *Pluralism, Deference and the Margin of Appreciation Doctrine*, supra nota 105, p. 91-92, 100-101.

[121] YOUNG, supra nota 1, p. 197, ref. a Nunes, *Ideational Origins of Progressive Judicial Activism*, supra nota 44.

[122] SEPÚLVEDA, Magdalena. *Columbia: The Constitutional Court's Role in Addressing Social Injustice*, in SOCIAL RIGHTS JURISPRUDENCE: EMERGING TRENDS IN INTERNATIONAL AND COMPARATIVE LAW 144, 144, 150, 152 (LANGFORD, Malcolm ed., 2008). Ver tb. WESSON, *Disagreement and the Constitutionalisation of Social Rights*, supra nota 2, p. 242–3.

madas em nome da sociedade como um todo e que *afetam os direitos e as liberdades do indivíduo*. E os Tribunais devem legitimamente *intervir* aqui [...]. Isso é uma garantia essencial, se direitos individuais e liberdades devem ser protegidos numa sociedade democrática que respeita o princípio de que a minoria, mesmo que impopular, tem os mesmos direitos que a maioria."[123]

Nessa perspectiva, é necessário determinar o que está em jogo para os direitos humanos ou bens coletivos para que se possa decidir a respeito dos pesos concretos das competências colidentes. Para essa tarefa, a categorização proposta por Wesson pode ser útil. Admitiremos que os três aspectos levantados por ele — quais sejam, a hipossuficiência (na vida em sociedade) do reclamante, a urgência das necessidades do reclamante e as intercessões entre o direito a prestações positivas e outros direitos — podem ser indicativos da maior relevância material da decisão e, por conseguinte, de maior importância da competência dos Tribunais para controlá-la.[124] Nessas situações, portanto, é de presumir que um mais intenso controle judicial seja justificável.

Para a abordagem defendida no presente artigo é extremamente importante destacar que nenhum desses quatro fatores antes considerados é suficiente *per se*. Em vez disso, todos têm de ser considerados para que o peso das competências colidentes seja apropriadamente determinado. Uma vez que se almeja um cuidadoso e elaborado processo de ponderação, o modelo aqui proposto recusa soluções simplistas para o problema da justiciabilidade. Bem pelo contrário, este é um modelo que põe em relevo a complexa argumentação que se faz necessária para que o controle judicial possa ser realizado de maneira ponderada. Os Tribunais, frente à necessidade de solucionar casos concretos, devem dis-

---

[123] A v Secretary of State for the Home Department UKHL, § 108, os destaques são do autor.
[124] Cfe. WESSON, *Disagreement and the Constitutionalisation of Social Rights*, supra nota 2, p. 247–52

pensar muita energia para justificar a intensidade do controle escolhido por eles. A bem da verdade, já estão bem acostumados a justificar suas decisões sempre que ponderam princípios materiais. Contudo, ainda se ressente, em muitas decisões, a falta de uma argumentação transparente e bem elaborada quanto à precisa importância que o Tribunal atribui à sua própria competência para atuar no controle dos atos legislativos.

4. *Flexibilidade reconsiderada*

Para solucionar conflitos de competências, defendo uma abordagem sensível ao caso, ou seja, uma que leve em consideração as circunstâncias concretas dos casos. Pode-se levantar a objeção de que essa abordagem é excessivamente flexível. Ela poderia, por exemplo, ameaçar o Estado de Direito – no âmbito das competências e do direito formal – já que reduz a previsibilidade da competência que deve prevalecer, ou seja, se é a dos Tribunais ou a do Legislativo. Tushnet afirmou exatamente isso quando argumentou contra o que ele chamou de forma fraca de *judicial review* que, segundo ele, "pode ser instável na prática".[125]

Todavia, um modelo de ponderação de competências pode responder a essa objeção a partir de dois elementos. Ambos demonstram como é possível alcançar certa estabilidade num modelo flexível de controle judicial ponderado. Em primeiro lugar, deve-se reconhecer que um sistema constitucional não se limita, apenas, a estabelecer competências a casos específicos. Também pode considerar as relações entre competências de um modo mais abstrato.[126] Isso pode ser realizado levando-se em conta o peso abstrato das competências, e também seus pesos concretos. O peso abstrato de um princípio formal é o peso que esse princípio tem em face de outros princípios, porém independente-

---

[125] TUSHNET, *New Forms of Judicial Review and the Persistence of Rights - and Democracy--Based Worries*, supra nota 52, p. 824.
[126] Um exemplo de abordagem abstrata é a análise de Young sobre o papel dos tribunais num determinado ordenamento constitucional, ver Young, supra nota 1, p. 133-166, 192-219.

mente de casos concretos. Sabemos em detalhes como isso funciona na ponderação de princípios materiais, e também quais são os efeitos que a inclusão de pesos abstratos pode produzir.[127] O que se sustenta, aqui, é que esses mecanismos também podem ser transferidos para o âmbito da ponderação de competências.

O peso abstrato de competências é um conceito perfeitamente adequado para representar diferenças mais abstratas entre vários sistemas constitucionais, no que importa ao controle judicial. Por exemplo, se um sistema atribui, genericamente, mais peso à competência do Legislativo do que à do Tribunal Constitucional – como acontece no Reino Unido — poder-se-ia dar, então, um peso abstrato mais elevado à competência legislativa. Por outro lado, um sistema que depende muito do controle judicial — como ocorre quando um ordenamento constitucional passa por uma transição e precisa muito de um papel mais ativo do judiciário — pode-se atribuir mais peso abstrato às competências judiciais para controlar. Para esta última situação, o sistema constitucional da Colômbia e as constituições pós-autoritárias, elaboradas após a queda do comunismo na Europa Central e Oriental, podem ser bons exemplos.[128] Isso não significa que sempre existem diferenças de peso abstrato para os três poderes. Para o sistema constitucional brasileiro, por exemplo, o Min. Gilmar Mendes argumentou que o "legislador democrático e a jurisdição constitucional desempenham *papéis igualmente relevantes*."[129]

Contudo, a principal diferença entre o modelo de ponderação aqui proposto e uma ordem de competências mais restrita e inflexível é que, neste modelo, atribuir maior peso abstrato a uma ou a outra das

---

[127] KLATT; MEINSTER, supra nota 1, p. 26–42.
[128] YOUNG, supra nota 1, p. 197; Nunes, Ideational Origins of Progressive Judicial Activism, supra nota 44,; Sadurski, Rights-Based Constitutional Review in Central and Eastern Europe, supra nota 38.
[129] Mendes, "The Judiciary and the Right to Health", supra nota 37, p. 7 [os destaques são do autor]

competências colidentes não pré-determina o resultado do processo de ponderação. Em vez disso, o resultado ainda depende dos pesos concretos das competências, que serão informados pelas circunstâncias do caso particular. Desse modo, a diferenciação entre os pesos abstratos das competências apenas produz uma ordem preferencial *prima facie* entre as competências. Essa força *prima facie* ainda pode ser superada se os pesos concretos se revelarem superiores nos casos particulares. Ademais disso, a partir deste modelo também é possível mapear diferenças abstratas entre diferentes sistemas de controle judicial. Reconhecendo-se pesos abstratos também se pode admitir que uma ou outra competência entre na ponderação de competências com certa margem de vantagem. O mais importante, porém, é ver que essa margem de vantagem produz efeitos que conferem mais estabilidade ao modelo, o que suaviza a sensibilidade do modelo de ponderação aos casos concretos.

Uma segunda maneira de responder a objeção de excesso de flexibilidade se pode extrair da Lei dos Princípios Colidentes, de Alexy, que diz:

> as condições sob as quais um princípio tem precedência em face de outro formam o suporte fático de uma regra que resolve a colisão, ou seja, de uma regra que expressa a consequência jurídica do princípio que tem precedência.[130]

Essa lei foi elaborada para princípios materiais, mas também se aplica a princípios formais. Esse mecanismo também aporta boa dose de estabilidade ao sistema de controle judicial. É que ao longo do tempo, um complexo cânone de precedentes se desenvolve e confere estabilidade ao sistema, sem deixá-lo decair numa ordem inelástica e pura de regras. Por aí se vê que os aspectos da segurança jurídica, da previsibilidade e da justiça do caso concreto se combinam da melhor maneira possível.

---

[130] ALEXY, A THEORY OF CONSTITUTIONAL RIGHTS, p. 54 [ou, ALEXY, Teoria dos Direitos Fundamentais, Trad. Virgilio A. Silva, São Paulo, Ed. Malheiros, p. 99. N. do T.]

V. Análise de caso

O restante deste artigo descreverá como a teoria aqui defendida funciona quando aplicada a casos particulares. Chamo especial atenção para a decisão do Tribunal Federal Constitucional da Alemanha (TFC) sobre o direito a um nível mínimo digno de subsistência. Em particular, refiro-me a duas das mais recentes decisões sobre a questão da constitucionalidade dos benefícios prestados em dinheiro — pagos de acordo com as Leis de Benefícios para os Requerentes de Asilo[131] e pagos de acordo com a chamada legislação Hartz IV[132] — com a finalidade de garantir a subsistência do beneficiário.

---

[131] BVerfGE 132, 134, com versão em inglês disponível em: http://www.bundesverfassungsgericht.de/entscheidungen/ls20120718_1bvl001010en.html (11.04.2014). A ementa da Decisão BVerfG, 1 BvL 10/10 de 18.7.2012, com 110 parágrafos, referida nesta nota n. 130, estabelece o seguinte: 1. O montante das prestações pecuniárias pagas de acordo com o § 3 do Ato para Requerentes do Benefício de Asilo (Asylbewerberleistungsgesetz) é evidentemente insuficiente porque não foi alterado desde 1993. 2. Artigo 1.1 da Lei Fundamental (GG) em conjunto com o princípio do Estado social, do Artigo 20.1 da Lei Fundamental, protege o direito fundamental à garantia de uma existência mínima digna (ver Decisões do Tribunal Constitucional Federal, BVerfGE 125,175). O artigo 1.1 da Lei Fundamental estabelece esse direito como um direito humano. Ele engloba tanto a existência física de um ser humano, como também a possibilidade de manter relações interpessoais e um grau mínimo de participação na vida social, cultural e da vida política. Os alemães e cidadãos estrangeiros que residem na República Federal da Alemanha são ambos titulares desse direito fundamental. 3. Se o legislador pretende considerar características particulares de grupos específicos de indivíduos quando determina o mínimo existencial digno, não deve, enquanto define os detalhes dos benefícios existenciais, estabelecer tratamento diferenciado à luz do status residencial dos beneficiários. Diferenciações só podem ser admitidas se as necessidades de benefícios existenciais de um certo grupo se desviarem significativamente do que outras pessoas em situação semelhante necessitam, e se isso puder ser fundamentado de modo consistente com base na necessidade real e atual desse grupo específico, de acordo com um procedimento que seja transparente em termos de seu conteúdo. [N. do T.]

[132] BVerfGE 125, 175, versão em inglês disponível em: http://www.bundesverfassungsgericht.de/entscheidungen/ls20100209_1bvl000109en.html (11.04.2014). A ementa da Decisão BVerfG, 1 BvL 1/09, de 9.2.2010, com 220 parágrafos, referida nesta nota n. 131, estabelece o seguinte: 1. O direito fundamental à garantia de um nível mínimo de subsistência está em conformidade com a dignidade humana do artigo 1.1 da Lei Fundamental (Grundgesetz - GG) juntamente com o princípio do Estado social contido no artigo 20.1 da Lei Fundamental e garante a cada pessoa, com necessidade de assistência, os pré-requisitos materiais indispensáveis para a sua existência física e para um mínimo de participação na vida social, cultural e política. 2. Como um direito de garantia, esse direito fundamental do artigo 1.1 da Lei Fundamental assume um significado autônomo, na sua conjugação com o artigo 20.1 da Lei Fundamental, somado ao direito do artigo 1.1 da Lei Fundamental ao respeito pela dignidade de cada indivíduo, que tem

Essas decisões são exemplos paradigmáticos da abordagem flexível do TFC em relação à sua própria competência para controlar atos do Legislativo. O TFC estabeleceu diferentes graus de deferência ao Legislativo tanto em relação à quantificação do nível básico de subsistência, quanto em relação aos métodos e procedimentos para calculá-lo.

Em relação à quantificação exata, o TFC manifestou alto grau de deferência. Empregou apenas um grau leve de controle que o Tribunal chama de "controle dos erros evidentes".[133] Essa intensidade de controle também é definida pelo Tribunal como "contida"[134] e "reservada."[135] É por isso que, o "controle material em relação ao resultado se restringe a verificar se os benefícios são *evidentemente* insuficientes".[136] Em contraste, quanto aos métodos e procedimentos que o Legislativo emprega para determinar o exato nível das quantias de subsistência, o Tribunal está preparado para aplicar um controle mais rigoroso.

> se [...] o Legislativo elegeu um método de cálculo fundamentalmente adequado para que se avalie o nível mínimo para garantir a subsistência de alguém, se [...] apurou, completa e corretamente, os fatos necessários e, finalmente, se se manteve dentro de limites justificáveis em todas as etapas do cálculo, com um abrangente conjunto de valores

---

um efeito absoluto. Fundamentalmente, não está sujeito à disposição do Legislativo e deve ser respeitado; deve, contudo, assumir uma forma concreta e ser atualizado regularmente, pelo Legislativo, que deve orientar os benefícios a serem pagos em vista da respectiva fase do desenvolvimento do sistema político e em vista das condições de vida existentes. Tem amplitude para gerar esse estado de coisas. 3. A fim de determinar o alcance desse direito, o Legislador tem de avaliar, de modo realista e abrangente, todas as despesas necessárias para a existência de alguém; por um procedimento expedito, transparente, com base em dados confiáveis e métodos plausíveis de cálculo. 4. O Legislativo pode cobrir as necessidades típicas que assegurem um nível mínimo de subsistência em conformidade com a dignidade humana por meio de um valor fixo mensal, mas deve conceder um benefício adicional para proteger uma necessidade especial para além desta, que é irrefutável, recorrente e que não é o único caso. [N. do T.]

[133] BVerfGE 132, 134 parag. 79.
[134] Id., parag. 77.
[135] BVerfGE 125, 175 parag 141.
[136] Id., os destaques são do autor.

apropriados ao procedimento eleito e a seus princípios estruturais.[137]

Quero ressaltar que essas diferentes intensidades de controle podem ser justificadas pelos princípios que defendi anteriormente. Em primeiro lugar, a diferenciação entre as duas intensidades de controle revela que o conflito entre as competências do Legislativo e do Tribunal Constitucional pode ser resolvido de modo diferente, sob circunstâncias diversas de fato e de direito. Naquele primeiro caso, no que se refere aos *resultados* da deliberação legislativa, o TFC atribuiu um peso maior à competência do Legislativo, o que evidencia uma leve intensidade de controle. Já no que se refere aos *métodos* e *procedimentos*, por outro lado, o Tribunal atribuiu um maior peso à sua competência, evidenciando, de maneira clara e distinta, uma moderada intensidade de controle.

Em segundo lugar, e tendo em mente os fatores apresentados antes, o maior peso atribuído à competência do Legislativo quanto ao resultado da decisão parlamentar pode ser justificado a partir da *insegurança epistêmica* da exata definição das quantias mínimas necessárias à subsistência de alguém. Especificar essas quantias requer o acúmulo e o processamento de conhecimento especializado, dados empíricos a respeito do custo de vida em circunstâncias particulares e num período determinado de tempo. Os Tribunais não dispõem dessa *expertise*, ao passo que o Parlamento democraticamente eleito dispõe da burocracia necessária. Em situações de incerteza quanto a informações, é o Legislativo que está – e a despeito de remanescerem incertezas – precipuamente incumbido de minimizar tal situação e de decidir. Tudo isso é expressamente afirmado na decisão do TFC:

> O alcance desse pedido, em termos de tipos de necessidades e de meios necessários para atendê-las, não se pode

---

[137] Id., parag. 143.

derivar diretamente da Constituição [...]. Depende da visão da sociedade a respeito do que é necessário para uma existência que esteja de acordo com a dignidade humana, e das circunstâncias concretas da pessoa que necessita de assistência, bem como das respectivas circunstâncias econômicas e técnicas, e isso deve ser especificamente determinado, coerentemente, pelo Legislativo [...].[138]

Além do mais, o Tribunal Constitucional advertiu o seguinte em relação às avaliações que devem ser feitas para estabelecer os níveis mínimos de subsistência:

As avaliações aqui necessárias são assunto para a legislatura parlamentar.[139]

Avaliações implicam que inseguranças epistêmico-*normativas* existem nesse caso e que – de acordo com o fator da *insegurança epistêmica* – em vez do Tribunal, resta fortalecida a competência do Legislativo,.

Ao mesmo tempo, o fator dos *princípios materiais* não aumenta suficientemente o peso da competência do Tribunal, pois se o que está em questão é apenas a exata quantificação do nível mínimo de subsistência, pelo menos algum grau de proteção ao direito material é assegurado. Todavia, depende-se muito das circunstâncias concretas aqui. Quanto menor for montante do nível mínimo de subsistência definido pelo Legislativo, mais o fator dos *princípios materiais* fortalecerá a competência do Tribunal para controlar. Finalmente, no que diz respeito ao fator da *qualidade da decisão primária*, este é um fator que, por definição, não pode elevar o peso da competência do Tribunal, nem em relação ao resultado, nem em relação ao procedimento decisório do Legislativo sobre o nível mínimo de subsistência.

---

[138] BVerfGE 125, 175 parag. 138. Ver tb BVerfGE 132, 134 parag. 66.
[139] BVerfGE 125, 175 parag. 138. Ver tb BVerfGE 132, 134 parag. 67

Se essas considerações, tomadas em conjunto, justificam atribuir um maior peso à competência do Legislativo do que à competência de controle pelo Tribunal Constitucional, relativamente à exata quantificação do nível mínimo de subsistência, segue-se que uma leve intensidade de controle, aplicada com fundamento num controle de *erros evidentes* é, de fato, justificável.

É digno de nota, entretanto, que esse controle de *erros evidentes* não equivale a uma completa ausência de controle, como querem alguns críticos. O Tribunal Constitucional enfatiza, por exemplo, que o Legislativo dispõe de discricionariedade para eleger os meios concretos aplicáveis para assegurar o nível mínimo de subsistência:

> Se se garantirá o nível mínimo existencial por meio de benefícios em dinheiro, espécie ou serviços é algo que, a princípio, está sujeito à discricionariedade do Legislativo.[140]

Contudo, e isso é o que importa aqui, há limites para a eleição discricionária de meios por parte do Legislativo,[141] pois esses meios são controláveis pelo Tribunal Constitucional. O TFC não admitiu, por exemplo, que o nível mínimo de subsistência fosse conformado exclusivamente por normas infralegais. Ao invés disso, estabeleceu que o Legislativo deveria fixar o nível mínimo de subsistência por via de uma "lei formal que instituísse o direito concreto a um benefício para os cidadãos."[142] Esse limite à discricionariedade para eleger meios pode ser explicado pela importância dos princípios materiais, o que é claramente reconhecido na decisão. O fator dos *princípios materiais* também pode explicar a restrição da competência Legislativa para decidir quando está

---

[140] Id., parag. 69.
[141] Sobre a discricionariedade para eleição de meios como um tipo especial de margem de apreciação que ocorre apenas com direitos positivos, ver KLATT, *Positive Obligations under the European Convention on Human Rights*, supra nota 6, p. 715–7.
[142] BVerfGE 125, 175 parag. 136. Ver tb. BVerfGE 132, 134 parag. 65.

em questão a existência física de alguém, ao invés de outros aspectos mais amplos da vida social:

> Essa margem [...] difere no seu alcance: ela é *mais restrita* à medida que o Legislativo empresta forma concreta ao que é necessário para assegurar a *existência física* de uma pessoa, e *mais ampla* quando se relaciona com a natureza e alcance da possibilidade de participar da *vida social*.[143]

Ainda que a importância do direito a um nível mínimo de subsistência seja mais elevada quando a existência física de uma pessoa está implicada, mais até do que quando está em jogo a sua participação na vida social, o fator dos *princípios materiais* não se acomoda sempre do mesmo modo em relação a esses dois temas. E isso revela que há difere análise da segunda decisão do TCF, relativa a benefícios pagos nos termos dos *Atos para Requerentes do Benefício de Asilo*. Naquele segundo caso, o Tribunal identificou um *erro evidente* e, por isso, declarou inconstitucional a forma de pagamento. Os benefícios pecuniários foram considerados "evidentemente insuficientes", visto que não eram atualizados desde 1993, "a despeito dos consideráveis aumentos de preços"[144]. Mais ainda, quando comparados aos benefícios pagos nos termos do que prescreve a Lei Geral de Bem Estar, os benefícios dos Requerentes de Asilo revelavam uma considerável diferença de 35%. Consequentemente, em vez de tolerar a continuidade da situação inconstitucional, o Tribunal decidiu por estabelecer uma regra de transição até que o Legislativo corrigisse o erro. Essa solução foi aplicada na primeira decisão.

> Devido ao poder discricionário do Legislativo quanto ao alcance de sua atuação, o Tribunal Constitucional Federal não tem poderes para determinar um montante específico de um benefício por sua própria conta, com base em suas

---

[143] BVerfGE 125, 175 parag. 138, os destaques são do autor.
[144] BVerfGE 132, 134 parag. 83–90

próprias estimativas e avaliações. As disposições inconstitucionais, portanto, continuam a ser aplicáveis até que novas disposições sejam adotadas pelo Legislador.[145]

Como se vê, nesse caso dos Requerentes do Benefício de Asilo, o Tribunal decidiu pela necessidade de uma regra de transição a ser estabelecida pela própria Corte "por causa da importância existencial dos benefícios básicos"[146]. Quando a Corte estabelece uma regra de transição, sua interferência nas competências do Legislativo é mais séria do que quando decide pela inconstitucionalidade sem pronunciar a nulidade de seus efeitos, e concede algum tempo para que o Legislativo altere a legislação. Essa diferença de consequências jurídicas pode ser explicada a partir do fator dos *princípios materiais*, uma vez que no caso do Benefício de Asilo a importância dos princípios materiais é mais elevada, visto que tinham um imediato "significado existencial". A mais elevada importância atribuída aos princípios materiais, nesse caso, serviu de contrapeso aos fatores de *legitimação democrática* e de *insegurança epistêmica* – que sustentam a importância da competência do Legislativo – e autorizou, assim, que a Corte interviesse de modo mais sério.

Até agora discuti a intensidade de controle exercida pela Corte Constitucional em relação ao tema da *quantificação* de um benefício que assegura um nível mínimo digno para a subsistência. A análise seguinte se concentrará nos *processos* e *métodos* que o Legislativo utiliza para determinar esse *quantum*. Nesse âmbito, o TCF adota uma intensidade de controle mais elevada, visível a partir dos parâmetros detalhados que o Tribunal estabelece para o processo legislativo. Por exemplo, o Tribunal decidiu que a definição parlamentar do nível mínimo de subsistência deve ser determinada "consistentemente por meio de um apropriado procedimento que seja transparente quanto a seu conteúdo, baseado em ne-

---

[145] BVerfGE 125, 175 parag 212. Cf. YOUNG, supra nota 1, p. 186.
[146] BVerfGE 132, 134 parag. 101

cessidades reais e atuais e que seja, assim, realisticamente mensurável"[147]. O Legislativo está obrigado a "cobrir a realidade social de uma maneira realista e apropriada aos dias atuais"[148]. De modo a cumprir essa obrigação, o Legislativo deve atualizar constantemente, e aprimorar, o valor do nível mínimo de subsistência.[149] Também deve "divulgar os métodos e cálculos utilizados [...] no processo legislativo".[150] No caso dos Requerentes do Benefício de Asilo, o Tribunal exerceu um controle bastante detalhado e abrangente a esse respeito.[151] Isso revela que a intensidade de controle é mais elevada quando processos e métodos estão envolvidos.

Essa mais elevada intensidade de controle também pode ser explicada com a ajuda dos fatores. O Tribunal explicitamente justifica seus critérios para o procedimento de fixação do valor a ser pago referindo-se ao peso dos *princípios materiais* implicados. O Legislativo deve atualizar constantemente o valor do benefício "porque" o direito material a um nível digno mínimo de subsistência só pode ser satisfeito à medida que as necessidades elementares de uma pessoa são reconhecidas.[152] A Corte também embasou sua argumentação no princípio do Estado de Bem Estar, estabelecido no Art. 20.1 da Lei Fundamental.[153] Como se vê, foi o *peso abstrato* dos princípios materiais implicados o dado que mais importou para a conclusão de que, nesse caso, a competência do Tribunal deveria ter mais peso.[154]

O que pretendo realçar é que a intensidade de controle mais elevada foi justificada a partir da importância dos *princípios materiais*. E que, simultaneamente, o fator da *legitimidade democrática* – que fortaleceu a

---

[147] Id., parag. 69.
[148] BVerfGE 125, 175 parag. 138
[149] Id., parag. 140.
[150] Id., parag. 144.
[151] BVerfGE 132, 134 parag. 90–96
[152] BVerfGE 125, 175 parag. 140. Ver tb. BVerfGE 132, 134 parag. 72
[153] BVerfGE 125, 175 parag. 138.
[154] Id., parag. 142: "importância do direito fundamental".

competência do Legislativo em relação à determinação do nível mínimo de subsistência – não teve a mesma importância para a competência legislativa em relação ao tema dos métodos e procedimentos. E isso é verdade, já que o princípio democrático não exige que se delegue ao Legislativo uma competência para decidir com base em fontes empíricas inconsistentes ou em métodos incoerentes.

Ademais, e se, de um lado, o fator da *insegurança epistêmica* justifica a larga margem de apreciação do Legislativo para determinar resultados; de outro, não é razão suficiente para justificar a mesma amplitude discricionária na definição de métodos e processos. Bem ao contrário, é exatamente por que existe uma *insegurança epistêmica* – em relação à qual o valor exato deve ser capaz de garantir o nível mínimo de subsistência digna – que são bastante aconselháveis os métodos e procedimentos impostos ao Legislativo.

Finalmente, gostaria de salientar que essas duas modalidades de controle não estão totalmente separadas. Na realidade, elas dependem uma da outra. A aceitação de uma ampla margem de apreciação para o Legislativo em relação à exata quantificação *depende*, de certo modo, de um controle estrito de métodos e procedimentos pelo Tribunal. Essa conexão pode ser explicada a partir do fator da *qualidade da decisão primária*. Esse fator fortalece a competência do Legislativo para estabelecer o resultado se, e apenas se, a qualidade de sua decisão for elevada. E isso depende, mais uma vez, da observância de métodos e de procedimentos racionais. Essa conexão é o que, provavelmente, o Tribunal quis reconhecer ao afirmar:

> [A] proteção do direito fundamental, portanto, também alcança o procedimento pelo qual se determina o nível mínimo de subsistência *porque* o controle dos resultados somente pode ser realizado num grau restrito tendo em vista as características do direito fundamental.[155]

---

[155] Id., os destaques são do autor.

Do exposto acima se pode concluir que quando estão implicados procedimentos e métodos para determinar o montante, então, a competência do Tribunal para controlar tem mais peso do que a competência do Legislativo para decidir. Porém, se a quantificação desses valores também estiver implicada no caso, a relação de preferência entre as competências colidentes se inverte e apenas uma leve intensidade de controle judicial é justificável.

Em suma, demonstrei que o uso flexível da intensidade de controle pelo TCF, quando controlou as decisões legislativas relativas ao nível mínimo de subsistência, pode ser justificada pelos fatores que determinam os pesos das competências colidentes.

VI. Resultados

O problema da justiciabilidade é uma das principais objeções contra o reconhecimento de direitos a prestações positivas. Este artigo defendeu que essa objeção confunde o problema da justificação com o problema das competências. O problema das competências não é uma questão de "uma ou outra"; é uma questão de grau. De acordo como a taxonomia do controle judicial desenvolvida por Young, este artigo explicou a ideia de controle judicial ponderado. Essa ideia distingue três graus diferentes de deferência ao Legislativo e visa determinar a intensidade correta de controle judicial entre dois polos: o do controle judicial excessivo e o do controle judicial insuficiente. O problema do controle judicial pode ser reconstruído como um problema de colisão de competências que precisa ser resolvido por via da ponderação. O exercício da ponderação de competências foi explicado com o auxílio de uma teoria dos princípios formais. Vários fatores foram utilizados a fim de determinar o peso dos princípios colidentes. Dentre eles, a *qualidade da decisão primária*, a *segurança epistêmica das premissas adotadas*, a *legitimidade democrática* e os *princípios materiais* envolvidos no caso concreto.

De acordo com a perspectiva aqui defendida, a correta intensidade do controle judicial não pode ser determinada *in abstracto*. Ao contrário, os Tribunais sempre devem dispor de todos os graus de intensidade de controle, como foi demonstrado pela análise de casos julgados pelo Tribunal Constitucional Federal da Alemanha. Os Tribunais estão obrigados a determinar, e a justificar, a correta intensidade de controle a partir da escala triádica de controle leve, moderado e sério e, igualmente, a partir das circunstâncias concretas do caso. Este modelo de "controle judicial sensível-ao-caso" não é vulnerável à objeção de excessiva flexibilidade, haja vista que alguns elementos de estabilização garantem a previsibilidade da relação de preferência entre as competências colidentes. São eles: o *peso abstrato das competências* e o mecanismo que acompanha a *Lei das Colisões*.

Para que o procedimento da ponderação de competências possa ocorrer de modo transparente, é preciso conhecer a terminologia e as premissas adotadas pelos Tribunais para justificar certa intensidade de controle judicial. A justificação de uma pretensão a certa autoridade jurídica repousa na ponderação de competências. Repousa num jogo de razões e de contrarrazões e pressupõe um comprometimento com a racionalidade do discurso. Esse discurso não deve se restringir ao aspecto material dos direitos a prestações positivas. Deve abordar, também, o lado formal da justiciabilidade e do controle de competências. A teoria desenvolvida neste artigo visa contribuir, precisamente, para essa tarefa.

O PRINCÍPIO DA PROPORCIONALIDADE E OS DIREITOS FUNDAMENTAIS PRESTACIONAIS[1]

Marcos Augusto Maliska[2]

Introdução

Na lição de Jessé Souza as ideias não são entidades externas às práticas sociais, não existem independentemente das *coisas lá fora*, como se estas se referissem meramente ao mundo material *fora de nós* sem, no entanto, influenciá-lo ou participar ativamente para o fato de o mundo material externo, especialmente o social construído e compartilhado pelos homens, ser precisamente *este que existe* e não qualquer outro que poderia ter existido em seu lugar. Há uma íntima imbricação entre ideias e práticas e instituições sociais, de tal modo que estas não podem ser concebidas sem a ação daquelas.[3] Partindo dessa referência se propõe uma reflexão que pretende estabelecer uma relação entre o teste da

---

[1] Texto elaborado para o *Autumn 2014 – Unoesc International Legal Seminars – Brazil-Germany. Proporcionalidade, Dignidade Humana e Direitos Sociais na Teoria dos Direitos Fundamentais de Robert Alexy*, evento organizado pelo Programa de Mestrado em Direito da Unoesc e realizado em Chapecó-SC entre os dias 26 a 28 de Março de 2014.
[2] Pós-Doutor em Direito pelo Instituto Max Planck de Heidelberg, Alemanha (2010-2012). Doutor pela UFPR/LMU-Munique (2001-2003). Mestre pela UFPR (1998/2000). Professor do Programa de Mestrado em Direitos Fundamentais e Democracia da *UniBrasil*, em Curitiba. Procurador Federal Coordenador da Divisão de Matéria Administrativa da Procuradoria Federal no Estado do Paraná, órgão da PGF/AGU. Foi professor visitante nas Universidades de Bayreuth, Alemanha (2007), Wroclaw, Polônia (2008 e 2010), Karaganda, Cazaquistão (2012) e Salzburg, Áustria (2014). Professor visitante permanente na Faculdade de Direito de Francisco Beltrão (Cesul).
[3] SOUZA, Jessé. *A modernização seletiva. Uma reinterpretação do dilema brasileiro.* Brasília: Editora da UNB, 2000, p. 11-12.

proporcionalidade, na condição de parte de uma gramática comum do direito constitucional com pretensão de universalidade[4], e a realidade de três direitos prestacionais no Brasil, uma mediação da proporcionalidade pela *Kultur*, termo alemão que aqui poderia ser entendido como as práticas e instituições sociais brasileiras incumbidas de realizar direitos prestacionais.

O diagnóstico de que o teste da proporcionalidade é utilizado sem critérios claros pela jurisprudência nacional não se apresenta como uma consequência dos desajustes básicos quanto à realização daquilo que é definido como direito fundamental prestacional na Constituição? O sobrecarregamento do Judiciário com demandas individuais em face da ausência de políticas públicas efetivas, por exemplo, no âmbito do direito à saúde, que deem conta do dever do Estado na prestação mínima dos serviços públicos que concretizam direitos fundamentais prestacionais, não leva ao agravamento dos problemas? A judicialização coletiva de direitos prestacionais, com o objetivo de intervenção na formulação de políticas públicas visando uma participação cidadã mais ativa, responsável e exigente quanto ao dever do Estado de colocar à disposição da comunidade o funcionamento necessário, adequado e razoável de serviços públicos que realizam direitos fundamentais prestacionais não se apresenta como uma possibilidade de aplicação do teste da proporcionalidade quanto à legitimidade das restrições apresentadas pelo poder público, em especial, aquelas derivadas das dificuldades financeiras e operacionais?

A judicialização coletiva dos direitos prestacionais é aqui colocada como hipótese de reflexão para a relação entre o teste da proporcionalidade e a realização de direitos prestacionais no Brasil. Desta forma, o texto inicialmente aborda o conceito de proporcionalidade e na se-

---

[4] Conforme KLATT, Matthias e MEISTER, Moritz. *The Constitutional Structure of Proportionality*. Oxford: Oxford University Press, 2012.

quência trata dos direitos prestacionais na teoria geral dos direitos fundamentais trazendo dados concretos sobre a realidade de três direitos prestacionais no Brasil, a saber, o direito à educação, à saúde e à segurança pública. Por fim, no terceiro capítulo, aborda-se a judicialização coletiva desses três direitos como possibilidade efetiva de participação cidadã na realização dos direitos fundamentais prestacionais e o teste da proporcionalidade como instrumento de decisão da demanda em face das possíveis restrições apresentadas pelo poder público para a realização do direito fundamental prestacional.

1. O conceito de proporcionalidade

A proporcionalidade é um conceito que está vinculado à compreensão pós-positivista do direito, na qual os princípios tomam a forma de normas jurídicas. Igualmente se relaciona com a ideia de que a Constituição possui força normativa, ou seja, que a Constituição é formada por normas jurídicas. Por fim, a proporcionalidade vincula-se estritamente com a noção de princípios como mandados de otimização.

Segundo Alexy há uma conexão tão estreita quanto possível entre a teoria dos princípios e o princípio da proporcionalidade, pois o caráter principiológico está implícito no princípio da proporcionalidade e este está implícito naquele. Dizer que o caráter principiológico está implícito no princípio da proporcionalidade significa entender que o princípio da proporcionalidade com seus três subprincípios da adequação, da necessidade e da proporcionalidade em sentido estrito são uma dedução lógica do caráter principiológico.[5]

A vinculação entre o princípio da proporcionalidade e os direitos fundamentais foi formulada, em uma aplicação não muito clara, segun-

---

[5] ALEXY, Robert. *Theorie der Grundrechte*. Frankfurt am Main: Suhrkamp, 1994, p. 100.

do Alexy, pelo Tribunal Constitucional Federal alemão[6], na qual se assentou que o princípio da proporcionalidade resulta fundamentalmente da essência dos diretos fundamentais.[7] Na sequência se afirmou que o princípio da proporcionalidade se aplica em sentido estrito quando as normas de direitos fundamentais possuem caráter principiológico.[8]

A decisão do Tribunal Constitucional Federal alemão que afirmou que o princípio da proporcionalidade resulta fundamentalmente da essência dos direitos fundamentais teve como pano de fundo caso que envolvia restrição de liberdade por aplicação de norma de direito processual penal consistente no argumento que "em razão do princípio constitucional da proporcionalidade uma ordem de prisão fundamentada no parágrafo 112, parte 4 do Código de Processo Penal alemão poderia também ser relaxada pela correspondente aplicação do disposto no parágrafo 116 do mesmo Código".[9] O outro caso decidido pelo Tribunal Constitucional Alemão de igual forma tratou de direitos ditos de defesa, a saber, o direito aos dados pessoais.[10]

Os princípios são mandados de otimização relativamente às possibilidades jurídicas e fáticas. Enquanto o *subprincípio da proporcionalidade em sentido estrito* deriva da relativização das possibilidades jurídicas, os *subprincípios da necessidade e da adequação* derivam das possibilidades fáticas. Na primeira hipótese, quando uma norma de direitos fundamentais de caráter principiológico colide com outro prin-

---

[6] BVerfGE 19, 342 (348 s.); e 65, 1 (44).
[7] Essa vinculação não tem caráter absoluto, pois como lembra Mendes a Corte Constitucional também admite a ideia que o Princípio da Proporcionalidade reside no contexto do Estado de Direito, pois não raras vezes, a aplicação da proporcionalidade decorre de uma compreensão ampla e geral da ordem jurídica como um todo. MENDES, Gilmar Ferreira e outros. *Curso de Direito Constitucional*. 2ª ed. São Paulo: Saraiva/IDP, 2008, p. 323.
[8] ALEXY, Robert. *Theorie der Grundrechte*, p. 100.
[9] Conforme BVerfGE 19, 342. Em: http://www.servat.unibe.ch/dfr/bv019342.html Acessado em 03 de março de 2014.
[10] Conforme BVerfGE 65, 1 (44). Em: http://www.servat.unibe.ch/dfr/bv065001.html Acessado em 03 de março de 2014.

cípio, a possibilidade jurídica de realização da norma de direito fundamental depende do princípio oposto com a qual colidiu. Para se obter uma decisão nesse caso será necessária uma ponderação no sentido da lei de colisão[11]. Quanto ao subprincípio da necessidade o mesmo implica, segundo formulou o Tribunal Constitucional alemão, que o fim não pode ser outro que possa ser alcançado por um meio menos gravoso ao indivíduo.[12] O subprincípio da adequação também provém do caráter principiológico das normas de direitos fundamentais e relaciona-se com a congruência da relação meio-fim, ou seja, com a adequação do meio escolhido para a obtenção do fim pretendido.[13] Na síntese de Guerra Filho, "uma medida é adequada, se atinge o fim almejado, exigível, por causar o menor prejuízo possível e finalmente, proporcional em sentido estrito, se as vantagens que trará superarem as desvantagens".[14]

---

[11] Segundo Alexy, a "lei de colisão" (*Kollisionsgesetz*) é um dos fundamentos da teoria dos princípios. Ela espelha o caráter dos Princípios como mandados de otimização, entre os quais primeiramente não se dá nenhuma relação absoluta de primazia e atinge, secundariamente, ações e situações que não são quantificáveis. Igualmente ela dá as bases para o enfraquecimento das objeções que se dão de maneira próxima à teoria dos princípios e à teoria dos valores. ALEXY, Robert. *Theorie der Grundrechte*, p. 79-84.

[12] O caso decidido pelo Tribunal Constitucional alemão tratou igualmente de possível restrição indevida da liberdade individual ao abordar a constitucionalidade das leis dos Estados alemães de Bremen e do Sarre que trataram da criação de Câmaras de Trabalhadores como corporações de direito público de participação obrigatória de todos os trabalhadores. Entre outros argumentos, sustentou o Tribunal (i) que o fundamento para a participação obrigatória em associações de caráter público encontra-se não no art. 9 da Lei Fundamental (liberdade de associação), mas no artigo 2, parte 1, que trata da restrição ao direito fundamental de liberdade, (ii) a competência estadual na matéria e (iii) a nítida função pública desenvolvida pela Câmara no quadro do Princípio do Estado Social. Em BVerfGE 38, 281: http://www.servat.unibe.ch/dfr/bv038281.html Acessado em 03 de março de 2014.

[13] ALEXY, Robert. *Theorie der Grundrechte*, p. 100-103. Com acerto pondera Mendes que além do entendimento de Alexy, para o qual o princípio da proporcionalidade residiria nos direitos fundamentais, há outras vozes eminentes (Maunz/Dürig e Schlink) que sustentam que a proporcionalidade configuraria expressão do Estado de Direito, tendo em vista também o seu desenvolvimento histórico a partir do Poder de Polícia do Estado. MENDES, Gilmar Ferreira e outros. *Curso de Direito Constitucional*, p. 322-323.

[14] GUERRA FILHO, Willis Santiago. *Ensaios de Teoria Constitucional*. Fortaleza: UFC – Imprensa Universitária, 1989, p. 75.

O princípio da proporcionalidade tem sua origem na garantia da liberdade individual em face dos interesses da administração. No direito administrativo a proporcionalidade evoluiu do princípio da legalidade, em especial da necessidade de meios processuais adequados para o controle jurisdicional dos atos administrativos.[15] Essa experiência foi de grande valia para o fortalecimento do controle judicial das leis na Europa continental, ou seja, o controle dos atos legislativos por meio dos direitos fundamentais.[16]

Em 1951, em uma de suas primeiras decisões, o Tribunal Constitucional alemão assentou que sua função se limitava a apreciar a legitimidade jurídica de uma norma (*die Rechtsmäßigkeit einer Norm*), não de verificar a sua conveniência (*Zweckmäßigkeit*). No entanto, igualmente afirmou que saber se a Lei Fundamental concede ao legislador liberdade discricionária e quais são seus limites, é uma questão jurídica para a qual o Tribunal Constitucional é competente para se pronunciar.[17]

Na decisão proferida em 1971 o Tribunal Constitucional Alemão assim definiu a proporcionalidade: "o meio utilizado pelo legislador deve ser adequado e necessário ao objetivo buscado. O meio é adequado quando com o seu auxílio se pode alcançar o resultado pretendido; é necessário quando o legislador não puder escolher outro meio, igualmente eficaz, mas que não limite ou limite de maneira menos sensível o direito fundamental".[18]

---

[15] Nas palavras de Barroso, o princípio da proporcionalidade funcionava no campo do direito administrativo como "medida de legitimidade do exercício do poder de polícia e da interferência dos entes públicos na vida privada". BARROSO, Luís Roberto. *Interpretação e Aplicação da Constituição*. 5ª ed. São Paulo: Saraiva, 2003, p. 229.

[16] Ver BARROS, Suzana de Toledo. *O Princípio da proporcionalidade e o controle de constitucionalidade das leis restritivas de direitos fundamentais*. Brasília: Brasília Jurídica, 1996, p. 33 e s.

[17] BVerfGE 1, 14 em http://www.servat.unibe.ch/dfr/bv001014.html Acessado em 03 de março de 2014.

[18] BVerfGE 30, 292. Em http://www.servat.unibe.ch/dfr/bv030292.html Acessado em 03 de março de 2014.

O princípio da proporcionalidade goza no direito constitucional alemão de status de norma constitucional não escrita.[19] No quadro institucional daquele país, o critério jurídico para avaliar a legitimidade da intervenção do legislador sobre as normas de direitos fundamentais é uma obra do Tribunal Constitucional, que conseguiu extrair da ordem constitucional o princípio que controla o excesso legislativo, ainda que nesse processo se continue, e muito, a prestigiar e manter incontestável o poder do parlamento para conformar e atualizar a Constituição.[20]

Desta forma, o Tribunal Constitucional alemão tem se valido significativamente do princípio da proporcionalidade, cujo substrato teórico tem auxiliado sobremaneira a fundamentação das decisões judiciais de invalidação de medidas legislativas que, não obstante o evidente arbítrio legislativo, a sua comprovação nem sempre é facilitada pelo confronto com a Constituição.[21]

No direito brasileiro o princípio da proporcionalidade também encontra guarida na jurisprudência do Supremo Tribunal Federal. Como lembra Mendes, na decisão proferida na Representação nº 1.077, de 28 de março de 1984[22], o STF utilizou de maneira inequívoca o princípio da proporcionalidade para auferir a constitucionalidade de dispositivos constantes da Lei nº 383/1980 do Estado do Rio de Janeiro, que elevava significativamente os valores da taxa judiciária naquela unidade da Federação. O Ministro Moreira Alves, na condição de relator, observou que a natureza de contraprestação da taxa impõe seja observada a "equivalência razoável entre o custo real dos serviços e o montante a que pode ser compelido o contribuinte a pagar".[23]

---

[19] MENDES, Gilmar Ferreira. *Controle de constitucionalidade: aspectos jurídicos e políticos*. São Paulo: Saraiva, 1990, p. 43.
[20] BARROS, Suzana de Toledo. *O Princípio da proporcionalidade*, p. 45.
[21] BARROS, Suzana de Toledo. *O Princípio da proporcionalidade*, p. 45.
[22] BRASIL. Supremo Tribunal Federal. Representação 1.077, Rel. Ministro Moreira Alves, RTJ, 112/34.
[23] MENDES, Gilmar Ferreira e outros. *Curso de Direito Constitucional*, p. 333-334. Igualmente merece referência a decisão na ADI-MC 855, Relator Ministro Sepúlveda Pertence.

O STF tem utilizado o princípio da proporcionalidade para decidir questões envolvendo a colisão de direitos fundamentais como "regra de ponderação entre os direitos em conflito, acentuando-se a existência de outros meios de prova igualmente idôneos e menos invasivos ou constrangedores".[24]

2. Os direitos prestacionais na teoria geral dos direitos fundamentais

Segundo Alexy os direitos prestacionais representam o problema da vinculação da ação do Estado aos direitos subjetivos constitucionais dos cidadãos ou, sob outro aspecto, da distinção das competências do legislador e do tribunal constitucional. Nesse sentido, sugere o Professor de Kiel a distinção entre direitos à prestações em sentido estrito e direitos à prestações em sentido amplo.[25]

Os direitos prestacionais em sentido amplo compreendem a existência de três grupos, a saber, (i) os direitos à proteção; (ii) os direitos à organização e processo e (iii) os direitos à prestações em sentido estrito. Esses direitos somente são direitos fundamentais prestacionais quando se tratam de direitos *subjetivos* e *constitucionais*.[26]

Os direitos à prestações em sentido estrito, também chamados de direitos fundamentais sociais, se caracterizam como os direitos do indivíduo a algo em face do Estado que, caso tenha condições financeiras e estejam disponíveis no mercado, pode o indivíduo também obter de particulares. São típicos direitos fundamentais sociais os direitos à assistência, ao trabalho, à moradia e à educação.[27]

Os direitos à proteção, por sua vez, são aqueles direitos perante o Estado que objetivam uma proteção em face da agressão de um terceiro.

---

[24] MENDES, Gilmar Ferreira e outros. *Curso de Direito Constitucional*, p. 335-336.
[25] ALEXY, Robert. *Theorie der Grundrechte*, p.405.
[26] ALEXY, Robert. *Theorie der Grundrechte*, p. 405.
[27] ALEXY, Robert. *Theorie der Grundrechte*, p. 454.

Os direitos à proteção podem possuir um objeto bastante variável, compreendendo desde a proteção em face de ações homicidas como do perigo do uso pacífico da energia atômica. Diz Alexy que não apenas os direitos à vida e à saúde são possíveis bens a serem protegidos, mas todos que sob o aspecto jusfundamental sejam merecedores da proteção, como, por exemplo, a dignidade, a liberdade, a família e a propriedade. Não pouco plural são também as formas de proteção, pois elas incluem, por exemplo, normas de direito penal, normas de tipos penais, normas de processo, atos administrativos e ações fáticas. O todo sob essa pluralidade encontra-se nos direitos de proteção em face do Estado como direitos subjetivos constitucionais à ações estatais (positivas) fáticas ou normativas, as quais possuem a delimitação das esferas dos direitos subjetivos igualmente ordenados bem como a aplicação e a exigibilidade dessa delimitação como objeto. A delimitação das esferas e a sua aplicação e exigibilidade é uma clássica função da ordem jurídica. Alexy resume, assim, os direitos à proteção como direitos constitucionais em face do Estado para que dê forma e aplicação, em um determinado sentido, à ordem jurídica considerando a relação entre direitos subjetivos igualmente ordenados.[28]

Por fim, os direitos à organização e processo implicam em um complexo de questões pertinentes à sua conceituação, delimitação, judicialização e tipos que remetem a discussão a distintos campos de análise. Em síntese, observa Alexy que o Tribunal Constitucional alemão reconheceu que os direitos ao processo determinam os direitos materialmente fundamentais, de modo que segundo sua jurisprudência todo direito materialmente fundamental contém igualmente um direito ao processo. Tanto na decisão sobre a educação superior (*Hochschulurteil*)[29], que abordou o direito à liberdade científica, como

---

[28] ALEXY, Robert. *Theorie der Grundrechte*, p. 410-411.
[29] BVerfGE 35, 79. Em http://www.servat.unibe.ch/dfr/bv035079.html Acessado em 21 de março de 2014.

na decisão da lei de Hamburgo sobre o planejamento de um dique (*Hamburgisches Deichordnungsgesetz*)[30], que enfrentou a questão da desapropriação, o Tribunal Constitucional Federal não excluiu os direitos subjetivos dirigidos ao legislador à criação de determinada norma no âmbito da organização e do processo.[31]

Ainda que se possa dizer de uma relativa prestação de direitos fundamentais, a questão que assola o país encontra-se na baixa qualidade e insuficiência do serviço prestado. Assim, em termos educacionais, o Brasil no âmbito do ensino fundamental avançou significativamente, mas ainda não tem cobertura total para as crianças entre 7 e 14 anos. Segundo os dados do Unicef Brazil "do total de crianças entre 7 e 14 anos, 97,6% estão matriculadas na escola. O que representa cerca de 26 milhões de estudantes (Pnad 2007). O percentual de 2,4% de crianças e adolescentes fora da escola pode parecer pouco, mas representa cerca de 680 mil crianças entre 7 e 14 que têm seu direito de acesso à escola negado. As mais atingidas são as negras, indígenas, quilombolas, pobres, sob risco de violência e exploração, e com deficiência. Desse contingente fora da escola, 450 mil são crianças negras e pardas".[32]

Nas avaliações internacionais de qualidade da educação, o Brasil, ainda que tenha demonstrado melhora nos últimos anos, ocupa posição que demonstra o quanto é necessário se avançar na qualidade do ensino. No ranking divulgado pela Pearson Internacional, parte do projeto *The Learning Curve* realizado pela *Economist Intelligence Unit*, o Brasil ficou na penúltima posição em uma comparação com 40 países. O índice foi criado a partir do cruzamento de indicadores internacionais da Organização para a Cooperação e Desenvolvimento Econômico (OCDE), bem

---

[30] BVerfGE 24, 367. Em http://www.servat.unibe.ch/dfr/bv024367.html Acessado em 21 de março de 2014.
[31] ALEXY, Robert. *Theorie der Grundrechte*, p. 433-434.
[32] Encontrado em http://www.unicef.org/brazil/pt/media_14931.htm Acessado em 04 de março de 2014.

como de dados educacionais de cada país sobre alfabetização e as taxas de conclusão de Escolas e Universidades.[33]

No serviço público de saúde verifica-se uma considerável precarização. Em termos de financiamento do sistema a comparação com o *National Health Service – NHS* britânico irá demonstrar que o sistema inglês oferece gratuitamente serviços de saúde aos 63 milhões de residentes com um orçamento anual de 109 bilhões de libras esterlinas, o que equivale mais ou menos a 400 bilhões de reais. Sua estrutura administrativa compreende 1,7 milhão de empregados, sendo 39.780 médicos de clínica geral, 370.327 enfermeiras e 105.711 hospitais e serviços de saúde comunitários. O sistema atende mais de um milhão de pacientes a cada 36 horas.[34] O Sistema Único de Saúde – SUS brasileiro, por sua vez, contou com um orçamento para o Ministério da Saúde em 2012 de 73 bilhões de reais[35] para atendimento de uma população de 190 milhões de habitantes[36] por meio de uma estrutura administrativa que compreende 6.500 hospitais registrados, sendo que desse número 48% são privados, 64.000 unidades básicas de saúde e 28.000 unidades de saúde da família. O sistema realiza 2,3 bilhão de procedimentos clínicos todos os anos.[37] Essa rápida comparação demonstra as dificuldades do serviço público de saúde brasileiro, pois além de possuir um orçamento menor, o sistema precisa atender uma população três vezes maior espalhada por um país de dimensões continentais.

---

[33] Encontrado em http://www.estadao.com.br/noticias/vidae,ranking-de-qualidade-em-educacao-coloca-brasil-em-penultimo-lugar,965935,0.htm Acessado em 04 de marco de 2014.
[34] Ver: http://www.nhs.uk/NHSEngland/thenhs/about/Pages/overview.aspx Acesso em 27 de novembro de 2013.
[35] Ver: http://ultimosegundo.ig.com.br/brasil/2012-09-06/sus-gasta-menos-da-metade-do--planejado-para-2012.html Acesso em 27 de novembro de 2013.
[36] Ver: http://www.brasilescola.com/brasil/a-populacao-brasileira.htm Acesso em 27 de novembro de 2013.
[37] Sobre o tema ver: MALISKA, Marcos Augusto. *A lecture on Brazilian constitutional Law as visiting professor at Academician Y. A. Buketov Karaganda State University – Kazakhstan.* Curitiba – Karaganda: Mímeo, 2012, p. 50-51.

No âmbito da segurança pública a realidade não é diferente. Os números do Estado do Paraná demonstram que o Estado possui um efetivo, segundo dados de março de 2013, de 15.792 policiais, ou seja, um policial para cada 669 habitantes. A relação policial/habitante somente é maior no Estado do Maranhão, que possui um policial para cada 839 habitantes.[38] Conforme os dados de julho de 2011 haveria uma defasagem de 9.274 policiais no Paraná.[39] Segundo pesquisa da Paraná Pesquisas, divulgada em Janeiro de 2014, 42% dos moradores de Curitiba consideram o Estado muito violento e 58% consideram que a cidade de Curitiba não é segura. Há falta de estrutura tanto na prevenção quanto na investigação de crimes, desvio de função de policiais, que assumem função administrativa ao invés de se dedicarem ao trabalho policial. 270 cidades do Paraná não possuem Delegados de Polícia.[40] Em termos nacionais a média anual de homicídios no Brasil, nos últimos trinta anos, é de 36,3 mil mortos ao ano, o que, em números absolutos, é superior à média anual de conflitos, como o da Chechênia – 25 mil mortos ao ano entre 1994 e 1996 – e da guerra civil de Angola, entre 1975 e 2002, que foi de 20,3 mil mortos ao ano.[41]

Quando se aborda o tema dos direitos prestacionais no Brasil deve-se ter em mente que há uma defasagem histórica na realização de

---

[38] Em: http://www.gazetadopovo.com.br/vidaecidadania/conteudo.phtml?id=1352685 Acessado em 05 de março de 2014.
[39] Em http://www.gazetadopovo.com.br/pazsemvozemedo/conteudo.phtml?id=1151277 Acessado em 05 de março de 2014.
[40] Em http://www.gazetadopovo.com.br/pazsemvozemedo/conteudo.phtml?id=1151277 Acessado em 05 de março de 2014.
[41] http://www.bbc.co.uk/portuguese/noticias/2011/12/111214 mapaviolencia pai.shtml_Acessado em 04 de março de 2014. Há uma crítica quanto ao caráter pouco confiável das estatísticas de criminalidade no Brasil em razão da diversidade de metodologias utilizadas e da precariedade na coleta das informações. Somente em 2012 o Ministério da Justiça abriu edital para a realização de um sistema nacional de estatísticas de criminalidade. Conforme DE-LAZARI, Luiz Fernando Ferreira. *Segurança Pública no Brasil: um panorama para inovação*. Curitiba, 2014. Paper apresentado para a disciplina Estado Constitucional e Democracia do Programa de Mestrado em Direitos Fundamentais e Democracia da UniBrasil.

serviços públicos, defasagem essa que em última análise deslegitima o próprio Estado na sua função de ente responsável pela arrecadação de tributos e prestação de serviços públicos. Após vinte e cinco anos de vigência da Constituição Federal os avanços em educação, saúde e segurança pública dependem indiscutivelmente de uma refundação da relação entre Estado e Sociedade Civil, na qual essa também assuma o seu papel na promoção de tais direitos.

Trata-se aqui de explorar os sentidos dos direitos à prestações em sentido amplo, em especial dos direitos à participação na organização e procedimento de realização dos direitos fundamentais e dos direitos de proteção. A efetividade da Constituição, como lembra Barroso, "assenta-se sobre alguns pressupostos indispensáveis". Entre outros, lembra o Ministro do Supremo Tribunal Federal que "é indispensável o consciente exercício de cidadania, mediante a exigência, por via de articulação política e de medidas judiciais, da realização dos valores objetivos e dos direitos subjetivos constitucionais".[42]

No âmbito da cidadania, compreendida como a possibilidade de se exigir judicialmente a realização dos direitos prestacionais é que se centram as reflexões do presente artigo. Nesse aspecto, as questões quanto à possibilidade efetiva de se exigir judicialmente as prestações positivas do Estado tomam relevância. Na perspectiva da compreensão do Poder Judiciário como um espaço de efetivação de direitos e de realização da Constituição, bem como do papel significativo que possui a sociedade civil organizada na concretização da Constituição é que o terceiro tópico desse texto irá enfrentar o tema do papel e da aplicabilidade do Princípio da Proporcionalidade na efetivação dos direitos fundamentais prestacionais.

---

[42] BARROSO, Luis Roberto. *Curso de Direito Constitucional Contemporâneo*. 2ª ed. São Paulo: Saraiva, 2011, p. 222.

3. Reflexões sobre o papel e a aplicabilidade do princípio da proporcionalidade na efetivação dos direitos fundamentais prestacionais

A judicialização dos direitos prestacionais na dimensão individual é matéria já amplamente explorada no âmbito do Direito Constitucional brasileiro e se constitui em questão corrente no âmbito dos tribunais, em especial em matéria de direito à saúde.

Questão mais complexa e urgente diz respeito à exigibilidade judicial de direitos à proteção e à organização e processo em face da ineficiência das prestações estatais nas suas dimensões coletivas.[43] Tem-se no Brasil de hoje, conforme já informado no capítulo anterior, um problema crônico de ineficiência estatal na prestação de serviços públicos que prestam direitos fundamentais. A questão a ser colocada é saber em que medida o princípio da proporcionalidade pode no âmbito da judicialização coletiva do direito à prestações estatais contribuir para o aperfeiçoamento dessa prestação.

No âmbito do direito fundamental à segurança tem-se, inicialmente, a caracterização da norma constitucional como verdadeiro princípio, pois, utilizando-se da linguagem de Barroso, o mesmo se reveste, quanto ao conteúdo, de uma decisão política fundamental no sentido do Estado Democrático de Direito, de um valor a ser observado e um fim público a ser realizado; quanto à estrutura normativa, de um ideal a ser buscado sem descrição objetiva da conduta a ser seguida; e quanto ao modo de aplicação de verdadeiro mandado de otimização, visto que o mesmo deve ser realizado na maior intensidade possível à vista dos

---

[43] No âmbito do direito administrativo a doutrina tem se referido ao direito fundamental à boa administração pública, entendido como "direito à administração eficiente e eficaz, proporcional cumpridora de seus deveres, com transparência, motivação, imparcialidade e respeito à moralidade, à participação social e à plena responsabilidade por suas condutas omissivas e comissivas". FREITAS, Juarez. *Discricionariedade administrativa e o direito fundamental à boa administração pública*. São Paulo: Malheiros, 2007, p. 96.

demais elementos jurídicos e fáticos presentes na hipótese.⁴⁴ O direito à segurança consta, essencialmente, dos art. 5, 6 e 144 da Constituição Federal. No art. 5 é garantida a inviolabilidade do direito à segurança; no art. 6 a segurança é elencada como um direito social; no art. 144, por sua vez, a segurança pública é tratada como dever do Estado e direito e responsabilidade de todos, sendo exercida com o objetivo de preservar a ordem pública e a incolumidade das pessoas e do patrimônio.

O direito à segurança na ordem constitucional brasileira se apresenta, desde forma, como multidimensional, ou seja, tanto como um direito de defesa, quanto de proteção e de prestação social. Na leitura de Souza Neto a segurança implica, com fundamento no art. 5º da Constituição, na ideia de estabilidade das relações jurídicas e previsibilidade da atuação estatal (segurança jurídica) bem como de redução dos riscos (ausência de perigos), que se apresenta tanto sob o ponto de vista da segurança pública (art. 144), quanto da redução dos riscos ambientais (art. 225). Na sua dimensão social, com fundamento no art. 6º da Constituição, diz o Professor da Universidade Federal Fluminense que a segurança igualmente se refere à previsibilidade, estabilidade e redução dos riscos no sentido da seguridade social regulamentada nos artigos 194 a 203 da Constituição, a saber, o direito à saúde, assistência e previdência social.⁴⁵

O direito à segurança pública, na condição de um direito à proteção, implica no direito subjetivo perante o Estado de se obter proteção em face de terceiros e sua possível violação estaria no fato do Estado não exercer o seu dever de proteção. Nas palavras de Hesse a compreensão dos direitos fundamentais como princípios objetivos implicam no dever do Estado de tudo fazer para buscar a realização desses direitos, inclu-

---

44   BARROSO, Luis Roberto. *Curso de Direito Constitucional Contemporâneo*, p. 206-209.
45   SOUZA NETO, Claudio Pereira de. Comentário ao Art. 5º, caput – Segurança. In. CANOTILHO, J.J. Gomes; MENDES, Gilmar F.; SARLET, Ingo W.; STRECK, Lênio L. (Coords.) *Comentários à Constituição do Brasil*. São Paulo: Saraiva/Almedina, 2013, p. 229-232.

sive mediante o dever de proteção em face de violações e ameaças de terceiros privados e também de outros Estados.[46] Desta forma, a dimensão objetiva do direito à segurança pública emite comandos tanto para o Estado quanto para a sociedade no sentido de um dever. Não é outra a interpretação do art. 144 da Constituição ao tratar a segurança pública como um dever do Estado e uma responsabilidade de todos, pois apenas com uma estreita colaboração entre Estado e Sociedade é possível tornar a vida coletiva segura, pois ainda que as consequências da insegurança sejam claramente mensuradas na dimensão individual, a efetividade do direito encontra-se na comunidade. Comunidade e Estado necessitam ter uma intensa relação de confiança, na qual se estabeleça que ambos os atores estão comprometidos com a ordem constitucional, tanto sob o ponto de vista do controle das infrações legais quanto do respeito aos direitos fundamentais. Há, aqui, uma estreita vinculação entre direitos e deveres fundamentais, pois a segurança impõe uma proibição de violação de tipos penais, mas ao mesmo tempo, na sua condição de direito do beneficiário impõe a esse o dever de ser igualmente vigilante para com a dimensão comunitária desse direito, ou seja, do direito a segurança como direito objetivo. Essa tarefa, o individuo inserido em uma comunidade, não realiza sozinho, mas em cooperação com os demais indivíduos e com o Estado. O sentido da ideia de segurança pública como uma responsabilidade de todos encontra-se na dimensão cooperativa da realização desse direito. O Estado sozinho não garante a segurança, quanto menos a comunidade e o individuo isoladamente. Somente a cooperação dessas três forças é capaz de promover a segurança pública.[47]

Nessa divisão de tarefas o Estado tem papel significativo, pois ele é que irá fornecer as condições materiais para a existência do direito.

---

[46] HESSE, Konrad. *Grundzüge des Verfassungsrechts der Bundesrepublik Deutschland*. 20ª ed. Heidelberg: Müller, 1999, p. 155.

[47] Sobre o significado de cooperação para a ordem constitucional ver MALISKA, Marcos Augusto. *Fundamentos da Constituição. Abertura. Cooperação. Integração*. Curitiba: Juruá, 2013.

Nesse sentido, o papel da comunidade inicia-se com a exigência aos poderes públicos para que cumpram o seu dever constitucional. A judicialização tem o pressuposto claro de que não se está no âmbito dos favores, mas no âmbito dos direitos, se exercendo a cidadania. Trata-se efetivamente de uma atribuição de tarefas decorrente da existência de deveres, pois essa relação não é saudavelmente construída quando vista como um simples favor do Estado. No entanto, a judicialização deve ser vista como o último recurso. Medidas anteriores como compromissos estáveis realizados diretamente entre os envolvidos ou mediados pelo Ministério Público são bem-vindos.

Para os fins do presente texto a possibilidade de judicialização dessa exigência de cumprimento de papel ao Estado deve ter âmbito definido, até mesmo para que o engajamento comunitário seja ressaltado. No âmbito da atuação preventiva, da proximidade do Estado à comunidade, aquilo que se tem chamado de "polícia comunitária", o problema da segurança pública não tem como espaço o país, o Estado ou a cidade, mas o bairro. É nesse lócus social que é possível se construir a relação de confiança entre Estado, Comunidade e Individuo na garantia do direito à segurança. A Associação de moradores, instituição social legítima para exigir tal direito em nome da comunidade do bairro, que também tem legitimidade processual para ingressar com a Ação Civil Pública[48], é o autor vocacionado para atuar em nome da coletividade visando garantir o patrulhamento ostensivo do bairro com o objetivo de prevenir o crime. A presença física da polícia e sua relação de cooperação com a comunidade se constitui em pressuposto indispensável para se iniciar o processo de pacificação social. As eventuais alegações do Estado de

---

[48] Sobre o papel das Associações na defesa judicial dos interesses difusos e coletivos ver BACK, Alessandra. *O Poder Judiciário e a efetivação dos direitos fundamentais sociais no Brasil por meio do processo judicial coletivo*. Curitiba, 2014, p. 95 e seg. Dissertação (Mestrado em Direitos Fundamentais e Democracia) Programa de Pós-Graduação em Direito – Mestrado, da UniBrasil.

que não há efetivo de policiais ou recursos orçamentários suficientes devem ser avaliados com base no princípio da proporcionalidade. Lembra Paulo que a proporcionalidade é um teste para saber se a restrição a um direito se justifica, direito esse que se apresenta *prima facie* e tem a forma de mandado de otimização.[49] A questão aqui em analise seria então a de saber se a restrição ao direito à segurança, consubstanciada nas dificuldades materiais apresentadas pelo poder público para cumprir o exigido pela demanda judicial da Associação, se justifica. Essa questão aponta, de um lado, para aquilo que a doutrina chama de proibição da proteção insuficiente (*Untermassverbot*), consistente no dever do Estado de não ultrapassar um determinado limite mínimo.[50] Por outro, no entanto, conforme Schlink, a ação insuficiente do Estado não se traduz em outra coisa senão que em uma medida desproporcional em sentido estrito (*unverhältnismässig im engeren Sinn*).[51]

Note-se que nessas demandas de natureza coletiva o Judiciário assume efetivamente o papel de mediador da disputa, visto que a solução do caso não está sob o prisma do direito processual clássico que entende o Juiz como uma figura imparcial que, distante das partes, promove a justiça dando a solução para o caso. A complexidade das causas dessa natureza exige do Estado-Juiz outro papel. A efetividade da Constituição, escreve Barroso, exige senso de realidade[52] e é com base nele que a construção da solução da demanda também deve se pautar. O juiz deverá avaliar a demanda trazida e os argumentos da autoridade estatal para encontrar uma solução intermediária.[53]

---

[49] PAULO, Norbert. *Colliding principles – proportionality test*. Mimeo, 2014.
[50] MAURER, Hartmut. *Staatsrecht: Grundlagen, Verfassungsorgane, Staatsfunktionen*. 2ª ed. Munique: Beck, 2001, p. 238.
[51] SCHLINK, Bernhard. Der Grundsatz der Verhältnismässigkeit. In. BADURA, Peter e HORST, Dreier (Orgs.). *Festschrift 50 Jahre Bundesverfassungsgericht*. Vol. 2. Tübingen: Mohr Siebeck, 2001, p. 445.
[52] BARROSO, Luis Roberto. *Curso de Direito Constitucional Contemporâneo*, p. 222.
[53] Por certo que os problemas de falta de segurança não serão resolvidos exclusivamente com

Essa mesma comunidade que demanda do Estado maior segurança pública pode igualmente, por meio da associação de pais e mestres, se engajar no aperfeiçoamento da escola pública local. A realidade da violência no Brasil mostra claramente que a solução desse problema passa, e muito, pela educação. O art. 205 da Constituição dispõe que a educação é direito de todos e dever do Estado e da família. Trata-se de clássico direito fundamental social prestacional, que exige do Estado a disponibilização das condições materiais para o funcionamento da escola. O acesso aos bens culturais se dá por meio da educação e o aluno tem o direito de encontrar na escola as condições materiais necessárias para esse acesso.[54] A associação de moradores da comunidade pode sim exigir judicialmente do Estado a contratação de professores[55], a aquisição de livros, a melhora da infraestrutura física da escola, a merenda escolar. Igualmente aqui incide o princípio da proporcionalidade na sua relação com a proibição de proteção insuficiente, conforme decidiu o Ministro Gilmar Mendes, então Presidente do Supremo Tribunal Federal, no pedido de Suspensão de Tutela Antecipada STA 241, argumentan-

---

a presença física da polícia na comunidade. Discutir esse tema com profundidade extrapola os limites do presente texto. No entanto, é fundamental para a segurança pública o engajamento da comunidade na solução dos problemas sociais, bem como a participação do Estado, por meio de políticas públicas mais amplas, como educacionais, culturais e de emprego.

[54] Segundo Bourdieu os gostos em matéria de cultura legítima não são um dom da natureza, mas produto da educação: frequência a museus, concertos, exposições, leituras etc. e as preferências em matéria de literatura, pintura ou música, estão estreitamente associadas ao nível de instrução (diploma escolar e número de anos de estudo) e à origem social. BOURDIEU, Pierre. *A Distinção. Crítica social do julgamento*. São Paulo: Edusp, 2008, p. 9.

[55] Na ação civil pública nº 2007.067.001221-2, do Juizado da Família, da Infância, da Juventude e do Idoso da Comarca de Queimados/RJ, a decisão liminar, considerando a ausência ou insuficiência do número de professores nas unidades da rede estadual de ensino localizadas no município, deferiu o pedido antecipatório para determinar que o Estado do Rio de Janeiro preencha o quadro de professores da rede estadual de ensino do Município de Queimados de modo a suprir a carência indicada. Essa decisão foi mantida pelo Supremo Tribunal Federal na Suspensão de Tutela Antecipada STA 241. Ver: BRASIL. Supremo Tribunal Federal. Suspensão de Tutela Antecipada – STA 241. Decisão monocrática da presidência Ministro Gilmar Mendes. Em: http://www.stf.jus.br/portal/processo/verProcessoAndamento.asp?incidente=2620579 Acessado em 26 de março de 2014.

do que o Estado está obrigado a criar os pressupostos fáticos necessários ao exercício efetivo do direito à educação, pois os direitos fundamentais não contêm apenas uma proibição de intervenção (*Eingriffsverbote*), mas também um postulado de proteção (*Schutzgebote*), consistente, para utilizar uma expressão de Canaris, não apenas em uma proibição de excesso (Übermassverbot), mas também uma proibição de proteção insuficiente (*Untermassverbot*). Salienta também o Ministro, quanto à dimensão objetiva do direito à educação, os direitos à organização e ao procedimento (*Rechte auf Organization und auf Verfahren*), no sentido de direitos que dependem de providências estatais com vistas à criação e conformação de órgãos e procedimentos indispensáveis à sua efetivação.[56]

Igualmente a participação da sociedade civil organizada na realização dos direitos prestacionais pode também ser observada no direito à saúde da comunidade. A falta de recursos humanos e materiais necessários ao funcionamento adequado da unidade de saúde local viola o disposto no art. 196 quanto ao dever do Estado de fornecer as condições materiais necessárias ao exercício do direito à saúde.[57] Questão que merece reflexão no âmbito do direito à saúde é a delimitação de obrigações, pois a qualidade do serviço prestado depende significativamente do dimensionamento da demanda. Assim, planejamento e organização

---

[56] BRASIL. Supremo Tribunal Federal. Suspensão de Tutela Antecipada – STA 241. Decisão monocrática da presidência Ministro Gilmar Mendes. Em: http://www.stf.jus.br/portal/processo/verProcessoAndamento.asp?incidente=2620579 Acessado em 26 de março de 2014.

[57] Na Ação Civil Pública nº 2007.81.03.00799-0, ajuizada pelo Ministério Público Federal e pelo Ministério Público do Ceará perante o Juízo da 18ª Vara Federal de Sobral, se determinou à União, ao Estado do Ceará e ao Município de Sobral a transferência de todos os pacientes necessitados de atendimento em Unidades de Tratamento Intensivo (UTIs) para hospitais públicos ou particulares que disponham de tais unidades, assim como o início de ações tendentes à instalação e ao funcionamento de 10 leitos de UTIs adultas, 10 leitos de UTIs neonatais e 10 leitos de UTIs pediátricas, no prazo máximo de 90 dias. Essa decisão foi mantida pelo Supremo Tribunal Federal no pedido Suspensão de Liminar SL 228. Ver: BRASIL. Supremo Tribunal Federal. Suspensão de Liminar – SL 228. Decisão monocrática da presidência Ministro Gilmar Mendes. Em: http://www.stf.jus.br/portal/processo/verProcessoAndamento.asp?incidente=2604891
Acessado em 26 de Março de 2014.

quanto ao estabelecimento das unidades de saúde, seu regular funcionamento e abrangência são pontos fundamentais para que a comunidade possa ser atendida com a qualidade que espera.

Quando as pré-condições sociais necessárias a uma vida saudável, como o acesso ao tratamento de água e esgoto da comunidade, não estão presentes no bairro, a comunidade tem a prerrogativa de se envolver nessa questão exigindo dos poderes públicos os investimentos que se fazem necessários. Aqui o direito à saúde toma dimensões maiores para atingir direitos como à moradia e à alimentação.

O princípio da proporcionalidade pode muito contribuir na solução de demandas coletivas em matéria de direitos prestacionais, visto que as prestações estatais dependem de recursos públicos escassos e a necessidade e a adequação da medida postulada pela comunidade serão avaliadas a partir dos limites impeditivos trazidos pelo poder público. Soluções compromissórias afiguram-se razoáveis no contexto de um país ainda muito marcado por transformações econômicas e sociais permanentes que retiram do horizonte de longo prazo a estabilidade inerente a qualquer planejamento. Compromissos republicanos, firmados com o objetivo máximo de concretizar o texto constitucional, é que devem pautar tais medidas coletivas levadas ao Judiciário.

A conclusão em tese da importância do princípio da proporcionalidade para a solução de demandas coletivas em matéria de direitos fundamentais prestacionais não deve deixar de considerar a realidade sobre a qual a possibilidade teórica de aplicação do princípio irá incidir. Assim, uma pesquisa no sitio eletrônico do Tribunal de Justiça do Estado do Paraná[58] demonstra a ausência de ações civis públicas dessa natureza, ou seja, que buscam a efetivação de direitos prestacionais por

---

[58] Foram utilizados as seguintes palavras de busca: (i) associação de moradores e "ação civil pública" e "direito à saúde"; (ii) associação de moradores e "ação civil pública" e "direito à educação" e (iii) associação de moradores e "ação civil pública" e "segurança pública".

parte de associações de moradores. É possível que o resultado dessa pesquisa não demonstre plenamente a realidade, pois ela não abrange as ações encerradas no primeiro grau. De outro modo, esse dado nos impõe reflexão acerca da efetiva legitimidade dessas organizações sociais e até que ponto elas, em alguma medida, não se vinculam aos problemas de representatividade da política em geral, ou seja, são apropriadas por lideranças políticas que as utilizam como meio para a busca de objetivos pessoais eleitorais. Uma discussão aprofundada dos limites e das possibilidades das medidas judiciais coletivas em matéria de direitos prestacionais irá abordar indiscutivelmente as pré-condições para o exercício desses direitos pelas organizações da sociedade civil, a maneira como lidam com o poder público, a compreensão que possuem do Estado e do papel da sociedade civil na realização de direitos prestacionais. Todas essas questões não podem estar desvinculadas das discussões sobre o papel do princípio da proporcionalidade na realização dos direitos fundamentais prestacionais, sob pena de se realizar exclusivamente uma reflexão teórica sobre uma possibilidade normativa sem correspondência com a realidade.

Referências Bibliográficas

ALEXY, Robert. *Theorie der Grundrechte*. Frankfurt am Main: Suhrkamp, 1994.

BACK, Alessandra. *O Poder Judiciário e a efetivação dos direitos fundamentais sociais no Brasil por meio do processo judicial coletivo*. Curitiba, 2014, p. 95 e seg. Dissertação (Mestrado em Direitos Fundamentais e Democracia) Programa de Pós-Graduação em Direito – Mestrado, da UniBrasil.

BADURA, Peter e HORST, Dreier (Orgs.). *Festschrift 50 Jahre Bundesverfassungsgericht*. Vol. 2. Tübingen: Mohr Siebeck, 2001.

BARROS, Suzana de Toledo. *O Princípio da proporcionalidade e o controle de constitucionalidade das leis restritivas de direitos fundamentais*. Brasília: Brasília Jurídica, 1996.

BARROSO, Luís Roberto. *Interpretação e Aplicação da Constituição*. 5ª ed. São Paulo: Saraiva, 2003.

_____. *Curso de Direito Constitucional Contemporâneo*. 2ª ed. São Paulo: Saraiva, 2011.

BOURDIEU, Pierre. *A Distinção. Crítica social do julgamento*. São Paulo: Edusp, 2008.

CANOTILHO, J.J. Gomes; MENDES, Gilmar F.; SARLET, Ingo W.; STRECK, Lênio L. (Coords.) *Comentários à Constituição do Brasil*. São Paulo: Saraiva/Almedina, 2013.

DELAZARI, Luiz Fernando Ferreira. *Segurança Pública no Brasil: um panorama para inovação*. Curitiba, 2014. Paper apresentado para a disciplina Estado Constitucional e Democracia do Programa de Mestrado em Direitos Fundamentais e Democracia da UniBrasil.

FREITAS, Juarez. *Discricionariedade administrativa e o direito fundamental à boa administração pública*. São Paulo: Malheiros, 2007.

GUERRA FILHO, Willis Santiago. *Ensaios de Teoria Constitucional*. Fortaleza: UFC – Imprensa Universitária, 1989.

HESSE, Konrad. *Grundzüge des Verfassungsrechts der Bundesrepublik Deutschland*. 20ª ed. Heidelberg: Müller, 1999.

KLATT, Matthias e MEISTER, Moritz. *The Constitutional Structure of Proportionality*. Oxford: Oxford University Press, 2012.

MALISKA, Marcos Augusto. *A lecture on Brazilian constitutional Law as visiting professor at Academician Y. A. Buketov Karaganda State University – Kazakhstan*. Curitiba – Karaganda: Mímeo, 2012. _____. *Fundamentos da Constituição. Abertura. Cooperação. Integração*. Curitiba: Juruá, 2013.

MAURER, Hartmut. *Staatsrecht: Grundlagen, Verfassungsorgane, Staatsfunktionen*. 2ª ed. Munique: Beck, 2001.

MENDES, Gilmar Ferreira e outros. *Curso de Direito Constitucional*. 2ª ed. São Paulo: Saraiva/IDP, 2008.

_____. *Controle de constitucionalidade: aspectos jurídicos e políticos*. São Paulo: Saraiva, 1990.

PAULO, Norbert. *Colliding principles – proportionality test*. Mimeo, 2014.

SOUZA, Jessé. *A modernização seletiva. Uma reinterpretação do dilema brasileiro*. Brasília: Editora da UNB, 2000.

A OBJEÇÃO CENTRAL AO PRINCÍPIO DA PROPORCIONALIDADE NO CONTEXTO DO CONSTITUCIONALISMO BRASILEIRO *

Paulo Ricardo Schier **

Dentre as principais características do constitucionalismo na perspectiva pós-positivista[3] pode-se destacar o reconhecimento de

---

* O presente texto apresenta um desenvolvimento, de forma bastante simplificada, da participação do autor no painel "*Objeções ao princípio da proporcionalidade em sentido estrito*", durante o SEMINARS BRAZIL-GERMANY: PROPORCIONALIDADE, DIGNIDADE HUMANA E DIREITOS SOCIAIS NA TEORIA DOS DIREITOS FUNDAMENTAIS DE ROBERT ALEXY, organizado pelo Programa de Mestrado da UNOESC, em Chapecó/SC. Na oportunidade coube-nos o papel de desempenhar a função de debatedor perante a fala do Professor Matthias Klatt. Como foi salientado no decorrer daquela participação, é preciso deixar registrado também nesta oportunidade que o autor das presentes observações, com algumas poucas restrições, alinha-se ao modelo de teoria da argumentação e ao modelo de sopesamento mediante ponderação proposto pelo pensamento do Professor Robert Alexy. As objeções bastante pontuais apontadas no decorrer dos debates, portanto, foram manifestadas mais no sentido de ente, no sentido uma crítica sistemática.

** Doutor em Direito Constitucional pela UFPR. Professor de Direito Constitucional, em nível de graduação e mestrado, da UniBrasil, e do Instituto de Pós-Graduação em Direito Romeu Felipe Bacellar e da Academia Brasileira de Direito Constitucional. Professor Convidado da Universidade de Wroclaw (Polônia). Pesquisador do NUPECONST – Núcleo de Pesquisas em Direito Constitucional, Direitos Fundamentais e Democracia - CNPq. Membro Honorário da Academia Brasileira de Direito Constitucional. Membro da Comissão de Ensino Jurídico da Ordem dos Advogados do Brasil – Seccional do Paraná. Advogado militante. pauloschier@uol.com.br

3 É certo que a expressão pós-positivismo, assim como a expressão neoconstitucionalismo, por exemplo, é bastante incerta e comporta uma gama muito ampla de modelos teóricos e pensadores. Utiliza-se, aqui, esta expressão, para designar não uma teoria específica, mas antes um momento teórico do direito pós-segunda guerra mundial, preocupado com o reconhecimento de normatividade aos princípios, com as questões de efetividade dos direitos fundamentais no contexto de constituições substancializadas, de amplo acesso do juiz à normatividade constitucional e as questões daí decorrentes, com emergência do método da ponderação em concorrência à ideia de subsunção, de superação do mito da separação entre direito e moral, e que se movimenta, primordialmente, na perspectiva de uma racionalidade

normatividade aos princípios, o reconhecimento de uma diferenciação qualitativa – estrutural - entre estes e as regras e o amplo acesso de todos os poderes às normas constitucionais (Alexy, 2008, p. 90; Dworkin, 2002, cap. 2 e 3).

Tais características, num contexto de constituições substancializadas, por um lado incrementam o pluralismo e a democracia no plano axiológico e político (Zagrebelsky, 2007, pp. 14-21, 37-39 e 147) mas, por outro lado, deixam evidente a questão do que alguns chamam de fluidez ou ductibilidade da Constituição (Zagrebelsky, 2007, p. 15).

No campo dos direitos fundamentais esta fluidez decorre de uma combinação de fatores (tais como proteção pelo máximo grau hierárquico, máxima força normativa, máxima importância do objeto de proteção e máximo grau de indeterminação dos direitos) que, conjugados, conduzem a um modelo de compreensão da Constituição em que direitos fundamentais ao mesmo tempo são profundamente democráticos e antidemocráticos (Alexy, 2003, p. 32-37). Neste último caso - em que os direitos fundamentais manifestam-se como trunfos contra a maioria (Dworkin, 2002, p. X) – fica evidente a existência de grandes desacordos no que tange com o conteúdo e a extensão da proteção desses direitos (Novais, 2006, p. 22). E assim, fala-se em "objeção contramajoritária" (Bickel, 1986, p. 16 e ss.) no plano da jurisdição constitucional, bem como se observa a emergência de debates sobre a possibilidade de consensos no âmbito da interpretação dos direitos fundamentais, sobre a possibilidade de uma única resposta correta nos chamados casos difí-

---

argumentativa. A ideia, então, pós-positivismo que foi referida, embora não seja imune a críticas, por sua amplitude (basta pensar que nesta perspectiva o conceito abarca teóricos com pensamentos tão diferentes quanto Robert Alexy, Ronald Dworkin, Friedrich Muller, Gustavo Zagrebelsky ou Klaus Gunter), mostra-se útil para se referir, reitere-se, a um momento histórico e teórico em que princípios são normas, possuem estrutura normativa diferente de regras, aplicam-se também de forma diversa, demandando forma de aplicação diversa daquela das regras, situação praticamente impensável no contexto do constitucionalismo anterior.

ceis (Dworkin, 2000, cap. 5) ou sobre da própria racionalidade das decisões no sítio dos direitos fundamentais (Alexy, 2004, p. 48-82). O Judiciário passa a controlar, a partir dos parâmetros fluidos da Constituição, a legitimidade das decisões parlamentares. E, se é certo que o direito produzido no âmbito do Pode Legislativo traz o pressuposto de legitimidade democrática através do sufrágio, o mesmo não ocorre no âmbito do Poder Judiciário. E esta questão cada vez mais torna-se relevante.

Com efeito, cada vez mais reconhece-se que o Direito, ao mesmo tempo em que deve se preocupar com questões vinculadas com a correção normativa, também demanda respostas pautadas no cuidado com a correção factual e correção discursiva[4] (Alexy, 2007, p. 105 e ss; Sieckmann, 2006, p. 2019 e ss). É inevitável que o Direito, na perspectiva da teoria dos princípios, torne-se aberto para o plano da moral. E por tal razão emerge toda a preocupação, como se afirmou acima, com a controlabilidade das decisões, a racionalidade do processo de aplicação do direito, a necessidade de contenção do decisionismo e do excesso de subjetivismo (Marrafon, 2010, p. 151-154)[5].

Tais preocupações fazem sentido, eis que no quadro delineado é possível então perceber que o Poder Judiciário, contramajoritariamente, passa a controlar as decisões do Parlamento, dotadas de forte carga de legitimidade democrática, a partir dos parâmetros fluidos da Consti-

---

[4] É preciso aqui esclarecer que não são poucas as críticas feitas ao uso das expressões "correção normativa" e "correção factual", principalmente na medida em que pode exprimir a ideia de uma separação entre direito e realidade, direito e moral, o mundo do ser e do dever ser, separação essa típica dos diversos positivismos. As expressões foram usadas, no contexto do debate, apenas para exprimir a ideia de que no momento atual do constitucionalismo é possível, juridicamente, em face de um caso concreto, definir-se mais de uma resposta adequada para a questão a ser decidida, de modo que o direito passa então a se debruçar também sobre um modelo de racionalidade argumentativa que transcende o discurso normativista-legalista tradicional.

[5] No contexto da obra da Marrafon (2010, p. 151-154) são catalogadas diversas críticas ao modelo argumentativo de Alexy, além das citadas acima. É preciso registrar, nada obstante, que autor citado não descarta de forma absoluta o papel da teoria da argumentação e da racionalidade discursiva ora pressuposta no presente texto.

tuição, permitindo que, neste controle, haja uma forte interferência da moral e dados da subjetividade de difícil controle de racionalidade.

No plano das teorias da argumentação muitas são as propostas que intentam criar procedimentos que possibilitem algum controle intersubjetivo no plano da jurisdição constitucional. E neste sentido, a teoria alexyana dos princípios, a partir da regra da proporcionalidade e da dinâmica de formação da lei de colisão e dos precedentes condicionados, aparece como método capaz de produzir certa racionalidade neste universo (Alexy, 2008, pp. 36 e 96) de abertura, fluidez, ductibilidade e desacordos.

Sustenta-se que o método da proporcionalidade é capaz de garantir uma "racionalidade fraca" (Alexy, 2008, p. 45-49, p. 73-75), mas que é a única racionalidade possível no campo da argumentação jurídica (Alexy, 2001, 301-319; Alexy, 2008, p. 548 e ss.). Nesta linha a proporcionalidade, enquanto método, seria responsável por criar pautas argumentativas em diversos níveis que impõem ao intérprete/aplicador do direito uma série de tarefas para o enfrentamento de questões ou condições jurídicas e fáticas que podem conduzir à racionalidade, afastando ou minimizando a participação de "motivos não controláveis" no momento da determinação da do sentido e extensão da norma no caso concreto (Silva, 2009, cap. 3 e 4). O método, evidentemente, não elimina a possibilidade de preconceitos irracionais prevalecerem numa decisão no plano constitucional mas, neste caso, ele permite que os dados da subjetividade passem por um procedimento que possibilita uma controlabilidade intersubjetiva.

A racionalidade do direito constitucional e dos direitos fundamentais, neste sentido, projeta-se no campo de uma racionalidade argumentativa prática (Alexy, 2001, p. 211-218). E para que este processo atinja sua finalidade, parece que determinados pressupostos argumentativos, internos e externos, devem estar satisfeitos.

Não é o caso, aqui, de explorar referidos pressupostos, mas cumpre lembrar, por exemplo, que para que a racionalidade argumentativa funcione é preciso que haja disposição para a argumentação. Isso, evidentemente, demanda uma cultura argumentativa, que é uma cultura democrática, bem como instituições que permitam que determinado método – como é o caso da proporcionalidade – se desenvolva.

No Brasil, critica-se que a falta de uma cultura democrática no campo argumentativo, e até mesmo a existência de forte tradição autoritária têm possibilitado um uso inadequado (ou uma compreensão inadequada) da regra da proporcionalidade. Este uso inadequado lança mão da proporcionalidade apenas para justificar decisões irracionais, contra leis e precedentes condicionados, desonerando o intérprete de um ônus argumentativo mais custoso. Trata-se de algo contraditório. A utilização da proporcionalidade, que objetiva possibilitar racionalidade e que impõe pautas argumentativas fortes, é manipulado para justificar quaisquer decisões, eliminando a observância dos mais básicos "standards" argumentativos por ela proposta.

Observe-se, por exemplo, o que já foi apontando em outro texto de nossa autoria sobre os riscos de uma tradição autoritária perante o uso inadequado da teoria da argumentação sem observância dos "standards" básicos de justificação interna e externa (Schier, 2014, p. 51). Ali tivemos oportunidade de demonstrar que o Brasil ainda é marcado por uma tradição patrimonialista e patriarcalista, sendo muito recente a tentativa de afirmação de uma ética republicana, democrática ou efetivamente igualitária. O reconhecimento desta dificuldade contextual é importante, pois a partir daí se pode imaginar a relevância que a construção de um discurso de justificação adequado pode desenvolver no âmbito da comunidade. À falta de tradição democrática deve se contrapor um ônus argumentativo mais oneroso no âmbito das decisões judiciais e de qualquer tipo de processo de concretização constitucional. É a justificação adequada do discurso que permitirá a construção de uma nova tradição em torno do conteúdo da Constituição e das instituições e princípios do Direito. A ausência de adequada justificação é que pode fazer perpetuar tradições autoritárias que se legitimam com referências genéricas ao texto constitucional e ao princípio da proporcionalidade (Schier, 2014, p. 53).

É preciso reconhecer, todavia, que o mal uso de uma teoria não a torna imprestável. Não se pode criticar um modelo de pensamento porque o leitor o compreendeu de forma equivocada e não consegue manipula-lo adequadamente. Aceitar este tipo de crítica seria o mesmo que descartar o uso de um modelo de automóvel porque ele não voa, afinal este não é mesmo o seu propósito. Neste caminho de raciocínio, é certo que a teoria de argumentação contida no método da proporcionalidade de Alexy não se propõe a ser uma teoria da fundamentação da decisão, e sim uma teoria da justificação. Se as pautas argumentativas propostas por este método não são levadas a sério, o problema só pode ser imputado a fatores externos à teoria. Mas este fenômeno ocorre no Brasil não apenas com o pensamento de Alexy, evidentemente, mas também com outros modelos de teoria do direito e da argumentação.

É claro, portanto, que o modelo de proporcionalidade em debate não é ingênuo e também não se propõe a legitimar decisões irracionais no plano constitucional. As principais críticas colacionadas no Brasil não são novas e nem desconhecidas dos defensores do modelo. Alexy não desconhece a possibilidade da teoria da argumentação jurídica pelo método da proporcionalidade conduzir a situações de decisionismo e subjetivismo. E tanto é assim que, por exemplo, no seu *Epílogo à Teoria dos Direitos Fundamentais* ele admite as críticas de Habermas no que tange com aquilo que chama de "*sopesamento decisionista*". Todavia, procura explicitar que este sopesamento decisionista não é cabível em seu modelo teórico, cuja preocupação é diversa, qual seja, é exatamente a preocupação com o desenvolvimento de um procedimento e pautas argumentativas que conduzam à racionalidade da decisão (Alexy, 2003, p. 439).

Se há risco de decisionismo e subjetivismo, como tanto se fala na teoria brasileira, é bom salientar que esta crítica não pode e nem deve ser dirigida ao método em si, mas antes ao uso inadequado dele, mormente diante da inexistência de um imperativo deôntico que obrigue o aplicador a utilizar este ou aquele método, desta ou daquela maneira.

Portanto, o referido medo do decisionismo e subjetivismo, efetivamente, não pode imputar "culpa" ao pensamento de Alexy no que tange com a proprocionalidade. Antes de Alexy já existiam decisionismos e subjetivismos e certamente haverá, no futuro, tais manifestações. E não se pode culpar o método da proporcionalidade por isso, eis que seu propósito é exatamente o de superar esses problemas (Alexy, 2003, p. 437 e ss).

Se, portanto, no Brasil, não poucos os estudos que apontam que as decisões do Supremo Tribunal Federal e outros tribunais aplicam inadequadamente a proporcionalidade e, não raro, sequer respeitam os seus próprios precedentes condicionados, não há que se atribuir a causa desta situação à suposta crença demasiada no método como "gerador de verdades".

Elementos culturais extremamente complexos que permeiam esta situação podem demonstrar que a proporcionalidade, enquanto método, eventualmente pode possuir um papel limitado e seus resultados (resultados da aplicação do método) podem depender mais de um compromisso ético do aplicador do direito com o jogo argumentativo do que do próprio método em si. E, neste aspecto, qualquer outro método, considerado seriamente, poderia conduzir à racionalidade das decisões.

Considere-se que este tipo de constatação não é de todo equivocada. Vergílio Afonso da Silva, por exemplo (Silva, 2009, cap. 3), desenvolve sério trabalho demonstrando como, eventualmente, modelos teóricos diversos daquele defendido por Alexy no campo da teoria dos direitos fundamentais podem conduzir a resultados semelhantes àqueles que seriam obtidos com o modelo alexyano. Todavia o modelo de Alexy seria melhor exatamente por conferir maior controlabilidade e racionalidade democrática.

Isso permite afirmar, então, que outros modelos de teoria da argumentação jurídica, inclusive positivistas, podem proporcionar decisões racionais. Igualmente, quaisquer modelos podem acabar sendo "distorcidos" no momento da decisão. Afinal, se é certo que o intérprete não segue modelos, métodos ou formas rígidas de decisão – trata-se, efetivamente, de um processo complexo -, é igualmente certo que os métodos, modelos ou "standards" de argumentação, de algum modo mais ou menos intenso, integram toda uma tradição da comunidade jurídica que participa da decisão.

Isso só demonstra que existem limites à teoria da argumentação, seja de Alexy ou de qualquer outro modelo de teoria da argumentação – ainda que pautada em subsunção -, e tais limites são culturais ou, por outra explicação, residem no campo da fundamentação da decisão.

É preciso, então, concluir, que grande parte das críticas apontadas só fazem sentido se se pressupor algo que Alexy não defende: que a teoria da argumentação pelo método da proporcionalidade possibilita uma racionalidade forte, absoluta e universal no plano da decisão jurídica. E, realmente, se este fosse o intento, sua teoria seria insuficiente (como todas as demais).

Mas, reitere-se, não é isso que a teoria da argumentação pelo método da proporcionalidade de Alexy propõe. Ela busca, efetivamente, uma racionalidade, como se disse, que é fraca mas crítica (Marrafon, 2010, p. 106-111). Excluir, do universo da decisão jurídica, as pautas argumentativas colocadas pelo método da proporcionalidade significaria abrir o direito, aí sim, para o irracional, eis que faltariam parâmetros e *standards* para o controle do que é ou não é racional numa decisão.

Por outro lado é preciso lembrar que "acreditar que o método, por si só, irá garantir racionalidade", é efetivamente uma redução positivista. Mas não é disso que se trata quando se trabalha com o método da proporcionalidade, que aparece no contexto da racionalidade argumentativa como "fomentador" ou "provocador" de racionalidades possíveis, mas não assegura o resultado final, mormente porque não se pode perder de vista que "toda forma de argumentação e seu controle somente são compreendidos dentro do horizonte histórico em que se desenvolve e nos limites da capacidade compreensiva (ou não) do sujeito existencial que ouve/lê e interpreta" (Marrafon, 2010, p. 194).

Existem, então, limites à teoria da argumentação que estão vinculados à compreensão que o intérprete possui em relação ao próprio método. E a teoria da argumentação pós-positivista, evidentemente, possui esta consciência crítica de seus limites e não defende o método da proporcionalidade como um instrumento que conduz à uma única "verdade forte" e à uma "razão universal" igualmente forte. As críticas ao "uso inadequado do método" alexyano, na teoria ou na jurisprudência, parecem pressupor um horizonte de compreensão positivista de uma teoria que se propõe não positivista.

Mas isso não chega a ser um problema. Parece que a tradição argumentativa tem proporcionado grandes serviços ao Direito brasileiro, sendo inclusive de extrema valia as críticas ao método da proporcionalidade na medida em que elas reforçam a própria proposta de uma racionalidade fraca e ampliam o horizonte de compreensão dos intérpretes sobre o papel do método e seus limites, reforçando a necessidade de pautas argumentativas mais fortes nas decisões sobre os casos constitucionais.

Bibliografia

ALEXY, Robert. **Teoria da Argumentação Jurídica.** Trad. Zilda Hutchinson Schild Silva. 2. Ed. São Paulo: Landy, 2001.

_____. *On Balancing and Subsumption: a Structural Comparison.* Ratio Juris, vol. 16, n. 4, p. 433-449, dez. 2003.

_____. **Epílogo a la teoria de los derechos fundamentales.** Trad. Carlos Bernal Pulido. Madrid: Colegio de Registradores de La Propriedad, Mercantiles y Bienes Muebles de España, 2004.

_____. **Los derechos fundamentals en el estado constitucional** democrático. In: CARBONEL, Miguel (ORG.). Neoconstitucionalismo(s). 2. Ed. Madrid: Editorial Trotta, 2005.

_____. **Teoria dos direitos fundamentais.** Trad. Virgílio Afonso da Silva. São Paulo: Malheiros, 2006.

_____. **Constitucionalismo discursivo.** Trad. Luis Afonso Heck. Porto Alegre: Livraria do Advogado, 2007.

DWORKIN, Ronald. **Uma questão de princípio.** Trad. Luis Carlos Borges. São Paulo: Martins Fontes, 2000.

_____. **Levando os direitos a sério.** Trad. Nelson Boeira. São Paulo: Martins Fontes, 2002.

MARRAFON, Marco Aurélio. **O caráter complexo da decisão em matéria constitucional**: discursos sobre a verdade, radicalização hermenêutica e fundação ética na práxis jurisdicional. Rio de Janeiro: Lumen Juris, 2010.

NOVAIS, Jorge Reis. **Direitos Fundamentais**: Trunfos contra a maioria. Coimbra: Coimbra Editora, 2006.

SCHIER, Paulo Ricardo. **Constitucionalização do direito no contexto da Constituição de 1988**. In: CLÈVE, Clèmerson Merlin (ORG.). Direito constitucional brasileiro. Teoria da Constituição e Direitos Fundamentais. São Paulo: Revista dos Tribunais, 2014, vol. 1.

SIECKMANN, Jan-R. **El modelo de los princípios del derecho.** Bogotá: Universidad Externado de Colombia, 2006.

SILVA, Virgílio Afonso da. **Direitos Fundamentais**: conteúdo essencial, restrições e eficácia. São Paulo: Malheiros, 2009.

ZAGREBELSKY, Gustavo. **El derecho** dúctil: ley, derechos, justicia. Trad. Marina Gascón. 7. Ed. Madrid: Editorial Trotta, 2007.

NÃO POSITIVISMO INCLUSIVO

Prof. Dr. Phd. hc. mult. ROBERT ALEXY

Tradução[1]: Prof. Dr. Rogério Luiz Nery da Silva

Introdução

Na origem da distinção entre as duas formas de positivismo e as formas de não positivismo, eu sustento que somente uma dessas cinco concepções de direito é defensável: o não positivismo inclusivo. O fundamento de meu argumento é a "tese da correção", segundo a qual o direito necessariamente reclama por correção. A "doutrina da correção" implica a tese da dupla natureza do direito, segundo a qual o direito compreende uma dimensão real ou autorizadora, assim como uma dimensão ideal ou crítica. A dupla natureza do direito é a essência da fórmula de Radbruch, que diz, em sua forma mais resumida, que a extrema injustiça não é direito.

Sob a rubrica geral de conceito e natureza do direito, uma das mais fundamentais questões é a relação entre o direito e a moral. Duas correntes têm disputado a atenção ao longo de dois milênios: o positivismo e o não positivismo.

---

[1] Adequado, necessário e proporcional registrar o imenso agradecimento do tradutor ao querido amigo e ilustre professor-doutor **WILSON STEINMETZ**, colega no Programa de Mestrado em Direito da Universidade do Oeste de Santa Catarina (UNOESC), por destinar de forma tão solícita parte de seu exíguo tempo, em detrimento de outras tarefas pessoais, para realizar considerações e observações muito precisas a título de revisão do texto desta tradução.

1. Tese da Separação e a Tese da Conexão

Todos os positivistas defendem a tese da separação. Em sua forma mais geral, ela afirma não haver uma conexão necessária entre o direito como ele é, e o direito como ele deve ser. Ou, numa formulação mais precisa, determina que não há uma conexão necessária entre a validade jurídica ou a correção jurídica, de um lado, e o conteúdo moral ou certeza moral, de outro.

Em sentido contrário, todos os não positivistas defendem a tese da conexão, segundo a qual existe uma conexão obrigatória entre a validade jurídica ou correção jurídica, de um lado, e o conteúdo moral ou certeza moral, de outro (Alexy, 2008b, 284-5). Isso significa que, com o intuito de definir o conceito e a natureza do direito, todas as teorias positivistas se veem restritas a dois elementos, nomeadamente, a um, a investidura de autoridade e, a dois, a eficácia social. A caracterização das teorias não positivistas inclui, também, um terceiro elemento: a correção do conteúdo (Alexy, 2002a, 3-4).

2. Formas de Positivismo e Não Positivismo

Qual das teses – a tese de separação ou a tese de conexão – é mais defensável? Ambas se prestam a uma variedade de interpretações. A resposta à nossa questão principal gravita em torno dessas várias interpretações.

No contexto do positivismo, a distinção entre o positivismo jurídico exclusivo e o positivismo jurídico inclusivo é a diferença mais importante que a relação de vinculação ou não entre o direito e a moral. O positivismo exclusivo, como defendido mais proeminentemente por Joseph Raz, sustenta que a moral é necessariamente excluída do conceito do direito (Raz, 2009, 47). O positivismo inclusivo, como defendido, por exemplo, por Jules Coleman, prega que a moral não é necessariamente excluída, nem necessariamente incluída. A inclusão é tomada como um assunto contingente ou convencional, voltando-se para aquilo que o direito positivo, de fato, disser. (Coleman, 1996, 316). Isto implica que a relação entre direito e moral, em ambos os casos, tanto no do positivismo inclusivo, como no do positivismo exclusivo, é determinada unicamente pelo que é investido de autoridade e dotado de eficácia social, ou seja, por fatos sociais. O positivismo inclusivo é uma forma de positivismo porque prega que a decisão inicial em um determinado sistema jurídico para associar a moral ao direito é contingente ou convencional (Alexy, 2012, 4).

O não positivismo contraria tanto o positivismo exclusivo, defendendo que a moral não é necessariamente excluída, como também o positivismo inclusivo, entendendo que também não é necessariamente incluída. O não positivismo é, portanto, ao contrário de ambas as formas de positivismo. As diferenças internas do não positivismo não são menos importantes do que as diferenças dentro do positivismo. De especial importância para o debate sobre o conceito e a natureza do direito são as diferenças que resultam de diferentes efeitos sobre a validade jurídica que decorram de defeitos morais. O não positivismo pode determinar o efeito sobre a validade jurídica que decorre de deficiências ou defeitos morais de três formas diferentes. Podem ocorrer situações em que a validade jurídica fica totalmente comprometida, outras em que a validade jurídica se perde em alguns casos e não em outros, ou, finalmente, casos nos quais essa validade jurídica não é afetada de nenhuma maneira. (Alexy, 2008b, 287).

A primeira posição, segundo a qual cada vício moral conduz à nulidade jurídica, é a versão mais radical do não positivismo. Esta posição pode ser caracterizada como "não positivismo exclusivo", a fim de expressar a ideia de que cada vício moral e de que todos os vícios morais se opõem à validade jurídica. Com isso, em casos de vícios morais, os fatos sociais são excluídos das fontes do direito. Augustinus nos oferece uma clássica moldura dessa visão, ao afirmar que "uma lei que não fosse justa não lhe pareceria ser uma lei" (Augustinus, 2006, 86). Um exemplo recente é a tese de Deryck Beyleveld e de Roger Brownsword, segundo a qual as "regras imorais não são juridicamente válidas" (Beyleveld e Brownsword, 2001, 76).

A segunda posição, como contraponto extremo do não positivismo exclusivo é o não positivismo superinclusivo, o qual se lança sobre o ponto extremo oposto. Sustenta que a validade jurídica não é afetada de forma nenhuma pelos vícios morais. O que, à primeira vista, parece ser uma versão do positivismo, e não do não positivismo (Waldron, 1996, 1566). Esta primeira impressão, no entanto, é reconhecida como enganosa assim que se verifica que existem dois tipos diferentes de conexão entre o direito e a moral: uma conexão de classificação e outra de qualificação (Alexy, 2002a, 26). Esses dois tipos de conexão distinguem-se pelos efeitos dos vícios morais. O efeito de uma conexão classificadora é a perda de validade jurídica, enquanto que, em contraste, o efeito de uma conexão qualificadora é a falibilidade jurídica, o que, no entanto, não chega tão longe ao ponto de minar a validade jurídica. Isto, no entanto, cria um dever jurídico ou pelo menos um empoderamento por parte das cortes de apelação para anular julgamentos injustos de juízos inferiores. A combinação de Immanuel Kant do postulado da submissão incondicional (Kant, 1996, 506) para o direito positivo com a ideia de uma necessária subordinação do direito positivo ao direito não positivo pode ser interpretado como uma versão de não positivismo superinclusivo (Alexy, 2008b, 289; Alexy, 2010, 176). O mesmo é verdadeiro na tese de Aquino, segundo a qual uma lei tirânica é lei, mas "não lei simpliciter" (Aquino, 1962, 947) ou, no entendimento de John Finnis, "não é lei no sentido focal do termo 'lei'" (Ferreira, 1980, 364).

A terceira posição do não positivismo – o não positivismo inclusivo – é encontrada entre os extremos do não positivismo exclusivo e do não positivismo superinclusivo. O não positivismo inclusivo não considera que os defeitos morais sempre minem a validade jurídica, conforme defende o não positivismo exclusivo, nem que os defeitos morais nunca minem a validade jurídica, conforme defende o não positivismo super-inclusivo. Ele sustenta que os defeitos morais minam a validade jurídica sob algumas condições e não a comprometem sob outras condições.

O não positivismo inclusivo é expresso mais proeminentemente na fórmula de Radbruch, a qual, na sua forma mais sumária, funciona da seguinte maneira: injustiça extrema não é lei (Radbruch, 2006, 7; Alexy, 2008a, 427-8). De acordo com essa fórmula, defeitos morais minam a validade jurídica se, e somente se, o limite da injustiça extrema for ultrapassado. A injustiça dentro dos limites está incluída no conceito de lei como lei defeituosa, mas válida. Isto significa que o não positivismo inclusivo compreende um considerável grau de positividade, vale dizer, um compromisso com o que é autorizadamente emitido e socialmente eficaz.

O conteúdo de não positivismo compreendido no não positivismo inclusivo consiste, primeiro, no estabelecimento de uma fronteira mais extrema do direito e, segundo, na qualificação da lei imoral ou injusta como não apenas moralmente, mas também juridicamente defeituosa. As consequências práticas da criação de uma fronteira mais extrema se tornam evidentes quando se verifica a aplicação da fórmula de Radbruch pelos tribunais alemães após a derrota do Nacional-Socialismo, em 1945, e após o colapso da República Democrática Alemã, em 1989 (Alexy, 2008a, 428-32). Uma consequência prática da qualificação da lei imoral ou injusta como não apenas moralmente, mas também, juridicamente defeituosa é que os tribunais de apelação adquirem a possibilidade de anular julgamentos injustos dos juízos inferiores fundamentados em seu defeito jurídico.

3. Os Fundamentos da Correção

A existência de duas formas de positivismo e três formas de não positivismo demonstra que o debate entre positivismo e não positivismo preocupa muito mais do que um mero concurso entre duas posições monolíticas, muitas vezes apresentadas como a oposição de "positivismo jurídico" e "direito natural". E isso não é tudo. As coisas se tornam ainda mais complicadas quando se leva em conta o fato de que não só o positivismo, bem como o não positivismo são, em si, mesmos complexos. A complexidade também é manifestada na estrutura dos argumentos a favor e contrários às diferentes formas de positivismo e não positivismo. O ponto arquimédico dessa estrutura é o argumento de correção. Todos os demais argumentos giram em torno deste centro.

O argumento decorrente da ideia de correção informa que normas jurídicas individuais e decisões jurídicas individuais, assim como os sistemas jurídicos, como um todo, necessariamente, reclamam por correção. Ronald Dworkin contrapõe que a questão de se parlamentares legisladores levantarem quaisquer reivindicações, isso é uma questão de fato e não uma questão de necessidade (Dworkin, 2006, 200). Essa objeção pode ser rejeitada, se for possível demonstrar que a pretensão de correção é, necessariamente, implícita no direito, independentemente das intenções dos seus parlamentares.

A ideia é demonstrar que a negação explícita da pretensão de correção conduz a uma contradição (Alexy, 2002a, 35-9). Um exemplo é o suposto primeiro artigo (fictício) de uma Constituição que prevê: "X" é uma república soberana, federal e injusta. Este artigo é, de alguma forma, absurdo. O absurdo decorre de uma contradição entre o que é implicitamente exigido na elaboração de uma Constituição, que, obviamente, é ser justa, e o que é explicitamente declarado, ou seja, que ela é injusta. Neste ponto, a justiça é considerada como um caso especial de correção, pois a justiça não passa de correta compensação e de correta distribuição. Portanto, a contradição em nosso exemplo é não só uma contradição no que diz respeito à dicotomia entre o justo e o injusto, mas também uma contradição no que diz respeito à dicotomia entre o correto e o incorreto.

O algo mais, no exemplo mencionado de um primeiro artigo fictício de uma Constituição, é a necessária contradição entre o que é explícito e o que está implícito. Isso poderia ser evitado apenas se fosse para abandonar a pretensão implícita do direito. Mas, para fazê-lo, representaria a transição de um sistema jurídico para simples relações de poder (Alexy, 1998, 213-4). Assim, nosso exemplo mostra que o direito e a pretensão de correção não são apenas ligados por contingências, razões de prudência, mas também – e isto vai bem mais além – por razões naturalmente necessárias. Essa conexão não se limita a tais atos fundamentais tais como a elaboração de uma constituição. Ela se faz presente em todo o sistema jurídico e pode ser ilustrada pelo absurdo encontrado em decisões como a seguir: o acusado é condenado à prisão perpétua, segundo uma interpretação incorreta da lei vigente.

A fim de estabelecer uma ligação necessária entre o direito e a moral, não é suficiente que a pretensão de correção seja necessariamente criada por lei. Para bem além disso, é necessário que seu conteúdo se refira necessariamente à moralidade.

A pretensão de correção do direito não se referiria necessariamente à moral, se fosse possível referir-se exclusivamente aos fatos sociais, ou seja, ao que tivesse sido emitido com autoridade e fosse socialmente eficaz. Uma pretensão com esse conteúdo figuraria como uma pretensão de correção meramente positivista. Casos difíceis, no entanto, ilustram que a interpretação positivista da pretensão de correção dá origem a problemas sérios. Casos difíceis ocorrem quando o direito positivo – ou seja, as razões autorizadoras ou fontes-base dessas razões – admitem mais de uma resposta.

A decisão a ser tomada em uma esfera tão aberta é uma decisão sobre um aspecto normativo, que não pode ser baseada em padrões ou normas de direito positivo, pois se assim se baseasse em tais padrões de referência, não seria uma decisão em uma esfera aberta. Se tiver necessariamente de se basear em um determinado padrão decisório, vale dizer, se não for para a tomada de uma decisão meramente arbitrária, uma decisão que fosse contradizer a pretensão de correção, deveria necessariamente se fundar em outros padrões normativos. Decisões judiciais regularmente dizem respeito a questões de distribuição e compensação.

Questões sobre a correta distribuição e compensação são questões de justiça. Questões de Justiça, no entanto, são questões morais. Dessa forma, a textura aberta do direito, juntamente com a natureza das questões jurídicas, implica que a pretensão de correção gerada no processo de tomada de decisão jurídica, necessariamente, se refere, não apenas a razões autorizadoras ou razões de fundo originário, mas também a razões morais. Isto implica que a pretensão de correção necessariamente oriunda do direito conduza a uma necessária interpenetração da moral e do direito (Alexy, 2007, 49-50).

4. A Dupla natureza de direito

Hans Kelsen lutou contra o não positivismo o qual pressupõe "uma moralidade absoluta", vale dizer, uma moral que é válida em todos os lugares e em todos os tempos (Kelsen, 1967, 68 trans. alt.), e, continua Kelsen, não existe nenhuma moralidade absoluta. Pode-se denominar este como o "argumento do relativismo" (Alexy, 2002a, 53-5). A questão quanto a ser a objeção de Kelsen – baseada no relativismo – convincente, é uma questão de interpretação. Se alguém compreender essa objeção como a dizer que não há nenhuma instância na qual somente uma única resposta moral correta puder ser dada, então, a objeção terá falhado.

Há casos de grave intervenção sobre os direitos humanos, em que apenas uma resposta moral é correta ou verdadeira, vale dizer, que a intervenção viola os direitos humanos e é, por esse motivo, moralmente incorreta (Alexy, 2012, 8-13). A existência de tais casos opera suficientemente como uma base epistemológica ou meta-ética do não positivismo. Se, no entanto, alguém interpretar a objeção de Kelsen, no sentido de que existe um número de casos, e mesmo um número considerável, nos quais se verifique uma "controvérsia razoável" sobre o que é moralmente certo ou errado (Rawls, 1993, 55), então o argumento do Kelsen baseia-se uma tese epistemológica ou meta-eticamente correta, mas, – e este é o ponto – isso, então, já não seria o suficiente como um argumento contra o não positivismo.

O não positivismo será compatível com uma controvérsia razoável, se for possível chegar a uma aproximação com a verdade ou correção no discurso e se existem, pelo menos, alguns casos nos quais apenas uma resposta moral seja correta, vale dizer, nos quais nenhuma controvérsia razoável seja possível. A aproximação à verdade ou à correção é possível porque o discurso prático racional é possível, e há casos em que apenas uma resposta moral é possível, pela razão de que outras respostas nestes casos são insustentavelmente impossíveis – como, por exemplo, a situação jurídica de um escravo ou a supressão da liberdade religiosa (Alexy, 1989, 187-208).

A existência de uma controvérsia razoável significa que há um número considerável de problemas sociais que não podem ser resolvidos exclusivamente pelo recurso ao argumento moral. Poder-se-ia chamar este o "problema de conhecimento prático". O problema do conhecimento prático pode ser resolvido apenas por meio de procedimentos juridicamente regulamentados que garantem uma decisão. Esse é o passo entre a moral e o direito positivo, como descrito, por exemplo, por Kant (Kant, 1996, 456). Além do mais, o problema do conhecimento prático não é o único problema que pode ser resolvido somente pelo recurso ao direito positivo. Um segundo problema é o de execução. Se for possível violar a lei sem correr qualquer risco, e se alguns tirarem vantagem dessa possibilidade, então, a aceitação desse regulamento já não está de todo garantida. Em suma, os procedimentos que possibilitam a aplicação do direito são necessários. Ademais, há o problema da organização. Uma sociedade moderna pode ser efetivamente organizada somente por meio do direito positivo.

A necessidade de resolver esses três problemas e, portanto, a necessidade de positividade, ou seja, de emissão autorizadora e eficácia social, decorrem dos requisitos morais de evitar os danos decorrentes de anarquia e guerra civil e garantir as vantagens decorrentes da cooperação e coordenação sociais. Como razões morais, essas razões são elementos do conteúdo da pretensão de correção do direito. Isso implica que a pretensão de correção do direito, como pretensão de correção moral, é necessariamente composta por elementos de positividade. Isso não significa, contudo, que a pretensão de correção compreenda unicamente elementos de positividade. Esse é o equívoco do não positivismo superinclusivo. A pretensão de correção substancial – isto é, primeiro e acima de tudo, a pretensão de Justiça – não desaparece com a institucionalização do direito. Ela convive com o direito. Por essa razão, devem-se distinguir dois estágios ou níveis de correção: correção de primeira ordem e correção de segunda ordem.

A correção de primeira ordem diz respeito à justiça como tal. A correção de segunda ordem é mais abrangente. Ambas referem-se à justiça e à positividade. A justiça representa a dimensão ideal ou crítica do direito; a positividade é o seu lado real, de fato ou institucional. A pretensão de correção do direito, enquanto a pretensão de segunda ordem promove a integração das dimensões real e ideal do direito. É uma expressão da dupla natureza do direito (Alexy, 2010, 173-4).

A dupla natureza de direito implica que a lei necessariamente compreende dois princípios: o princípio da justiça e o princípio da segurança jurídica. O Princípio da Segurança Jurídica é um princípio formal. Requer um compromisso com o que é socialmente eficaz e o autorizadamente efetivo. O princípio da justiça é um princípio material ou substantivo, que requer que a decisão seja moralmente correta. Esses dois princípios, como ocorre com princípios em geral, podem colidir, e eles colidem frequentemente. Nenhum deles pode suprimir o outro completamente, vale dizer, em todo e qualquer caso. Pelo contrário, a dupla natureza de direito exige que sejam contemplados, na proporção correta, para cada qual a seu turno. Isso só será alcançado pelo balanceamento ou ponderação. A ideia de uma fronteira mais extrema do direito é um resultado de tal balanceamento, vale dizer, do balanceamento do princípio da segurança jurídica e do princípio da justiça.

5. O Limite mais extremo

A fórmula de Radbruch, que, na sua forma mais resumida, informa que a injustiça extrema não é lei, é a expressão clássica da ideia de um limite mais extremo do direito (Radbruch, 2006, 7; Alexy, 2008a, 428). Essa fórmula representa, acima de tudo, uma rejeição da tese positivista de que '"todo e qualquer tipo de conteúdo só possa ser jurídico" (Kelsen, 1967, 198). Kelsen ilustra esta tese com a seguinte observação: "De acordo com a lei de estados totalitários, o governo tem poderes para confinar pessoas em campos de concentração por razões de raça, religião ou convicções rejeitadas, e forçá-los a fazer qualquer tipo de trabalho que seja, até mesmo para matar" (Kelsen, 1967, 40, traduzido e adaptado). Matar pessoas em campos de concentração por motivos de raça, religião ou convicções rejeitadas é um caso claro de extrema injustiça.

Portanto, de acordo com a fórmula de Radbruch, normas que capacitam servidores estatais a fazer essas coisas não podem ser consideradas como lei válida. Do ponto de vista positivista, a situação é diferente. Se essas normas foram emitidas com autoridade e são socialmente eficazes, elas são válidas. Isso é também verdadeiro do ponto de vista do positivismo inclusivo em instâncias em que o direito positivo, de fato, não se refere, de forma socialmente eficaz, aos princípios morais que vedam esses assassinatos. Do ponto de vista não positivista, tudo depende do balanceamento do princípio da segurança jurídica e do princípio da justiça.

O princípio da segurança jurídica sustenta o ponto de vista de que a norma, no exemplo do Kelsen, é legalmente válida, e o princípio da justiça sustenta o entendimento oposto. A conclusão a que se chega pelo balanceamento ou ponderação depende essencialmente da intensidade da intervenção em cada um dos princípios colidentes (Alexy, 2002b, 102). Não reconhecer a norma em questão como inválida seria computado como uma intervenção extremamente intensiva em relação ao princípio da justiça, já que a justiça corresponde a direitos humanos, e a interferência nos direitos humanos, no exemplo de Kelsen, é extrema.

Por outro lado, a perda em termos do princípio da segurança jurídica, caso se considerasse a norma como inválida, seria bastante limitada. Mesmo nos estados totalitários, um grande número de normas não excede o limite de extrema injustiça. Então, o resultado do balanceamento é determinado, e este resultado reflete precisamente a fórmula de Radbruch, isto é, o não positivismo inclusivo, tal como definido pela fórmula. Por outro lado, tanto o não positivismo superinclusivo como o não positivismo exclusivo falham. O não positivismo superinclusivo falha, por dar muito pouco peso à justiça, e o não positivismo exclusivo falha, por dar muito pouco peso à segurança jurídica.

6. Participante e Observador

A justificação da fórmula de Radbruch, poder-se-ia objetar, é falha em origem que se baseia em argumentos normativos, notadamente, os princípios de Justiça e Segurança Jurídica. A questão em torno da natureza do direito – continua a objeção – refere-se ao que é o direito, e o que ele não pode ser, determinado pelo uso de argumentos normativos (Raz, 1996, 7; Marmor, 2005, 778).

Para responder a essa objeção, a distinção entre a perspectiva do observador e perspectiva do participante é fundamental (Alexy, 2002a, 25). Um observador apresenta questões e aduz argumentos em favor de uma posição que reflete a forma como questões jurídicas são realmente decididas em um sistema jurídico, enquanto que o participante apresenta questões e aduz argumentos com um olhar para o que ele considera ser a resposta correta para a questão jurídica em discussão. A perspectiva do observador é definida pela pergunta "Como são, de fato, tomadas as decisões jurídicas?" E na perspectiva do participante, pela pergunta "Qual é a resposta jurídica correta?"

O positivismo reflete muito bem a perspectiva do observador (Alexy, 2002a, 27-35). A partir desta perspectiva, o direito depende exclusivamente daquilo que, de fato, tenha sido autorizadamente emitido e seja socialmente eficaz. Por outro lado, a perspectiva do participante pressupõe o não positivismo, para a qual o direito é aquilo a que é destinado corretamente a ser. O que é conduzido a existir corretamente depende, no entanto, não apenas dos fatos sociais, mas também de razões morais. Nesse caminho, os argumentos normativos se direcionam ao que o direito é, tão logo a perspectiva do participante seja retomada.

E ainda mais, essa perspectiva tem de ser prestigiada – pois o direito é possível sem observadores, mas não sem os participantes.

Referências Bibliográficas:

ALEXY, R. **A theory of legal argumentation**. (Trad. Adler, R. et MacCormick, N.) Oxford: Clarendon Press, (1978) 1989.

ALEXY, R.. **Law and correctness. Current Legal Problems.** 1998, 51; 205-21.

ALEXY, R. **The argument from injustice. A reply to legal positivism**. (Trad. Litschewski Paulson, B. et Paulson, S. L.). Oxford: Clarendon Press, (1992) 2002a.

ALEXY, R.. .**A theory of constitutional rights**. (Trad. Rivers, J.). Oxford: Oxford University Press, (1985) 2002b.

ALEXY, R.. **An Answer to Joseph Raz**. In: Pavlakos, G. (ed.) *Law, rights and discourse. The legal philosophy of Robert Alexy.* Oxford: Hart Publishing, 2007, pp. 37-65.

ALEXY, R.. **A defence of Radbruch's formula**. In: Freeman, M.D.A. (ed.) Lloyd's *introduction to jurisprudence*. London: Sweet & Maxwell and Thomson Reuters, 2008, pp. 426-43.

ALEXY, R.. **On the concept and the nature of law**. Ratio Juris 21, 2008b, 281-99.

ALEXY, R.. **The dual nature of law**. Ratio Juris, 2010, 23, 167-82.

ALEXY, R.. **Law, morality, and the existence of human rights**. Ratio Juris, 2012, 25, 2-14.

AUGUSTINUS. **De liberoarbitrio**. Ed. Brachtendorf, J. et Decroll, V. H. Paderborn: Schöningh, 2006.

AQUINAS, T.. **Summa theologiae**. Turin: Paoline, 1962.

BEYLEVELD, D. et BROWNSWORD, R.. **Human dignity in bioethics and biolaw**. Oxford: Oxford University Press, 2001.

COLEMAN, J.. **Authority and reason**. In George, R.P. (ed.) *The autonomy of law. Essays on legal positivism*. Oxford: Clarendon Press, 1996.

DWORKIN, R.. **Justice in robes**. Cambridge, MA: Harvard University Press, 2006.

FINNIS, J.. **Natural law and natural rights**. Oxford: Clarendon Press, 1980.

KANT, I.. **The metaphysics of morals**. In Kant, I. Practical philosophy. Trans. and ed. Gregor, M. J. Cambridge: Cambridge University Press, (1977) 1996, , pp. 353-603.

KELSEN, H.. **Pure theory of law**. (Trad. Knight, M. Berkeley): University of California Press, (1960) 1967.

MARMOR, A.. **Debate**. In: *Anales de La cátedra Francisco Suárez*. 2005, *39*, 769-93.

RADBRUCH, G.. **Statutory lawlessness and supra-statutory law**. (Trad. Litschewski Paulson, B. et Paulson, S.L). *Oxford Journal of Legal Studies,* (1946) 2006, 26, 1-11.

RAWLS, J.. **Political liberalism**. New York: Columbia University Press, 1993.

RAZ, J.. **On the nature of law**. *Archives for Philosophy of Law and Social Philosophy,* 1996, 82, 1-25.

RAZ, J. . **The authority of law** (2. ed.). Oxford: Oxford University Press, 2009.

WALDRON, J. **Kant's legal positivism**. *Harvard Law Review* 109, 1996, 1535-66.

ASPECTOS CONSTITUTIVOS DA TEORIA DA ARGUMENTAÇÃO JURÍDICA: A CONTRIBUIÇÃO DE ROBERT ALEXY.[1]

Rogério Gesta Leal[2]

I. Notas Introdutórias:

Historicamente tanto o formalismo como o positivismo constituem a grande marca metodológica também na área do Direito do século XX.

Todavia há alguns elementos de fragilização do argumento positivista em especial nos seguintes aspectos: (1) ele não admite lacunas e, quando o faz, não apresenta para elas qualquer solução material; (2) ele não tem meios para lidar com conceitos jurídicos indeterminados, com normas em branco e, em geral, com proposições carecidas de preenchimento com valorações; (3) ele se apresenta inoperacional em situações

---

[1] Este ensaio é fruto do projeto de pesquisa intitulado A DECISAO JUDICIAL: ELEMENTOS TEÓRICO-CONSTITUTIVOS À EFETIVAÇÃO PRAGMÁTICA DOS DIREITOS FUNDAMENTAIS, desenvolvido junto ao Curso de Direito da UNOESC, bem como com o Grupo de Pesquisa sobre Teoria dos Direitos Fundamentais Sociais, desta mesma instituição, mais especialmente para o evento internacional *Proporcionalidade, dignidade humana e direitos sociais na teoria dos direitos fundamentais de Robert Alexy*, realizado nos dias 26 a 28 de março de 2013, junto ao Programa de Pós-Graduação em Direito – Mestrado, da UNOESC.

[2] Rogério Gesta Leal é Desembargador do Tribunal de Justiça do Estado do Rio Grande do Sul, Doutor em Direito. Professor Titular da Universidade de Santa Cruz do Sul e da UNOESC. Professor Visitante da Università Túlio Ascarelli – Roma Trè, Universidad de La Coruña – Espanha, e Universidad de Buenos Aires. Professor da Escola Nacional de Formação e Aperfeiçoamento da Magistratura – ENFAM. Membro da Rede de Direitos Fundamentais-REDIR, do Conselho Nacional de Justiça-CNJ, Brasília. Coordenador Científico do Núcleo de Pesquisa Judiciária, da Escola Nacional de Formação e Aperfeiçoamento da Magistratura – ENFAM, Brasília. Membro do Conselho Científico do Observatório da Justiça Brasileira.

de tensões de princípios jurídicos; (4) ele detém-se perante a questão complexa mas inevitável das normas injustas.

Mas qual a alternativa à dogmática jurídica restrita que esta longa história do positivismo construiu? Muitas são as experiências e respostas no particular, razão pela qual, para o objeto deste trabalho, pretendo tão somente recuperar algumas discussões sobre estes temas para dirigir minha atenção à Teoria da Argumentação Jurídica, eis que ela vai contribuir em muito à compreensão e operacionalidade da decisão judicial, em face das suas particularidades epistemológicas e fenomenológicas constitutivas.

Por ser de igual sorte muito variadas as matrizes teóricas que tratam da teoria da argumentação jurídica, vou eleger a contribuição de Robert Alexy no particular, eis que tem dialogado com múltiplas fontes e referencias importantes deste universo problemático.

II. Notas sobre alguns precursores:

Um dos temas correlatos à Teoria da Argumentação Jurídica é com certeza a Teoria do Discurso, mais ligado antes à filosofia do que à ciência jurídica, mas que em seguida vão se comunicar e imbricar.

Em trabalho extremamente didático, Ernesto Laclau vai sustentar que um dos principais fundadores da Teoria do Discurso, Ferdinand de Saussure, já teve oportunidade de destacar que são elementos constitutivos necessários de qualquer fala e comunicação: (i) a língua (os tesouros da linguagem depositadas na mente do falante); a palavra (a experiência individual do uso da linguagem); (ii) significante (fluxo de sons) e o significado (conceito), os quais, juntos, constituem o signo, que, por sua vez, é a fundamental unidade de análise lingüística; (iii) o sintagma (enquanto relações de combinação entre os signos) e o paradigma (relações de substituição).[3]

---

[3] LACLAU, Ernesto. *Philosophical roots of discourse theory*. New York: Oxford University Press, 2001.

A partir daqui, compreendia o mesmo autor francês que estariam norteando esta estruturação constitutiva dos discursos alguns princípios fundantes, a saber: (i) na linguagem não há termos positivos, mas somente diferenças entre termos (cada termo significa somente o que a linguagem determina através das diferenças com outros termos); (ii) a linguagem é somente forma, não substância, eis que cada termo está relacionado com outros termos somente através de leis de combinação e substituição os vinculando, independentemente dos seus conteúdos materiais.

Decorre daqui o que a literatura especializada chamou de Teoria da Hegemonia Lingüística, cujas regras de sustentação são as seguintes:

(a) Se as identidades em qualquer espaço de significação são diferenciadas, a totalidade de sistemas de diferenças está presente em todo e qualquer ato de significação; isto requer que o sistema – enquanto totalidade das razões destas diferenças – seja fechado, caso contrário se teriam infinitas dispersões nas quais a significação não seria possível;

(b) Esta totalidade sistêmica, entretanto, requer limites, e estes somente são visíveis se se pode ver o que está além deles; este além, por sua vez, só pode constituir mais diferenças e, como o sistema é o sistema de todas as diferenças, não haveria verdade ou segurança neste além. Isto tornaria impossível a decisão entre internalidade e externalidade.

(c) A única saída para este dilema é se aquele tivesse a característica da exclusão, ou seja, não fosse mais um elemento presente no cenário descrito, mas o antagônico em face do que está sendo considerado como interno ao fenômeno estudado, e, portanto, tomado como *enemy which makes possible the unity of all the forces opposed to it*.[4]

(d) Tudo isto se complica quando se levam em conta aqueles elementos que não são necessariamente diferentes, mas equivalentes no processo lingüístico de formação de discursos, pois que fragiliza aquela

---

[4] Idem, p.15.

idéia de sistema fechado e completo de significantes e significados, revelando-se impossível o seu objeto, eis que toda a identidade está constituída em torno da insolúvel tensão entre diferença e equivalência[5].

(d) A centralidade das relações hegemônicas na teoria do discurso vem do fato que o desejo de plenitude está sempre presente, todavia este mesmo desejo é inalcançável, somente podendo existir em torno de particularidades as quais assumem, temporariamente, o papel de encarná-lo. Isto explica porque equivalência e diferença – que em linhas gerais corresponde ao que se chamou antes de combinação e substituição na análise lingüística – são as duas dimensões da vida política.

Ocorre que o estruturalismo lingüístico francês ainda apresenta, no mínimo, duas falhas: (i) primeira, a de que, para Saussure, a lingüística do discurso – concebida como unidade lingüística que independe da sentença produzida por este discurso – era impossível dado que a concatenação de sentenças dependia dos caprichos dos falantes, não podendo ser submetida a qualquer regularidade estrutural. Em face disto, a possibilidade de transição de um nível lingüístico senso estrito para uma semiologia mais generalizada (enquanto ciência dos signos em sociedade), a qual foi também parte do projeto de Saussure, foi severamente limitada; (ii) segunda, a de que há um estrito isoformismo entre significante e significado (o que significa que um e somente um conceito corresponde a cada fluxo de sons), todavia, o princípio estrito de que a linguagem é forma e não substância significa que uma diferença de pura substância entre som e conceito deveria ser ignorada. De outro lado, sob o ponto de vista da forma, no sentido do referido isomorfismo, em que o significante e o significado se transformam indistintamente na noção de signo, entra em colapso.[6]

---

[5] Neste sentido ver o trabalho de BARTHES, Roland. *Empire of Signs*. New York: Hill and Wang, 1982.
[6] Kress, Gunther. *From Saussure to critical sociolinguistics*. In WETHERELL, Margaret. Discourse Theory and Practice: A Reader. London: Sage Publications, 2001, p.29 e seguintes.

Assim é que *This linguistic formalism, by breaking the link between linguistic categories and the substance that we call speech, made possible the extension of structural analysis to the ensemble of social life and opened the way to a generalised semiology, as the one practised by Barthes and others since the 1960s.*[7]

Na década de 1960 tem-se certa transição do estruturalismo lingüístico para outra dimensão, que é o que se pode chamar de pós-estruturalista, no sentido de problematizar aquela forma de totalidade fechada com a qual o estruturalismo tomava as expressões gramaticais isoladas entre si, fazendo com que autores como Roland Barthes sustentassem, de forma bastante crítica, ser inapropriado separar conotação de denotação no âmbito das expressões lingüísticas veiculadas em frases de contextos múltiplos, eis que faces distintas do mesmo fenômeno que é a linguagem na comunicação (associa-se aqui a lógica lacaniana do significante, concebendo esta separação como verdadeiro obstáculo para o aclaramento do signo em seu sentido contextual). [8]

Na verdade, a lingüística, a partir de Saussure, toma a língua como seu objeto, quase sempre sem ultrapassar a dimensão da frase. O interesse pelo texto como um todo, principalmente com o desenvolvimento dos estudos de semântica, e a aceitação do fato de o texto não ser, como já se sabe há muito, a simples soma de frases, tornou necessária uma lingüística do texto ou do discurso.[9]

A par dos evolveres históricos e epistemológicos sobre estas questões, é no final da década de 1990, conforme alerta de James E. Herget[10], estudioso da cultura germânica, que surgem as principais correntes do

---

[7] Idem, p.04.
[8] Ver o já clássico texto de BARTHES, Roland. *The Pleasure of the Text*. New York: Hill and Wang, 1975.
[9] Ver neste sentido o trabalho de BARROS, Diana Luz Pessoa de. *Teoria do Discurso: fundamentos semióticos*. São Paulo: Humanitas/USP, 2002.
[10] HERGET, James E. *Contemporary German Legal Philosophy*. Philadelphia: University of Pennsylvania Press, 1996.

debate mais crítico sobre os pontos destacados: a "teoria do discurso", "a teoria retórica", a "teoria dos sistemas" e o "positivismo legal institucionalista". Conclui o autor também que, no que tange à teoria do discurso do direito e da democracia, os trabalhos de Jürgen Habermas, Robert Alexy e Klaus Günther são expressão qualitativa do debate.

III. O que tem Robert Alexy a dizer sobre a Teoria da Argumentação Jurídica? Aspectos gerais.

A produção de Robert Alexy é extremamente rica em termos de reflexão e aplicação normativa, razão pela qual não pretendo esgotá-la – até porque se trata de autor vivo, em plena produção científica –, mas me apropriar, de forma coerente, de algumas contribuições do autor para o tema que interessa aqui, a saber, formas de qualificação e fundamentação da decisão judicial, no âmbito do que se pode chamar de Teoria do Discurso e da Argumentação Jurídica.

Desde o seu já clássico trabalho sobre teoria da argumentação jurídica, o autor alemão refere que a lógica formal e tradicional de interpretação e aplicação do direito não atende muitas vezes situações em que: (a) a imprecisão da linguagem do Direito dificulta a interpretação/aplicação; (b) há conflitos entre normas; (c) inexistam normas jurídicas que se amoldem a casos de alta complexidade temática; (d) casos especiais demandem decisões que contrariem textualmente estatutos normativos.[11] Decorre daqui a possibilidade material de que os âmbitos decisionais no tocante a casos concretos tenham carga discricional e subjetiva ampliadas, afigurando-se urgente a demarcação de parâmetros e ferramentas de controles para tanto, dentre os quais, toma relevo, na obra de Alexy, a argumentação jurídica. Para tal desiderato,

---

[11] ALEXY, Robert. *Teoria da Argumentação Jurídica: a teoria do discurso racional como teoria da justificação jurídica*. São Paulo: Landy, 2001, p.17.

> *existe uma necessidade de estudos analíticos da estrutura do argumento em decisões particulares e em discussões científicas, das regras que são seguidas e das formas de argumentação que são usadas em diferentes áreas da lei, da estrutura da argumentação na série de decisões, e da estrutura da argumentação nos processos. Estas investigações analíticas teriam de ser suplementadas por estudos empíricos do comportamento da tomada de decisões.*[12]

Vale a lembrança de Tarello sobre a importância da utilização de argumentos jurídicos mais sofisticados e eficientes diante da complexidade crescente das relações sociais, notadamente os que se utilizam da valoração dos princípios no sistema normativo:

> *Tuttavia l'utilizzazione di questo tipo di norme nell'argomentazione giuridica era per lungo tempo rimasta alquanto marginale, a tutto vantaggio di altre tecniche di argomentazione giuridica ritenute maggiormente in grado di assicurare al lavoro del giurista, e del giudice in particolare, un'aura di meccanicità formalistica, di mera esecuzione tecnica del precetto del legislatore – e solo di quello – a tutto vantaggio della separazione dei poteri e della certezza del diritto.*[13]

Esta nova perspectiva coloca em cena – com o papel dos princípios jurídicos nos sistemas normativos – revisão profunda da relação entre direito e moral, bem como a necessidade de rejeitar, ou ao menos reconfigurar, o paradigma juspositivista que até a pouco vinha marcando tal distinção de forma abrupta e artificial, introduzindo na teoria da

---

[12] Idem, p.37.
[13] TARELLO, Giancarlo. *L'interpretazione della legge*. Milano: Giuffrè, 2010, p. 384. Aduz ainda o autor que o fenômeno do constitucionalismo do século XX vai mudar este cenário, no sentido de que: *Com'è noto, le cose sono molto cambiate a partire dalla seconda metà del Novecento, specialmente con la promulgazione in molti paesi occidentali di costituzioni lunghe, rigide e garantite: costituzioni che contengono cataloghi di diritti e principi fondamentali, e che sono (o comunque sono pensate per essere) dotate di una forza normativa e assiologica superiore alla legge ordinaria. Il "nuovo" diritto costituzionale, il diritto costituzionale della seconda metà del Novecento, è diventato così un diritto "per principi.*

argumentação jurídica novos instrumentos de análise (diferentes do paradigma lógico-dedutivo do silogismo hegemônico), única forma de se dar conta das múltiplas lógicas aplicativas aos princípios.[14]

Daí a defesa de Alexy de uma teoria normativa a qual permita que seja feito pelo menos algum tipo de medida de potência dos diferentes argumentos e da racionalidade da argumentação jurídica, advertindo, então, que *a teoria do discurso jurídico racional é criada pela incorporação da teoria do discurso prático geral à teoria do sistema jurídico. Essa incorporação não é mera aplicação da teoria geral do discurso ao Direito, mas produz desdobramentos necessários à fundamentação sistemática deste.*[15] Em verdade, para o autor, o ponto comum entre discurso jurídico e discurso prático é que em ambos há a preocupação com a correção das afirmações normativas.

Em tal conceito pode-se perceber, divergindo de Atienza, que a pesquisa de Alexy, a despeito de estar vinculada aos debates filosóficos sobre a ética do discurso, não pode ser reduzida a *uma sistematização e reinterpretação da teoria do discurso prático habermasiana e, por outro lado, uma extensão dessa tese para o campo específico do direito.*[16]

Ocorre que a decisão judicial é sempre veiculada pelas escolhas/preferências do decisor – conscientes ou inconscientes -, o que reclama,

---

[14] A despeito das tentativas neo-positivistas de encampação deste debate pelo argumento de que: *regole e principi non sono affatto cose diverse, ma sono solo gradazioni diverse di una stessa realtà, di una stessa tecnica regolatoria, pertanto descrivibili ed analizzabili con gli strumenti disponibili ad una riflessione teorica di stampo giuspositivista*. PINO, Giornio. *Principi e argomentazione giuridica.* Milano: Giuffrè, 2008, p.48. Lembra o autor que um dos defensores desta tese é MACCORMICK, Neil. *Ragionamento giuridico e teoria del diritto.* Torino: Giappichelli, 2001.

[15] ALEXY, Robert. *A argumentação jurídica como discurso racional.* In: TEIXEIRA, Anderson Vichinkeski; OLIVEIRA, Elton Somensi de Oliveira (Orgs.). Correntes Contemporâneas do Pensamento Jurídico. São Paulo: Manole, 2010, p.07.

[16] ATIENZA, Manuel. *As razoes do direito. Teorias da Argumentação Jurídica.* São Paulo: Landy, 2000, p. 234. Ver também os textos de: COLEMAN, John. *La pratica dei principi. In difesa di un approccio pragmatista alla teoria del diritto.* Bologna: Il Mulino, 2006; e VIOLA, Francesco & ZACCARIA, Giancarlo. *Diritto e interpretazione. Lineamenti di teoria ermeneutica del diritto.* Roma-Bari: Laterza, 2009.

ao menos para a Teoria da Argumentação Jurídica, aferições condizentes às razões de justificação e fundamentação qualitativa destas escolhas e preferências, bem como daquelas alternativas que não foram eleitas, o que implica juízos de valor.

Em face disto uma pergunta se impõe à Alexy: *A pergunta é, onde e até que ponto são necessários os julgamentos de valor, como deve ser determinado o relacionamento entre esses julgamentos de valor e os métodos de interpretação jurídica, bem como as proposições e conceitos de dogmática jurídica, e como esses julgamentos de valor podem ser racionalmente fundamentados ou justificados.*[17]

Em texto bastante elucidativo o autor faz questão de demarcar algumas matrizes de interpretação e aplicação do direito que abordam diretamente e indiretamente estas questões e que foram e ainda são importantes, identificando-as como segue:

(1) A Matriz Deducionista, que opera com a lógica de que a decisão de qualquer caso jurídico decorre necessariamente de normas válidas, juntamente com definições de conceitos jurídicos, os quais são pressupostos como certos, deixando de considerar – e por isto falha – questões como a imprecisão da linguagem das normas, a possibilidade de conflitos ou colisões entre normas, o fato de que possa não haver uma norma para a decisão de um determinado caso e a possibilidade de um desenvolvimento do Direito contrário à formulação literal de uma norma.[18] Ocorre que tal perspectiva esquece que *a lei escrita não cumpre*

---

[17] É interessante que Alexy lembra que esta é uma constatação bastante convergente em nível de teoria do direito, citando para tanto autores como Karl Larenz, Friedrich Müller, Kriele, Engisch, dentre outros. In ALEXY, Robert. *Teoria da Argumentação Jurídica: a teoria do discurso racional como teoria da justificação jurídica.* Op.cit., p.20.

[18] Neste ponto o autor cita WINDSCHEID, Bernhard. *Lehrbuch des Pandektenrechts,* p.111: *Die Endentscheidung ist das Resultat einer Rechnung, bei welcher die Rechtsbegriffe die Faktoren sind.*(„A decisão final é o resultado do cálculo no qual os conceitos jurídicos são os fatores"); KOCH, Hans- Joachim & RüSSMAN, Helmut. *Juristische Begründungslehre,* p.48 e segs. e 112; NEUMANN, Ulfrid. *Iuristische Argumentationslehre,* p.16 e segs.

a tarefa de prover uma justa resolução dos problemas legais. Nesses casos, a decisão judicial fecha a brecha de acordo com os padrões da razão prática e dos conceitos de justiça bem fundamentados da comunidade.[19]

(2) A Matriz Decisionista, segundo a qual o juiz, se estiver fundado em boas razões, como leis e precedentes, deve decidir de acordo com os padrões extrajurídicos. Lembra Alexy que tal postulado fora já formulado por Hans Kelsen, quando afirmava que, em casos difíceis, o juiz, como um legislador, deverá resolver um *problema de política jurídica*.[20]

(3) A Matriz Hermenêutica, representada na opinião de Alexy por autores como Gadamer e Betti, e na jurisprudência alemã por Larenz, Kaufmann e Esser, à qual existe uma estrutura de interpretação e compreensão em toda a aplicação da norma jurídica, e o seu conceito chave é o de círculo hermenêutico que, na jurisprudência, conta com três dimensões. Nas palavras do próprio autor:

> *O primeiro concerne à relação entre o chamado preconceito e o texto. O preconceito é uma hipótese da qual parte o intérprete quando entra em contato com um texto. Essa hipótese expressa a suposição do intérprete ou sua expectativa quanto à solução correta para o problema jurídico a ser decidido. Seu conteúdo é determinado pela concepção geral de sociedade que o intérprete possui e por suas experiências profissionais. A imagem do círculo se destina a salientar a interação entre o texto da norma e a hipótese de interpretação. Por um lado, sem uma hipótese de interpretação, o texto da norma não pode sequer ser tido como problemático ou não problemático. Por outro lado, a hipótese de interpretação deve ser analisada com base no texto da norma e*

---

[19] Palavras do Tribunal Constitucional Alemão, citado por ALEXY, Robert. *Teoria da Argumentação Jurídica: a teoria do discurso racional como teoria da justificação jurídica*. Op.cit., p.34.

[20] Cita Alexy aqui a obra de AUSTIN, John. *Lectures on jurisprudence or the philosophy of positive law*. A citação de Kelsen a que faz referência, diz estar no KELSEN, Hans. *Reine Rechtslehre*, p.350. In ALEXY, Robert. *A argumentação jurídica como discurso racional*. Op.cit., p.03.

com a ajuda das regras da metodologia jurídica. O ponto decisivo é que a teoria do círculo hermenêutico, como tal, não diz nada sobre os critérios de afirmação ou rejeição da hipótese de interpretação. Essa pergunta só pode ser decidida com base em argumentos. Isso já demonstra que a teoria do círculo hermenêutico não pode substituir uma teoria da argumentação jurídica. Isso não é, no entanto, desprovido de valor.[21]

Retira o autor daqui a conclusão de que, embora a matriz hermenêutica ofereça importantes descobertas sobre a estrutura da interpretação jurídica, não é suficientemente uma solução para o problema da correta interpretação, isto porque: *A justeza de uma interpretação só pode ser provada quando forem determinadas as razões em seu favor e rejeitados os motivos que a ela se opõem. Portanto, a frase "interpretação é argumentação" torna-se verdade.*[22]

(4) A Matriz Coerencial, que Alexy associa à da Integridade, vem trabalhada por Carl Friedrich von Savigny e por Ronald Dworkin, o primeiro, com a tese do conjunto orgânico e da interdependência interna, ou relação pela qual os conceitos jurídicos individuais e as regras são feitas em uma unidade de maiores dimensões[23]; o segundo, exigindo do decisor judicial que ele se pergunte sempre se suas deliberações poderiam fazer parte de uma teoria coerente que justifique a rede normativa

---

[21] ALEXY, Robert. *A argumentação jurídica como discurso racional*. Op.cit., p.04. Avança o autor dizendo que: *O mesmo é verdade para os outros dois tipos de círculos hermenêuticos. A segunda proposta se refere à relação entre a parte e o todo. Por um lado, para compreender uma norma, é necessário compreender o sistema de normas ao qual ela pertence; de outra sorte, não é possível compreender um sistema de normas sem compreender as normas específicas pelas quais o sistema é constituído. Novamente, encontramos, aqui, apenas a formulação de um problema, mas nenhum critério é oferecido para sua solução. O problema reside na criação de unidade ou de coerência. Essa é a tarefa da argumentação sistêmica. Pode-se chamar o postulado por trás do segundo círculo de postulado de coerência.*

[22] Idem.

[23] Referindo no particular a obra SAVIGNY, Friedrich Carl von. *System des heutigen römischen Rechts*, p.XXXVI e segs.; e Vom Beruf unserer Zeit for Gesetzgebung und Rechtswissenschaft.

como um todo integrado e orgânico.²⁴ Contesta tais posições sustentando que uma matriz hermenêutica/aplicativa do Direito na qual a coerência é apenas - ou talvez o mais importante e, portanto, o mais decisivo - critério para a correção da interpretação, teria como conseqüência representar a idéia de holismo jurídico, segundo a qual todas as premissas já estão incluídas, ou escondidas, no sistema jurídico, e só precisam ser descobertas.²⁵

A partir destes referenciais é que Alexy começa a fundamentar a importância de uma Teoria do Discurso Jurídico, trabalhando com a lógica de que:

> *Qualquer um pode racionalmente discutir sobre questões práticas, tendo, com isso, uma pretensão de correção. Assim, por um lado, a teoria do discurso tenta buscar um equilíbrio entre as teorias objetivistas e cognitivistas e, por outro, entre teorias subjetivistas e não cognitivistas. Discursos práticos gerais não são argumentações institucionalizadas sobre o que é obrigatório, proibido ou permitido, ou sobre o que é bom ou ruim. Um discurso prático é racional se preenche as condições da argumentação racional prática. Se essas condições forem satisfeitas, o resultado do discurso estará correto. Uma teoria do discurso é, portanto, uma teoria procedimental da correção prática.²⁶*

Mas quais são as condições dos discursos racionais práticos? O autor adota aquelas referidas por Habermas, a saber, constituídos por argumentos morais, éticos e pragmáticos, e justifica sustentando que um tão amplo conceito de discurso prático é necessário porque, na prática, entre esses três tipos de razão prática existe não apenas uma relação de suplementariedade, mas também de interpenetração.

---

[24] Citando como referência os trabalhos de: (a) DWORKIN, Ronald. *Law's empire*, p.245, e de (b) GÜNTHER, Klaus. *Ein normativer Begriff der Kohärenz für eine Theorie der juristischen Argumentation*, p.175 e segs. e p.181.
[25] ALEXY, Robert. *A argumentação jurídica como discurso racional*. Op.cit., p.06.
[26] Idem, p.07.

Estes argumentos além de constituir o que se aceita como discursos racionais práticos, também vão garantir a possibilidade de visibilidade e controle público tanto das formas de suas legitimações (aspectos constitutivos dos próprios argumentos), como dos processos de comunicação que os utilizam à tomada de decisões. Em termos gerais e históricos, o autor classifica os argumentos jurídicos da seguinte forma:

> Os argumentos que possam ser eventualmente empregados na fundamentação jurídica podem ser classificados de diversas formas. A escolha da classificação depende, basicamente, da finalidade perseguida. Para nossos objetivos, pode-se fazer uma distinção em quatro categorias: linguística, genética, sistêmica e a dos argumentos práticos gerais. Argumentos linguísticos são baseados na verificação de uma linguagem usual factualmente existente. Muitas vezes, principalmente naquele grande número dos chamados casos simples, conduzem a um resultado definitivo. Então, a decisão é definida, e qualquer outra decisão só será possível se a lei for desenvolvida contra a literalidade do texto. No entanto, muitas vezes somente nos é possível afirmar que a norma é vaga ou, de certa forma, equivocadamente definida. Assim, uma decisão só poderá ser justificada mediante o auxílio de outros argumentos. Argumentos genéticos visam os propósitos factuais perseguidos pelo legislador histórico. Muitas vezes, eles não são aplicáveis porque não podem ser encontrados ou porque são demasiadamente vagos ou contraditórios. Além disso, o poder do argumento genético é discutível, como mostra a controvérsia entre a teoria subjetiva e a objetiva quanto ao escopo da interpretação. Argumentos sistêmicos são baseados na idéia da unidade ou coerência do sistema jurídico. Eles representam o correto ponto central do pensamento expressado, um pouco exageradamente, no modelo coerencial. Eles podem ser divididos em oito subgrupos que apenas podem ser definidos, mas não explicados aqui: (1) os argumentos que garantem a consistência, (2) o contextual, (3) os argumentos sistemático-conceituais, (4) os argumentos de princípio, (5) os argumentos jurídicos especiais, como a analogia, (6) os argumentos do precedente,

> *(7) os históricos e (8) os comparativos. Argumentos práticos gerais formam a quarta categoria. Eles podem ser divididos em argumentos teleológicos e deontológicos. Argumentos teleológicos são orientados para as conseqüências de uma interpretação e baseados em uma idéia do que é bom. Argumentos deontológicos expressam o que é legalmente certo ou errado sem olhar as conseqüências.*[27]

Para além da discussão das regras da argumentação racional - que remetem sempre aos argumentos -, a Teoria do Discurso ainda pretende propor um segundo nível de operação a essa primeira etapa: o nível das regras que se referem ao processo do discurso, no caso, aqui, do discurso jurídico. Nas palavras de Maniaci:

> *Secondo Alexy una tesi normativa p è razionalmente giustificata se e solo se è il risultato di una procedura argomentativa razionale, una procedura, cioè, le cui regole devono essere adempiute perché p possa dirsi razionalmente avanzato. Possiamo dire, in tal senso, che le regole di carattere procedurale elaborate da Alexy sono espressione di una razionalità discorsiva, tale in quanto va al di là, inglobandola, della mera razionalità logica. E' altrettanto pacifico che una delle regole più importanti della procedura argomentativa razionale sia il c.d. principio di universalizzabilità.*[28]

---

[27] Idem, p.11. Vale o destaque que o autor dá aos argumentos de princípios: *Mais importantes, em nosso contexto, são os argumentos de princípio. Nos Estados democráticos constitucionais, os argumentos de princípio são essencialmente baseados em princípios constitucionais. Nos casos difíceis, sua aplicação regular inclui um balanceamento (Abwägung), mostrando, assim, que os princípios têm caráter de comandos que devem ser otimizados.*

[28] MANIACI, Giorgio. *Note sulla teoria del bilanciamento di Robert Alexy*. In Rivista Diritto&questioni pubbliche, vol.2, agosto 2002. Palermo: Università degli Studi di Palermo, 2002, p.02. Lembra o autor aqui que: *Il principio di universalizzabilità, se inteso nella sua versione formale, può essere interpretato in, almeno, due modi differenti, uno debole ed uno forte. In entrambe le concezioni esso è, comunque, espressione di una razionalità che possiamo chiamare sussuntiva.* Ver também o texto de GUASTINI, Ricardo. *Teoria e dogmatica delle fonti*. Milano: Giuffré, 1998 – mesmo considerando que sua teoria da argumentação opera mais com a lógica de sentido frágil e particularista (quase cética), porque restringida a ações de densificação material normativa levada a cabo pela atividade judicial na solução de casos concretos, portanto, a seu juízo, não universalizável.

Por certo que esta perspectiva se associa à chamada *distinzione forte fra principi e regole*, no sentido de reconhecer que existem determinadas características constantemente exibidas dos princípios, as quais se afiguram necessárias e suficientes para distingui-los das regras jurídicas, a saber: (a) são normas particularmente importantes pelo fato de representarem valores fundantes e constitutivos do ordenamento, razão pela qual a relação que se impõe a eles é a aderência, enquanto as regras se obedecem; (b) os princípios têm graus de generalidade e vagueza muito amplos, com certa indeterminação, enquanto que as regras são normas que conectam conseqüências jurídicas a uma precisa fatispécie, associando uma modalidade deôntica (proibição, permissão ou obrigação) a certa conduta; (c) a aplicação dos princípios está condicionada a considerações de peso e importância, enquanto que as regras não poderiam ser operadas a partir desta lógica, mas deveriam ou não ser aplicadas.[29] Nas palavras de Maniaci:

> *Dal punto di vista di più generali concezioni filosofico-giuridiche, poi, la teoria della distinzione forte può essere utilizzata per sostenere una posizione (cripto-)giusnaturalista, o antipositivista, o neocostituzionalista – posizioni queste che sfruttano la teoria della distinzione forte tra regole e principi per segnalare una falla nel dogma giuspositivistico della separazione tra diritto e morale. Questa è chiaramente l'impostazione di autori come Ronald Dworkin, Robert Alexy, Manuel Atienza, e Gustavo Zagrebelsky.*[30]

---

[29] Ver o texto de MENGONI, Luiggi. *Ermeneutica e Dogmatica Giuridica*. Milano: Giuffrè, 2006, p.29 e seguintes. Ainda agrega o autor aqui outras diferenças, seguindo o raciocínio de Alexy, tais como: (1) *i principi sono soggetti ad eccezioni implicite, non chiaramente determinate in anticipo (sono norme defettibili), e quindi sono ragioni non conclusive, applicabili solo prima facie, poiché la loro applicazione può essere differita una volta considerati tutti i fattori rilevanti; di contro, le regole sarebbero soggette ad applicazione categorica, tutto-o-niente, una volta verificatesi le circostanze fattuali previste nella fattispecie;* (2) *i principio sono "mandati di ottimizzazione", cioè prescrivono il perseguimento di un certo obiettivo, valore ecc., nella maggior misura possibile a seconda delle concrete possibilità fattuali e normative.*

[30] MANIACI, Giorgio. *Note sulla teoria del bilanciamento di Robert Alexy*. Op.cit., p.06. Por outro lado, uma Teoria Fraca da diferença entre Princípios e Regra, sustentaria que *La teoria della distinzione debole si basa sull'osservazione che, a ben vedere, tutte le norme, siano esse*

Mas quais seriam as diretivas do discurso? Para que serviriam? Serviriam para garantir imparcialidade da argumentação no âmbito da interlocução de sujeitos de direito (regras específicas do discurso); tais regras seriam: (**a**) qualquer um que possa falar poderá tomar parte no discurso; (**b**) qualquer um pode questionar qualquer afirmação; (**c**) qualquer um pode introduzir qualquer afirmação no discurso; (**d**) qualquer um pode expressar atitudes, desejos e necessidades; (**e**) nenhum interlocutor será proibido de exercer os direitos postos nos itens **a** e **b**, por nenhuma sorte de coerção interna ou externa ao discurso.[31]

Stanley Paulson sustenta que a matriz jurídica de Alexy deriva de uma articulação de duas dimensões: uma dimensão institucional composta pelas características do Positivismo de Eficácia Social e elaboração da lei consoante o procedimento formal estabelecido; e uma dimensão ideal ou discursiva, composta pela correção, elemento que tomado isoladamente corresponderia a uma abordagem de Direito Natural, sendo que sua idéia seria exatamente a de conciliar ambas as dimensões em uma teoria compreensiva do Direito, através de modelo que leve em consideração aplicação de normas positivadas, legalmente estabelecidas e válidas, e também exige que as mesmas apresentem conteúdos compatíveis à correção.[32]

---

regole o principi, sembrano possedere in qualche misura almeno alcune delle caratteristiche sopra indicate. Ciò che differenzia regole e principi, secondo questa posizione, è il grado in cui tali caratteristiche si ritrovano rispettivamente nelle regole e nei principi: così, i principi sarebbero norme più generiche, più aperte ad eccezioni implicite rispetto alle regole, avrebbero una maggiore dimensione di "peso", sarebbero ragioni meno conclusive, e così via. Alguns autores importantes de perfilham nesta perspectiva, dentre os quais: RAZ, Joseph. *Legal Principles and the Limits of Law*, in "Yale Law Journal", 81, 1972, pp. 823-854; MACCORMICK, Neil. *Ragionamento giuridico e teoria del diritto*. Op.cit., em especial o capítulo VII; GIANFORMAGGIO. Luciano. *Filosofia del diritto e ragionamento giuridico*, a cura di E. Diciotti e V. Velluzzi, Giappichelli, Torino, 2008, pp. 173-204.

[31] ALEXY, Robert. *A argumentação jurídica como discurso racional*. Op.cit., p.09. Ver também o texto ALEXY, Robert. *A Discourse-Theoretical Conception of Practical Reason*. In Ratio Juris 5, (3):231-251, 1992.

[32] ALEXY, Robert & PAULSON, Stanley & PAULSON, Bonnie. *The Argument from Injustice: A Reply to Legal Positivism*. London: Oxford, 2010. E com isto escapa Alexy da idéia regulativa

Alexy já teve oportunidade reconhecer isto quando afirmou que a teoria do discurso pertence à classe das teorias procedimentais envolvendo sujeitos localizados no tempo e no espaço[33]. Segundo as teorias procedimentais, a adequação de uma norma ou a verdade de uma proposição depende de se a norma ou a proposição é ou pode ser o resultado de um procedimento determinado.

Tal procedimento, por sua vez, demanda requisitos e caráter específicos para ser devidamente controlado. Dentre estes requisitos, destacam-se: a fixação de determinadas características cognitivas e motivadoras dos indivíduos, passando pela especificação de condições ou circunstâncias sob as quais se argumenta e se decide, até a formulação de regras que determinam como proceder, sendo que as diferenças mais significativas provêm da *força* dos requisitos exigidos.

Ademais, esta teoria do discurso pressupõe que os seus participantes (seres humanos tais como efetivamente existem), são em princípio capazes de distinguir entre bons e maus fundamentos de proposições substanciais, ou seja, detêm capacidade de discernimento, todavia, é preciso ter em conta que:

> *Se o pressuposto de que, em princípio, existe uma suficiente capacidade de discernimento — isto é, a faculdade de distinguir entre os bons e os maus fundamentos de proposições substanciais — é introduzida dessa maneira, como uma conexão entre procedimento e adequação, pergunta-se por que tomar por base o procedimento e não simplesmente os bons fundamentos ou as justificativas suficientes. A explicação para isso, pelo menos em questões práticas que concernem*

---

do discurso ideal – aqui entendido como o discurso que procura responder a uma questão prática sob as condições de tempo ilimitado, participação ilimitada, completa ausência de constrangimento no processo de produção da perfeita clareza lingüístico-conceitual, capacidade de informação empírica completa, total capacidade e disponibilidade para troca de papéis e total liberdade de preconceitos.

[33] ALEXY, Robert. *Die Idee einer prozeduralen Theorie der juristischen Argumentation*. In *Rechtstheorie*, caderno 2 (1981), pp.178.

> *essencialmente à interpretação e à conciliação de interesses, é que não há bons fundamentos existentes em si mesmos. O que efetivamente é um bom fundamento só vai se revelar no processo da investigação discursiva. Caso se queira lançar mão dos conceitos de subjetividade e objetividade, pode-se dizer que o resultado do procedimento discursivo não é nem somente subjetivo nem exclusivamente objetivo. Ele é subjetivo na medida em que é condicionado pelas características peculiares dos participantes. Ele é objetivo na medida em que pôde resistir à investigação discursiva efetivada com base em uma suficiente capacidade de discernimento dos participantes. Desta maneira a teoria do discurso evita tanto as falhas das teorias morais subjetivistas ou relativistas, como as falhas das teorias morais objetivistas.* [34]

Já no que tange ao *caráter* do procedimento, este depende do número de indivíduos e dos tipos de requisitos exigidos. A diferença mais importante aqui diz com o fato de se está ou não prevista, *com base* no procedimento, a possibilidade de uma mudança nas convicções e nos interesses empíricos e normativos matriciais dos participantes, isto porque a teoria do discurso enquanto modelo de teoria da argumentação é, em contrapartida, caracterizada pela possibilidade de as convicções, assim como os interesses dos indivíduos, modificarem-se por causa de argumentos apresentados ao longo do procedimento.

Em outro trabalho, Alexy vai sustentar, na linha de raciocínio aqui exposta, que os requisitos exigidos pela teoria do discurso podem ser inteiramente formulados através de regras, as quais dizem respeito com prescrições sobre a não-contradição, clareza de linguagem, verdade empírica e sinceridade; a idéia de universalidade, garantindo a todos o direito de participarem do discurso e de serem tratados com igual consi-

---

[34] ALEXY, Robert. *Probleme der Diskurstheorie*. In *Zeitschrift für philosophische Forschung*, Band 43, 1989, pp. 81-93. Tradução de João Maurício Adeodato, Faculdade de Direito do Recife, p.89.

deração; a argumentação sobre as conseqüências, ponderação e análise da gênese das convicções normativas.[35]

As críticas que Alexy apresenta à Teoria do Discurso Jurídico são importantes:

> *Um dos principais problemas da teoria do discurso é seu sistema de regras não oferecer um procedimento finito de operações por meio das quais um agente racional possa sempre chegar a um resultado preciso. Para isso, existem três razões. Em primeiro lugar, as normas do discurso não contêm qualquer definição quanto aos procedimentos de partida. Pontos de partida são as convicções normativas dos participantes e as interpretações dos interesses. Em segundo lugar, as regras do discurso não definem todos os passos a serem tomados na argumentação. Em terceiro lugar, uma série de regras do discurso tem caráter ideal e, portanto, só podem ser realizadas de modo aproximado, ou seja, parcial. Nessa medida, a teoria do discurso não oferece decisões determinadas.*[36]

Na dicção de Enrico Grosso isto implica ter como pressuposto que *tutti i soggetti in gioco (specie i più deboli) debbono avere la possibilità di far sentire la propria voce. Il reclutamento dei partecipanti a tali processi dovrebbe quindi prevedere anche sforzi diretti a coinvolgere soggetti marginali che altrimenti non sarebbero presenti per ragioni culturali, sociali e materiali.*[37]

---

[35] ALEXY, Robert. *Teoria da Argumentação Jurídica: a teoria do discurso racional como teoria da justificação jurídica*. Op.cit., p.187 e seguintes. Em trabalho posterior, Alexy vai alertar para o fato de que: É um mal-entendido pensar que algo já seria verdadeiro segundo a teoria do discurso, pelo simples fato de todos o terem como verdadeiro. Não é o consenso que ela considera decisivo, mas sim a condução do procedimento discursivo. Isto vai ao ponto de se admitir que, até mesmo em caso de dissenso, as opiniões mutuamente incompatíveis podem ser descritas como "adequadas", em um sentido a ser especificado mais à frente, desde que tenham atravessado todo o procedimento discursivo. Por isso é incorreto acusar a teoria do discurso de tomar o consenso como fundamento da adequação ou da verdade. In ALEXY, Robert. *Probleme der Diskurstheorie*. Op.cit., p.88.
[36] ALEXY, Robert. *Die Idee einer prozeduralen Theorie der juristischen Argumentation*. Op.cit., p.10.
[37] GROSSO, Enrico. *Cittadinanza e vita democratica dell'Unione tra democrazia rappresentativa e democrazia partecipativa*.. In LUCARELLI, Alberto (a cura di). Quaderni della Rassegna di Diritto Pubblico Europeo, vol I. Napoli: Edizioni Scientifiche Italiane, 2008, p.105.

É óbvio que a ausência de igualdade material no âmbito não só do acesso da informação e dos instrumentos de participação, mas também das condições de operar com estes dados (cidadãos que não têm condições cognitivas, intelectuais, de saúde, alimentares, de discernimento para participar efetivamente do debate público e sobre ele manifestar sua vontade autônoma), gera relações interlocutivas coatadas, configuradas por monólogos autoritários e manipuladores.

Aliás, é preciso dizer que uma das bases fundantes do pensamento de Alexy – Habermas - tem plena consciência disto, eis que estas são circunstâncias que caracterizam bem a comunicação coatada, diferentemente do que afirmam alguns de seus interlocutores no sentido de que as chamadas condições ideais de fala configurariam extremismos transcendentais – metafísicos – do autor alemão.[38] Estas condições ideais de fala dizem respeito às condições subjetivas e objetivas mínimas capazes de levar à emancipada e critica compreensão do mundo da vida e suas relações, viabilizadora de acordos mútuos possíveis; mesmo assim, *em face de um amplo consenso de fundo acerca de certezas concernentes ao mundo da vida, não é raro que mesmo garantias frágeis sirvam como base para uma aceitação capaz de criar obrigações relevantes para as conseqüências da ação*.[39] Vai mais longe ainda:

---

[38] Como quer ZIZEK, Slavoy. *Enjoy Your Symptom*. London: Routledge, 1992. Na mesma direção que Zizek, vai MOUFFE, Chantal. *Deliberative Democracy or Agonistic Pluralism?* Op.cit., p.37, com seu modelo de Democracia Agonística, afirmando que: *the fact that there can never be total emancipation but only partial ones. This means that the democratic society cannot be conceived any more as a society that would have realized the dream of a perfect harmony or transparency. Its democratic character can only be given by the fact that no limited social actor can attribute to herself the representation of the totality and claim in that way to have the "mastery" of the foundation.* O problema é que, para evitar de maneira democrática a guerra antropofágica de todos os possuidores da verdade sobre o que é bom para todos, é preciso estratégias de entendimentos civilizatórios, por mais precários e contingenciais que sejam.

[39] HABERMAS, Jürgen. *Direito e Democracia: entre facticidade e validade*. Volume I. Rio de Janeiro: Tempo Brasileiro, 2003, p.346. Alexy concorda com esta posição habermasiana, pois já teve oportunidade de dizer que: *Mesmo no caso de um discurso ideal potencialmente infinito não pode ser excluída a possibilidade de efetivação de consenso; também no caso de*

> *Uma base autônoma na sociedade civil, independente da administração pública e do comércio privado por intermédio do mercado, é considerada uma pré-condição para a práxis da autodeterminação cívica. Essa base resguarda a comunicação política de ser engolida pelo aparato governamental ou assimilada pelas estruturas de mercado. Na concepção republicana, a esfera público-política adquire, juntamente com sua base na sociedade civil, uma importância estratégica.*[40]

Daí porque o caráter ideal da teoria do discurso conduz à necessidade de sua incorporação em uma teoria do Estado e do Direito, isto porque, *um sistema jurídico que pretenda dar resposta às necessidades de racionalidade prática somente pode começar a existir mediante uma ligação de elementos institucionais ou reais com elementos de tipo ideal e não institucionais.*[41] Para além disto, é preciso ter em conta – lembrando Kant - que em um discurso racional nem todos os sistemas jurídicos podem ser justificados, mas apenas os que cumprem as exigências elementares da racionalidade prática, dentre as quais ganha destaque a garantia dos direitos humanos fundamentais e a institucionalização dos procedimentos democráticos e do Estado de Direito. Assim, a teoria do discurso acaba por constituir a base da teoria democrática do Estado Constitucional.

Recentemente, em trabalho publicado nos Estados Unidos da América, Alexy tem ratificado suas posições mais antigas sobre os temas

---

um discurso ideal potencialmente infinito jamais se pode afirmar que um discurso já obtido é final ou definitivo. ALEXY, Robert. *Probleme der Diskurstheorie.* Op.cit., p.86.

[40] HABERMAS, Jürgen. *Três Modelos Normativos de Democracia.* In HABERMAS, Jürgen. A Inclusão do Outro: estudos de teoria política. São Paulo: Loyola, 2002, p.277.

[41] ALEXY, Robert. *A argumentação jurídica como discurso racional.* Op.cit., p.11. Adverte o autor que: *A teoria discursiva do Direito conduz, como já explicado, para uma necessária institucionalização de um sistema jurídico. Isso implica autoridade do direito positivo. De acordo com os critérios da teoria do discurso, a institucionalização bem sucedida inclui os princípios do Estado democrático constitucional, entre outros, os da democracia, da separação dos poderes e da supremacia do Direito. O princípio da autoridade do direito positivo, estando apoiado por esses outros princípios, exige uma prioridade das razões institucionais frente às razões substanciais. No entanto, isso é apenas uma prioridade prima facie.*

discutidos, sustentado, dentre outras coisas e no âmbito do direito constitucional, que há duas diferentes construções de direitos: a construção por regras e a construção por princípios, sendo que nenhuma delas cumpre, sozinha, à função absoluta e satisfativa de atender a complexidade dos temas que enfrentam, e tampouco representam idéias opostas entre si sobre todas as soluções oriundas da doutrina constitucional. E por que isto? Pelo fato de que questões condizentes a direitos constitucionais não pertencem simplesmente a uma área particular do direito, pois as respostas decorrentes delas têm conseqüências em toda a estrutura do sistema jurídico e mesmo social.[42]

A lógica que informa o raciocínio do autor aqui é a mesma exposta no clássico livro sobre Teoria dos Direitos Fundamentais[43], ou seja, distinguindo entre regras e princípios jurídicos, tendo nos primeiros normas que requerem algo de forma definitiva (*definitive commands*), cuja forma de aplicação é o que chama de subsunção, entendida como: *If a rule is valid and applicable, it is definitively required that exactly what it demands be done. If this is done, the rule is complied with; if this is not done, the rule is not complied with.*[44]

Por outro lado, os princípios dizem com algo que devem ser realizados na máxima extensão possível, levando em conta as possibilidades fáticas e legais que estejam disponíveis (*given the factual and legal possibilities at hand*), daí porque se apresentam como mandados de otim-

---

[42] Estou falando do texto ALEXY, Robert. *The Construction of Constitutional Rights*. In Law & Ethics of Human Rights, Volume 4, Issue 1. Article 2. Berkeley: Berkeley Electronic Press, 2010. Nas palavras do autor: *Questions pertaining to constitutional rights are not simply questions in a particular area of law. The answers given to such questions have consequences for the structure of the entire legal system. The spectrum extends from the third party or horizontal effect, that is, the bearing of constitutional rights on private law, right up to the relation between the legislature and the practice of constitutional review, behind which the tension between constitutional rights and democracy is found.* (p.03).

[43] ALEXY, Robert. *Teoria de los Derechos Fundamentales*. Madrid: Centro de Estúdios Constitucionales, 1990.

[44] ALEXY, Robert. *The Construction of Constitutional Rights*. Op.cit., p.04.

ização, ou seja, *they are characterized by the fact that they can be satisfied to varying degrees, and that the appropriate degree of satisfaction depends not only on what is factually possible but also on what is legally possible.*[45]

Esta forma subsuntiva de aplicação das regras (principalmente constitucionais), todavia, não se afigura tarefa fácil ou de apego irrestrito às dimensões gramaticais da lei escrita, eis que *Subsumption, here as elsewhere in the Law, can be rather difficult and may require intermediate steps as well as further arguments of different kinds in order to justify these intermediate steps.*[46] Ou seja, não raro a atribuição de sentido que se dá às normas em face do caso concreto pode gerar situações de não adequação ou pertinência, impossibilitando sua aplicação – por isto todos os casos são de complexa solução. Em suas próprias palavras: *A clareza de um caso, seja como for, não é algo tão simples assim. Quem afirma que uma decisão é clara, dá a entender que não há argumentos que dêem motivo a dúvidas sérias. No entanto, estes argumentos são sempre concebíveis.*[47]

Alexy insiste com a tese de que nestes cenários há que se ter formas controláveis e públicas de procedimentos decisionais envolvendo a

---

[45] Idem. Adverte ainda o autor que: *The determination of the appropriate degree of satisfaction of one principle relative to the requirements of another principle is balancing. Thus, balancing is the specific form of the application of principles......The debate over the principles theory is, first of all, a debate over weighing or balancing—and, therefore, since balancing is the core of the proportionality test, a debate over proportionality analysis.* Tenho consciência dos problemas que tais premissas implicam à efetivação de direitos fundamentais, notadamente no âmbito dos prestacionais-sociais. Grifos meus. Já tratei disto em meu texto LEAL, Rogério Gesta. *Condições e possibilidades eficaciais dos Direitos Fundamentais Sociais: os desafios do Poder Judiciário no Brasil.* Porto Alegre: Livraria do Advogado, 2009. Mais tarde farei referência aqui também a este problema.

[46] ALEXY, Robert. *A theory of legal argumentation: the theory of rational discourse as theory of legal justification.* In Ratio Juris,vol.37. New York: Hammel, 2010, p.30. Os exemplos que o autor dá para tal afirmação são fortes, ao dizer que: *Thus, it can be very doubtful whether a certain statement is an expression of one's opinion—protected by the freedom of speech, or whether a certain activity is an exercise of religion, or whether a certain valuable advantage counts as property— protected by the constitution.*

[47] ALEXY, Robert. *Teoria da Argumentação Jurídica: a teoria do discurso racional como teoria da justificação jurídica.* Op.cit., p.21.

aplicação fundamentada do sistema normativo à solução de problemas intersubjetivos ou sociais judicializados. E que formas são estas? Uma delas é o chamado *balanceamento de normas*.

É o próprio autor que define o balanceamento como a terceira fase do teste de ponderação normativa que propõe à análise e decisão de casos judiciais: *It has already been noted that balancing is the subject of the third sub-principle of the principle of proportionality. This is the principle of proportionality in the narrower sense, which concerns optimization relative to the legal possibilities at hand*[48], lembrando que o autor alemão compreende esta ponderação em três dimensões sucessivas e complementares, a saber: (a) *adequação* – ou sub-princípio da idoneidade –, estando a exigir que toda a restrição aos direitos (notadamente aos fundamentais) seja idônea para o atendimento de um fim constitucionalmente legítimo, além do que os meios empregados deverem ser instrumentalmente adequados para alcançar o fim almejado; (b) *necessidade* (ou sub-princípio da indispensabilidade, do meio menos restritivo, do direito à menor desvantagem possível), no sentido de que dentre as várias medidas restritivas de direitos igualmente aptas para atingir o fim perseguido, a Constituição impõe que o legislador opte por aquela menos lesiva para os direitos envolvidos (certa proibição de excesso)[49]; (c) *proporcionalidade* em sentido estrito, no sentido de que uma restrição aos direitos é constitucional se pode ser justificada pela relevância da satisfação do princípio cuja implementação é buscada por meio da intervenção.[50]

---

[48] ALEXY, Robert. *The Construction of Constitutional Rights*. Op.cit., p.09.
[49] É interessante como Alexy associa este sub-princípio à lógica do Ótimo de Pareto: *the subject of the first two sub-principles, the sub-principle of suitability and necessity, is optimization relative to the factual possibilities. In this respect, they are concerned with the question of whether the factual possibilities allow for the avoidance of costs to constitutional rights without bringing about costs contrary to the aims of the legislator. The issue, in other words, is Pareto-optimality*. Op.cit., p.10.
[50] *The basic idea of optimization relative to the legal possibilities at hand can be expressed by a*

Este balanceamento por certo que não é mecânico ou de sopesamento subjetivo de importância, validade ou vigência das normas do sistema jurídico, mas envolve *juízos de valor na atribuição de sentido da norma ao caso concreto*, a partir de parâmetros e diretrizes igualmente normativas, controladas e capazes de serem aferidas publicamente. Para além disto, como lembra Maniaci:

> *La seconda tesi che sosterrò è che nella Teoria dei diritti fondamentali Alexy, sebbene in modo non sempre sufficientemente chiaro, elabora un modello del bilanciamento tra principi secondo il quale le regole che determinano la precedenza di un principio sull'altro non soltanto sono defettibili, vista l'impossibilità di determinare tutte le proprietà rilevanti, ma sono, e devono sempre interpretarsi, come regole che impongono una relazione di precedenza 'relativa' soltanto ad alcuni tra i casi (generici) in relazione ai quali i due principi possono confliggere, relazione di precedenza che non è necessariamente valida per altri casi.*[51]

No campo específico das regras jurídicas constitucionais, por exemplo, tem-se algumas particularidades que Alexy no texto refere, envolvendo o que chama do fenômeno da Reserva Legal dos sistemas normativos (*statutory reservation*), *when a constitutional rights provision guarantees, in a first step, constitutional rights such as the right to life and to bodily integrity, and, in a second step, then empowers the legislature by means of a clause such as [t]hese rights can only be interfered with on a statutory basis.*[52]

---

rule that might be called the "Law of Balancing." A statement of this rule runs as follows: "The greater the degree of non-satisfaction of, or detriment to, one principle, the greater must be the importance of satisfying the other". Idem, p.11. Ver também ALEXY, Robert. *Teoría de los Derechos Fundamentales*. Madrid: Centros de Estudios Constitucionales, 2000, p.112.

[51] MANIACI, Giorgio. *Note sulla teoria del bilanciamento di Robert Alexy*. Op.cit., p.03. Ainda lembra o autor que: *In termini guastiniani la regola che determina la precedenza di un principio sull'altro sarebbe una 'gerarchia assiologica móbile'.*

[52] ALEXY, Robert. *The Construction of Constitutional Rights*. Op.cit., p.05.

No caso da Constituição Brasileira de 1988 têm-se algumas situações em que a própria Carta Política estabelece direitos fundamentais e os restringe ao mesmo tempo, *ex vi* o disposto no art.5º, XVI, ao garantir o direito de reunião, e estabelecendo regras para tanto, cotejado com o disposto no art.136, §1º, I, a (Estado de Defesa), e art.139, IV (Estado de Sítio, em que poderá haver restrições a este direito de reunião.

O sistema jurídico precisa conviver com esta instabilidade material que a reserva legal cria, mesmo que aparentemente paradoxal em face das expectativas que se tenham gerado pela aparência de segurança e confiabilidade que ele igualmente deve garantir. O problema por vezes é como lidar com isto, pois, a meu juízo, não é uma ferramenta como a do círculo hermenêutico (Gadamer e alguns de seus sedizentes seguidores), como tal, que vai ajudar muito, pelo simples fato de que ela não diz nada sobre os critérios de afirmação ou rejeição da hipótese de interpretação/aplicação que se poderia usar nestes casos. *Essa pergunta só pode ser decidida com base em argumentos. Isso já demonstra que a teoria do círculo hermenêutico não pode substituir uma teoria da argumentação jurídica.*[53] Vai mais longe o autor, e com ele concordo:

> *Por um lado, para compreender uma norma, é necessário compreender o sistema de normas ao qual ela pertence; de outra sorte, não é possível compreender um sistema de normas sem compreender as normas específicas pelas quais o sistema é constituído. Novamente, encontramos, aqui, apenas a formulação de um problema, mas nenhum critério é oferecido para sua solução. O problema reside na criação de*

---

[53] ALEXY, Robert. *A argumentação jurídica como discurso racional.* Op.cit., p.04. Já referi anteriormente, com Habermas, que o pensamento crítico dialético capta a necessidade da reflexão que a hermenêutica filosófica gadameriana não leva até as últimas conseqüências, reconhecendo a importância da tradição e da autoridade, porém, problematizando-as a partir do enfrentamento dos seus postulados instituídos, para superá-los no movimento dialético das interlocuções tensas e conflitantes que a comunicação (o mais possível e criticamente – princípio regulativo) não coatada possa desenvolver.

unidade ou de coerência. Essa é a tarefa da argumentação sistêmica.[54]

As situações que envolvem, por exemplo, a garantia da liberdade religiosa e de crença (art.5º, VI, CF) e os efeitos práticos em decorrência de tal direito fundamental, podem apresentar situações em que o balanceamento das possibilidades de sua interpretação/aplicação necessite de cotejamento com outros direitos fundamentais eventualmente em jogo. Estou falando, por exemplo, da possibilidade de pessoas cujas crenças religiosas não lhes permitam desenvolverem certas atividades em determinados dias desejarem ter calendário alternativo à realização de concurso público. Neste ponto já teve oportunidade de dizer o Supremo Tribunal Federal que:

> *EMENTA: Agravo Regimental em Suspensão de Tutela Antecipada. 2. Pedido de restabelecimento dos efeitos da decisão do Tribunal a quo que possibilitaria a participação de estudantes judeus no Exame Nacional do Ensino Médio (ENEM) em data alternativa ao Shabat 3. Alegação de inobservância ao direito fundamental de liberdade religiosa e ao direito à educação. 4. Medida acautelatória que configura grave lesão à ordem jurídico-administrativa. 5. Em mero juízo de delibação, pode-se afirmar que a designação de data alternativa para a realização dos exames não se revela em sintonia com o princípio da isonomia, convolando-se em privilégio para um determinado grupo religioso. 6.Decisão da Presidência, proferida em sede de contracautela, sob a ótica dos riscos que a tutela antecipada é capaz de acarretar*

---

[54] Idem. Aduz em seguida Alexy que: *A justeza de uma interpretação só pode ser provada quando forem determinadas as razões em seu favor e rejeitados os motivos que a ela se opõem. Portanto, a frase "interpretação é argumentação" torna-se verdade.*(p.05). É interessante que este debate inclusive se estende para o significado mesmo de norma jurídica, lembrando aqui GUASTINI, Ricardo. *Le fonti del diritto e l'interpretazione*. Milano: Giuffrè, 1993, p.32: *Si è assunta dunque piena consapevolezza della distinzione concettuale tra la "disposizione", intesa come il testo scritto della legge e la "norma", come significato che, attraverso l'interpretazione, viene attribuito al testo. La norma cioè non è data dal legislatore, né trovata dall'interprete, ma costantemente ricreata nel momento applicativo.*

> à ordem pública 7. Pendência de julgamento das Ações Diretas de Inconstitucionalidade nº 391 e nº 3.714, nas quais este Corte poderá analisar o tema com maior profundidade. 8. Agravo Regimental conhecido e não provido.[55]

Ainda diz o Ministro Relator que o direito fundamental à liberdade religiosa impõe ao Estado o dever de neutralidade diante do fenômeno religioso, revelando-se proscrita toda e qualquer atividade do ente público que favoreça determinada confissão religiosa em detrimento das demais, todavia, *o dever de neutralidade por parte do Estado não se confunde com a idéia de indiferença estatal, devendo o Estado, em alguns casos, adotar comportamentos positivos, com a finalidade de afastar barreiras ou sobrecargas que possam impedir ou dificultar determinadas opções em matéria de fé.*[56]

Agora me pergunto, como se daria a discussão envolvendo o direito à crença religiosa – e, portanto, os hábitos e comportamentos decorrentes dela –, em face da necessidade de transplante de sangue, sob risco de vida, a pessoa cuja profissão religiosa o proíba? Aqui Alexy aponta a metodologia do balanceamento como eficiente à decisão judicial: *If, however, the rights to freedom, life, and bodily integrity of those concerned are employed as reasons for imposing limitations, one inevitably confronts the need to balance. In this way, the postulate of systematic interpretation warrants, indeed, requires that one move beyond the scope of the rule model.*[57]

Ato continuo, é interessante verificar como o autor apresenta as objeções que são apresentadas à sua teoria do balanceamento de normas e interesses, a saber:

---

[55] Agravo Regimental na Suspensão de Tutela Antecipada nº389, Minas Gerais, Relator(a): Min. GILMAR MENDES (Presidente), Julgamento: 03/12/2009. Órgão Julgador: Tribunal Pleno.
[56] Idem, p.10.
[57] ALEXY, Robert. *The Construction of Constitutional Rights*. Op.cit., p.06.

(1) Objeções Teorético-Normativas, questionando se existem efetivamente normas no sistema jurídico que tenham esta concepção principiológica e regratória dada por Alexy, entendendo ser frágil e equivocada a distinção entre elas.[58]

(2) Objeções Teorético-Argumentativas, estabelecendo uma crítica no plano da baixa racionalidade epistemológica que esta metodologia apresenta, notadamente em face da fragilização de direitos fundamentais.[59]

(3) Objeções Doutrinárias, que questionam se a teoria dos princípios em que está fundada a metodologia do balanceamento não estaria, em verdade, enfraquecendo todo o sistema normativo, uma vez que estabelece hierarquias e pesos distintos a normas jurídicas de mesmo rango.[60]

(4) Objeções Institucionais, no sentido de que o reconhecimento de excessiva força aos princípios constitucionais poderia criar uma espécie de sobre-constitucionalização do sistema jurídico, acessível somente a poucos iniciados, substituindo com isto o modelo de Estado Parlamentar Legislativo por uma espécie de Estado Constitucional Adjudicativo.[61]

---

[58] Cita o autor aqui como referência os textos de POSCHER, Ralf. *Einsichten, Irrtümer und Selbstmißverständnisse der Prinzipientheorie*. In Die Prinzipientheorie der Grundrechte: studien zur grundrechtstheorie Robert Alexys. 59, 65, 70 (Jan-R. Sieckmann ed., 2007); e o de KLEMENT, Jan Henrik. *Vom Nutzen einer Theorie, die alles erklärt*, 63. Juristenzeitung 756, 760 (2008).

[59] Neste passo o autor aponta os textos de HABERMAS, Jürgen. *Between Facts and Norms: contributions to a discourse theory of law and democracy*. William Rehg trans., Polity Press, 1996; e SCHLINK, Bernhard. *Der Grundsatz der Verhältnismäßigkeit*, in Festschrift 50 Jahre Bundesverfassungsgericht 445, 460 (Peter Badura & Horst Dreier eds., 2001).

[60] Cita aqui o autor o mesmo texto de HABERMAS, Jürgen. *Between Facts and Norms: contributions to a discourse theory of law and democracy*. Op.cit., dizendo que: *See* HABERMAS, *supra* note 12, at 258-59 (maintaining that conceptions of rights as principles might result in the collapse of rights that are properly understood, i.e., rights act as a "fire wall.").

[61] Refere o autor aqui o texto de BÖCKENFÖRDE, Ernst-Wolfgang. *Staat, Verfassung, Demokratie* 190 (1991).

(5) Objeções Teorético-Intepretativas, que questionam se e como a construção constitucional principiológica pode estabelecer, de forma universal, interpretações corretas do catálogo de direitos constitucionais estabelecido enquanto direito positivo.[62]

(6) Objeções Teorético-Validativas, no sentido de que esta teoria dos princípios estaria por arriscar o status de superioridade da Constituição e a sujeição a ela dos Poderes Estatais instituídos, colapsando a estrutura hierárquica do sistema jurídico.[63]

(7) Objeções Teorético-Científicas, sustentando que a teoria dos princípios faz declarações cujas razões de fundamentação e justificação são demasiadamente abstratas, servindo minimamente para explicar decisões tomadas, mas sem estabelecer diretrizes para tomada de decisões no futuro.[64]

De todas estas considerações, Alexy destaca as objeções teorético-argumentativas, eis que seu fundamento se centra na idéia de que se o balanceamento de normas em face dos interesses envolvidos é naturalmente irracional – porque refoge da lógica do sistema normativo –, efetivamente dever-se-ia rejeitá-lo, todavia isto não é assim, porque se esta metodologia se apresenta como irracional, não faria sentido usá-la como critério de admissibilidade dos limites dos direitos constitucionais. Habermas e Schlink é que têm insistido com esta tese, sob o argumento, o primeiro, de que se afigura demasiadamente irracional a pretensão ponderativa/balanceamento de Alexy, por falta de controle dos critérios desta ação, ensejando a possibilidade de arbitrários costumes não refletidos na aplicação do chamado teste da proporcionalidade;

---

[62] Cita o autor aqui o trabalho de JESTAEDT, Matthias. *Die Abwägungslehre – ihre Stärken und ihre Schwächen*. In Staat im Wort: Festschrift für Josef Isensee 253, 260, 262-63, 275 (Otto Depenheuer, Markus Heintzen, Matthias Jestaedt, & Peter Axer eds., 2007).
[63] Estes seriam argumentos também utilizados por Matthias Jestaedt e Jan Henrik Klement, anteriormente citados.
[64] Cita o autor aqui o texto de Ralf Poscher, referido anteriormente.

o segundo, sob o argumento de que isto geraria arbitrários subjetivismos.⁶⁵

Alexy responde a estas assertivas de Habermas e Schlink, sustentando que a lei do balanceamento (referida mais acima) mostra que pode não funcionar em três situações: (a) quando se afiguram níveis de não satisfação, ou de detrimento, dos princípios jurídicos envolvidos; (b) quando igualmente não se operam a tensão entre princípios jurídicos; (c) quando não se afigura importante a solução da tensão entre princípios. Conclui o autor: *If it were not possible to make rational judgments about, first, intensity of interference, second, degrees of importance, and, third, their relationship to each other, the objections raised by Habermas and Schlink would be justified.*⁶⁶

A idéia de fundo que está aqui é a de que se afigura mais do que possível, mas recomendado, no âmbito da ponderação e do balanceamento de normas em face do caso concreto, elaborar certa **ordem hierárquica conjuntural** entre os princípios que se encontram em tensão na casuística, tutelando assim um valor importante ao sistema jurídico que é a certeza do direito, entretanto, ele não é o único que demanda realização, pois ao seu lado está o valor de caráter pragmático relativo à eficiência social da prestação jurídica, igualmente importante e cuja realização pode eventualmente mitigar a realização do ideal de completude do ordenamento jurídico.

A questão, pois, que se coloca, é se esta metodologia de abordagem da norma jurídica, em face dos casos concretos e dos procedimentos que

---

[65] Alexy está fazendo referência aqui ao trabalho de HABERMAS, Jürgen. *Between Facts and Norms: contributions to a discourse theory of law and democracy.* Op.cit., e de SCHLINK, Bernhard. *Freiheit durch Eingriffsabwehr—Rekonstruktion der klassischen Grundrechtsfunktion,*11 EUROPÄISCHE GRUNDRECHTE-ZEITSCHRIFT (EUGRZ) 457, 462 (1984): *In the test of proportionality in the narrower sense, it is only the subjectivity of the tester that can, in the end, be effective ... The operations of evaluation and balancing required by the proportionality test in the narrower sense can be achieved ... in the end, only in a decisionistic manner.*
[66] ALEXY, Robert. *The Construction of Constitutional Rights.* Op.cit., p.10.

se fomentam à decisão judicial, apresentam ou não níveis de racionalidade pública e controláveis pela via da argumentação/comunicação jurídica.

Alexy responde positivamente, dando um exemplo ocorrido na Corte Constitucional Alemã – e que serve para o Brasil-, quando tratou do tema envolvendo a obrigatoriedade das indústrias produtoras de tabaco colocarem em seus produtos fumígeros advertências sobre os riscos à saúde que estes representam. Concluiu Alexy que tal obrigação poderia ser aferida em face da ponderação de interesses existentes na espécie, utilizando a lei do balenceamento, chegando à conclusão de que, primeiro, não haveria qualquer conflito intransponível entre a regulação estatal no âmbito da produção e venda daqueles produtos e a liberdade de profissão, atividade industrial ou comercial; segundo, sequer existiria excessiva intervenção pública na ordem econômica, haja vista a proteção de um bem jurídico – vida/saúde – que tem maior peso e importância do que outro bem jurídico tutelado pela mesma Constituição, que é a liberdade de produção e comércio de bens lícitos.

Veja-se que, no Brasil, esta situação está muito bem retratada pelos termos da Lei nº 9.294/1996, que versa sobre as restrições ao uso e à propaganda de produtos fumígeros, bebidas alcoólicas, medicamentos, terapias e defensivos agrícolas, nos termos do § 4º, do art. 220, da Constituição Federal.

A referida lei federal, em seu art.2º já provocou sério impacto na indústria do fumo e mesmo dos fumantes, uma vez que vedou o uso de cigarros, cigarrilhas, charutos, cachimbos ou de qualquer outro produto fumígero, derivado ou não do tabaco, em recinto coletivo, privado ou público, salvo em área destinada exclusivamente a esse fim, devidamente isolada e com arejamento conveniente.[67]

---

[67] Estendendo tal vedação, a recintos tais como: repartições públicas, os hospitais e postos de saúde, as salas de aula, as bibliotecas, os recintos de trabalho coletivo e as salas de teatro e cinema, aeronaves e veículos de transporte coletivo.

A partir do cotejamento desta legislação têm surgido algumas teses no país sobre um possível direito fundamental de (não) fumar, manifestado no âmbito das liberdades reais, autorizando o Estado a intervir no domínio econômico para restringir os efeitos da publicidade de produtos com tais características sobre os potenciais consumidores. [68]

De outro lado, a indústria do fumo tem sustentado que o ato de fumar representa um mero hábito e, como tal, advém incondicionalmente de uma opção aberta do próprio fumante, caracterizando-se como ação voluntária. Em face disto, os potenciais e mesmo reais efeitos acarretados àqueles que assim decidiram fumar, jamais poderiam ser impingidos às fornecedoras de cigarros, mas exclusivamente ao próprio consumidor de tabaco, eis que, se ele é vítima de enfermidades oriundas do consumo de fumígenos, tal responsabilidade lhe cabe exclusivamente.[69]

O Tribunal de Justiça do Rio de Janeiro, julgando esta matéria, chegou a afirmar que antes da Constituição Federal de 1988, não havia norma legal sobre o fumo, tema encartado no seu art.220, da nova carta política, remetendo a regulamentação para lei ordinária, que só veio a lume em 1996 (Lei n°9.294). De outro lado, sustentou esta Corte que de longa data são conhecidos os efeitos negativos do hábito de fumar, so-

---

[68] OLIVEIRA, Amanda Flávio de. *Direito de (não) fumar: uma abordagem humanista*. Rio de Janeiro: Renovar, 2008, p. 108.

[69] Ver a decisão da 5ª Câmara Cível, do Tribunal de Justiça do Estado do Rio Grande do Sul, nos autos da Apelação Cível n.º 70017634486, tendo por relator o Desembargador Paulo Sérgio Scarparo, em que esta matéria é amplamente discutida. Mas há posições na casuística dando apoio a tese das indústrias do tabaco: *Improcedente a ação de indenização movida por doente de câncer na laringe contra fabricante de cigarros, se o nexo causal entre a doença e o tabagismo, apesar do truísmo de que o cigarro provoca tumores malignos, não resta demonstrado, e inexiste prova do consumo exclusivo dos produtos da fabricante. Ressalta-se ainda que o tabagismo não foi imposto ao autor, que aderiu espontaneamente ao vício, não cabendo a alegação de que as advertências quanto aos seus malefícios somente passaram a ser feitas recentemente, porquanto os prejuízos que o cigarro pode causar são sensitivos, quando não intuitivos.* TJSP – 4ª C. Dir. Privado – Ap. 110.454-4/3-00 – Rel. Narciso Orlandi – j. 22.02.2001 – RT 789/220.

cialmente aceito e incentivado. De qualquer sorte, a partir destes novos cenários, os fabricantes passaram a divulgar alertas destacando os perigos à saúde, e a propaganda negativa se tornou mais intensa a partir das regras genéricas do código de defesa do consumidor, intensificando-se após a lei específica.

Aduziu o Acórdão que a *industrialização, comercialização e propaganda do tabaco são atividades lícitas e regulamentadas, enquanto que fumar, e manter-se fumante, é escolha pessoal, correndo o interessado os riscos, posto que insistentemente alertado por frenética e permanente campanha contrária.* Com base nestes fundamentos, entendeu por bem aquele Tribunal conhecer da culpa exclusiva do consumidor tabagista pelos eventuais malefícios experimentados, tendo, no caso, inocorrido a comprovação efetiva do nexo causal, assim como de utilização exclusiva dos produtos da fabricante do cigarro.[70]

Conforme Delfino, o livre arbítrio dos consumidores de tabaco nunca esteve de posse do uso razoável de informações e discernimento suficiente sobre todas as variáveis que envolvem a presença do tabaco no organismo humano, exatamente porque as indústrias do ramo sempre ousaram em apologias cinematográficas sobre seus produtos, vinculando-os a situações alheias as suas verdadeiras características. Em outras palavras, o cigarro era ligado ao bem-estar, ao sucesso profissional, à saúde, à sexualidade, à sensualidade, ao prazer, ao requinte, aos esportes, etc., contratando a indústria do tabaco atores e diretores de cinema para que os seus produtos fossem retratados, sempre de forma positiva; financiou esportistas para se deixarem mostrar usando tabaco, com a intenção de garantir imagem socialmente aceitável sobre tais hábitos; contratou cientistas e empresas de relações públicas para combater pesquisas que vinculavam o tabagismo a diversas doenças.[71]

---

[70] Acórdão nº 2005.001.40350 – 4ª C.Cív. – Rel. Des. Mário dos Santos Paulo – DJRJ 20.07.2006.
[71] DELFINO, Lúcio. *Jurisprudência e o fumo: Uma guinada em prol dos interesses do fumante*. In

Rosemberg demonstra em pesquisas sobre a matéria que uma vez instalada a dependência do tabaco, e faltando o aporte de nicotina nos centros nervosos, surgem quadros clínicos de sintomas desagradáveis, denominado "síndrome de abstinência" -, caracterizado por um forte desejo de fumar, ansiedade, inquietação, irritabilidade, distúrbios do sono, dificuldade de concentração, além de outros sintomas, variando tudo isto em face do grau da dependência.[72]

Por parte da doutrina especializada, há quem defenda que para responsabilizar pelos males do fumo ter-se-ia também que fazer o mesmo com relação às bebidas alcoólicas, os dietéticos, os adoçantes, os produtos alimentícios transgênicos, os defensivos para lavoura (defensivos agrícolas) que contaminam os alimentos, todos com suspeita fundada de ter atributos cancerígenos se ingeridos durante largo tempo e, inclusive, alguns medicamentos.[73]

A matéria é tão polêmica e diversificada em termos de entendimento, que há notícias que nos Estados Unidos da América as primeiras demandas contra as indústrias de cigarros surgiram em 1954, sendo que até o ano de 1992 foram abertos 813 processos contra essas empresas; dos 23 que chegaram a julgamento, só dois deles foram favoráveis, em

---

http://www.adital.com.br/site/noticia.asp?lang=PT&cod=29646, acessado em 12/02/2009. Alerta o autor para o fato de que, além de todas as variáveis referidas, a liberdade de opção do fumante também resta prejudicada depois que ele se torna dependente, sendo que a medicina concebe o tabagismo como sendo uma doença-crônica, e a própria Organização Mundial de Saúde, desde 1992, cataloga o tabagismo na Classificação Internacional de Doenças - Capítulo F12.2, síndrome da tabaco-dependência. Por sua vez, a Associação Americana de Psiquiatria vê a nicotino-dependência como uma desordem mental pelo uso de substância psicoativa.

[72] ROSEMBERG, José. *Nicotina. Droga universal.* São Paulo: SES/CVE, 2003, p.28. A revista Veja publicou pesquisa dando conta de que, no Brasil, a dependência do tabaco está associada a 90% dos casos de câncer de pulmão, 85% dos óbitos por enfisema pulmonar, 40% dos derrames cerebrais e 25% dos infartos fatais. Reportagem de Karina Pastore e Anna Paula Buchalla. *A Marca da morte nos cigarros.* Revista VEJA, Edição nº1.735 (2002). Disponível no site http://www.veja.com.br/ .

[73] STOCO, Rui. *Tratado de Responsabilidade Civil.* São Paulo: Revista dos Tribunais, 2007, p.793.

primeira instância, aos fumantes e, ainda assim, acabaram reformados nos Tribunais Superiores.[74]

Em pesquisa feita por Gabriela Invernizzi, no Brasil foram ajuizadas, até 2007, 508 ações indenizatórias dessa natureza contra a empresa Souza Cruz. Nessas ações, foram proferidas 298 decisões rejeitando os pedidos de indenização, havendo 12 decisões pendentes de recurso, em que os fumantes ou suas famílias saíram vitoriosos. As 199 decisões definitivas já proferidas pelo Judiciário afastaram as pretensões indenizatórias.[75]

Em termos normativos, a publicidade de tabaco, embora materialmente esteja na mesma posição da de bebidas, goza de certa proteção constitucional. Pode ser limitada - mesmo em profundidade, com vedação de utilização de certos veículos, como a televisão, por exemplo – mas não totalmente proibida, ex vi, o já referido art. 220, § 4º, da Constituição Federal.

O mesmo entendimento se extrai da regulamentação trazida pela Lei nº9.294/96, em especial no seu art.3º, e §1º, quando assevera que a propaganda comercial dos produtos tabagistas (dentre outros sobre os quais a lei versa) só poderá ser efetuada através de pôsteres, painéis e cartazes, na parte interna dos locais de venda (redação dada pela Lei nº 10.167, de 27.12.2000), observados os seguintes princípios: (a) não sugerir o consumo exagerado ou irresponsável, nem a indução ao bem-estar ou saúde, ou fazer associação a celebrações cívicas ou religiosas; (b) não induzir as pessoas ao consumo, atribuindo aos produtos propriedades calmantes ou estimulantes, que reduzam a fadiga ou a tensão, ou qualquer efeito similar; (c) não associar idéias ou imagens de maior êxito na sexualidade das pessoas, insinuando o aumento de virilidade

---

[74] Matéria publicada intitulada *O Cigarro*, no Publifolha, São Paulo, 2001, p. 59.
[75] INVERNIZZI, Gabriela. *Substância nociva - Souza Cruz é condenada a indenizar família de fumante*. Revista Consultor Jurídico, 2007. In http://www.conjur.com.br/.

ou feminilidade de pessoas fumantes; (d) não associar o uso do produto à prática de atividades esportivas, olímpicas ou não, nem sugerir ou induzir seu consumo em locais ou situações perigosas, abusivas ou ilegais (redação dada pela Lei nº 10.167, de 27.12.2000); (e) não empregar imperativos que induzam diretamente ao consumo; (f) não incluir a participação de crianças ou adolescentes (redação dada pela Lei nº 10.167, de 27.12.2000).

Veja-se que o universo de possibilidades de controles de caráter subjetivo que se criou para coibir a violação dos ditames legais atinentes à publicidade e propaganda do tabaco, estará submetido à hermenêutica e aplicação judicial – dentre outros, exigindo do Judiciário a ponderação de todos os interesses envolvidos na espécie, sob pena de inviabilizar de vez este segmento de mercado, que emprega milhares de trabalhadores brasileiros e é responsável por uma fatia importante de circulação da riqueza.

Isto se revela tão importante porque a Lei sob comento ainda agudizou mais esta atividade produtiva, ao determinar, em seu art.3º-A, que é vedado, no que tange aos produtos fumígenos (dentre outros): (a) a venda por via postal; (b) a distribuição de qualquer tipo de amostra ou brinde; (c) a propaganda por meio eletrônico, inclusive internet; (d) a realização de visita promocional ou distribuição gratuita em estabelecimento de ensino ou local público; (e) o patrocínio de atividade cultural ou esportiva; (f) a propaganda fixa ou móvel em estádio, pista, palco ou local similar; (g) a propaganda indireta contratada, também denominada *merchandising*, nos programas produzidos no país após a publicação desta Lei, em qualquer horário; (h) a comercialização em estabelecimento de ensino, em estabelecimento de saúde e em órgãos ou entidades da Administração Pública; (i) a venda a menores de dezoito anos.[76]

---

[76] Veja-se que o art.9º, da Lei, determina a aplicação ao infrator desta Lei, sem prejuízo de outras penalidades previstas na legislação em vigor, especialmente no Código de Defesa do

IV. Considerações Finais:

Pode-se ver, a partir destes casos, que o problema da definição de qual norma tem mais peso não reclama uma resposta universal fechada, mas envolve sempre conjunções pragmáticas especiais. Como adverte Schauer:

> *But because not all legal principles have the same weight, and because the weights that principles do have are typically specified either vaguely or not at all, and finally because the prescriptions of multiple principles can collide in the circumstances of particular application, there remains the important question of how to determine which principle shall prevail in such cases of conflicting principles.*[77]

O trabalho de Alexy mostra com evidência incisiva que a estrutura do argumento da proporcionalidade faz com que seja menor a instabilidade dos sentidos aplicativos das normas do que um balanceamento aberto por parte dos decisores, no qual estes estão liberados não somente para decidir sobre quais os fatores são relevantes no processo de

---

Consumidor e na Legislação de Telecomunicações, as seguintes sanções: I - advertência; II - suspensão, no veículo de divulgação da publicidade, de qualquer outra propaganda do produto, por prazo de até trinta dias; III - obrigatoriedade de veiculação de retificação ou esclarecimento para compensar propaganda distorcida ou de má-fé; IV - apreensão do produto; V – multa, de R$ 5.000,00 (cinco mil reais) a R$ 100.000,00 (cem mil reais), aplicada conforme a capacidade econômica do infrator; VI – suspensão da programação da emissora de rádio e televisão, pelo tempo de dez minutos, por cada minuto ou fração de duração da propaganda transmitida em desacordo com esta Lei, observando-se o mesmo horário; VII – no caso de violação do disposto no inciso IX do artigo 3º-A, as sanções previstas na Lei nº 6.437, de 20 de agosto de 1977, sem prejuízo do disposto no art. 243 da Lei nº 8.069, de 13 de julho de 1990. § 1º As sanções previstas neste artigo poderão ser aplicadas gradativamente e, na reincidência, cumulativamente, de acordo com as especificidades do infrator. § 2º Em qualquer caso, a peça publicitária fica definitivamente vetada.

[77] SCHAUER, Frederick. *Balancing, Subsumption, and the Constraining Role of Legal Text*. In Law & Ethics of Human Rights Review, vol. 4, Issue 1. Berkeley: Berkeley Electronic Press, 2010, p.04, in http://www.bepress.com/lehr/vol4/iss1/art3, acessado em 09/12/2010. Ou seja: *A crucial issue for legal decisionmaking is thus the determination of which of two (or more) discordant principles should be deemed to have the greater weight in a particular situation in which multiple principles are each applicable to the same decision.*

tomada de decisão, mas também e fundamentalmente sobre qual o peso que cada um destes fatores deve ter.

É claro que Alexy sabe que a chamada escala triádica (*triadic scale*) de interferência da decisão judicial no âmbito das relações sociais- fraca, moderada e sériea (*light, moderate, and serious*)[78] - não é suficiente para dar conta da complexidade que sempre representa o processo de interpretação/aplicação de sistemas normativos, em especial quando se tem de atribuir pesos distintos a normas da mesma estatura constitucional, mas tão somente que é possível usá-la como inferência sistêmica implícita no balanceamento destas normas, a qual, por sua vez, está intrinsecamente conectada com o conceito de correção.

No caso da subsunção de regras jurídicas, explica o autor que aquela inferência sistêmica pode ser expressa pelo esquema dedutivo, chamado justificação interna, construída com o auxílio de proposições, predicados e lógica deôntica integrada no âmbito da Teoria do Discurso Legal e representada pela seguinte fórmula: $W_{ij} = I_i/I_j$.

Nesta fórmula, o W_{ij}, significa o peso (W) da intensidade da interferência demandada pelas circunstâncias dos direitos aplicados ao caso concreto (i), em face do peso da importância concreta de satisfação dos direitos envolvidos neste caso. Tal medida se consegue através da equação entre a adequação, necessidade e proporcionalidade da infração a determinado princípio (I_i) e outro que se lhe opõe, no caso concreto (I_j). É óbvio, adverte o autor, que: ***Balancing would be possible once one had a scale with two values, say, light and serious. Balancing is impossible only if everything has the same value.***[79]

O que se tem de ter em mente, a partir do referido, é que, por mais que a norma constitucional estabeleça catálogos de direitos e garantias

---

[78] ALEXY, Robert. *The Construction of Constitutional Rights*. Op.cit., p.12.
[79] Idem. Para além disto, adverte Alexy que: *the justifiability of statements about intensities is a condition of the rationality of balancing. This implies that graduation in the province of constitutional rights can work only with relatively crude scales.* Idem, p.13.

constitucionais referidas como auto-aplicáveis, e disto não se tem dúvidas, o fenômeno de efetivação concretizante destes sempre contará com graus/medidas passíveis de mensuração, e estas, definitivamente, não estão dadas pela Carta Política, demandando do intérprete/aplicador atribuição de sentido racional e material às suas reivindicações, caso por caso (que inclusive pode tratar de interesse, coletivo, difuso ou individual homogêneo), levando em conta o universo de variáveis que convergem a ele, daí porque Schauer insistir na tese de que:

> *When critics like Habermas accuse the balancing process of being irrational, however, it appears that what they mean is "unconstrained." It is not as if we normally think of other open-ended decision-making approaches as irrational just because they involve some likelihood of variability. A pure but sophisticated act utilitarianism, for example, may impose too many demands on decision-makers, and may involve widely divergent evaluations of the relative utilities involved, but it is hard to see it as irrational.*[80]

De qualquer sorte, sempre, *The rationality of an inferential structure essentially depends on the question of whether it connects premises that, again, can be justified*. Mas justificadas estas premissas a partir de que razões e fundamentos válidos? É Alexy que responde: *The commensurability of the assessments on both sides of the balance is granted if the discourse is conducted on the basis of a common point of view: the point of view of the constitution* [81].

---

[80] SCHAUER, Frederick. *Balancing, Subsumption, and the Constraining Role of Legal Text*. Op.cit., p.07.
[81] E neste ponto Alexy é muito claro, pois aduz que: *Calculable measurements by way of a continuum of points between 0 and 1 cannot have any application*. Idem, p.14. Vai na mesma direção o questionamento de TARELLO, Giovanni. *Interpretazione della legge*. Roma: Giuffrè, 2010, p.61: *La questione è dunque comprendere se il ragionamento dell'interprete sia razionale o se piuttosto si determini secondo scelte legate all'opportunità del caso. La sentenza esprime una scelta politica del giudice? La decisione dipende da un sistema di norme predefinito o è soluzione di giustizia individuata in base ai preiudizi dei soggetti chiamati a decidere?*

Desta forma, *uma teoria do discurso jurídico que tem a intenção de satisfazer a pretensão à legitimidade da ordem jurídica, há de dar uma resposta à questão acerca de como decisões jurídicas sucedem vinculadas a decisões institucionais precedentes e como podem ser fundamentadas racionalmente.*[82]

Fala Alexy, por certo, da vinculação que decisões jurídicas devem ter com outras – institucionais/parlamentares/constitucionais – que servem de demarcação originária à legitimação democrática da ação judicial.[83] A necessária fundamentação que se exige pela via do discurso jurídico igualmente está demarcada pelos significados e sentidos encetados pelo sistema normativo vigente, que a despeito de em constante mutação, conta com referências, procedimentos e instâncias deliberativas regulares que precisam ser observadas sob pena de dar-se vezo a imposições autoritárias, veiculadas pela assertiva de que *La norma è dunque la volontà della legge come pensata da colui che in concreto decide, influenzato dal contesto sociale e giuridico in cui si trova ad operare.*[84]

E isto ocorre por uma razão muito simples, a saber, pelo fato de que uma *teoria coerencial do direito não pode resolver sozinha o problema da aplicação racional do direito. Assim como regras não podem se*

---

[82] ALEXY, Robert. *Os Direitos Fundamentais e a Democracia no Paradigma Procedimental do Direito de Jürgen Habermas*. In FRANKENBERG, Günter & MOREIRA, Luiz. Jürgen Habermas: 80 anos. Rio de Janeiro: Lúmen Júris, 2009, p.121.

[83] Esta preocupação é também institucionalista (além de procedimental), na medida em que reconhece a outros espaços institucionais iguais competências à deliberação pública sobre aspectos normativos da sociedade civil. Lembro-me das reflexões de GRIFFIN, Stephen. *American Constitutionalism: from theory to politics*. Princeton: Princeton University Press, 1996, ao sustentar que o Judiciário não tem supremacia exclusiva no processo de interpretação constitucional, uma vez que todos os órgãos constitucionais são responsáveis pela efetivação e interpretação do sistema jurídico (notadamente o constitucional).

[84] ANDRONICO, Alberto. *Ermeneutica e diritto da Wilhelm Dilthey ed Emilio Betti*. In Spicchi di Novecento, a cura di Bruno Montanari. Roma: Giappichelli, 2008, p.49. Refere ainda o autor: *Posto dunque che il ragionamento che viene seguito per l'applicazione del diritto non è riconducibile alla sola logica formale, ma è scelta da parte del giudice di una tra le varie soluzioni possibili, posto ancora che il diritto non è l'insieme delle norme date dal sovrano, né l'insieme delle decisioni dei tribunali, ma ordine normativo sempre nell'atto di positivizzarsi, la questione che si pone è quella di individuare il reale fondamento della decisione del giudice.*

aplicar a elas mesmas, um sistema não pode produzir ele próprio a resposta correta. Para tanto, são necessários pessoas e procedimentos.[85] Todavia, estas pessoas e procedimentos precisam, por sua vez, estar ancorados em sistemas normativos que possuem caráter fundamentalmente deontológico, regulando o contexto vital dos cidadãos de uma comunidade jurídica concreta.

Daí a conclusão de Alexy – diferente de Habermas[86] –, no sentido de que este caráter deontológico do sistema normativo (princípios e regras jurídicas) não implica *absolutos*, podendo ser compreendido como constituído, dentre outras coisas, por **mandados de otimização**[87], utilizando na ponderação e balanceamento dos princípios em face de casos concretos relações de precedência condicionada que vão indicar as condições na presença das quais um princípio prevalecerá sobre o outro, ou seja, *le condizioni in presenza delle quali un principio precede l'altro costituiscono il presupposto di fatto di una regola che esprime la conseguenza giuridica del principio prevalente.*[88]

Isto também se aplica às regras do discurso jurídico, eis que algu-

---

[85] Idem.
[86] Habermas entende, aqui, que conceber os princípios informativos do sistema normativo como mandados de otimização permitiria análises envolvendo custos e vantagens, e isto, sob o prisma normativo, levaria a uma restringibilidade dos bens que protege em face de outros bens, mesmo que coletivos. Em outras palavras: *Uma jurisprudência orientada por princípios precisa definir qual pretensão e qual ação deve ser exigida num determinado conflito – e não arbitrar sobre o equilíbrio de bens ou sobre o relacionamento entre valores.* HABERMAS, Jürgen. *Direito e Democracia: entre faticidade e validade.* Vol.I. Op.cit., p.323.
[87] Habermas é explícito ao defender que: *Princípios e regras não têm estrutura teleológica. Eles não podem ser entendidos como preceitos de otimização – conforme é sugerido pela "ponderação de bens" nas demais doutrinas metodológicas –, porque isso suprimiria seu sentido de validade deontológica.* Idem, p.258. Argúi o autor que: *No desenrolar dos casos, estabelece-se entre os princípios uma ordem transitiva, sem que isso arranhe sua validade,* sem explicar pragmaticamente, no entanto, o que entende por *ordem transitiva,* até porque, no ponto, parece concordar com Dworkin em relação à tese de que: *no conflito entre princípios, não se faz necessária uma decisão do tipo "tudo ou nada". É certo que um determinado princípio goza de primazia, porém não a ponto de anular a validade dos princípios que cedem o lugar. Um princípio passa à frente do outro, conforme o caso a ser decidido.* (p.259).
[88] CELANO, Bernardo. *Dialettica della giustificazione pratica.* Torino: Giappichelli, 2008, p.51.

mas delas podem apenas ser ou não cumpridas; em outras, ao contrário, devido a seu caráter ideal, só é possível um cumprimento aproximativo. Nestas o cumprimento é uma questão de grau. Assim, surge o problema da relatividade quanto ao **_grau de cumprimento_**.[89] Neste sentido é a correta advertência de Schauer:

> *In making his argument, Alexy maintains, correctly, that both proportionality and balancing arguments have premises, and he maintains as well that in order to identify the premises "all kinds of arguments admissible in legal discourse may be adduced." He thus structures his argument around the claim that once we have identified legally admissible premises, the argumentative forms of balancing and subsumption share more in common than is commonly supposed, especially by balancing's most strident opponents. But in structuring his argument in this way, Alexy at the very least allows and may even encourage the belief that the legally admissible premises of a subsumption argument are similar to the legally admissible premises of a balancing argument. It is this claim of similarity, this quasi-conflation of the two forms of argument that may well ignore a central feature of law itself— its pervasive even if not necessary textuality, and the pervasive formality of law that is the handmaiden of its textuality.*[90]

O autor alemão está discutindo, no ponto, a importância do conceito de adequação da interpretação/aplicação do sistema jurídico, outorgando a esta idéia função regulativa de tais ações, razão pela qual não pressuporia a decisão judicial, sempre, a existência de uma resposta ade-

---

[89] ALEXY, Robert. *Probleme der Diskurstheorie*. Op.cit., p.91. Lembro que, ao lado destas questões, há ainda o que Alexy chama de *condições limitadoras do discurso jurídico*, a saber: (a) o seu caráter de ligação intrínseca à lei; (b) o vínculo que estabelece com os precedentes judiciais (em especial no sistema comunitário); (c) a relação que mantém com a dogmática jurídica (mais crítica ou conformativa); (d) sua sujeição às limitações impostas pelas regras processuais. In ALEXY, Robert. *Teoria da Argumentação Jurídica: a teoria do discurso racional como teoria da justificação jurídica*. Op. cit., p.27.

[90] SCHAUER, Frederick. *Balancing, Subsumption, and the Constraining Role of Legal Text*. Op.cit., p.09.

quada para cada questão prática, bastando apenas encontrá-la, mas ao contrário, tal desiderato assume o caráter de um objetivo a ser almejado, em que *os participantes de um discurso prático, independentemente da questão de se existe uma única resposta adequada, têm de defender a pretensão de que sua resposta é a única adequada, se querem que suas afirmações e fundamentações façam sentido.*[91]

O problema é que esta pretensão dos participantes, por sua vez, não nasce do nada, haja vista que todo discurso tem de ter um ponto de partida, e este ponto de partida está nas convicções normativas existentes dos participantes. Por isto,

> *O procedimento do discurso nada mais é do que um processo de investigação dessas convicções. Aí, toda convicção normativamente relevante é candidata a uma modificação baseada em argumentação racional. Nesta restrição à estruturação racional da argumentação está uma vantagem importante da teoria do discurso. Uma teoria que tente determinar o processo de argumentação ou de decisão, não apenas através de sua estruturação racional, mas, digamos, através da prescrição de determinados conteúdos como premissas de partida, tem de se haver não somente com objeções às premissas de partida escolhidas pelos teóricos individualmente — e é geralmente mais difícil responder a essas do que às objeções às regras basicamente formais do discurso - mas, sobretudo com a objeção fundamental de que,*

---

[91] ALEXY, Robert. *Teoria da Argumentação Jurídica: a teoria do discurso racional como teoria da justificação jurídica.* Op. cit., p.90. Nas palavras do autor: *A suposição da existência de uma única resposta adequada para cada questão prática coloca uma tese ontológica que não é apenas difícil de fundamentar como também não é muito plausível. Ainda que não exclusivamente, as respostas às questões práticas também se baseiam essencialmente em interpretações e avaliações de interesses. Não se pode supor, com base nisso, que sempre só é possível exatamente uma resposta para cada questão prática. A tese da existência de uma única resposta adequada para cada questão prática coloca, pelo menos no campo prático, uma injustificável ficção ontológica....... Isso apenas pressupõe que é possível haver questões práticas para as quais uma resposta pode ser descrita como única adequada no discurso, e que não há certeza de quais questões são essas, de modo que valha a pena tentar encontrar uma única resposta adequada. A isto subjaz uma concepção* **procedimental absoluta** *de adequação...... O conceito procedimental absoluto de adequação exige, ao contrário, que se continue a procurar uma única resposta.*

> *dessa maneira, o teórico pisa um terreno que deveria ser deixado aos participantes, principalmente porque o papel destes permanece a qualquer tempo aberto para o teórico. E isto ocorre justamente porque as convicções normativas de cada teórico não podem ser assumidas como em geral mais adequadas do que as dos participantes.*[92]

A partir daqui a conclusão do autor resta mais lógica ainda, eis que as regras do discurso racional prático, em tal acepção, não prescreveriam premissas a partir das quais partiram as partes discursantes, mas tão somente definiriam um processo de tomada de decisão, no qual há incertezas quanto o que deve tomar parte da base da decisão – enquanto que nas regras do discurso racional jurídico haverá estas bases (direitos fundamentais, constitucionais, etc.) [93] -, e nem todos os passos estariam prescritos de forma clara e absoluta.

Agora isto não pode levar a teoria do discurso para um campo de relativismos absolutos, isto porque a investigação discursiva, ainda que não leve à certeza matemática e absoluta, oportuniza pelo menos a sair do campo da mera opinião e da crença subjetiva, viabilizando-se, então, o conceito de *adequação discursiva relativa*, proposta por Alexy, isto tanto para o sopesamento de princípios como de regras jurídicas no âmbito de suas aplicações práticas.[94]

---

[92] Idem, p.92. Alexy já dissera isto antes, ao sustentar que uma teoria da argumentação jurídica deve estar preocupada, pois, em entender e explicar como e quando uma afirmação normativa é racionalmente justificável. In ALEXY, Robert. *Teoria da Argumentação Jurídica: a teoria do discurso racional como teoria da justificação jurídica*. Op.cit., p.27.

[93] Para Alexy: *o discurso legal pode ser distinguido do discurso prático geral pelo fato de que o primeiro, em resumo, é restrito em seu objetivo pelo estatuto, pelos precedentes e pela dogmática legal e – no caso dos procedimentos judiciais -, pela legislação e regulamentações processuais.* Idem, p.29. E por que tais restrições? Pelo reconhecimento: (a) do amplo alcance do que é meramente possível discursivamente; (b) da natureza experimental de quaisquer conclusões; (c) da necessidade de resolver muitas questões prática num espaço de tempo curto.

[94] Novamente Schauer chama a atenção para o fato de que *the open-ended premises of a proportionality argument are admissible in legal discourse generally, and we see such open-ended selection of premises, factors, and considerations not only in proportionality arguments, but also in common law adjudication.* In SCHAUER, Frederick. *Balancing, Subsumption, and the Constraining Role of Legal Text*. Op.cit., p.11. Ver também o excelente texto do autor:

Por tais razões Alexy sustenta, com o que concordo, que a relação entre a teoria da argumentação jurídica com a argumentação prática geral não pode ser concebida a partir da idéia de subordinação da primeira em relação à segunda (sempre que houver casos em que a solução não possa ser derivada conclusivamente da lei, o discurso jurídico não passa de um discurso prático geral por trás de uma fachada jurídica); tampouco pode estabelecer relação de suplementação de uma em relação à outra (a argumentação jurídica só poderia ir até uma parte do caminho, chegando a um ponto em que os argumentos especificamente jurídicos não seriam mais disponíveis, intervindo a partir daí a argumentação prática em geral); mas que deve haver uma relação de integração entre estas duas argumentações, no sentido de que argumentos jurídicos e práticos em geral se combinem em todos os níveis, aplicando-se conjuntamente.[95]

Observando-se tais parâmetros hermenêuticos, parece-me que a decisão política ou judicial pode até gerar equívocos de avaliação e interpretação por parte do decisor, mas não estará fundada em procedimento autoritário ou meramente subjetivo impossível de ser controlado.

V. Bibliografia:

AARNIO, A. *The rational as reasonable. A treatise of legal justification*. Dordrecht etc.: Reidel, 1987

ALEXY, Robert & PAULSON, Stanley & PAULSON, Bonnie. *The Argument from Injustice: A Reply to Legal Positivism*. London: Oxford, 2010.

ALEXY, Robert. *A argumentação jurídica como discurso racional*. In: TEIXEIRA, Anderson Vichinkeski; OLIVEIRA, Elton Somensi de Oliveira (Orgs.). Correntes Contemporâneas do Pensamento Jurídico. São Paulo: Manole, 2010.

SCHAUER, Frederick. *The nature of customary law: legal, historical and philosophical perspectives*. New York: Amanda Perreau-Saussine & James Bernard Murphy eds., 2007.

[95] Idem, p.30.

----. *A Discourse-Theoretical Conception of Practical Reason*. In Ratio Juris 5, (3):231-251, 1992.

----. *A theory of legal argumentation: the theory of rational discourse as theory of legal justification*. In Ratio Juris, vol.37. New York: Hammel, 2010.

----. *Die Idee einer prozeduralen Theorie der juristischen Argumentation*. In Rechtstheorie, caderno 2, 1981.

----. *Os Direitos Fundamentais e a Democracia no Paradigma Procedimental do Direito de Jürgen Habermas*. In FRANKENBERG, Günter & MOREIRA, Luiz. Jürgen Habermas: 80 anos. Rio de Janeiro: Lúmen Júris, 2009.

ALEXY, Robert. *Teoria da Argumentação Jurídica: a teoria do discurso racional como teoria da justificação jurídica*. São Paulo: Landy, 2001.

----. *Teoria de los Derechos Fundamentales*. Madrid: Centro de Estúdios Constitucionales, 1990.

----. *The Construction of Constitutional Rights*. In Law & Ethics of Human Rights, Volume 4, Issue 1. Article 2. Berkeley: Berkeley Electronic Press, 2010.

ANDRONICO, Alberto. *Ermeneutica e diritto da Wilhelm Dilthey ed Emilio Betti*. In Spicchi di Novecento, a cura di Bruno Montanari. Roma: Giappichelli, 2008.

ATIENZA, Manuel. *As razoes do direito. Teorias da Argumentação Jurídica*. São Paulo: Landy, 2000.

BARROS, Diana Luz Pessoa de. *Teoria do Discurso: fundamentos semióticos*. São Paulo: Humanitas/USP, 2002.

BARTHES, Roland. *Empire of Signs*. New York: Hill and Wang, 1982.

----. *The Pleasure of the Text*. New York: Hill and Wang, 1975.

CELANO, Bernardo. *Dialettica della giustificazione pratica*. Torino: Giappichelli, 2008.

CHOMSKY, Noam. *Diálogos com Mitsou Ronat*. São Paulo : Cultrix, 2000.

CHRISTOFOLETTI, Rogério. *Por um estatuto epistemológico da análise do discurso*. Revista de Estudos Lingüísticos, Belo Horizonte, v.8, n.1, p.171-181, jan./jun.1999.

COLEMAN, John. *La pratica dei principi. In difesa di un approccio pragmatista alla teoria del diritto*. Bologna: Il Mulino, 2006.

DELFINO, Lúcio. *Jurisprudência e o fumo: Uma guinada em prol dos interesses do fumante*. In http://www.adital.com.br/site/noticia.asp?lang=PT&cod=29646, acessado em 12/02/2009.

DOSSE, François. *História do Estruturalismo*. v.2. São Paulo: Unicamp, 1994.

FERREIRA, Maria Cristina Leandro. Nas trilhas do discurso : a propósito de leitura, sentido e interpretação. In : ORLANDI,E.(org.) A leitura e os leitores. Campinas : Pontes, 1998. p.201-208.

FOUCAULT, Michel. As palavras e as coisas. São Paulo : Martins Fontes, 1987.

GADET, F. & HAK, T.(orgs.). *Por uma análise automática do discurso: uma introdução à obra de Michel Pêcheux*. Campinas : Editora da Unicamp, 1990.

GADET, Françoise. Saussure : une science de la langue. Paris : Presses Universitaires de France, 1987.

GALLO, Solange. *Discurso, Escrita e Ensino*. Campinas: Editora da Unicamp, 1994.

GIANFORMAGGIO. Luciano. *Filosofia del diritto e ragionamento giuridico*, a cura di E. Diciotti e V. Velluzzi, Giappichelli, Torino, 2008.

GROSSO, Enrico. *Cittadinanza e vita democratica dell'Unione tra democrazia rappresentativa e democrazia partecipativa.*. In LUCARELLI, Alberto (a cura di). Quaderni della Rassegna di Diritto Pubblico Europeo, vol I. Napoli: Edizioni Scientifiche Italiane, 2008.

GUASTINI, Ricardo. *Le fonti del diritto e l'interpretazione*. Milano: Giuffrè, 1993.

----. *Teoria e dogmatica delle fonti*. Milano: Giuffré, 1998.

GUNTHER, Kress. *From Saussure to critical sociolinguistics*. In WETHERELL, Margaret. Discourse Theory and Practice: A Reader. London: Sage Publications, 2001.

HABERMAS, Jürgen. *Between Facts and Norms. Contributions to a Discourse Theory of Law and Democracy*. Cambridge, Mass.: The MIT Press. 1995.

----. *Direito e Democracia: entre facticidade e validade*. Volume I. Rio de Janeiro: Tempo Brasileiro, 2003.

----. *Moral Consciousness and Communicative action.* Cambridge (Mass): The MIT Press, 1989.

----. *Três Modelos Normativos de Democracia.* In HABERMAS, Jürgen. A Inclusão do Outro: estudos de teoria política. São Paulo: Loyola, 2002.

HERGET, James E. *Contemporary German Legal Philosophy.* Philadelphia: University of Pennsylvania Press, 1996.

INDURSKY, Freda & FERREIRA, M.Cristina Leandro(orgs.). Os múltiplos territórios da Análise do Discurso. Porto Alegre : Sagra-Luzzatto, 1999.

INVERNIZZI, Gabriela. *Substância nociva - Souza Cruz é condenada a indenizar família de fumante.* Revista Consultor Jurídico, 2007. In http://www.conjur.com.br/.

JESTAEDT, Matthias. *Die Abwägungslehre – ihre Stärken und ihre Schwächen.* In Staat im Wort: Festschrift für Josef Isensee 253, 260, 262-63, 275, 2007.

KOCH, Hans- Joachim & RüSSMAN, Helmut. *Juristische Begründungslehre*, p.48 e segs. e 112; NEUMANN, Ulfrid. *Iuristische Argumentationslehre.*

LACLAU, Ernesto. *Philosophical roots of discourse theory.* New York: Oxford University Press, 2001.

LEAL, Rogério Gesta. *Condições e possibilidades eficaciais dos Direitos Fundamentais Sociais: os desafios do Poder Judiciário no Brasil.* Porto Alegre: Livraria do Advogado, 2009.

----. *A Decisão Judicial: elementos teórico-constitutivos à efetivação pragmática dos Direitos Fundamentais.* Chapecó: Unoesc, 2012.

MACCORMICK, Neil and SUMMERS, Ronald .S. *Interpreting statutes. A comparative study.* Aldershot etc.: Dartmouth, 2005.

----. *Legal reasoning and legal theory.* Oxford: Clarendon Press, 2000.

----. *Ragionamento giuridico e teoria del diritto.* Torino: Giappichelli, 2001.

MANIACI, Giorgio. *Note sulla teoria del bilanciamento di Robert Alexy.* In Rivista Diritto&questioni pubbliche, vol.2, agosto 2002. Palermo: Università degli Studi di Palermo, 2002.

MENGONI, Luiggi. *Ermeneutica e dogmatica giuridica.* Milano: Giuffrè, 2006.

MOUFFE, Chantal. *Deliberative Democracy or Agonistic Pluralism?*

OLIVEIRA, Amanda Flávio de. *Direito de (não) fumar: uma abordagem humanista*. Rio de Janeiro: Renovar, 2008.

ORLANDI, Eni. *Interpretação*. Petrópolis: Vozes, 1996.

PASTORES, Karina e BUCHALL, Anna Paula. *A Marca da morte nos cigarros*. Revista VEJA, Edição nº1.735 (2002). Disponível no site http://www.veja.com.br/ .

PÊCHEUX, Michel. Semântica e Discurso. Campinas : Ed. da Unicamp, 1988.

PECZENIK, A. *On law and reason*. Dordrecht etc.: Kluwer, 1989.

POSCHER, Ralf. *Einsichten, Irrtümer und Selbstmißverständnisse der Prinzipientheorie*. In Die Prinzipientheorie der Grundrechte: studien zur grundrechtstheorie Robert Alexys. 59, 65, 70 (Jan-R. Sieckmann ed., 2007); e o de KLEMENT, Jan Henrik. *Vom Nutzen einer Theorie, die alles erklärt*, 63. Juristenzeitung 756, 760, 2008.

RAZ, Joseph. *Legal Principles and the Limits of Law*, in "Yale Law Journal", 81, 1972.

ROSEMBERG, José. *Nicotina. Droga universal*. São Paulo: SES/CVE, 2003.

SCHAUER, Frederick. *Balancing, Subsumption, and the Constraining Role of Legal Text*. In Law & Ethics of Human Rights Review, vol. 4, Issue 1. Berkeley: Berkeley Electronic Press, 2010.

----. *The nature of customary law: legal, historical and philosophical perspectives*. New York: Amanda Perreau-Saussine & James Bernard Murphy eds., 2007.

STOCO, Rui. *Tratado de Responsabilidade Civil*. São Paulo: Revista dos Tribunais, 2007.

TARELLO, Giovanni. *L'interpretazione della legge*. Roma: Giuffrè, 2010.

TEIXEIRA, Marlene. *Análise de Discurso e Psicanálise*. Porto Alegre: EDIPUCRS, 2000.

VIOLA, Francesco & ZACCARIA, Giancarlo. *Diritto e interpretazione. Lineamenti di teoria ermeneutica del diritto*. Roma-Bari: Laterza, 2009.

WINDSCHEID, Bernhard. *Lehrbuch des Pandektenrechts*, p.111: *Die Endentscheidung ist das Resultat einer Rechnung, bei welcher die Rechtsbegriffe die Faktoren sind.*

WRÓBLEWSKI, Jonh. *The judicial application of law*. Edited by Z. Bankowski and N. MacCormick. Dordrecht: Kluwer, 2001.

ZIZEK, Slavoy. *Enjoy Your Symptom*. London: Routledge, 1992.

Este livro foi impresso na Nova Letra Gráfica e Editora Ltda.
www.novaletra.com.br | novaletra@novaletra.com.br
47 3325-5789 - Blumenau - SC